俄 国 史 译 丛 · 社 会

Серия переводов книг по истории России

Россия

Русское крепостное крестьянство в первой половине XIX в.

19 世纪上半叶的俄国农奴

〔俄〕伊万·德米特里耶维奇·科瓦利琴科/著

Иван Дмитриевич Ковальченко

张广翔 刘颜青/译

社会科学文献出版社

SSAP

SOCIAL SCIENCES ACADEMIC PRESS (CHINA)

Русское крепостное крестьянство в первой половине XIX в.

-М.: Издательство Московского университета, 1967.-399 с.

本书根据莫斯科大学出版社 1967 年版本译出

本书获得教育部人文社会科学重点研究基地
吉林大学东北亚研究中心资助出版

俄国史译丛编委会

著者简介

伊万·德米特里耶维奇·科瓦利琴科 (Иван Дмитриевич Ковальченко)
历史学博士，苏联科学院院士，莫斯科国立大学教授，苏联计量经济史学派奠基人之一。早年参加苏联卫国战争，服役于炮兵部队，因在拉巴河作战有功，被授予"红旗勋章"。1966 年，获得历史学博士学位。1969 年，担任《苏联历史》期刊主编。20 世纪 70 年代初，于莫斯科国立大学建立了使用定量方法和计算机的历史教研组。1988 年，担任苏联科学院主任研究员。苏联解体后，担任俄罗斯科学院主席团成员。1995 年于莫斯科去世。主要研究方向为计量经济史、19～20 世纪俄国经济史、历史方法论和历史编纂学。代表作有：《19 世纪上半叶梁赞省和坦波夫省的农民与农奴制经济》（1959 年）、《苏联历史编纂学》（1973 年）、《资本主义时代欧俄地区的地主社会经济结构：史料与研究方法》（1982 年）、《历史研究方法》（1987 年）。

译者简介

张广翔　历史学博士，吉林大学东北亚研究院和东北亚研究中心教授，博士生导师。

刘颜青　吉林大学东北亚研究院和东北亚研究中心博士研究生。

总　序

　　我们之所以组织翻译这套"俄国史译丛",一是由于我们长期从事俄国史研究,深感国内俄国史方面的研究严重滞后,远远满足不了国内学界的需要,而且国内学者翻译俄罗斯史学家的相关著述过少,不利于我们了解、吸纳和借鉴俄罗斯学者有代表性的成果。有选择地翻译数十册俄国史方面的著作,既是我们深入学习和理解俄国史的过程,还是鞭策我们不断进取、培养人才和锻炼队伍的过程,同时也是为国内俄国史研究添砖加瓦的过程。

　　二是由于吉林大学俄国史研究团队(以下简称"我们团队")与俄罗斯史学家的交往十分密切,团队成员都有赴俄进修或攻读学位的机会,每年都有多人次赴俄参加学术会议,每年请 2～3 位俄罗斯史学家来校讲学。我们与莫斯科大学(以下简称"莫大")历史系、俄罗斯科学院俄国史研究所和世界史所、俄罗斯科学院圣彼得堡历史所、俄罗斯科学院乌拉尔分院历史与考古所等单位学术联系频繁,有能力、有机会与俄学者交流译书之事,能最大限度地得到俄同行的理解和支持。以前我们翻译鲍里斯·尼古拉耶维奇·米罗诺夫的著作时就得到了其真诚帮助,此次又得到了莫大历史系的大力支持,而这是我们顺利无偿取得系列书的外文版权的重要条件。舍此,"俄国史译丛"工作无从谈起。

　　三是由于我们团队得到了吉林大学校长李元元、党委书记杨振斌、学校职能部门和东北亚研究院的鼎力支持和帮助。2015 年 5 月 5 日李元元校长访问莫大期间,与莫大校长萨多夫尼奇(В. А. Садовничий)院士、俄罗斯科学院院士、莫大历史系主任卡尔波夫教授,莫大历史系副主任鲍罗德金教授等就加强两校学术合作与交流达成重要共识，李元元校长明确表示吉林大学将大力扶植俄国史研究，为我方翻译莫大学者的著作提供充足的经费支持。萨多夫尼奇校长非常欣赏吉林大学的举措，责成莫大历史系全力配合我方的相关工作。吉林大学主管文科科研的副校长吴振武教授、社科处霍志刚处长非常重视我们团队与莫大历史系的合作，2015 年尽管经费很紧张，还是为我们提供了一定的科研经费。2016 年又为我们提供了一定经费。这一经费支持将持续若干年。

我们团队所在的东北亚研究院建院伊始，就尽一切可能扶持我们团队的发展。现任院长于潇教授上任以来，一直关怀、鼓励和帮助我们团队，一直鼓励我们不仅要立足国内，而且要不断与俄罗斯同行开展各种合作与交流，不断扩大我们团队在国内外的影响。在 2015 年我们团队与莫大历史系新一轮合作中，于潇院长积极帮助我们协调校内有关职能部门，和我们一起起草与莫大历史系合作的方案，获得了学校的支持。2015 年 11 月 16 日，于潇院长与来访的莫大历史系主任卡尔波夫院士签署了《吉林大学东北亚研究院与莫斯科大学历史系合作方案（2015 ~ 2020 年）》，两校学术合作与交流进入了新阶段，其中，我们团队拟 4 年内翻译莫大学者 30 种左右学术著作的工作正式启动。学校职能部门和东北亚研究院的大力支持是我们团队翻译出版"俄国史译丛"的根本保障。于潇院长为我们团队补充人员和提供一定的经费使我们更有信心完成上述任务。

2016 年 7 月 5 日，吉林大学党委书记杨振斌教授率团参加在莫大举办的中俄大学校长峰会，于潇院长和张广翔等随团参加，在会议期间，杨振斌书记与莫大校长萨多夫尼奇院士签署了吉林大学与莫大共建历史学中心的协议。会后莫大历史系学术委员会主任卡尔波夫院士、莫大历史系主任杜奇科夫（И. И. Тучков）教授（2015 年 11 月底任莫大历史系主任）、莫大历史系副主任鲍罗德金教授陪同杨振斌书记一行拜访了莫大校长萨多夫尼奇院士，双方围绕共建历史学中心进行了深入的探讨，有力地助推了我们团队翻译莫大历史系学者学术著作一事。

四是由于我们团队同莫大历史系长期的学术联系。我们团队与莫大历史系交往渊源很深，李春隆教授、崔志宏副教授于莫大历史系攻读了副博士学位，张广翔教授、雷丽平教授和杨翠红教授在莫大历史系进修，其中张广翔教授三度在该系进修。我们与该系鲍维金教授、费多罗夫教授、卡尔波夫院士、米洛夫院士、库库什金院士、鲍罗德金教授、谢伦斯卡雅教授、伊兹梅斯杰耶娃教授、戈里科夫教授、科什曼教授等结下了深厚的友谊。莫大历史系为我们团队的成长倾注了大量的心血。卡尔波夫院士、米洛夫院士、鲍罗德金教授、谢伦斯卡雅教授、伊兹梅斯杰耶娃教授、科什曼教授和戈尔斯科娃副教授前来我校讲授俄国史专题，开拓了我们团队及俄国史研究方向的硕士生和博士生的视野。卡尔波夫院士、米洛夫院士和鲍罗德金教授被我校聘为名誉教授，他们经常为我们团队的发展献计献策。莫大历史系的学者还经常向我们馈赠俄国史方面的著作。正是由于双方有这样的合作基础，在选择翻译的书目方面，很容易沟通。尤其是双方商定拟翻译的 30 种左右的莫大历史系学者著作，需要无偿转让版权，在这方面，莫大历史系从系主任到所涉及的作者，克服一切困难帮助我们解决关键问题。

五是由于我们团队有一支年富力强的队伍，既懂俄语，又有俄国史方面的基础，进取心强，甘于坐冷板凳。学校层面和学院层面一直重视俄国史研究团队的建设，一直注意及时吸纳新生力量，使我们团队人员年龄结构合理，后备充足，有效避免了俄国史研究队伍青黄不接、后继无人的问题。我们在培养后备人才方面颇有心得，严格要求俄国史方向硕士生和博士生，以阅读和翻译俄国史专业书籍为必修课，硕士学位论文和博士学位论文必须以使用俄文文献为主，研究生从一入学就加强这方面的训练，效果很好：培养了一批俄语非常好、专业基础扎实、后劲足、崭露头角的好苗子。我们组织力量翻译了米罗诺夫所著的《俄国社会史》《帝俄时代生活史》，以及在中文刊物上发表了 70 多篇俄罗斯学者论文的译文，这些都为我们承担"俄国史译丛"的翻译工作积累了宝贵的经验，锻炼了队伍。

译者队伍长期共事，彼此熟悉，容易合作，便于商量和沟通。我们深知高质量地翻译这些著作绝非易事，需要认真再认真，反复斟酌，不得有半点的马虎。我们翻译的这些俄国史著作，既有俄国经济史、社会史、城市史、政治史，还有文化史和史学理论，以专题研究为主，涉及的领域广泛，有很多我们不懂的问题，需要潜心研究探讨。我们的翻译团队将定期碰头，利用群体的智慧解决共同面对的问题，单个人无法解决的问题，以及人名、地名、术语统一的问题。更为重要的是，译者将分别与相关作者直接联系，经常就各自遇到的问题发电子邮件向作者请教，我们还将根据翻译进度，有计划地邀请部分作者来我校共商译书过程中遇到的各种问题，尽可能地减少遗憾。

"俄国史译丛"的翻译工作能够顺利进行，离不开吉林大学校领导、社科处和国际合作与交流处、东北亚研究院领导的坚定支持和可靠后援；莫大历史系上下共襄此举，化解了很多合作路上的难题，将此举视为我们共同的事业；社会科学文献出版社的恽薇、高雁等相关人员将此举视为我们共同的任务，尽可能地替我们着想，使我们之间的合作更为愉快、更有成效。我们唯有竭尽全力将"俄国史译丛"视为学术生命，像爱护眼睛一样地呵护它、珍惜它，这项工作才有可能做好，才无愧于各方的信任和期待，才能为中国的俄国史研究的进步添砖加瓦。

上述所言与诸位译者共勉。

吉林大学东北亚研究院和东北亚研究中心

2016 年 7 月 22 日

目　录

绪　论

历史学，是一门将揭示规律和社会进步过程中的历史特征，以及人民群众的决定性作用当作主要任务的学科。而那些历史中的社会转型时期，更是引人入胜，因为历史进程的客观性不仅在这里体现得最为鲜明，而且在新旧势力斗争中起到了决定性的作用，最终昭示着新势力走向胜利。在当下[①]，苏联的历史学家对转型时期的研究兴趣日渐高涨，其中就包括俄国封建制度向资本主义过渡的历史。

当俄国资本主义兴起的前提条件业已成熟时，它便从封建制度中诞生并开始逐步发展。1861 年改革的前 10 年是一段较为特殊的时期，因为俄国的社会经济发生了重大变化，并不可避免地导致了农奴制的衰落，而这为俄国资本主义的胜利铺平了道路。

为了揭示俄国封建制度向资本主义过渡的一般规律和特征，有必要对农村社会的经济发展进行全面的研究。同时，为了探索在农奴制的大环境下，资本主义兴起所表现出的特殊性，必须着重分析在最恶劣条件下，也就是在地主农村（Помещичья деревня）[②]，资本主义是如何兴起和发展演变的。

---

① 本书发表于 1967 年。——译者注
② 1861 年改革前，俄国有"地主农村"和"国有农村"之分，前者中的农民称为"地主农民"，后者的称为"国有农民"。——译者注

然而，就转型时期的研究成果而言，尽管有一些阐述地主农村的发展状况的成果，但远比国有农村（Государственная деревня）的少。实际上，在当时的俄国，那些人口密度较大地区的社会经济发展对整个国家的历史走向起到了决定性的作用。

在本书中，笔者将探究 19 世纪上半叶俄国地主农村的社会经济发展趋势。

有关 19 世纪上半叶俄国农村社会经济发展的文献可谓汗牛充栋，而其中所涉及的领域，且能被当作历史研究对象的问题也是数不胜数。因此，有必要确定首要分析对象，以及研究方面。

针对俄国农奴制存在的最后几十年，历史学家们主要致力于研究农村社会经济发展问题的两个方面。其一是比较作为两个独立经济单位的地主和农民，在农村经济发展中分别起到了什么作用；其二是地主和农民的经济状况，也就是在 1861 年改革前，经济整体停滞的现象与农村经济稳步发展之间的相关性问题。

围绕这些问题，各个史学流派展开了激烈的争论。当然，这场论战早在当时就已出现。具体而言，在农奴制准备废除的过程中，该制度对俄国经济的影响、地主和农民经济发展的性质，以及其未来的方向等诸如此类的问题就引起了当时社会公众的广泛关注。此时，无论是革命民主主义者，还是资产阶级自由主义者，都一致认为农奴制是阻碍社会经济发展的主要因素，并将其斥责为地主经济停滞危机出现的根源。例如，К. Д. 卡韦林就曾认为，从经济学和经济关系角度来讲，农奴制使整个国家陷入了异常状态[1]。而另一位自由主义者 А. И. 科舍廖夫早在 19 世纪 40 年代就指出，在当下的条件下，我们几乎无法考虑经济能发生重大进步和改善。农奴是我们在这一领域取得进步的绊脚石[2]。然而，资产阶级自由主义者和革命民主主义者之间也存在分歧，前者认为改革后的国家经济应以地主经济为基础，而后者认为必须彻底废除地主所有制，将土地分给农民。

---

[1]　К. Д. Кавелин. Соч.，т. II. СПб.，1898，стр. 25.

[2]　А. И. Кошелев. Записки. Берлин，1884，Приложение，стр. 7.

　　早在 19 世纪末，就有学者开始对农村的社会经济问题进行较为系统的研究。彼时，俄国资产阶级民主革命日渐成熟，而革命本身，以及后来的农村问题，正是与激烈的阶级和社会政治斗争一同出现的。因此，在社会政治斗争期间，出现了研究 1861 年农奴制改革前后的农村关系的需要。

　　当时，资产阶级自由主义史观占据主导地位，在农村问题上，该史观否认封建农奴制经济在 19 世纪上半叶濒临崩溃，并且主张农奴地主①是经济发展的唯一推动力，农民只起到了阻碍的作用。П. 司徒卢威正是持这一观点的代表。对于 1861 年改革前社会经济发展中所出现的所有问题，司徒卢威都将其归结为地主和农民的矛盾，即地主早已开始商品经济化，而农民仍处于自然经济模式当中。他曾写道，农奴地主所代表的货币经济犹如一根楔子，深深地嵌入小农经济之中。司徒卢威始终坚信，使用农奴耕作的地主经济是"最有效的农业劳动力组织形式"，而"俄国的小农只是一群不善农业经营的乌合之众"。他认为，直到 1861 年，农奴制经济还没有释放完它的全部生产力，而正是这样一种处于"巅峰时期"的制度竟被废除了②。

　　小资产阶级史学家在研究 1861 年改革前的农村经济时，比资产阶级自由主义的更为深入一些。例如，Н. 奥加诺夫斯基揭示了地主对农民阶级残酷剥削的消极影响，而这首先表现在地主的经济状况上。但是，对于农奴剥削制度为何不断巩固的问题，奥尔加诺夫斯基归结为地主阶级的数量不断增多，以及个人需求的膨胀。在他看来，农民与贵族的贫困化导致国家财政日趋吃紧，所以农奴制最终被废除了③。此外，小资产阶级史学家 Н. А. 罗日科夫认为，在商品货币经济的环境下，使用农奴耕作变得愈发无利可图，因此农奴制就被废除了④。总体来说，小资产阶级史学家始终认为在 1861 年改革前，地主经济是农村经济发展的主导力量，并以此为论据分析农村问

---

① 即控制着农奴的地主。——译者注

② П. Струве. Крепостное хозяйство. СП. , 1913, стр. 83, 84, 154, 159.

③ Н. Огановский. Очерки по истории земельных отношений в России. Саратов, 1911, стр. 377—385.

④ Н. А. Рожков. Город и деревня в русской истории. . СПб. , 1902, стр. 68—75.

题。因此，他们无法揭示农村经济发展的真实规律和特征。

民粹主义史学家对农村问题的研究贡献最大，尽管他们所使用的分析方法与小资产阶级史学家的大同小异。不同之处在于，前者在研究时运用了许多新的和从实践中得来的资料，因此，他们的著述有一个鲜明的特点，即资料分析的内容多于观点的陈述。民粹主义史学家的成功首先在于他们追溯了农民阶级的历史。这些历史学家之所以在研究中取得重大进展，首先是因为他们从农民本身着手研究农村史，他们看到了农民的悲惨命运，并由衷地表示同情。在他们取得的诸多成果当中，首屈一指的是 И. И. 伊格纳托维奇所著的《地主农民解放的前夕》。截至目前，这本书是 И. И. 伊格纳托维奇留下的唯一有关各类农奴的总结性历史著作。作者立足于大量的历史资料，其中包括于 1861 年改革期间汇编的有关农民经济水平和状况的资料。直到今日，这些资料仍具有重要的历史意义，为诸多学者所使用。

18 世纪末 19 世纪初的民粹主义历史编纂学，体现了改革前农村社会经济发展的一种趋势。而另一个是彼时形成的马克思主义学派，其成员秉承历史唯物主义，研究 19 世纪俄国社会经济的发展。

列宁在 19 世纪 90 年代撰写了一本名为《俄国资本主义的发展》的著作，其中谈到了 1861 年农奴制改革、农业问题等，他秉承马克思主义，分析了俄国在从封建制度向资本主义制度转向过程中的社会经济发展。在列宁看来，资产阶级历史编纂学主张农奴制经济在改革前夕仍然十分繁荣和地主经济是农业生产最先进的组织形式，以及农民经济在社会经济发展过程中毫无意义的论点是不成立的。有关 1861 年农奴制改革后俄国社会经济发展的主要特点，列宁认为，一方面，封建农奴制已经濒临瓦解；另一方面，它对资本主义生产关系的发展的束缚作用已十分明显。同时，列宁还指出，地主—农奴无法推动新生产关系的发展，"不能保持住旧的、崩溃的经济形态"，"是什么力量迫使他们（农奴主——译者注）搞改革呢？是把俄国拉上资本主义道路的经济发展的力量"[1]。

---

① В. И. Ленин. Полн. собр. соч. ，т. 20，стр. 173.

　　列宁在该领域最大的贡献在于，他深入研究了农业资本主义化过程中的诸多问题。列宁认为，俄国农业资本主义化有两条主要的发展道路，分别是保守地主式（普鲁士式道路）和资产阶级民主农民式（美国式道路）。对此，列宁多次指出，小农经济不仅是封建时代社会生产的主要部分，而且对广大劳动者而言，它是推动农业资本主义化快速发展的最有力的保障①。

　　在分析封建社会向资本主义社会过渡阶段，农民经济发展的特点方面，列宁有关俄国资本主义起源的论断有着重要的意义。他将这两个时代与另外两个历史时期对应了起来，首先是自然经济向直接的商品生产过渡；其次是商品经济向资本主义经济转化②。

　　因此，列宁的成果标志着，无论是俄国历史学本身，还是改革前农村社会经济研究都进入了新的发展阶段。这表明，绝大多数资产阶级历史学家无力推动历史学的发展。一些资产阶级史学家逐渐认识到了这一点，并逐渐转向马克思主义。其中最著名的是 M. H. 博克罗夫斯基，他揭示了资产阶级历史编纂学的阶级本质，并对其进行了批判。但是，在具体的历史研究中，他仍然没有彻底摆脱之前的史学思想。例如，对于 19 世纪上半叶俄国社会经济发展的主要原因，M. H. 博克罗夫斯基认为，"地主转向农业所有者"，种植业体系不断扩大，这被称为"农奴资本主义"。这实际上是否定了农民经济资本主义化的能力③。

　　在 20 世纪 20 年代至 30 年代初的苏联历史编纂学中，有关 19 世纪上半叶农村社会经济发展的研究，以批判资产阶级史学思想和确立马克思列宁主义为主。而着眼点是地主和农民经济之间的关系和作用，以及两者在农奴制时代最后 10 年内的状况。20 世纪中期是该领域研究的分水岭，前半期的主

---

①　В. И. Ленин. Полн. собр. соч. , т. 16， стр. 215—218.

②　В. И. Ленин. Полн. собр. соч. , т. 1， стр. 87.

③　М. Н. Покровский. Крестьянская реформа. 《 Исторня России в XIX веке 》， т. Изд － во 《 Гранат 》， 6/г.

要研究对象是地主经济的作用①，在后半期，有的学者开始研究农民经济的作用。对此，有必要注意 Н. Л. 鲁宾斯坦对十月党人主要经济活动所进行的研究。В. Н. 卡申有关农奴制农村分化的文章是最早集中分析农民经济发展过程中进步趋势的②。他所使用的历史文献（领地记录，其中第一部分记述了广大农民的状况）极具特点，而且使用其方法解决这一问题的初步阶段的思路也十分清晰。但是，В. Н. 卡申高估了改革前农奴制农村资本主义分化的程度和规模。

研究中所使用的新资料③，以及对旧思想理论所进行的扬弃，使许多学者开始重新审视农奴制经济的崩溃阶段。对此，П. 德罗兹多夫在其论文中对 19 世纪上半叶农奴制经济的瓦解过程进行了总结性的探讨④。

Н. М. 德鲁日宁和 Е. А. 马拉霍夫茨对上述问题的结论结束了俄国封建制度崩溃和资本主义起源的第一阶段问题，М. Н. 博克罗夫斯基和其研究成果被收录在由 М. В. 涅奇金主编的《苏联史》第二卷中⑤。这不仅全面地展示了研究成果，而且为后续研究打下了基础。

---

① Л. Н. Юровский. Саратовские вотчины. Статистико – экономические очерки и материалы из истории крупного землевладения и крепостного хозяйства в конце XVIII и начале XIX столетия. Саратов, 1923; Л. И. Андреевский. Очерки крупного крепостного хозяйства на Севере. Вологда, 1922; А. Н. Насонов. Юсуповские вотчины в XIX в. 《Докл. Академии наук СССР》, сер. В, 1926, январь февраль; его же. Из истории крепостной вотчины XIX в. в России. 《Изв. Академии наук СССР》, 1926, № 7 – 8 его же. Хозяйство крупной вотчины накануне освобождения крестьян в Россин. 《Изв. Академии наук СССР》, отд. гуманитарных наук, 1928, № 4 – 7.

② Н. Л. Рубинштейн. Экономическое развитие Россин в начале XIX века как основа движения декабристов. 《Каторга и ссылка》, 1926, № 1 (22).

③ Б. Д. Грекова 《Тамбовское имение Луниных в первой четверти XIX в.》 (《Изв. Академии наук СССР》, отд. общественных наук, 1932, № 6 – 7) и работу А. Н. Вершинского 《Салтыковская вотчина в XIX в.》 (Тверь, 1929).

④ П. Дроздов. К вопросу о разложении крепостного хозяйства в первой половине XIX в. 《Историк – марксист》, 1936, кн. 5 (57).

⑤ Н. М. Разложение феодально – крепостнической системы в изображении М. Н. Покровского. 《Протнв исторической М. Покровского. Сборник статен》, ч. I. М. —Л., Изд – во АН СССР, 1939; Е. А. Мороховец. Крестьянская реформа 1861 года в освещении М. Н. Покровского. 《Против исторической концепции М. Н. Покровского Сборник статей》, ч. I. М. – Л, Изд – во АН СССР, 1939.

在二战后，特别是战后初期，该领域的后续研究再度开启，同时，与该领域有关的周边性问题也开始为学者们所关注。在各项具体研究中，有一项堪称基础性的成果，即 Н. М. 德鲁日宁所著的《国有农民与 П. Д. 基谢廖夫改革》（两卷本，分别出版于 1946 年和 1958 年）。Н. М. 德鲁日宁的研究特点在于，他抛出了各式各样的问题，并凭借着高超的理论水平和各方面充足的论据，对大量资料进行了全方位的分析，由此，他得到了学界的极高评价，并成为学者们的典范。农奴史的研究，也就是对地主和农民的研究，虽然研究仍有局限性（主要是研究对象易拘泥于个别省份或庄园），但不可否认的是，已取得了重大成就。除了 Н. М. 德鲁日宁，还有其他一些学者也取得了不可忽视的成果，例如，Л. Б. 亨金的《1861 年改革前与改革期间雅罗斯拉夫尔和科斯特罗马省的地主农民》、К. Н. 谢佩托夫的《舍列梅捷夫家族领地的农奴权利》、К. В. 西夫科夫的《19 世纪上半叶农民流动与农奴经济发展史——根据尤苏波夫家族草原领地的档案资料》、Е. И. 因多夫的《19 世纪初农奴制经济——根据沃龙佐夫家族领地档案》、Г. М. 捷依奇的《18 世纪末与 19 世纪上半叶普斯科夫省的农民》、Г. Т. 里亚布科夫的《农奴制崩溃阶段的斯摩棱斯克省农民流动现象》、И. Д. 科瓦利琴科的《19 世纪上半叶梁赞省与坦波夫省的农民与农奴制经济》等。这些著作的研究对象均是农民。此外，还有一些著作既研究了农民经济，也分析了地主经济。

一些研究专门阐述了封建制度瓦解阶段地主经济的发展[①]。П. Г. 雷恩德久诺斯基、Г. Н. 比比科夫、И. Т. 科兹洛夫、Г. Т. 里亚布科夫、К. В. 西夫科

[①] И. И. Никишин. Некоторые вопросы экономики крепостного хозяйства первой половины XIX в. 《 Исторические записки 》, 1958, 44; Ю. В. Кжухов. Помещичье хозяйство Центрально - земледельческого района России в годы кризиса крепостной системы. 《 Ученые записки Ленинградского гос. пед. ин-та им. А. И. Герцена 》, 1955, т. 12; З. К. Янель. О некоторых вопросах 《 второго издания 》 крепостного права и социально - экономического развития барщинного поместья в России. 《 Исторические записки 》, 1965, т. 78.

夫和 М. Д. 库尔马切娃就 19 世纪上半叶农奴分化问题进行了深入的研究①。
Н. М. 德鲁日宁和 Б. Г. 利特瓦克在著作中认为，在农奴制农村形成了一种
新形式的土地占有制形式②。

在战后历史编纂学中，有一个十分重要的现象，即着重关注农村中农业
生产领域的生产力发展情况。Н. М. 德鲁日宁、С. С. 德米特里耶夫和 В. К.
亚总斯基在其著作中对这一问题进行了探讨③。

除对当时农村社会经济发展情况进行分析，许多苏联史学家还将目光投
向了 19 世纪上半叶农村阶级斗争的研究上。在这一领域，有一套由 Н. М.
德鲁日宁主编，题目为《19 世纪至 20 世纪俄国农民的流动》的多卷本著

---

① П. Г. Рындзюнский. Расслоение крестьян и классовая борьба в крепостной вотчине в 20 – х
годах XIX В.《Исторические записки》, 1939, т. 4; Г. Н. Бибиков. Расслоение крепостного
крестьянства в барщинной вотчине в конце XVIII и начале XIX в.《Исторические записки》,
1939, т. 4; И. Т. Козло в. Расслоение крестьянства в барщинной и оброчной вотчинах
России 20 – х годов XIX в.《Ученые записки Вологодского гос. пед. ин – та》, 1942,
вып. 3; Г. Т. Рябков.《Сравнительный анализ данных дореформенных подворных описей
помещичьих крестьян и земских подворных переписей. по аграрной истории Восточной
Европы, 1961 г.》. Рига, 1963; М. Д. Курмачева. Социальное расслоение крестьян в
ардатовских вотчинах Голицыных в конце середине XIX в.《Ежегодник по аграрной
истории Восточной Европы 1961 г.》; К. В. Сивков. К вопросу о расслоении крестьян в
крупном имении Центрально – черноземной полосы России,《Материалы по истории
сельского хозяйства и крестьянства СССР》, сб. V. М., Изд – во СССР, 1962.

② Н. М. Дружинии. Купчие земли у крепостных крестьян,《Вопросы социально –
экономической истории и источниковедения периода феодализма в России. Сб. статей к 70
– летию А. А. Новосельского》. М., Изд – во АН СССР, 1961; Б. Г. Литвак. О земельной
собственности крепостных.《Материалы по историн сельского хозяйства и крестьянетва
СССР》, сб. V. М., Изд – во АН СССР, 1962.

③ Н. М. Дружинии. Проблема конфликта между производительными силами и феодальными
производственными отношениями《Вопросы истории》, 1964, № 7; С. С. Дмитриев
Народнохозяйственные выставки Ярославской губернии до 1861 г.《Краеведческие
записки》, вып. IV. Ярославль, 1960; его же. Возникновение сельскохозяйственных
выставок в России.《Вопросы истории сельского хозяйства, крестьянства и
революционного движе – ния в России. Сб. статей к 75 – летию Н. М. Дружинина》. М.,
Изд – во АН СССР, 1961; В. К. Яцунский. Изменения в размещении земледелия
Европейской России с конца XVIII в. до первой мировой войны.《Вопросы истории
сельского хозяйства, крестьянства и революционного движения в России. Сб. статей к 70
– летию Н. М. Дружинина》. М., Изд – во АН СССР, 1956.

作，其中有 4 卷叙述了 19 世纪上半叶的情况，编者是 И. И. 伊格纳托维奇、Я. И. 林科夫、М. В. 库库什金、П. Г. 雷恩德久诺斯基、Ю. Ю. 卡赫克等学者①。

有关俄国封建制度瓦解和资本主义兴起的问题，学者们在各类学术会议和历史期刊上展开了激烈的讨论。从 20 世纪 40 年代至 70 年代，对这一领域中的各个问题的讨论从未中断。学者关注的中心首先是俄国工业的发展、手工工场②和工业革命③。有关资本主义制度结构和这一时期其本身发展的问题也成为苏联历史学讨论的热点问题之一，在 1949 ~ 1951 年，著名历史学期刊《历史问题》曾多次刊登有关该问题的文章。之后出现的热点问题是俄国封建时代商品生产④和资本主义早期原始积累⑤问题。

后来，Н. М. 德鲁日宁、М. В. 涅奇金和 В. К. 亚总斯基转而研究农村

---

① И. И. Игнатович. Крестьянские волнения в в первой четверти XIX в. М., 《Мысль》, 1963; Я. И. Линков. Очерки историн крестьянского движения в России в 1825 – 1861 гг. М., Учпедгиз, 1952; М. В. Кукушкина. Движение помещичьих крестьян в 1856—1860 гг. 《Исторические записки》, 1961, т. 68; П. Г. Рындзюнский, Крестьянантикрепостническое движение в промысловых селах первой XIX в. 《Из истории крестьянства XVI – XIX вв.》. Сб. статей, под ред. С. С. Дмитриева. М., Госкультпросветиздат, 1956; Ю. Ю. Кахк. Некоторые общие проблемы истории классовой борьбы частновладельческих крестьян в период разложения и кризиса феодальной формаци 《Ежегодник по аграрной истории Восточной Европы, 1958 г.》. Таллин, 1960.

② 《Вопросы истории》, 1947—1948 гг.

③ С. Г. Струмилин. Промышленный переворот в России. М., Изд - во АН СССР, 1944; К. А. Пажитнов. К Вопросу о промышленном перевороте в России. 《Вопросы истории》, 1952, № 5; В. К. Яцунский. Промыш ленный переворот в России. К проблеме взаимодействия производительных сил н производственных отношений. 《Вопросы истории》, 1952, № 12 и др.

④ А. М. Панкратова. О роли товарного производства при переходе от феодализма к капитализму. 《Вопросы истории》, 1953, Ne 9; И. Д. Ковальченко. Научная конференция по вопросу о развитии товарного производства в России в период феодализма. 《Вопросы истории》, 1953, № 10, стр. 144—148.

⑤ Н. И. Павленко. О некоторых сторонах первоначального накопления в России. 《Исторические записки》, т. 54; Б. Б. Кафенгауз. К вопросу о первоначальном накоплении в России. Сб. статей 《Вопросы экономики, планирования и статистики》. Изд - во АН СССР, 1957; 《Отчет о дискуссии о первоначальном накоплении в России》. 《Исторические записки》, т. 54.

经济发展的必要性①。在之后的几年里，研究中心不仅包括一些具体的研究，也包括对农村资本主义起源问题的分析和探讨。同时，学者们的关注点还有农奴制下农民分化，这一问题也引起了学者间的激烈争论②。

对农村社会经济发展的研究主要集中在 1861 年农奴制改革后。其中，苏联农民和农业经济史委员会在这一问题上发挥了重要作用，专注于资本主义起源问题、单一讨论社会经济发展的社会发展历史规律科学委员会也逐渐变成东欧农业史学术研讨会。

如果简短地总结一下苏联史学家们的成果，那么可以归结如下。首先，主要成果是 19 世纪上半叶农村社会经济发展的研究，其中包括封建农奴制经济的瓦解和资本主义生产关系的兴起与发展。这一过程的起点是，在社会

① Н. М. Дружинии. Конфликт между производительными силами и феодальными производственными отношениями накануне 1861 г. 《Вопросы истории》, 1954, № 7; его же. Генезис капитализма в России. 《Десятый международный конгресс историков в Риме. Сентябрь 1955 г. Доклады советской делегаций》. М., Изд – во АН СССР, 1956; М. В. Нечкина. О 《восходящей》 и 《нисходящей》 стадиях феодальной формации. 《Вопросы истории》, 1958, № 7; В. К. Яцунский. Основные этапы генезиса капитализма в России. 《История СССР》, 1958, № 5.

② В. К. Яцунский. Генезис капитализма в сельском хозяйстве России. 《Ежегодник по аграрной истории Восточной Европы, 1959 г.》. М., Изд – во АН СССР, 1961; его же, Ещё раз к вопросу о возникновении капиталистического расслоения земледельческого крестьянства в дореформенной 《История СССР》, 1963, № 1; П. Г. Рындзюнский. О мелкотоварном укладе в России XIX в. 《История СССР》, 1961, № 2; Н. Л. Рубинштейн. О разложении крестьянства и так называемом первоначальном накоплении в России. 《Вопросы истории》, 1961, № 8; С. Г. Струмилин. К вопросу о генезисе капитализма в России. 《Вопросы истории》, 1961, № 9; Е. И. Индова, А. А. Преображенский, Ю. А. Тихонов. Расслоение крестьянства в свете трудов В. И. Ленина о развитии капитализма в России. 《История СССР》, 1962, № 3; И. Д. Ковальченко. Некоторые вопросы генезиса капитализма в крестьянском хозяйстве России. 《История СССР》, 1962, № 6; Л. В. Милов. К постановке вопроса о расслоении крестьянства. В России XVII в. 《История СССР》, 1963, № 3; А. Л. Шапиро Об имущественном неравенстве и социальном русского крестьянства в эпоху феодализма. Сб. 《Вопросы генезиса капитализма в России》. Л., 1960. См. также 《Ежегодники по аграрной истории Восточной Европы》 за 1959—1961 гг. Итоги дискуссии на страницах журнала 《История СССР》 были подведены в редакционной статье 《Дискуссия о расслоении крестьянства в эпоху позднего феодализма》 (《История СССР》; 1966, № 1).

劳动分工的条件下，商品生产快速发展。对地主经济内部机制及其发展趋势的研究表明，在 19 世纪上半叶，由于地主自营地扩张速度加快，地主经济的商品化水平不断提升。但是，在贵族看来，商品经济只是用来满足物欲的手段，因此他们没有进行必要的资料积累以进一步发展生产。特别是在俄国中部地区，生产集约化和雇佣劳动没有得到广泛发展。对于地主而言，增加收入的主要途径是扩大地主自营地和增加农民的捐税。

对农奴的研究主要有两个方向。首先，研究捐税的增加情况，以及农民的经济水平；其次，分析农民阶级中新生产关系的诞生和发展过程。在对前者进行的研究中，历史学家们通过翻阅大量的资料，证明了在农奴制存在的最后 10 年中，农民捐税增加，生活环境不断恶化。而后者的着眼点是分析农民阶级中商品货币关系的发展程度，以及农民分化。在该过程中，有一个毫无争议的事实，即农民经济与市场的联系日趋紧密。需要注意的是，这一过程在各类农民群体中的发展并不平衡，且存在区域差异。在封建制度瓦解的阶段，农民分化会使一部分农民转变为企业资本家，而另一些变为雇佣工人，后者只能通过出卖劳动力来维持生计。

对 18 世纪末至 19 世纪上半叶农村社会经济发展的分析表明，农奴制关系起到了阻碍作用，并且其本身在 19 世纪 50 年代达到了临界值，其主要表现是农奴制危机。

研究农村中的阶级斗争则需要翻阅大量资料。在分析时，需要注意农民流动的规模、原因和形式，以及农民斗争在消灭农奴制方面的意义。研究农村社会经济发展的学者最终得出了一系列的结论。除此之外，后来还出现了一些新的问题，例如阶级斗争对农村农民分化的影响、各阶层农民流动的作用、农民流动形式的改变和农民思想。

由此可见，苏联史学家对农奴时代最后 10 年的研究较为充分。许多具体研究证明，资产阶级历史编纂学认为农奴制地主经济依旧繁荣，以及农民经济缺乏进步性的观点是错误的。这说明，相比于地主经济，农民经济是农村社会经济发展最广阔的基础，并且推动了新生产关系的诞生和发展。

但是，该领域的研究仍然存在一些缺陷，甚至一些重要问题的研究实际上才刚刚起步。其依据是，出现了许多悬而未决、存在争议的问题，既包括对俄国封建时代资本主义规律性与特殊性的整体理解，也包括对一些具体问题的看法。例如，农奴制发展过程中的一个关键时期——危机期，学界目前对其研究尚不深入。很显然，危机在社会生产体系中的表现使生产力和生产关系不相称，以至于出现严重冲突。在农奴制存在的最后 10 年里，冲突加剧。但是，一般认为，冲突的根源是生产技术的进步。最后，在冲突逐渐激化的环境下，工艺和技术没有取得重大进展的农业经济生产领域陷入了困境。这一时期，生产工艺和技术的发展只是生产力发展的一个方面。除此之外，劳动生产率的提高推动了劳动技能的改进，而这一过程的基础是生产专业化、区域化和社会劳动分工。更充分和均衡地使用劳动力资源推动了社会劳动生产率的提高。这种劳动力发展的道路在农村中发挥了重要的作用。同时，学界不仅没有研究这种矛盾本身，而且没有分析当这种矛盾激化时，生产力和封建农奴制生产关系之间的状态。此外，在分析新旧生产关系间矛盾的基础和机制时，经常忽视一个事实，即产生这种冲突的原因不仅是生产力的发展，还有当时逐渐出现的更为先进且更具效率的社会生产组织。例如，封建制度所排斥的并不是手工工场，而是资本主义形式的生产组织。

迄今为止，苏联史学家们在该领域的两个问题上依旧莫衷一是。首先，在俄国封建制度面临危机，并走向瓦解的阶段，农村经济是否陷入了停滞和衰退；其次，农村经济是否在不断进步。大多数学者断言，当时各国在经济发展方面存在差异。同时，无法确定的是，在农奴制危机时期，生产力和新形式社会生产组织的发展推动经济向固定方向发展，并且伴随着广大农民经济状况不断恶化的情况。显然，为了解决这一问题，需要进行具体研究。值得注意的是，截至目前，该领域的研究已经揭示了当时剥削强度的增加和农民状况的恶化。一方面，苏联史学家们的任务之一是检验那些关于农奴制农村经济中危机现象的研究成果；另一方面，通过其他更可靠的资料来继续对这一问题进行研究。

后来，有学者指出，需要着重关注农村社会经济发展过程中的"进步现象"所发挥的作用。所谓的"进步现象",是指小商品生产的发展。但是,农民经济中商品生产取得发展的必要条件是农民拥有必要产品之外的剩余产品,出现这种情况的可能原因是,封建地租没有消耗掉农民所有的额外产品。这一说法存在理论依据,即农民虽然在经济上被卷入了市场,但他们所生产的产品,并非全部变成了商品,而仅仅是其中的一部分,也就是相对必要产品而言的剩余产品。由于这些产品无法为农民所直接消耗,所以在小商品生产取得广泛发展、农村经济取得进步的同时,出现广大农民的经济状况恶化的现象并非典型[①]。

农村社会经济发展两种道路间关系的理论方法,以及具体历史研究上的差异,造成了上述的分歧。迄今为止,未曾有学者研究农民所受剥削的强度及其变化的问题。关于剥削规模和变动情况的数据,例如代役租等农民捐税,其本身既无法反映剥削程度,也不能反映其变化速率。因此,笔者的首要任务是揭示代役租等捐税的增长幅度在多大程度上超过了农民收入。而另一个确定农民受剥削强度的方法是,分析农民经济所能承受的剥削极限,也就是研究农民经济水平的提升情况。确定农民收入方面的研究十分困难,其收入的一部分用来支付各类捐税。这样一来,许多学者仅通过一小部分的资料来研究各阶层农民所受剥削强度的差异,以及他们之中哪些群体能够承受日益增长的捐税。

关于在农奴制危机和崩溃的时期,农奴制农村中新生产关系发展程度的问题至今为各学者所争论。首先是就农民分化特点和形式,以及所表现出的农村新生产关系发展程度方面的争议。当然,后来最大的争议是农民分化之后的阶段,对此,学界存在多种看法[②]。争议的焦点是副业型和农业型农民分化的程度和速度。一方面,大多数学者认为,农业型农民的分化滞后于副业型农民,换言之,农业资本主义的兴起是晚于工业资本主义的;另一方

---

① П. Г. Рындзюнский. О мелотовном укладе в России XIX в.《История СССР》, 1961, № 2; его же. Вопросы изучения мелкотоварного уклада в России XIX в.《История СССР》, 1963, № 4.

② См. работы, указанные в сноске 26.

面，也有学者称，在 1861 年改革前，"资本主义式的农业型和副业型农民的分化需要作为一个同时或平行的过程来审视"，并且"农民经济作为一个整体，它所包含的工业和农业同时过渡到资本主义阶段"①。

对上述问题看法的差异源于学界对资本主义兴起阶段和资本原始积累的争议。除了试图追溯资本主义起源的所有连续阶段，以表现其内部联系和性质，许多研究低估甚至忽视了某些阶段中的趋势。这种现象主要出现在对小商品生产阶段的研究上，原因在于，要么将小商品生产阶段划入资本主义，要么跳过这一阶段。第一种情况的结果是，高估了资本主义兴起的时期，而第二种情况的结果则刚好相反。

正如近年来的文献所示，研究资本原始积累特点的主要错误在于，长期以来将各类货币财富积累和对直接生产者的剥削归类于资本原始积累。同时，资本原始积累是一种财富积累，它将财富转化为资本，直接生产者的破产导致赤贫化，广大破产农民被卷入资本主义剥削之中。当农村仅作为这一过程中的客体，或是作为地主、商人和国家政权活动的场所时，资本原始积累不可避免地还会导致其他负面影响。实际上，虽然农民是资本原始积累的主体，但与资本家积累和同乡富农巧取豪夺的能力及规模相比，他们要小得多。

之所以农村中新生产关系起源和发展的特点存在争议，是因为对这一过程的具体研究不够充分。例如，关于不同经济活动和各类农民所受剥削形式，以及各农民阶层中商品生产发展的研究还有很大的缺陷。鉴于数据的局限性，需要对其进行全方位的考量。同时，还要抛开过去仅立足于商品数量的数据资料，得出有关农民经济商品化程度的结果。学界在分析农奴制时代的农业经济时，经常会陷入一个误区，即在评价商品化程度时，不仅会忽视商品所占总产品的比例，而且没有揭示投入劳动力和生产资料进行再生产后的商品规模。很少有学者从农民分化角度研究该问题。许多立足于长时段的各类农民经济文献，对农民资本家和农民雇佣工人的个案研究，揭示了一些

① И. А. Булыгин. О капиталистическом расслоении крестьянства в дореформенной России. 《История СССР》, 1964, № 4, стр. 69.

庄园和村镇中的农民分化现象。根据一些庄园的农户普查，能够分析 19 世纪上半叶农民分化现象。因此，关于各类农民分化的特点和形式，以及他们的数量和地区分布间的差异亟待解决。这样一来，需要揭示在俄国农奴制崩溃阶段，农奴制农村中新形式、小商品和资本主义生产关系的发展程度。

在封建制度向资本主义制度过渡的过程中，农村中新生产关系源于旧生产关系的瓦解，而发展受到了来自农奴制度的阻碍。因此，整个过程可以被描述为过渡性的形式，其生产关系取得了普遍发展。农奴制阻碍作用的具体表现是，它本身固有地将农民束缚在封建关系内、异化过渡形式和整个过程推进速度的机制，以至于对农村社会经济发展产生影响，截至目前，关于这些方面的研究还远远不足。例如，当下不仅没有相应的成果，而且对这一时期商品和高利贷资本、企业活动的特点和雇佣劳动力等在农奴制农村中所起作用的研究也鲜有学者问津。笔者认为，如不能进行这些方面的研究，便无法揭示农奴制环境下新生产关系兴起和发展的特点。

研究的主要目标是揭示俄国农奴制农村中资本主义生产关系的兴起和封建制度瓦解的规律和特点，确定旧生产关系崩溃和行将摧毁农奴制度的新生产关系发展的程度。

研究对象是俄国农奴制，也就是地主和农村。研究区域包括西北地区、中部工业区、中部黑土区、伏尔加河中游、伏尔加河下游和扎沃尔日①（萨马拉省）地区、斯摩棱斯克省。北部地区、高加索和西伯利亚地区不在研究之列，因为这三个地区农奴稀少。

这一时期的农村社会经济发展过程正处于前一阶段的末期。因此为了更进一步的研究，有必要将时间的上下限扩展至 19 世纪上半叶。这样既能够阐述 18 世纪末的一些问题，也能对 19 世纪 80 ~ 90 年代的情况进行叙述。

显然，主要的研究对象是农民。但是，由于在封建时代，农民经济与地主紧密相关，因此，如果不考虑地主经济的发展对农民经济产生影响的各个

---

① "扎沃尔日"意为"伏尔加河中下游左岸地区"，该地区与"伏尔加河下游"重叠面积很大，作者经常混用，在本书中以原文为准进行翻译，不做统一。——译者注

方面，就无法理解农奴制农村所发生的变化。农民所受剥削的形式和强度、份地规模、确保农民拥有足够生产和生活资料的途径、将农民束缚在农奴制框架内的机制、调节和控制农民经济活动以适应地主利益的方式等，都是对农民经济水平和状况产生实质性影响的主要因素。以上这些问题都是本次研究所要涉及的领域。此外，研究也包括探讨地主经济的特点。

分析农民经济水平需要重点关注农奴制农村社会经济发展的特点，首先是农奴制阻碍发展和农村取得进步发展的程度。为了揭示第一个方面，不仅有必要阐明农民捐税和份地的规模，还要查清农民经济水平，也就是其生产和生活资料的占有情况。同时，还需要分析农民经济水平和规模的波动在多大程度上受其被剥削强度的影响。

为了阐明第二个方面，有必要分析农村生产力的发展状况和自然经济向商品货币经济过渡的程度，以及农民劳动力的使用情况。遗憾的是，反映俄国农奴制农村经济生活的文献较少，学者们无法通过系统分析数据的方式研究这一问题。但是，在研究时，能够事先做出假设。社会经济发展的总体反映是农民分化。农民分化在某些阶段和形式上取得优势，那么将会推动农村社会经济取得进一步的发展。这意味着，必须着重分析农民分化问题。当然，笔者将尽可能地考虑反映农村经济进步发展的其他指标。

在分析农民经济发展问题时，需要选择一些事实性的数据。首先纳入考虑的是一系列的统计汇报。笔者将尽可能少地引用带有作者主观态度的资料，因为这会导致研究结果存在局限性。

例如，几乎没有学者研究过农民权利地位的问题。对于这一问题，В. И. 谢苗诺夫斯基和 И. И. 伊格纳托维奇进行了浅析。这两位学者在研究阶级斗争时，仅以简短的篇幅叙述了这一问题。

因此，这也是本次研究的主要目标之一。以上问题确定了本书的结构。笔者将专门用一章的篇幅来叙述资料及其选择和分析的问题。苏联历史学在该领域的发展，主要致力于重要问题的基础性分析、改善研究方法等。在第二章中，笔者将分析 19 世纪上半叶，样本地区的农奴制农村社会经济发展趋势，其结果将成为研究背景。为了解决相应问题，笔者挑选的资料将覆盖欧俄各地区。在第三章、第四章和第五章中，笔者将分析黑土区和非黑土区农奴制农村中农民的经济水平。这三章旨在揭示农民经济发展的阶段、类型和多样性。在进行研究时，首先，需要使用微差分析法来分析各阶层的农民；其次，需要考虑农民经济活动的特点及其所受剥削的形式。在第六章中，笔者将对研究进行总结，并通过概括性的数据和数理统计法进一步分析俄国农奴制农村发展过程中的重要方面。

最后，笔者向莫斯科国立大学苏联资本主义发展史（Кафедра истории СССР периода капитализма Московского университета）教研室的同亨，以及农业经济史委员会和资本主义起源史委员会的诸位成员表达诚挚的敬意，正是他们在专业知识等方面的帮助，笔者才能最终完成本次研究。

第一章

史料及其选择和分析方法

一　文献综述

　　首先有必要对反映 19 世纪上半叶农村社会经济发展趋势的文献进行研究。在档案文献和统计方面，首推的史料是各省省长的汇报。就本次研究而言，年度的省长汇报可追溯至 18 世纪。这些报告上交给当时国家最高级的官吏，它们是体现当时社会状况的主要信息之一。在 19 世纪上半叶，一部分汇报交给沙皇，而另一部分交给内务部。内务部文献馆藏委员会收录了 19 世纪上半叶绝大多数的省长汇报。交给沙皇的省长汇报多数则已佚失，保留至今的部分藏于大臣委员会文献库。

　　显然，对于本次研究而言，定期的省长汇报是不够的，而且其中有不少已经佚失。在中央国家历史档案馆，保留着 1838～1860 年欧俄地区省份的省长汇报（50 份），但缺乏顿河军区（该时间段无省长汇报）和斯塔夫罗波尔省（1856 年缺失）的。1804～1815 年有 38 份省长汇报（共 47 个省）。1816～1837 年省长汇报的保留情况极为糟糕，几乎只有 19 世纪 20 年代的，共计只有 16 个省有省长汇报，而在 20 年代，仅有 10 个省份。总之，1816～1837 年仅有其中几个年份有省长汇报。

　　省长汇报的形式，以及其中的内容涉及有所变化。但是，所有汇报都阐

述了本省的经济情况、省政府机构中的事务、各类紧急事件、地方政府的意
见和事故等问题。在分析这些汇报时，需要根据省份经济情况，特别是农业
生产状况进行分类。这方面的资料有着特殊的价值，因为一些信息是省长汇
报独具的。在翻阅省长汇报时，需要着重关注 1842 年之后谷物粮食和马铃
薯的春播和冬播量。1842~1860 年的省长汇报不仅有全省的粮食播种和收
成，还有地主和国有农民、地主农民的粮食储量状况。此外，只有省长汇报
记录了 19 世纪 40~50 年代牲畜数量统计数据，以及农业经济总体状况及其
发展情况。

　　由此可见，对于农奴制时代农村社会经济发展的研究而言，省长汇报是
不可忽视的史料。但是，省长汇报的价值不仅限于此，因为与其他史料相比，
省长汇报更具真实性和可靠性。尽管如此，仍有许多同时代人对省长汇报中
粮食播种量和收成数据的可靠性抱有怀疑[1]。列宁就曾对省长汇报中的工业
情况进行了批判[2]。后来，省长汇报成为专业史料分析学的对象之一[3]。

　　关于粮食产量和播种量的报告是根据地主及其庄园管理局，以及基层国
家或乡村行政部门调查而编制的。地方的粮食产量和播种量调查体系较为原
始。确定播种量的方式是调查播种量（俄石），粮食收成则是根据打谷量计
算得出的。但是，最薄弱的环节并不是调查体系，而是统计人员只能根据数
据计算出近似值，显然，这类值常常只是个"约数"。因此，这种仅通过初
步计算得到的统计值并不可靠。之后，官员们再通过原始材料粗略地对其进
行补充。由此可见，这类数据的可靠性大打折扣。此外，还会出现一些数据
被故意修改的情况（一些地方官员会压低数值，以避免上缴更多的税款；
而另一些行政人员会抬高数值，以鼓吹自己的政绩）。

　　尽管数据选择体系存在各类缺陷，但如果合理地使用省长汇报，也能为

---

① A. Фортунатов. Урожан ржи в Европейской России. M. , 1893, стр. 28 – 29.

② В. И. Ленин. Полн. собр. соч. , т. 3, стр. 457.

③ Н. Н. Улащик. 《Отчеты губернаторов и Западной Белоруссии как исторический источник
гг. 》. 《Проблемы источниковедения》, т. IX. M. , АН СССР, 1961; А. С. Нифонтов.
Статистика урожаев в России XIX в. （по материалам губернаторских отчетов）. Рукопись.

研究提供大量关于农业等领域发展情况的数据。实际上，统计体系本身是一种对农民进行控制的机制。这种机制也就是所谓的大数定则，其本质在于，如果任何结果是基于一项因素与另一项之间的固有关联，且其中任何一项都无法单独对结果产生实质性影响的话，那么研究结果的不准确性将会表现在每一项具体研究上。其原因是，由于各个研究具有独立性，因此或大或小的偏差是相互平衡的。这种说法是由 19 世纪末著名统计经济学家 A. Ф. 福尔图纳托夫提出的，他为分析数据偏差提供了一种意见。为了检验省长汇报中粮食产量和播种量的准确性，A. Ф. 福尔图纳托夫将高产年的鉴定报告与其他更加准确的资料中所记录的数据进行对比，结果表明，在地主庄园的收成方面，准确度最低的数据与最高的差别很小，其余方面则差别相对较大①。对此，笔者并不能断言，省长汇报是一类十分准确的资料文献，因为其局限性是显而易见的。但另一方面，如果合理使用这类资料，将会为研究提供大量数据。通过这些数据，能够按照各地区农业状况及其发展方向进行划分归类。这样一来，汇报的偏差将会降至最小，因为在 19 世纪，各地为汇报收集数据的方式是统一的。越是广泛地进行对比，误差便越小。在使用汇报以计算绝对数值时，则需更为谨慎，因为在此过程中，统计误差的作用将更加明显。在这种情况下，需要将省长汇报同其他文献进行对比，以此进行校对。但是，校对过程必须十分谨慎，因为引入可靠的数据是研究工作的必要条件。如果这一环节出现问题，那么出现偏差的可能性将会上升，以至于研究结果出现错误。笔者认为，使用省长汇报中的"原始数据"得出的结果最为可靠。

此外，还有其他统计资料，例如，根据 18 世纪末土地测量普查汇编的《经济附注》，以及在 1861 年改革筹备期间制备的档案。后者中最重要的是由编纂委员会于 1859 年收集并制定的《地主庄园报告》。

《经济附注》是唯一一部包含 18 世纪末农村社会经济发展数据的资料。通过这部资料，笔者能够揭示农民所受剥削形式、耕地占有量、地主和农民粮食储备情况和代役租规模。除此之外，《经济附注》还包含一系列其他方

---

① A. Фортунатов. Урожан ржи в Европейской Россин. М. , 1893, стр. 62.

面的资料（例如，土地肥力、农民主业和人口等），如果这类资料覆盖数十个县，那么它们作为历史资料的价值便是显而易见的了。后来，学者们对《经济附注》进行了全面的分析。Л. В. 米洛夫也对此进行了研究，首先，他阐明了《经济附注》成书的复杂过程和它所反映的主要资料类型；其次，他证明了其中的统计数据等其他报告有着较高的可靠性[1]。

除《经济附注》，另一部包含农民剥削形式、份地和捐税资料的资料是《地主庄园报告》和法定文书。

最近，由于学者们广泛开始对法定文书进行研究，出现了关于法定文书相对价值的问题，以及对改革前农民份地土地所进行的评价。学者们试图对这些资料进行对比，并最终得出结论："地主庄园的记录是迄今为止用来确定改革前份地情况的史料，不能与法定文书相比较。"[2] 这一结论从本质上揭示了对比 18 世纪末和 19 世纪中叶农民份地规模的方法，因为这种对比法仅是以《经济附注》和《地主庄园报告》为基础的。

上述结论的主要依据是对比《地主庄园报告》和法定文书所记录的莫斯科省九县的农民人口和土地使用规模。7 个县有农民人口数据，8 个县有土地规模，而且法定文书中的信息比《地主庄园报告》更详细。但是，在这种情况下，这种差异不具有任何证明意义，因为相对的总体不同于绝对的个体。在对绝对指标进行对比时，总体的差异性是必然条件。实际上，在《地主庄园报告》中，有一些农奴人口不足 100 人的小庄园。例如，根据第十次人口普查，男性地主农民和庄园杂役共计 298019 人，其中居住在人口超过 100 人庄园的有 232587 人，而《地主庄园报告》只记录了 186520 人，也就是说，仅占 80.2%。该省的整体情况便是如此，而且省内各县的情况也大致相同。在法定文书中，7 个县的农奴人口比《地主庄园报告》多

---

① Л. В. Милов. Исследование об《Экономических примечаниях》к Генеральному межеванию.（К истории русского крестьянства и сельского хозяйства второй половины XVIII в.）. Изд – во 1965.

② Б. Г. Литвак. О некоторых спорных вопросах реализации реформы 1861 г.《Исторические записки》, 1961, т. 68, стр. 88.

18323 人，约占上述各县农民总数的 21.4%，也就是说，法定文书中多出的人口部分就是《地主庄园报告》所遗漏的。显然，"在研究农民份地方面，《地主庄园报告》是不可靠的资料"的说法是没有根据的。

　　《地主庄园报告》中所包含的庄园信息是不完整的，而且这一情况十分普遍（见表 1-1）。该书记录了 19 个省的情况，但是农民和杂役人口（人口数超过 100 的庄园）记载完整度超过 90% 的仅有 4 个（萨马拉省、辛比尔斯克省、沃罗涅日省和库尔斯克省）。此外，资料完整度为 70% 的有彼得堡省、弗拉基米尔省和梁赞省。如果将《地主庄园报告》所记录的农民人口与总人口进行对比的话，那么其完整度将更低。

表 1-1　19 世纪中叶地主和地主农民农用地面积（不含林地）和播种量

单位：%，万人

省份	农民		地主		地主的农民和杂役（男性）				
	《地主庄园报告》中记录的农用地占比	1851~1860年的播种量占比	《地主庄园报告》中记录的农用地占比	1851~1860年的播种量占比	第十次人口普查人口数		《地主庄园报告》中的记录		
					合计	大庄园内	合计	占总人口比重	占大庄园内人口比重
西北地区									
彼得堡省	79.7	71.9	20.3	28.1	12.25	9.10	5.03	41.1	55.3
诺夫哥罗德省	67.5	75.8	32.5	24.2	20.05	12.59	9.87	49.2	78.4
普斯科夫省	61.2	79.8	38.8	20.2	18.45	13.86	12.03	65.5	86.8
地区平均	69.9	76.5	31.1	23.5	50.75	35.55	26.93	53.1	75.8
斯摩棱斯克省	71.4	66.0	28.6	34.0	36.71	26.08	19.28	52.5	73.9
中部非黑土区									
弗拉基米尔省	79.5	84.0	20.5	16.0	32.67	26.11	15.90	48.7	60.9
下诺夫哥罗德省	79.2	79.5	20.8	20.5	34.74	31.91	23.71	68.2	74.3

续表

省份	农民		地主		地主的农民和杂役（男性）				
	《地主庄园报告》中记录的农用地占比	1851～1860年的播种量占比	《地主庄园报告》中记录的农用地占比	1851～1860年的播种量占比	第十次人口普查人口数		《地主庄园报告》中的记录		
					合计	大庄园内	合计	占总人口比重	占大庄园内人口比重
中部非黑土区									
科斯特罗马省	50.0	89.6	50.0	10.4	29.26	22.35	16.13	55.1	72.2
雅罗斯拉夫尔省	79.2	75.7	20.8	14.3	25.73	19.06	15.79	61.4	82.8
特维尔省	77.2	73.3	22.8	26.7	36.17	27.75	20.56	56.8	74.1
卡卢加省	76.0	62.3	24.0	37.7	28.46	22.15	17.44	61.3	78.7
地区平均	69.9	78.7	30.1	21.3	187.03	149.33	109.53	58.6	73.3
地区平均（不含科斯特罗马省）	78.4	76.8	21.6	23.2	157.77	126.98	93.40	59.2	73.6
中部黑土区									
图拉省	52.0	50.0	48.0	50.0	39.66	30.10	23.36	58.9	77.6
梁赞省	62.6	58.5	37.4	41.5	39.21	30.91	20.40	52.0	66.0
奥廖尔省	46.1	47.5	53.9	52.5	35.08	28.76	23.62	67.3	82.1
坦波夫省	47.2	50.5	52.8	49.5	37.07	30.12	26.60	71.8	88.3
库尔斯克省	47.3	58.7	52.7	41.3	34.90	26.23	24.33	69.7	92.8
沃罗涅日省	46.1	58.7	53.9	41.3	25.80	22.14	21.74	84.3	98.2
地区平均	49.3	53.1	50.7	46.9	211.72	168.26	140.05	66.1	83.2
伏尔加河流域中游地区									
奔萨省	57.3	58.2	42.7	41.8	26.77	23.76	21.34	79.7	89.8
辛比尔斯克省	57.3	54.3	42.7	45.7	21.49	18.59	16.76	78.0	90.2
地区平均	57.3	56.4	42.7	43.6	48.26	42.35	38.10	78.9	90.0

省份	农民		地主		地主的农民和杂役（男性）					
	《地主庄园报告》中记录的农用地占比	1851～1860年的播种量占比	《地主庄园报告》中记录的农用地占比	1851～1860年的播种量占比	第十次人口普查人口数		《地主庄园报告》中的记录			
					合计	大庄园内	合计	占总人口比重	占大庄园内人口比重
伏尔加河流域下游与扎沃尔日地区										
萨拉托夫省	47.8	63.8	52.2	36.2	32.34	28.10	23.28	72.0	82.8
萨马拉省	37.0	57.0	63.0	43.0	11.34	9.43	8.94	78.8	94.8
地区平均	44.3	61.7	55.7	38.3	43.68	37.53	32.22	73.8	85.9

鉴于《地主庄园报告》的不完整性，需要更加谨慎地对比其他史料。首要问题是，《地主庄园报告》不仅用于对比相同区域的总体，而且用于在缺乏相同性条件下所进行的总体对比。对于本次研究而言，需要注意的是，《地主庄园报告》记录的地主和农民土地扩张面积，以及所包含省县的农民份地规模是否具备研究可靠性。

对于前者而言，需要对比地主和农民的耕地面积所占比例与两者播种量间的关系。显然，耕地扩张面积与播种量之间关联紧密，地主和农民土地占有量所占比例与其播种量所占比例大致相同。

上述地区（伏尔加河流域下游与扎沃尔日地区）地主和农民播种量所占比例与其农用地面积所占比例十分接近（见表1-1）。这说明，尽管《地主庄园报告》在数据上具有不完整性，但在地主和农民土地扩张面积方面的记录十分接近实际情况。如果考虑到扩张的农用地不仅包括耕地，而且包括草场、牧场和宅园等，那么这一结论将更加准确。地主和农民的土地扩张是不平衡的。例如，在伏尔加河流域下游与扎沃尔日地区，地主占有的耕地面积所占比例远远高于农民的。这说明，在地主和农民的土地与播种量所占比例方面，进行各地区间的比较研究更为重要。

根据《地主庄园报告》和法定文书对比农民份地得出了一项结果。样本省份有 12 个（见表 1 - 2）。档案所示，其中 4 省（下诺夫哥罗德省、图拉省、奥廖尔省和坦波夫省）的份地规模几乎相同（不超过 3%）。库尔斯克省、辛比尔斯克省和弗拉基米尔省的规模相对较大，分别为 8%、10.1% 和 11%。沃罗涅日省和萨马拉省分别为 13.5% 和 13.9%。仅有两个省的份地规模比例超过 15%，分别是莫斯科省（15.3%）和梁赞省（17.9%）。

表 1 - 2　改革前《地主庄园报告》和法定文书中地主农民的份地情况

| 省份 | 农民所拥有的份地情况 | | | | | 农用份地（男性人均） | | |
| | 《地主庄园报告》 | | 法定文书 | | | 《地主庄园报告》（俄亩） | 法定文书 | |
	男性人口（万人）	占第十次人口普查结果的比重(%)	男性人口（万人）	占第十次人口普查结果的比重(%)	占《地主庄园报告》的比重(%)		土地面积(俄亩)	与《地主庄园报告》中份地数据的比重(%)
斯摩棱斯克省	13.94	38	31.65	86.2	227	5.48	4.8	87.6
莫斯科省	11.15	37.4	12.82	43	115	3.01	3.47	115.3
弗拉基米尔省	15.47	47.4	31.38	96.1	202.8	3.81	4.23	111
下诺夫哥罗德省	22.43	64.6	33.56	96.6	149.6	3.88	3.88	100
图拉省	21.5	54.2	36.68	92.5	170.6	2.89	2.93	101.4
梁赞省	18.82	48	34.58	88.2	183.7	2.74	3.23	117.9
奥廖尔省	20.39	58.1	30.6	87.2	150.1	3.5	3.59	102.6
坦波夫省	23.24	62.7	29.83	80.5	128.4	2.88	2.97	103.1
库尔斯克省	21.7	62.2	26.89	77	123.9	2.49	2.69	108
沃罗涅日省	19.95	77.3	14.43	55.9	72.3	3.03	3.44	113.5
辛比尔斯克省	15.45	71.9	20.01	93.1	129.5	3.57	3.93	110.1
萨马拉省	6.24	55	9.15	80.7	146.6	5.4	5.87	108.7

因此，《地主庄园报告》所包含的数据能够用于同其他史料进行对比，特别是同《经济附注》。同时，通过对比各地份地规模所得出的结论具有较高的准确性。正如《地主庄园报告》中的数据资料所示，各省的份地规模所占比例为 15% ~ 18%。在后续的研究工作中，笔者将全面且客观地对《地主庄园报告》和法定文书中的两者耕地增加情况进行对比。

在对 1861 年改革前各地区贵族土地占有量和地主土地占有量进行研究时，由编纂委员会地方处汇编的资料成为大多数学者关注的重心。其主要数据来自各省委员会地方税务。在同时代人看来，这些数据并不存在问题①。A. 斯克列比茨基根据编纂委员会著作中 45 省的数据，以县为单位进行了汇总②。

需要注意的是，笔者必须在较长的时间段内，对比上述报告中的数据。在财政部总办公厅中，笔者找到了各县的报表（从各省的报表中摘录出的），其中记录了地主耕地、草场和林地方面的数据。这些报表是 19 世纪 30 年代末至 40 年代初政府公文的一部分，但它们并未注明具体日期。对此，可以根据行政区划来确定这些文件的日期。笔者认为，这些报表的编制时间应不晚于 1842 年，因为其中没有于科文省的资料，该省始建于 1842 年，此外，表中还有比亚韦斯托克省的记录，而该省于 1842 年被裁撤。这些报表的编制上限时间应为 1839 年 12 月 24 日，因为这一年维连斯基省的特洛克斯克县被裁撤③。特洛克斯克县的报表在维连斯基省的统计中已不再出现，这说明，该县已从该省中划出，而科文县还未划定管界④。综上所述，这些报表大致编制于 1840～1841 年，当然，可能是在 1840 年，因为特洛克斯克县管界划定工作在 1841 年就已大体完成了。

这些报表的来源已不可考。笔者认为，它们很有可能是根据地方税务委员会资料而为财政部编制的资料的复印件。

编纂委员会参考了这些资料中的一部分，后来汇编了关于农民剥削形式的报告。除了被编入《地主庄园报告》的资料，还有关于劳役制和代役制

---

① A. Скребицкий. Крестьянское дело в царствование Александра II, т. II. Бонн － на － Рейне, 1865，стр. 1039.

② A. Скребицкий. Крестьянское дело в царствование Александра II, т. II. Бонн － на － Рейне, 1865，стр. 1491 и сл.

③ В. М. Кабузан. Народонаселение Россни в XVIII—первой половнне XIX в. М.，Изд － во АН СССР，1963，стр. 225.

④ ЦГИА，ф. 560，Общая канцелярия министра финансов，оп. 22，д. 1，разные бумаги，л. 311－312.

农民人口的报告。在与 18 世纪末的数据进行对比研究时，学者们常常将 В. И. 谢苗诺夫斯基统计的《经济附注》当作对照材料。但是，从根据《经济附注》对后续时间段内各省的整体研究结果来看，В. И. 谢苗诺夫斯基的统计结果并不准确。近年来，Н. М. 谢普科娃发现了 1765~1767 年由俄国中部 18 省的检察长编纂的关于劳役制和代役制农民人口的报告，并对其进行了整理。

税额普查为农奴制时代人口的研究提供了最为准确的数据资料。许多研究人员据此进行了分析，其中既包括同时代人（П. 克片、A. 特罗伊尼茨基），也包括当代苏联学者[①]。然而，至今尚无根据原始档案对这部税额普查档案本身进行分析的研究。

封建农奴制经济瓦解的起点和重要标志之一是自然经济向商品经济过渡。对本次研究而言，需要探索农耕经济的商品化程度，因为它是农业经济的重要部分。对此，官方收集的关于粮食周转的河运资料提供了大量的数据。通过该类资料，能够确定周转货物的价值。这些报告由地方编制，最后交由中央部门（水运报告发行处、水运委员司、报告和出版物管理司等）。在 19 世纪 30~50 年代，有些报告会被印刷出版。例如，关于 1837~1839 年河运情况的《俄国国内航运形势》，以及《1854 年欧俄地区内航情况》。其数据均是根据欧俄地区码头货物周转文件统计的。1859~1862 年的粮食货物河运数据在被统计分析后，编入了《统计学报》。此外，笔者还找到了 19 世纪初至 30 年代的河运报告原始档案（苏联中央国家历史档案馆）。河运数据同其他资料（省长汇报、省份说明）一道，记录了 19 世纪上半叶商品粮主产区向各地运输、酿酒耗费和农业商品化程度和进展情况。总之，这些官方统计数据反映了农业社会经济发展的趋势。

另一类史料是各省、县、经济部和农民行业的说明。其中，有两项需要重点关注。首先是 18 世纪末 19 世纪初各省和总督管辖区的《国土测量记

---

① В. М. Кабузан. Народонаселение России в XVIII первой половине XIX в. ; В. М. Кабузан и И. М. Шепукова. Изменения в размещенин и социальном составе населення России в половине XIX в. М. , Изд – во АН СССР 1967.

录》，其次是 19 世纪中叶的《俄罗斯帝国战争统计评论》。Н. Л. 鲁宾斯坦对《国土测量记录》进行了全面的历史分析①。这部测量记录对自然气候、土壤、农业经济主要结构、农民工商业情况进行了详细的记述。鉴于《国土测量记录》囊括了 30 个省的资料数据，在社会经济史领域，它成为一部极具价值的史料。《国土测量记录》的卷本主体藏于国立莫斯科中央军事史档案馆的军事统计文献室，其中一部分则已经印刷出版②。

在 19 世纪 40～50 年代，总参谋部对俄国社会经济情况进行了深入的研究。总参谋部的军官们依照同一程序，收集了各地气候条件、地理状况、人口、农业经济、工业、商业和个别省州的道路交通情况的资料。相关部门据此汇编成《俄罗斯帝国军事统计评论》，并发行了三版。通过比较，第三版（1848～1858 年）最为完整，该版共 18 卷，包括了 69 个省州的资料。50 年代末，军事统计说明的内容形式较之前有所扩充，除了纯粹的军事目的，收集社会情报也成为该部门的任务之一。在 1860～1868 年，系列文献《俄国地理和统计材料——总参谋部编制》相继出版，其中包括 24 个省州的资料。

在这两部由总参谋部出版的文献资料中，有一些值得关注的信息。这些地方信息，是总参谋部在参阅各类资料，调用大批高水平专家进行调研后编制汇总的③。这两部文献汇编得到了同时代人的高度评价。例如，Н. Г. 切尔尼雪夫斯基写道："有机会去认识一些对各省信息进行过记述的军官：他们的良好的素养和诚恳的态度保证了他们有能力出色地完成委托给他们的任务。"④

---

① Н. Л. Топографические описания наместничеств и губерний XVIII в. —памятники географического и экономического изучения, России. 《 Вопросы географии. Научные сборники Московского филнала Географнческого общества СССР 》. Сб. 31. М. , Географгиз, 1953.

② 《国土测量说明》档案和出版物清单参见 Н. Л. 鲁宾斯坦的论文。

③ 19 世纪上半叶省份说明书刊简介参见 Н. П. Никитина. 《 Краевая география в дореформенной России XIX в. 》.《Вопросы географии》, 1953, сб. 31。

④ Н. Г. Чернышевский. Полн. собр. т. VI. 1906, стр. 392.

除了总类说明，总参谋部还进行了专门说明。例如，在 19 世纪 50 年代，总参谋部对特维尔省、斯摩棱斯克省和弗拉基米尔省的农业情况进行了说明①。

实际上，对个别农业领域和农民行业进行描述说明的，不只有各省参谋，还有一些县和村镇，它们会在期刊上发布调查结果。后来，这些期刊被系统地存录在《内务部记事簿》和《国有资产部记事簿》中。但是，一些关于农村经济发展的研究型文章，被收录在地方农业经济和省份报表中②。

综上所述，这些资料均是笔者研究农奴制农村社会经济发展总体趋势的基础。

庄园领地记录文献是另一类史料。它们反映了庄园个体的状况特征。与官方统计资料相比，这是它们的缺点。但是，只有领地文献能够全方位地揭示地主农村社会的经济发展情况。大多数领地记录资料保存在苏联中央国家古代文书档案馆［莫斯科和列宁格勒（今圣彼得堡）］。除此之外，这类资料储存最多的是斯摩棱斯克省和高尔基省的档案馆。

本次研究所使用的领地资料主要来自莫斯科和列宁格勒的档案，其中有大量关于农民经济状况的记述。笔者认为，只有使用这类资料，才能对农民进行阶层划分，以确定他们在农村社会经济发展过程中的作用，换言之，评定庄园中各类农民的经济类型和发展程度。

领地档案包含多种类别，其主体是当时的经济类文件和报表。这些文献的编者（领地行政人员和农民）对庄园内部事务十分了解，且受到地主的严密控制。因此，这些文献具备较高的可信度。

在领地档案中，有一类极具价值的史料即农户普查。普查由领地行政人员周期性地进行，其目的是查明农民的经济状况。普查的数据门类众多，其

---

① В. Преображенский. Описание Гверской губернии в сельскохозяйственном отношении. СПб., 1854；Я. Соловьев. Сельскохозяйственная статистика Смоленской губернии. СПб., 1855；Н. Дубенский. Владимирская губерния в сельскохозяйственном отношении. 1851.

② Б. В. Тихонова.《Обзор〈Записок〉местных сельскохозяйственных обществ 30—50 - х годов XIX в.》.《Проблемы источниковедения》, 1961, т. IX.

中注明了农户家庭组成和人口变化（生病或残疾），以及每户赋税单位的规模，甚至统计了役畜和肉畜的数量。但是，农户普查中鲜有反映粮食播种或储备、捐税欠款、生产和生活设施的记录。有的档案里记录了农民的购买土地和财物明细，以及房屋、牲畜等财产的估价。鉴于当时农村副业不断发展的情况，农户普查中也包括农民从事副业的情况（农民姓名、副业类型和特点）。值得注意的是，一些档案还记录了农民的副业收入。

农户普查的优点在于，它具备较高的可靠性，因为农民经济受到地主的严密监控，他们很难躲避调查。但是，这并不意味着所有普查报告均具备高度的可靠性。例如，一些普查在农民副业方面记述得十分模糊（未注明农民人数、副业类型和社会性质）。

为了尽可能多地收集档案资料，笔者需要对保存在莫斯科和列宁格勒档案馆中的资料进行一项特殊的调查。调查的另一项目的是研究载有农户普查的领地档案。这样一来，便能够从浩如烟海的农户普查中划分出述有农民经济状况的文献①。虽然大多数领地档案附有农户普查，但也存在附有其他文献的特例。为了分离出价值较低的文献，笔者使用了两种方法。其一，研究大农奴主办公厅的分布，因为该机构能够发布进行农户普查的命令。例如，1836 年，舍列梅捷夫家族发布了这样的命令，1851 年，尤苏波夫家族也发布了类似的命令。翻阅领地办公厅的文件，能够查找出一些被遗漏的农户普查。其二，确定农户普查不是各自独立的，而是与领地办公厅存在联系的，也就是说，农户普查被存放到了其他文件里。通过对领地庄园的档案进行检查，笔者的确发现了许多农户普查。

正如预期，大地主的领地中保留的农户普查数量较多。其中，加加林家族、尤苏波夫家族、奥尔洛夫—达维多夫家族、穆辛—普希金家族、戈利岑家族的庄园保留得最多。

领地档案的优点在于，留存了多次农户普查。一些庄园甚至保留了较长时间跨度的农户普查（时间间隔为 10 年）。这样一来，笔者便能够研究各

---

① 除了反映农民经济状况的农户普查，还有记录人口、捐税和欠款情况的报告。

类资料数据的动态变化。领地档案，以及其中的农户普查的最大缺点是，它们所记述的农民状况主要是大庄园的。虽然农奴制农村社会经济发展的总趋势是由大庄园决定的，但这只是整体的，中小庄园也有各自的特点。为了对这一问题进行"校正"，笔者需要收集一些中小庄园的农户普查资料。因此，除了地主本身的农户普查，法院关于庄园抵债的判决书，以及对其进行估价的文件也是重要的史料。该类文件是由法院代表与估价员（从贵族中遴选的）一同编制的①。这样一来，农户普查既包括售价，也包括地主庄园本身的价值。该类记录可以在地方档案馆、法院机构和办理类似事务的中央部门中查询。

法院文书的调查焦点是枢密院 8 个司的农户普查档案，这 8 个司曾对 11 个省的各类事务进行判决。调查过程十分复杂，因为仅 19 世纪上半叶的卷宗就有 7 万余份。但是在与本次研究有关的卷宗中，仅收集了 20 份农户普查，而且其中 17 份是男性人口不超过 100 人的小庄园的普查。此外，笔者还前往莫斯科市立档案馆，这里收集有莫斯科省管理委员会的档案，其中关于庄园出售过程中估价的卷宗不仅有莫斯科省的，而且包括其他省份的。经过调查，笔者在 21 份关于庄园出售的卷宗中找到了一些农户普查（全部为中小庄园）。

藏于国家部门的农户普查仅记录了人口、房屋设施和牲畜数量方面的信息，粮食储量的资料较少。该部分农户普查的缺点在于，缺少赋税单位方面的资料，因此无法揭示各阶层农民的捐税规模。然而，农户普查和其他记录在各个方面相互补充，据此，笔者能够判断，中小庄园与大庄园在发展特点方面的同步度情况。

笔者共收集了 289 份农户普查，包括 183 个庄园的 11.4 万名农民（见表 1-3）。这些庄园分布于欧俄各地（喀山省除外）。最具代表性的是中部非黑土区，而西北地区则相反。在 183 个庄园中，有 44 个的农户普查数量在 2 个及以上。大多数庄园是大型的（农奴人数超过 250 人）。与之前的研

---

① 《Свод законов》, 1842, т. X, ст. 3823, 9253.

究相比，农户普查使笔者能够立足于更丰富的史料数据的基础上，分析农奴制农村的内部结构。

表 1-3　农户普查的地区分布

单位：人

省份	合计			附有农户普查的		
	庄园	全部文献	农民（男性）	庄园	农户普查数量	农民（男性）
彼得堡省	3	6	657	2	5	526
普斯科夫省	1	1	1094	—	—	—
诺夫哥罗德省	4	9	1620	3	8	1220
斯摩棱斯克省	2	3	8243	1	2	1419
莫斯科省	38	59	17201	8	29	8534
弗拉基米尔省	14	16	8974	2	4	1382
下诺夫哥罗德省	12	17	4880	1	1	562
科斯特罗马省	8	9	1235	1	2	103
雅罗斯拉夫尔省	19	32	12602	6	21	7321
特维尔省	5	19	9733	4	18	9253
卡卢加省	11	16	4774	3	8	733
图拉省	13	18	4838	2	7	556
梁赞省	13	22	3740	3	17	1995
奥廖尔省	3	3	1253	—	—	—
坦波夫省	13	23	5358	3	13	4041
库尔斯克省	7	11	7005	3	7	5917
沃罗涅日省	2	4	1969	1	3	1770
奔萨省	7	7	6443	—	—	—
辛比尔斯克省	3	3	3442	—	—	—
萨拉托夫省	6	7	2272	1	2	134
萨马拉省	4	4	7232	—	—	—
合计	183	289	114565	44	152	50466*
庄园分类						
少于 100 人	39	40	1912	1	2	96
101~250 人	34	42	4810	5	11	703
251~500 人	43	61	15386	10	26	3196
高于 500 人	67	146	92457	28	113	41471

　＊该数据应为"45466"，系原书错误。本书所有数据均遵照原文，后文亦有此类计算错误或正文与图表数据不对应等情况，不再赘述。——译者注

另一些领地档案资料能够划分成几个类别。首先是不同类别的地主庄园记录。其中的一部分与废除农奴制度和其他政府需求而进行的土地测量有关，还有一些与庄园划分、财产调查等有关。所有文献均包括庄园面积和农民土地占有量、捐税规模和形式，以及地主和农民主要的经济活动等方面的记录。

就其性质而言，庄园人口调查与庄园记录十分接近。这类人口调查旨在使不常去自己庄园的大地主了解本庄园内的情况。

这类领地资料的主体是当时的统计和描述类文献。其中包括一些反映农民赋税单位、捐税规模、欠款情况、粮食交易、货币借贷、地主粮食播种量和产量、庄园货币收支情况的书籍、报刊、笔记本和报告等资料。许多庄园里的工作人员会进行月度、半年度、年度的统计。值得注意的是，上述文献中包括一些反映农民外出身份证发放情况、工商业活动的书籍报告。但遗憾的是，记录地主征调农民做工，也就是地主自营地劳役方面的资料极为匮乏。

在经济统计和报告汇制方面，各地主庄园间存在差异。鉴于此，各庄园的资料在完整度、内容等方面不尽相同。加加林家族的领地资料便是这方面较好的典例。在系统度方面，各种数据资料以月、年的顺序存放，而且文献保存得十分完好。

领地档案汇总最特殊的资料是当时的经济信函。一方面，这类资料记录了领地的收支情况；另一方面，这类资料中还有由领地发出的命令文书。实际上，经济信函的编制和发送是定期的。例如，庄园报告经常每周发送一次。通过这类史料，笔者收集到了反映农奴制农村各方面生活的资料。尤为重要的是，这些资料揭示了各农民阶层间的关系。

有一类领地档案来自农民。该种史料的形式较为多样。其中一类是有关各种问题的村社决定文书，最常见的是村长、领地管家、收税员的选举，税务分配，征募士兵等方面的文书。遗憾的是，村社或长老在其他方面的决定（例如对农民的请愿）文书完整度较低。这类村社决定文书的缺点在于，文书内容过短，甚至一些争端的原因也没有记录。但是，在一些情况下，与村社判决有关的文件能够反映一部分信息。另一类是个别或群体农民上交给领地办公厅或地主本人的请愿信和上诉书，它们反映了农民当时的经济水平和状况，而这类信息是其他资料所不具备的[1]。还有一类是一些收录有农民间合同和交易契约的书籍。这类书籍由领地办公厅编制。值得注意的是，农奴丧失法定权利的记录也是一种形式的农民间协议。在加加林家族和舍列梅捷夫家族的庄园档案中，就有反映这类资料的书籍，其中包括农民接收养子养女、多利尼克[2]、入赘男性、大宗借贷及其偿还条件、劳动力雇佣、份地出租等方面的协议。在协议中，双方详细地书写了相关条款。通过这类资料，能够揭示这一广泛分布于农村中的协议体系。当然，这类资料也存在缺点，协议缔结方式各异，有的呈书信形式，而有的则是在村社会议或其代表等见证人在场的条件下口头缔结。

为了研究农奴制农村的农民状况，笔者使用了名为《18～19世纪初俄国农民流动》的出版汇编。这部汇编按照文献来源、特征和内容对其进行了分类。对这些文献的总体特征及其相关问题的研究，可以借鉴该书的前言，以及 C. C. 德米特里耶夫对该书的研究论文[3]。

在俄国地理社会的调查表中，有各类关于19世纪中叶俄国农村风俗习惯、农民经济活动和日常生活的报告。1847年，俄国地理学会的民族学分处为了收集民族学信息，编制了专门的调查表。在此次调查中，有关部门从各地共收集了7000份手稿手册。调查表所涉内容十分广泛。截至19世纪40年代末50年代初，俄国地理学会已经收到了数千份关于此次调查的来

---

① 有关农奴制农村历史资料研究中的农民请愿书请参阅 Э. С. Паиной《Жалобы помещичьих крестьян первой половины XIX в. как исторический источник》.《История СССР》, 1964, No 6。

② С. С. Дмитриев. Крестьянское движение и некоторые проблемы общей истории России в первой половине XIX в. （К выходу в свет сборников документов о крестьянском движении в 1796—1849 гг. ）.《Вопросы архнвоведения》, 1962, No 2.

③ Д. К. Зеленин. Описание рукописей ученого русского географического общества. Вып. I—Ⅲ. 1914 – 1915.

信，其中大多数存放在位于列宁格勒的俄国地理学会档案馆。

一方面，大多数来信的内容篇幅较短，而且叙述模糊；另一方面，许多记录是按照内容来分类的。笔者发现，一些信件来自地主庄园的管家、县专科学校的教师。但来信人的主体群体是乡镇神父，他们中的大多数在乡村中已经生活了 20～30 年，也就是说，他们对此次调查的内容十分了解。许多来信表露了作者的民主倾向，以及对农民的同情和尊重，甚至其中一些表述得极其生动和富有感染力。显然，这些书信表达了他们的思想。

以上便为笔者研究俄国地主农村社会经济发展的主要史料。

二　统计资料的整理和分析方法

对于任何研究而言，完成资料收集之后最常出现的问题是，针对研究目标，如何在最大程度上充分利用这些资料。显然，任何一项研究能否取得理想的成果首先取决于研究者有无理论方法，以及资料分析和处理准则；其次取决于这些方法和准则的有效性。

在研究 19 世纪上半叶地主农村社会经济发展时，需主要分析各种形式的统计资料。这一过程不仅需要收集相关数据资料，而且必须对其进行仔细分析。本次研究的许多细节表明，有必要在史料分析、研究准则等方面采用一些更为完善的方法。

本次研究的目标之一是在考虑农民分化形式和特征的基础上揭示俄国农奴制农村社会经济发展的特点。因此，通过农户普查中有关农民经济类群的记述，笔者将农民阶级划分为若干阶层，并确定具体划分准则，这一点对研究有着十分重要的意义。虽然农民经济阶层的划分准则多种多样，但在具体研究中，其选择取决于亟待解决的问题。例如，一些农户普查的划分类别是"良好""中等""贫困"，还有的是"富农""中农""贫农"。这类阶层划分旨在确定农民的负担，其标准是农民向地主履行义务的能力。因此，"良好"阶层的农民大多数是大商人或工厂主，他们获得资料的主要途径是雇用劳动力，并定期为后者提供薪资。农民阶级的社会经济结构与庄园行政人员对其情况的评价不相符，主要表现在农民广泛从事副业方面。但是，在农业型农村，这类评价往往比较客观真实。

由此可见，在收集到农户普查中对农民阶层的划分资料后，有必要分析这些记述在多大程度上符合研究目标。显然，许多有关阶层划分的资料在具体研究中并不适用。因此，笔者需要根据农户普查中的资料，重新确定划分农民阶层的准则。

对于上述有关农民划分的问题，列宁曾强调："经济统计必须把经营的规模和类型作为分类的根据。"[1] 对农民经济类型和规模的统计揭示了各农民阶层间的本质区别。

农民经济类型之所以能被划分出若干阶层，首要源于农民在生活和经济资料再生产特点方面存在差异。

众所周知，在封建农奴制的经济体系下，仅需要进行简单的再生产。与资本主义生产不同，封建农奴制经济不存在扩大再生产的内在动力。但是，这并不意味着封建时代没有扩大再生产。对此，马克思说道："在各种不同的社会经济形态中，不仅都有简单再生产，而且都有规模扩大的再生产，虽然程度不同。"[2] 农民经济的扩大再生产是在建立自然经济基础之上的，实际上，在这种条件下，地租是剩余劳动的正常的、吞并一切的、可说是合法的形式，而远不是超过利润的余额。另外，（这）会刺激他（农民）去提高自己劳动的紧张程度[3]。因此，除了必要的剩余产品，农民会将一部分投入扩大再生产中。

农民经济再生产的类型有三种：完全不存在再生产甚至是简单再生产的经济、农民经济状况相对富裕情况下的简单再生产经济、扩大再生产经济。

在没有简单再生产经济的农民阶级中，"生产力不足"的程度存在差异。据此能够将农民划为两类存在本质区别的阶层。一类农民虽然不存在简

① В. И. Ленин. Полн. собр. соч. ，т. 3，стр. 96.

② К. Маркс и Ф. Энгельс. Соч. т. 23，стр. 611.

③ К. Маркс и Ф. Энгельс. Соч. т. 25，ч. II，стр. 356—357.

单再生产，但能够从自身经济中获得必要资料的一大部分；另一类农民要么无法从自身经济中获得必要资料，要么仅能获得半数。由于再生产类型的差异，农民阶层日益分化为三个阶层。无法从自身经济中获得半数必要资料的是贫农，能够从自身经济中获得绝大多数必要资料的是中农，而拥有剩余产品的是富农。需要注意的是，中农经济极为不稳定，只有在相对富裕的条件下才能实现"生产—自给"这一过程。

同时代人便已指出了农民阶级中存在的主要经济差异。例如，1843 年一位学者分析了彼得堡县一个庄园的情况，他认为存在 4 个类别的农民。富裕户往往"不拖欠捐税，履行自己义务……生活和衣带整洁，食物优质。尽管他们有所遮掩，但从许多细节，以及其他人的意见来看，他们可能是富有的资本家"。小康户"不拖欠捐税，履行自己的义务……但是每逢荒年，他们却没有任何的储备"。第三类是温饱户，"他们中的许多人倾全家之力缴纳捐税（能够不拖欠），但是每逢春夏季，他们便陷入了粮食不足的窘境，故不得不在秋季之前向地主或同村的小商贩寻求借贷"。第四类是贫困户。他们无论何时都"无法缴纳捐税……食物只有面包和牛奶，很少有燕麦粥，有时甚至连面包都没有"①。显然，富裕户能够进行扩大再生产，小康户则在特定的环境中能够进行简单再生产，温饱户仅能从自身经济中获得绝大多数的必要资料，而贫困户仅能获得一小部分。

1850 年，一位向俄国地理学会调查致信的学者在信中叙述了卡卢加省莫萨利斯克县斯帕斯基村农民的日常和习俗："这里的农民比较富足，他们缴纳各类捐税，他们全年均能实现粮食自给，并且没有背负任何借贷。阶层不会超过三类。富裕户拥有剩余产品，并从事各种类型的商贸活动，但这里不明显。"②

因此，各农民阶层在再生产方面所独具的特点，导致他们在经济生产力和地位方面出现了本质性的差异，但是，这仅是差异的一方面。此外，各农

---

① ЦГИА，ф. 91，ВЭО，оп. 1，д. 326，лл. 75—75 об.

② РГО，разр. XV，д. 60，л. 29.

民阶层的经济情况会根据其内部结构出现分化。

农民经济的内部结构决定了三方面的要素，其一，结构中自然经济和商品经济间的关系；其二，主要生产资料的占有情况；其三，家庭劳动力和外来劳动力（劳动力买卖）在农民经济中的作用。农民经济内部结构特点及其主要要素间的关系，决定了农奴制农村瓦解，以及作为新生产关系的小商品生产和资本主义生产发展的程度。

自然经济向商品货币经济转变的重要标志不是简单的量的积累，而是质变。因为封建时代也存在推动社会劳动分工到一定程度的特质，农民经济与市场总能保持联系，总之自然经济并非绝对的。在总体经济和个人的消费需求方面，例如，盐、焦油、金属制品等，农民几乎都可以买到。此外，一些农民会将一部分产品投入市场进行销售。然而，这种市场联系在程度上是有限的，主要生产和生活资料的生产依然是自然性的，而经济体系（领地地主、农民）是"一个与社会联系极为脆弱的自给自足的封闭整体"①。在这种环境下，商品货币关系发展得极为缓慢，而且对农民经济内部结构的发展没有起到明显的推动作用。

商品货币关系是封建制度发展的重要阶段。农民与市场的联系不断扩大加深，以至于市场成为农民获取必要的生产和生活资料的重要因素。这样一来，农民丧失了自给自足性，他们原本同社会的隔绝被打破，并最终逐渐变成基于社会劳动分工的单一生产体系中的个体。因此，为了揭示自然经济向商品货币经济转变的程度，不仅有必要统计出农民产品的商品化程度，而且需要阐明农民生产和生活资料的生产与市场间的联系对商品货币经济的影响水平。遗憾的是，迄今为止有关农民经济从自然经济向商品货币经济过渡的研究均没有考虑到上述两点。显然，商品货币关系发展过程中的质变首先反映在边缘阶层身上。

农民主要的生产资料是土地，在封建时代，农民被束缚在份地上。两种土地使用方式是反映商品货币关系发展质变的重要参照。根据农民经济活动

---

① В. И. Ленин. Полн. собр. соч. , т. 3, стр. 184.

的特点，土地使用方式可以分为农业和副业。实际上，副业带有商品货币特点，并且是非农奴制经济发展的基础。显然，生产资料使用方式的质变首先出现在边缘阶层中。

为了揭示农村中资本主义关系发展程度，需要阐明农民经济中个体劳动与劳动力买卖间的关系。在农民经济中，家庭和雇佣劳动力所发挥的作用有三种类型：其一，家庭劳动力发挥主要作用；其二，雇佣劳动力的作用强于家庭劳动力的；其三，主要的生产和生活资料均来自出卖劳动力。1907 年，列宁根据德国农村经济普查数据，揭示了三种具有不同特质的经济类型：其一，"全部使用雇佣劳动力"；其二 "家庭劳动力数量多于雇佣劳动力"；其三，"雇佣劳动力数量多于家庭劳动力"[1]。

当然，只有在拥有扩大再生产能力，以及大量剩余产品的农民群体中才会出现雇佣劳动力数量多于家庭劳动力的现象；主要使用家庭劳动力的是中农阶层，仅通过出卖劳动力来获取生产和生活资料的是贫农阶层。由此可见，并非所有农民都具备扩大再生产能力，雇佣劳动力仅在富农经济中发挥主导作用。实际上，扩大再生产也能够建立在家庭劳动力之上，但由此获得的剩余资料无法继续投入经济生产中。准确来讲，贫农既无法从自身经济中获得必要资料的半数，也无法在封建制度下出卖劳动力。因此，对他们而言，获得必要生产只能通过其他方式。在中农经济中，家庭劳动力发挥主导作用，同时，中农也可能小规模地使用了雇佣劳动力。

因此，根据再生产的特质、商品货币关系在农民主要生产生活资料再生产中的作用和土地等生产资料的保障方法，以及农民经济中雇佣和家庭劳动力的关系，能够将农民划分为若干具有本质区别的阶层。

在对农户进行分组时，主要目标是确定能够划分农民经济类型和规模的指标。显然，这一指标或是标准 "应当与地方环境和土地占有形式有关"，还应当考虑农民经济中各农业领域的生产和副业的作用[2]。需要注意的问题

---

① В. И. Ленин. Полн. собр. соч.，т. 19，стр. 329.

② В. И. Ленин. Полн. собр. соч.，т. 3，стр. 96.

是，什么样的指标或者标准，能够用来揭示 19 世纪上半叶农民经济中的差异。由于这一时期农民经济在技术方面还未出现实质性的进步，因此所选择的标准应是适用于全俄各地的。

在对农业型农民进行分组时，主要依据是力畜的占有量情况，也就是马匹的占有量情况，因为力畜能够准确地反映农民的经济状况①。为了阐明上述三类农民经济类型，有必要确定与之对应的力畜占有水平。贫农无法从自身经济中获得必要资料的半数，因此无马户和一马户可划入该阶层。无论是改革前，还是改革后，均有大量资料表明，在农业生产占主导的环境下，无马户和一马户无法从自身经济中获得必要的资料。

相比之下，中农和富农间的界限并不是很明显。但是，根据同时代人的描述，能够准确地区分两者。例如，И. 威尔金斯清晰地叙述了农民的土地和经济状况，他认为，在非黑土省份，五口之家的劳役制农户"养活全家"需要人均占有 2 匹马、2 头母牛、1 头牛犊和 2 只绵羊②。1849 年，沃罗涅日省的地主 А. 哈尔基耶维奇在给俄国地理社会的致信中写道，农民每个赋税单位需要有 2 匹耕马、1 匹马驹和 2 头母牛③。1838 年，尤苏波夫在黑土省庄园管理局的规章中写道，若折算人均，则每个赋税单位须有 2 匹马、1 头母牛、4 只绵羊、2 套马夹板、2 套马笼头、1 辆四轮大车、1 副雪橇、1 个耙和 1 把犁④。由此可见，在同时代人看来，当时的农民为获取最低程度的资料，并完整地缴纳捐税，或者说为了实现简单再生产，必须每个赋税单位上每人占有 2 匹马。这样的农民每户有 1~2 个赋税单位，中农通常占有 2~4 匹马，富农则拥有 5 匹及以上数量的力畜。无论是黑土区，还是非黑土区，均可根据力畜数量对农业型农民进行划分。在播种量方面，非黑土区

---

① В. И. Ленин 指出，《при экстенсивном зерновом хозяйстве можно ограничиться группировкой по посеву（или по рабочему скоту）》. В. И. Ленин. Полн. собр. соч.，т. 3，стр. 96.

② И. Вилькинс. Что нужно издольному для безбедного содержания себя в нечерноземных губерниях. В кн.：Н. Бунин. Мысли о русском хозяйстве... М.，1832，стр. 105—140.

③ РГО，разр. IX，д. 16，л. 10. 33.

④ ЦГАДА，ф. 1290，оп. 3，д. 5244，л. 60.

整体少于黑土区。但是，由于非黑土区的农业集约程度更高，因此两个地区所采用的力畜标准是相同的。

尽管农业取得广泛发展，但农民经济并未形成统一的领域。通常，许多农业领域一同发展（例如，蔬菜种植、宅园、技术种植等）。因此，在进行阶层划分时，除了农业生产规模还需要考虑其他农业领域的发展程度。

在非黑土区，发展最快的是畜牧业。因此，阶层划分的主要依据是农民的马匹和母牛的占有情况。同时代人认为，农业型农民的标准是每一赋税单位应有一两头母牛。显然，这种程度的役畜情况仅是最低标准。笔者认为，阶层划分标准应为：无马和一马，母牛不超过 2 头的农户为贫农；拥有 1 匹马和 3~5 头母牛的，或者 2~3 匹马和 5 头以下母牛的农户为中农；拥有 2~3 匹马和 6 头以上母牛的，或者 4 匹以上马的农户为富农。这种划分标准存在一个问题，即拥有 3 匹马和 5 头母牛的农户划属中农，而拥有 2 匹马和 6 头母牛的农户划属富农。但显然，这种情况实际上并不会出现。因为，几乎所有拥有 2 匹马的富农都有 7~8 头母牛。同样，也不会出现无马，但拥有 3 头以上母牛的情况。

除了农业，农民副业也取得了广泛发展（特别是在中部工业区的省份）。按照副业类型，副业农民能够被分为三种类型，分别是：受雇打工、手艺活与小商品生产、建立在大量投入资本和使用雇佣劳动力基础上的工商业活动。显然，这三类副业活动有着本质差异，而且分别对应三类农民阶层。第一类农民的主要收入来源是受雇打工，第二类是依靠个人劳动的小工业，第三类是追求工商业利润的企业活动。第三类主要是建立在剥削雇佣劳动力基础之上的，因为富农在一定程度上相当于企业资本家。实际上，许多农民将这三类结合了起来。在这种情况下，阶层划分的依据为判断哪种类型的副业活动在其经济中发挥了主导作用。

在根据副业类型进行阶层划分时，至少需要农民人口统计数据，并了解每户从事的副业类型及其特点。遗憾的是，农户普查中没有此类资料。这样一来，只能放弃通过上述指标进行阶层划分的方法，由于副业是农民主要的经济活动，那么可以使用反映农民分化特点的文献。

有必要特别注意的是农民商人。实际上，在这一时期，不仅富农变成商人，许多中农也是如此。在对该类农民进行阶层划分时，需要考虑商业的流通规模，以及他们从商业活动中获得的收入。

副业活动也常常与农业一同进行。因此，阶层划分需要采用一些复合标准，换言之，必须在考虑副业的同时，兼顾农业类型。在大多数情况下，根据这种方法将农民分为三个阶层，无马或一马，至多拥有 1 头母牛，在副业领域仅从事受雇打工的农户为贫农。拥有 1 匹马和 2~4 头母牛，或者 2~3 匹马和 4 头以下母牛，在副业领域从事手艺活、小商品生产和受雇打工的为中农。需要注意的是，一些无马和一马，母牛数量至多 1 头，但从事手艺活和小商品生产，也就是独立从事副业的农户也属于中农。当然，在中农阶层中，也有许多人完全或半抛弃农耕，变成商贩、裁缝、鞋匠等。而拥有 2~3 匹马和 5 头以上母牛，或者拥有 4 匹以上马，在副业领域从事手艺活和小商品生产的为富农。此外，开办工商业机构或者从事不受农业生产制约的大规模商业的农户也属于富农。例如，开办磨坊等工业机构，从事有较大利润的商业，且有时不务农或不受农业生产规模限制的商人。实际上，在富农阶层中，最具代表性的是从事工商业活动，同时占有大量购买土地的农民。

在一些情况下，上述标准会根据特定地方情况进行调整。这一点将会在后文提到。

要进行阶层划分就需要对"农户"这一概念进行更详细的说明。实际上，农户普查经常依照同一种标准概念统计。例如，在普查中，农户通常会以独立单位列出，其中不仅包括较大的家庭经济协作体，还包括一些没有生产资料的个体。因此，可以肯定的是，独立农户的标志要么是拥有个体经济，要么是占有带有宅院的房舍。需要进行进一步说明的原因在于，在农户普查中，有时拥有独立经济的几个家庭住在同一户。出现这种情况的原因有很多，例如分家或原房舍失火等。在这些情况下，农户普查员分别叙述了经济情况，但在书面上将其归为一户。但从经济个体的角度来看，应该将其视为多户。

最后，在农户普查的各类指标方面还需注意的是，为了描述各阶层农民的经济状况，除了确定其在农业生产方面的比例，还需要计算每户男性人均的各项指标。进行这种所谓的"双重计算体系"需要一些前提条件。每户的人均数据反映了农民经济的整体规模，以及其在各个领域和方面的差异。但是，这种差异在很大程度上导致了在阶层划分中农户家庭组成的不一致。此外，任何一个阶层的家庭人口不仅会随着时间变化，而且存在地区差异。这说明，农户是一个个不同规模的个体，而每户的人均数据是不一致的。因此，有必要计算每一个个体的经济指标，并与其所在的阶层、时期和地区数据进行对比。相比之下，解决这一问题最简单有效的方法就是计算各类指标的人均值。

与反映农民经济规模的户均值不同，人均值能够反映农民经济的水平。但是，人均值在这种情况下无法准确计算。类似记录中仅包括有关农民各类生产和生活资料（牲畜、粮食等）的信息，以及少量关于这些资料的开支情况。因此，各农民阶层特点不仅可以通过资料占有情况，而且可以通过其需求程度和开支情况来确定。例如，富农在生产、生活和其他方面的相对开支低于中农，而中农的又低于贫农。因此，若将来自一个或另一个经济体中的不同阶层的统一指标（人均值）进行对比的话，不一定能得出其地位情况相同的结论。列宁批判了民粹派关于各阶层情况相同的结论，并强调道："在作各种比较时，不以一个农户或一个家庭为单位，而以一口人为单位，是不正确的。如果说富裕家庭的支出由于家庭人口较多而增加，那么，另一方面，家庭人口多的农户的支出额却在缩减。"[1]

一些庄园存有许多农户普查，这使得笔者能够对农民分化问题进行补充性研究，并分析个别农户的发展特点。对农民经济现象命运的历史分析，首先，需要阐明农户经济和财产变化的主要趋势，也就是三个阶层间的流动情况；其次，对个别农户流动情况的分析能够验证农户划分准则是否可靠。显然，农民分化是一个复杂的过程，其间存在多个发展阶段，其固有的特点是，每一阶段中各阶层经济财产状况的变化趋势有所不同。如果笔者采用的划分

---

① В. И. Ленин. Полн. собр. соч. , т. 3 , стр. 127—128.

方法是可靠的,那么据此划分出的各阶层农户在每一农民分化阶段也应表现出本质差异;反之,则不会有类似表现。因此,与整体的阶层划分资料相比,通过农民阶层流动的情况,笔者能够对农民分化问题展开更进一步的分析。

解决这一问题需要查找各庄园的第一次,以及后续所有的农户普查。据此,笔者能够比较各农户的人口构成情况变化。但是,仅能通过农民的名和父称来进行确定,因为在改革前,农民普遍没有姓氏,或者每个村庄中只有几个姓氏。查阅历次农户普查本身就十分困难。甚至在一些情况下,当农户普查覆盖绝大多数农民(超过 150～200 人)时,查阅工作根本无法完成。鉴于工作强度所带来的疲倦,笔者需要多次检查,以确保研究的可靠性。因此,研究有必要使用电子计算机。1962 年,在苏联科学院辛比尔斯克分院数学所的电子计算机实验室中,相关学者进行了一项人文研究,即使用电子计算机来处理一个庄园的农户普查数据。在此次研究中,相关学者使用了加加林家族的索斯诺夫斯基庄园的 6 份农户普查(1828 年、1835 年、1842年、1853 年、1857 年和 1860 年)。在电子计算机中,根据普查中的农户经济财产状况,对其进行了阶层划分,并根据第一次和后续历次农户普查,对其人口结构变化进行了分析。值得一提的是,研究的经验、数据准备阶段的注意事项和算法,以及程序流程均已出版[1]。使用电子计算机对农户普查进行研究的经验证明,该机器为进行大规模的历史计量数据研究提供了可能。这种研究方法的效率不仅体现在为研究节约了大量的时间和精力[2],而且在分析通常数据的方法上,开启了新的道路。在该阶段的研究中,笔者挑选了11 个存有 3 份及以上农户普查的庄园作为样本。在一些庄园中,笔者并未按农户进行查阅,其原因要么是农户普查中关于人口结构的资料缺失,要么是农户普查的间隔过长(超过 30 年),以至于农户的人口结构变化过大。

因此,正是根据农户普查中所反映的俄国农奴经济状况,笔者最终决定

---

① И. Д. Ковальченко и В. А. Устинов. Применение электронных вычислительных машин в исторической науке.《Вопросы историн》, 1964, № 5.

② 例如,如果使用通常的方法对索斯诺夫斯基庄园的 6 份农户普查进行查阅的话,至少需要100 个小时。但使用电子计算机的话,查阅仅需要 54 分钟。

使用上述研究方法和准则。

上述历史计量数据研究方法旨在简化分析过程。因为在进行类似的数据历史分析过程中，经常会遇到十分棘手的问题。

由于研究人员通常只掌握部分数据，或是零星的数据，而其研究目标却是揭示某一现象或过程的本质，研究人员的工作常常陷入瓶颈。而另一个瓶颈则出现在分析某一现象或过程中各因素相互关系和作用时。实际上，通常的历史计量数据分析无法清晰揭示研究对象中各因素的相互关系，以及所发挥的作用所占比例。因为在这种情况下，分析数据本身所固有的典型性和数量上的充足性，以及各因素间关系和作用通常立足于间接数据，而得出结论源于对研究对象笼统的思考。

笔者认为，正是由于上述困难，以往许多社会经济史研究，其中也包括俄国封建制度瓦解和资本主义兴起问题的研究才会出现种种缺陷。其研究的缺陷可以归结为两点：其一，理论和结论不足；其二，叙述性的内容过多。

历史学家在进行历史计量数据分析时，许多保守性的观念会带来一系列的困难，特别是19世纪上半叶俄国地主农村社会经济发展领域的研究。例如，在农户普查中，记录了反映农民经济状况和生产活动差异，以及农民分化程度和特点方面的资料。经查阅，可供研究人员使用的约有来自200个庄园的300余份农户普查。如果考虑到截至目前的研究仅使用了部分农户普查的话，那么本次研究在普查史料的使用数量上无疑有着鲜明的优势。然而，其实际意义是有限的，因为普查仅覆盖研究区域的50000多名地主农民。在研究许多其他领域的问题时，也需要使用这类不完整的数据。这样一来，研究便陷入了僵局，要么凭借不完整的资料得出一个笼统的结论，要么仅据此致力于得出一个有诸多限定的结论。

在确定某一过程中各因素所起的作用，以及相互关系的研究中，也存在诸多困难。例如，尽管一方面有农民牲畜占有量的资料（表现农业生产水平），另一方面有各类捐税规模的数据（表现剥削强度的变化），但在通常情况下，此类数据的对比无法确定剥削强度变化对农民经济水平的影响程度。同样，在解决类似问题时，使用通常的历史学研究方法也无法得到能够反映各因素所起作用的指标。进行直接的数据对比，必须采用完整的数据。由于数据指标的缺乏，对于各因素所起作用的研究，要么彻底放弃，要么仅能得出一些笼统的结论，例如频繁使用"重要的""巨大的""大的"等形容词。同时，对于揭示各因素所固有的特点而言，准确地阐明它们在某一过程中所起的作用有着重要意义。

为了解决上述困难，有必要使用数理统计法。在概率论和数理统计理论中，已经研究出了一些高效的方法，可用于反映某些特定的事件、现象和过程中的定量指标。例如，数理统计的重要目标之一便是将样本数据作为一个研究整体，并确定其中相互独立的各个参数。在数理统计中，学者们非常关注于各因素间关系的识别，以及它们对"共轭结果"的影响程度。

那么，数理统计法在多大程度上能够适用于历史数据分析呢？实际上，按照该方法的特性来看，其适用面十分广泛，换言之，在原则上，凡是试图通过定量数据反映相应特征的领域，均可使用该方法。此外，在任何领域，数理统计法都仅是一种认知方式，是揭示研究对象内部特质的手段之一。这种方法的效率极高，因为它能够将定性特质定量化，为准确和客观分析奠定基础。这说明，数理统计法在理论上的特质使其适用于相应领域的定性特质定量化分析。

由于具有定量特质的分析法有着毫无争辩的合理性，在研究历史现象和过程时，可以使用任何形式的定量数据分析法。由此可见，以往学者们对历史现象的本质过于形式化，并且他们对研究中广泛使用高等数学的担忧是不必要的。

但是，以上的阐述并非意味着，概率论与数理统计理论适用于任何历史学定量数据分析。首先，只有当使用传统研究方法没有得出理想的结果时，才能使用这一理论方法。如果在传统方法能够解决问题的情况下，依旧使用概率论与数理统计理论的话，将会失去应用条件，并且耗费额外的精力，因为这一理论方法需要进行巨量的运算。其次，历史学中的概率—数理法仅能针对某些特定的条件，其适用范围仅限于同这些条件相对应的情况。

　　例如，许多对某一历史现象和过程的研究立足于不完整的资料，在这种情况下，数理统计法的任务之一便是将研究对象的数据视为一个整体，并处理其中各个相互独立的参数①。但是，这并非适用于所有情况。研究人员使用的数据必须反映研究对象的一般特征，换言之，样本必须具有代表性。随机样本具有这一特征，其本身作为诸多样本中的一个，使用它的概率对所有研究人员而言都是均等的。显然，并非所有可用于研究特定问题的数据都可以由一个样本所代表，因此有必要对样本的代表性进行初步验证。

　　此外，还需要检验数据的其他属性。针对正态分布或类似分布，得出了许多数学统计方法。因此，在使用这些方法时，有必要检查样本的正态分布。

　　同样，在使用数理统计法来确定特定过程中各因素间相互关系，以及其所发挥的作用时，有必要考虑到诸多条件。例如，可以广泛使用计算各因素间线性关系的方法②。因此，需要阐明，各因素间的关联性在多大程度上接近于线性。

　　由于需要将概率—数理法应用于历史计量数据分析，因此在对数据进行初步处理的过程中，需要注意几点问题。这主要是对特定过程中各因素间的相关性，以及其所发挥作用的分析。因此，正确定义和精确量化这些指标便显得尤为重要，在此基础上对其进行分析，可以准确地了解各因素间的关联，以及它们对最终结果的影响程度。对特定的数据进行数学处理，便可获得相应的定量指标、各因素间的关联程度特征以及其相对作用取决于研究对象的原因变量及其作用机制。确定关联性的性质和指标并不困难，但是对研究目标，也就是各因素间相关性及其作用的数学分析结果进行解释却十分复杂。

　　在进行历史计量数据分析中使用数理法会使历史研究复杂化，但这种现

---

① 在统计学中，所有将要研究的整个对象称为"一般总体"，而将要进行研究的对象称为"样本"。
② 线性关系是表达功能性依赖的最简单形式。只要影响最终结果的因素发生变化，线性关系的图像便能做出相应的反应。

象推动了历史学家们对特定历史现象进行更深一步的研究，就该方法本身而言，其实际效果比传统方法更好。对于历史学家而言，如若使用数理法的话，则必须具备熟练使用的能力。总之，对数据进行处理和分析的现代技术在历史学中被广泛使用，不仅取决于当下科学整体不断进步发展的趋势，更是取决于历史学本身的需求。对于本次研究而言，需要历史学家、数学家等其他专业领域的专家一同合作，并保持密切的联系。

以上便是一些关于历史计量数据分析的研究方法概念和准则。更多关于这一方法的本质的内容，可以参阅相应的书籍[1]。

在本章的最后，有必要提到几位知名学者，他们分别是，苏联科学院控制论科学委员会主席 A. И. 贝格院士，他向笔者讲解了许多关于在历史学中应用数理和控制论方面的知识；苏联科学院辛比尔斯克分院数学研究所所长 C. Л. 索博列夫和实验室主任 B. A. 乌斯季诺夫，他们曾帮助笔者使用电子计算机处理数据；以及莫斯科国立大学的同事 Л. A. 古萨罗夫、Ю. H. 切列姆内赫、B. H. 杜塔巴林和 Л. И. 卡里丘克，他们为笔者提供了大量的相关史料。在此，笔者向他们表达诚挚的谢意。

---

[1] Ф. Эгермайер, В. Грузин, В. Влах. Основы статистики. Пер. с чешского. М., Госстатиздат, 1961; И. Г. Венецкий, Г. С. Кильдишев. Основы математической статистики. М., Госстатиздат, 1963; А. И. Карасев. Основы математической статистики. М., Росвузиздат. 1962; Н. В. Смирнов, И. В. Дунин – Барковский. Курс теории вероятностей и математнческой статистики для технических приложений, изд. 2. М., 《Наука》, 1965; Б. Л. ван дер Варден. Математическая статистика. Пер. с немецкого. М., ИЛ, 1960; Фрэнк Ирэнк Иейтс. Выборочный метод в переписях и обследованиях. Пер. с англ. М., 《Статистика》, 1965; Б. В. Гнеденко. Курс теории вероятностей, изд. 3. М., Физматгиз, 1961; Е. С. Вентуель. Теория вероятностей, изд. 2. М., Физматгиз, 1962; Ярослав Янко. Математико – статистические таблицы. Пер. с чешского. М., Госстатиздат, 1961; В. А. Устинов. Применение электронных вычислительных машин в исторической науке. М., 《Мысль》, 1965.

第二章
19世纪上半叶农村社会
经济发展的主要趋势

农奴只是俄国各类居民中的一类，其经济模式也仅是社会生产方式中的一种。为了探究农奴制农村发展的主要规律和特点，必须全面分析农村社会经济发展的环境和趋势。

一　居民的社会类型、分布与地主农民所受的剥削形式

从 18 世纪末至 1861 年农奴制改革，欧俄地区（不含比萨拉比亚地区）男性居民的数量从 1748.1 万人增长到 2654.75 万人，也就是增长了 51.9%[①]。在表 2 - 1 中，笔者整理了这一时期各地区人口的实际增长情况。

表 2 - 1　1795 ~ 1857 年男性人口增长情况

单位：%

地区	人口增长率
斯摩棱斯克省	7.2
西部	17.2
中部非黑土区	26.3

---

① 人口数量、分布和类型的资料来自 В. М. Кабузан，Н. М. Шепуков，《Изменения в размещении и социальном составе населения в XVIII——первой половине XIX в.》，М.：Изд - во АН СССР，1967。

地区	人口增长率
西北	32.5
左岸乌克兰	35.2
波罗的海沿岸	39.5
西南	40.9
北部	46.3
中部黑土区	55.2
伏尔加河中游	67.1
乌拉尔山前	136.1
南部草原	175.3
伏尔加河下游和扎沃尔日	180.4

人口增长速度最快的是南部草原、东南和乌拉尔山前地区，这些地区在19世纪上半叶属于拓荒区，其人口增长率从18世纪末的14.7%上升到19世纪中叶的24.9%。在开发较早的俄国中央和西部地区，人口增速较为缓慢，而在诸如斯摩棱斯克省、中部工业区等个别地区，增速处于极低水平。

以斯摩棱斯克省、西北、中央工业和黑土区、伏尔加河中下游和扎沃尔日地区为例，在18世纪末，这些地区的人口占全国总数的51.9%，而在19世纪50年代末，则降至51%。

从18世纪末到19世纪中叶，俄国各类农民的数量极为庞大。根据第五次人口普查，欧俄地区各类农民占该地区人口总数的90%，第十次人口普查则为86%。其中，数量最多的是地主农民。1795年时，地主农民占农民总数的62.1%，1857年时，则为48.2%。该类农民主要分布于开发较早的农村，以及国家的主要地区。1861年改革前夕，在西北、波罗的海沿岸、西部、西南和中部工业区的农村中，地主农民是主要的农奴类别，其所占比例高达70.3%。就整体而言，笔者所研究地区的地主农民，占农民总人口的一半以上（1795年为54%，1857年为56%）。有所不同的是，在西北和中央地区，占据农民总人口半数以上的是地主农民，而在伏尔加河中下游和扎沃尔日地区，人口占据多数的则是国有农民和皇室领地农民。

农奴所集中分布的地主庄园，有大、中、小之分。同时代学者对地主庄园中农民数量进行了整理分类：21 人以下、21 ~ 100 人、101 ~ 500 人、501 ~ 1000 人、1000 人以上（无封地贵族除外）。农民数量在 21 人以下的为小庄园，21 ~ 100 人的为中型庄园，其余的则为大型庄园和巨型庄园。

如表 2 - 2 所示，在 1861 年改革前夕的欧俄 47 省中，500 人以上庄园的农民占其总人口的 43.6%，101 ~ 500 人庄园的为 37.2%，少于 100 人的为 19.2%，也就是说，绝大多数的农民为大地主所占用。当然，由于区域差异，各类庄园的农民分布情况会随地区和省份的变化而出现浮动。例如，在波罗的海沿岸、西南、伏尔加河下游和扎沃尔日地区，仅 500 人以上的大庄园的农民就占其总人口的 50% 以上。当然，也有一些地区（北部、西北、南部草原和斯摩棱斯克省）的大型或巨型庄园的农民不足其总人口的四分之一。尽管存在这样的波动，但农奴制农村社会经济发展的主要趋势，依旧是由大地主庄园的农民经济和地位决定的。

表 2 - 2　1857 年庄园内地主农民分布情况

单位：人，%

地区	农民总人口（男性）	地主总人口	单个地主的农民所有量	占农民总数的比例					
				无封地贵族的农民所占比例	地主农民				
					21 人以下	21 ~ 100 人	101 ~ 500 人	501 ~ 1000 人	1000 人以上
西北地区	507455	7722	65.7	0.1	5.3	24.6	45.3	14.8	9.9
斯摩棱斯克省	367115	5308	69.2	0.2	5.5	23.2	40.7	10.9	19.5
中部非黑土区	2168317	18530	117	0.04	2.7	17.7	39.4	15.3	24.9
中部黑土区	2117134	23274	91	0.1	3.5	16.9	38.5	14.1	26.9
伏尔加河中游地区	585740	4561	128.4	0.6	1.7	12.5	40	17.9	27.3
伏尔加河下游与扎沃尔日地区	442750	3565	124.2	0.1	1.8	12.1	35.2	15.3	35.5
西部地区	1327426	10951	121.2	0.1	2.3	15.3	37.8	14.2	30.3
西南地区	1484135	5449	272.3	0.1	0.5	5.5	31.4	19.5	43
左岸乌克兰	822910	15032	54.7	0.3	7.3	18.6	34.2	12.5	27.1

地区	农民总人口（男性）	地主总人口	单个地主的农民所有量	无封地贵族的农民所占比例	占农民总数的比例				
					地主农民				
					21 人以下	21 ~ 100 人	101 ~ 500 人	501 ~ 1000 人	1000 人以上
南部草原	500792	8844	57.4	0.3	5.7	27.5	41.3	13.8	11.4
乌拉尔山前地区	262449	1069	245.5	0.4	1	5.7	13.7	5.1	75
北部地区	108222	1486	72.8	0.06	5.8	26	43	15.8	9.3
欧俄 47 省	10694445	106391	100.1	0.1	3.2	15.9	37.2	14.9	28.7

资料来源：А. Тройницкий. Крепостное население в России по 10 - й народной переписи. СПб. , 1861, стр. 45.

　　总人口、非农业人口（小市民、商人、贵族等）和城市人口的增长，是当时人口社会变迁的重要指标。在 1795 ~ 1857 年，俄国非农业的男性人口从 177.04 万人增至 360.14 万人，增长率为 103.4%，占总增长率的51.9%。城市人口增长得也十分迅速，在 1811 ~ 1863 年，总人口从 276.5 万人增至 610.5 万人，增长率为 120.8%[①]。城市人口增长最多的是中部工业区和西北地区。例如，这两个地区的城市人口在 1856 年时，占城市总人口的31%，占地区内总人口的 13.8%，占欧俄地区总人口的 9.1%[②]。

　　对人口社会结构进行分析，是为了反映社会经济发展的主要趋势。

　　从地主农民的经济结构和经济活动的自由度，以及他们对地主经济与农奴制压迫的依赖程度，能够划分出各类剥削形式。在 19 世纪上半叶的俄国农村，有两种主要的地租类别，分别是劳役地租和货币地租。实际上，在 19 世纪初，许多庄园在一定程度上还保有实物地租，农民需要缴纳"食堂用品"、饲料、家庭手工业品（纱线和麻布）等。截至 20 年代，绝大多数

---

① А. Г. Рашин. Население России за 100 лет（1811—1913 гг.）. М. , Госстатиздат, 1956, стр. 86.

② П. Г. Рындзюнский. Городское гражданство дореформенной России. М. , Изд - во АН СССР, 1958, стр. 211, 367.

的实物地租要么被直接取消，要么转化为货币等代役租。

　　众所周知，货币代役租是一种较高级的封建地租形式。一方面，货币代役租的广泛发展需要以"贸易、城市工业和商品生产快速发展，且伴随货币大量流通"为前提；另一方面，如果要使用货币地租，必须将一部分产品"变为商品，即加工成商品"。显然，这需要农奴制下的整个农民经济结构进行变动，而结果也必将使农民经济"丧失独立性，且被卷入社会市场"①。

　　在某些条件的推动下，劳役制农民经济走向解体。在封建农奴制经济逐渐瓦解的阶段，劳役租丧失了其原本的特点，尽管如此，马克思认为它仍是一种较为初级的封建地租形式。对于地主而言，交易成本即消费成本，而他们在市场中销售的物品本质上就是生产时所必要的劳役劳动。在最后结算时，如果使用代役租，那么地主将获得大量的货币。然而，这并没有破坏农民经济。尽管地主经济商品化程度不断提高，但农民仍能够留下一部分实物。因此，社会经济发展的新规律对劳役制农民经济所产生的影响，远远小于对代役制农民经济的。

　　正如表 2-3 所示，在 1861 年改革前夕，俄国最主要的剥削形式仍是劳役制。只有在北部和中部工业区，才有相当一部分的代役制农民。

表 2-3　19 世纪 50 年代末地主农民的各类受剥削形式及情况

单位：%

地区	劳役租	代役租
西北地区	60.4	39.6
斯摩棱斯克省	72.9	27.1
中部非黑土区	32.5	67.5
中部黑土区	73.1	26.9
伏尔加河中游	77.2	22.8
伏尔加河下游与扎沃尔日	69.8	30.2
西部	92.3	7.7
西南地区	97.4	2.6

---

　　①　К. Маркс и Ф. Энгельс. Соч., т. 25, ч. 2, стр. 360—361.

续表

地区	劳役租	代役租
左岸乌克兰	99.3	0.7
南部草原	99.9	0.1
乌拉尔山前	90.3	9.7
北部	16.5	83.5
欧俄地区的总比例	71.5	28.5

注：北部地区不含阿尔汉格尔斯克省，西部地区不含维捷布斯克省，南部草原地区包括赫尔松省、塔夫里达省和叶卡捷里诺斯拉夫省。

资料来源：А. Скребнцкий. Крестьянское дело в царствование Александра Ⅱ. т. Ⅲ. Бонн – на – Рейне，1865—1866，стр. 1227 и сл.

在上述所研究的地区中，笔者挑选了 18 个省份，根据其资料，绘制成各类剥削形式的变化情况表（见表 2 – 4）。

表 2 – 4 1765 ~ 1767 年和 1858 年地主农民所受的剥削形式

单位：人，%

地区	1765 ~ 1767 年		1858 年		占比			
	劳役制	代役制	劳役制	代役制	劳役制		代役制	
	男性人口数				1765 年	1858 年	1765 年	1858 年
西北地区								
彼得堡省	—	—	20237	45623	—	30.7	—	69.3
诺夫哥罗德省	91335	85395	79632	66939	51.7	54.3	48.3	45.7
普斯科夫省	108576	16847	133357	40416	86.6	76.7	13.4	23.3
小计	—	—	—	—				
上述省份	199912	102242	212989	107355	66.2	66.5	33.8	33.5
该地区全部省份	—	—	233226	152978		60.4		39.6
斯摩棱斯克省	144254	72437	245908	91619	66.5	73	33.5	27
中部非黑土区								
莫斯科省	154813	77146	75470	159636	67	32.1	33	67.9
弗拉基米尔省	78175	184802	94871	220094	29.7	30.1	70.3	69.9
下诺夫哥罗德省	38274	150124	109347	236394	20.3	31.6	79.7	68.4
科斯特罗马省	79840	137274	29143	205810	36.3	12.4	63.7	87.6
雅罗斯拉夫尔省	79417	141207	28800	200579	35.9	12.6	64.1	87.4

续表

	1765～1767 年		1858 年		占比			
	劳役制	代役制	劳役制	代役制	劳役制		代役制	
	男性人口				1765 年	1858 年	1765 年	1858 年
中部非黑土区								
特维尔省	97398	80404	156200	109035	54.8	58.9	45.2	41.1
卡卢加省	80954	112004	128642	159368	41.9	44.7	58.1	55.3
小计	608871	882961	662473	1290916	40.8	32.5	59.2	67.7
中部黑土区								
图拉省	119590	20897	271531	92387	85.2	74.6	44.8	25.4
梁赞省	88995	54720	106779	65793	61.9	61.9	38.1	38.1
坦波夫省	80526	49328	221169	63655	62.8	77.7	37.2	22.3
库尔斯克省	—	—	211648	68810	—	75.5	—	24.5
沃罗涅日省	26786	21106	123524	100314	55.9	55.2	44.1	44.8
小计	—	—	—	—	—	—	—	—
上述省份	522479	173760	983605	369922	75	72.7	25	27.3
该地区全部省份	—	—	1195253	438732	—	73.1	—	26.9
伏尔加河中游地区								
喀山省	56613	24835	81722	13143	69.5	86.1	30.5	13.9
奔萨省	92428	94797	173087	56940	49.4	75.2	50.6	24.8
辛比尔斯克省	78864	58212	151367	49996	57.5	75.2	42.5	24.8
小计	227905	177844	406176	120079	66.2	77.2	43.8	22.8
伏尔加河下游与扎沃尔日地区								
萨拉托夫省	—	—	169590	83863	—	66.9	—	33.1
萨马拉省	—	—	78508	21193	—	78.7	—	21.3
阿斯特拉罕省	—	—	343	2296	—	13	—	87
小计	—	—	248441	107352	—	69.8	—	30.2
合计								
上述地区	1703421	1409244	2719592	2087243	54.7	56.6	45.3	43.4
所有省份	—	—	2951477	2201676	—	61.4	—	38.6

资料来源：1765～1767 年的资料是由 H. M. 谢普科娃根据各省检察长的汇报整理出来的（参见 B. M. Кабузан и Н. M. Шепукова. Изменения в размещении и социальном составе населения России половине XIX в., приложение, табл. 11）。1858 年的数据来自起草委员会的文件（参见 А. Скребицкий. Крестьянское дело в шарствование Александра II, т. III, стр. 1227 и сл）。

从 18 世纪 60 年代到 1861 年农奴制改革，西北地区的剥削形式并未发生根本变化。2/3 的农民依旧在为地主服劳役。在中部工业区，代役制农民的数量有所增加（所占比例从 59.2% 上升至 67.7%），其中莫斯科省、科斯特罗马省和雅罗斯拉夫尔省增长得最快。值得注意的是，在 60 年代，莫斯科省劳役租仍然占据主流，但在 18 世纪末 19 世纪初，主流的地租形式开始朝代役租转变。与此同时，一系列事件使劳役租在个别省份中出现了"回潮"趋势，下诺夫哥罗德省就是这样的一个典例，该省的劳役制农民所占比例从 20.3% 上升至 31.6%。在中部工业区，劳役制农民数量较之前有所降低，特别是奥廖尔省和图拉省。然而，在伏尔加河中游地区，劳役制农民的所占比例却有所提高，从 66.2% 上升至 77.2%。因此，从整体上看，劳役租的扩大速度高于代役租（据 18 省的资料显示，劳役租的所占比例从 54.7% 上升至 56.6%）。

劳役租和代役租的分布存在明显的地区差异的同时，地理因素使其变得更为复杂。因此，直到 19 世纪中叶，在代役租占主导的省份中，仍有某些县区盛行劳役租，反之亦然。例如，在莫斯科省的德米特罗夫、沃洛科拉姆斯克和莫扎伊斯克，劳役租依然占据着主流；在弗拉基米尔省的尤里耶夫斯基、佩列亚斯拉夫斯基、梅连基和弗拉基米尔等县区也是如此；在下诺夫哥罗德省，劳役租占据主流的县区是瓦西里斯基、谢尔加奇和卢科亚诺夫；在卡卢加省，则是卡卢加和佩列梅什利县。在梁赞省的卡西莫夫斯基和叶格里耶夫斯基县，几乎全部的农民都是代役制的，而扎莱斯克和梁赞县盛行劳役租。在中部工业区和伏尔加河中游地区的县区中，代役租是主流（例如图拉省的博戈罗季茨克、奥廖尔省的德米特洛夫、库尔斯克省的格赖沃龙、坦波夫省的叶拉多姆、沃罗涅日省的巴甫洛夫斯克、喀山省的察廖沃科克沙伊斯克、辛比尔斯克省的阿拉特里、萨拉托夫省的沃利斯克和库兹涅茨克）。

鉴于在 19 世纪上半叶，特别是在 19 世纪初，许多中部省县的贵族地主将两种地租结合使用的情况，地租分布变得更为复杂。贵族地主使用了两种方式来推行这种混合义务，例如：让农民缴纳一部分代役租，而另一部分通过劳役的方式履行。正如《编辑委员会成果附录》对庄园情况描述的那样，这种混合义务实际上是对农民施加的一种无差别剥削，在整个过程中，地主既能获得货币或实物，也能迫使农民为其劳动。对此，同时代的人却将这种剥削形式视为代役租。

另一种混合义务是，让一部分农民缴纳代役租，而另一部分缴纳劳役租。依照这种租制，地主不必针对每户分别收取代役租和劳役租，在这种情况下，许多家庭被迫一部分成员缴纳代役租，而另一部分服劳役。从整体上看，这种混合义务比前一种使用得更加广泛①。

在表2-5中，笔者对地主使用的剥削形式进行了划分，其中包括劳役租、代役租、混合型、劳役—代役租、劳役—混合型、代役—混合型、劳役—代役—混合型。根据《关于地主领地的资料》的记载，在俄国23个省的11446个领地中，最为广泛的剥削形式是劳役租（占所有领地数量的44.5%）；代役租排第二位，所占比例为18.5%；实行劳役—代役租的领地所占比例为18%；劳役—混合型的为9.9%。纯混合型的为5.9%；代役—混合型和劳役—代役—混合型领地的所占比例不大。从整体上看，各种混合型所占比例为37%，在非黑土区（斯摩棱斯克省除外）分布最广。在西北地区，混合型的所占比例为59.9%，在中部工业区51.4%，黑土区仅为21.3%，伏尔加河中游地区为27.4%，下游地区为37.9%。在所有混合型剥削形式中，最为盛行的是劳役—代役租。

另一方面，笔者还对比了黑土区（特别是伏尔加河下游地区）和非黑土区在货币地租使用程度上的差别。数据显示，包括萨拉托夫省在内，该地区大多数省份均存在货币地租，具体占比为43.9%，而伏尔加河中游地区为34.5%。至于劳役租，中部工业区的占比为63.1%，而西北地区为83.9%。在农奴制改革前，劳役租的大规模扩张是地主对农民施加的混合型剥削造成的，非黑土区盛行的劳役租和黑土区盛行的货币租充分证明，地主试图利用一切因素来将自身的利益最大化。

---

① 关于特维尔省混合型剥削形式的分析请参见 Е. К. 罗佐夫的文章：《О сущности 〈смешанной〉 системы губернии накануне реформы 1861 г. 》.《Научные доклады Высшей школы. Исторические науки》，1958，№ 1。

表 2 – 5　农奴人数超过 100 人的庄园剥削制度使用情况

省份		领地数量	各类剥削制度的数量						
			劳役租	代役租	混合型	劳—代	劳—混	代—混	劳—代—混
西北地区	彼得堡	172	15	37	9	42	48	3	18
	诺夫哥罗德	382	28	71	39	58	123	8	55
	普斯科夫	446	197	53	37	156	1	—	2
	三省总数	1000	240	161	85	256	172	11	75
	占比（%）	100	24	16.1	8.5	25.6	17.2	1.1	7.5
	斯摩棱斯克	629	367	41	13	120	83	—	5
	占比（%）	100	57.7	6.6	2.1	19.4	13.4		0.8
中部非黑土区	莫斯科	547	38	187	31	243	46	1	1
	弗拉基米尔	389	10	202	60	62	27	9	19
	下诺夫哥罗德	518	167	194	62	67	24	1	3
	科斯特罗马	520	9	262	31	39	82	15	82
	雅罗斯拉夫尔	540	12	274	114	32	78	4	26
	特维尔	708	72	149	54	100	235	7	91
	卡卢加	525	131	115	28	220	27	—	4
	七省总数	3747	439	1383	380	763	519	37	226
	占比（%）	100	11.7	36.9	10.1	20.4	13.9	1	6
中部黑土区	图拉	825	574	66	40	97	46	1	1
	梁赞	688	360	172	34	97	21	4	
	奥廖尔	717	517	65	33	54	47	1	—
	坦波夫	811	531	47	36	128	69		—
	库尔斯克	619	517	25	2	67	8		—
	沃罗涅日	380	288	14	—	67	10		1
	六省总数	4040	2787	389	145	510	201	6	2
	占比（%）	100	69.1	9.6	3.6	12.6	5	0.1	—
伏尔加河中游	喀山	269	206	7	2	43	9	1	1
	奔萨	521	348	48	9	95	21	—	
	辛比尔斯克	456	263	34	13	92	53	1	
	三省总数	1246	817	89	24	230	83	2	1
	占比（%）	100	65.5	7.1	1.9	18.5	6.7	0.2	0.1

省份		领地数量	各类剥削制度的数量						
			劳役租	代役租	混合型	劳—代	劳—混	代—混	劳—代—混
伏尔加河下游	萨拉托夫	502	240	38	26	138	59	1	—
	萨马拉	269	198	4	5	45	17	—	—
	阿斯特拉罕	13	1	5	3	—	4	—	—
	三省总数	784	439	47	34	183	80	1	—
	占比（%）	100	56.1	6	4.3	23.3	10.2	0.1	—
总计	数量	11446	5089	2110	681	2062	1138	57	309
	占比（%）	100	44.5	18.5	5.9	18	9.9	0.5	2.7

资料来源：《Приложениям к трудам Редакционных Комиссий. Сведения о помещичьих имениях》, тт. I—IV. СПб., 1860。

二　工业和农业生产领域

19 世纪上半叶社会经济发展的一个显著特征是劳动分化。在简单手工技术生产的条件下，生产力的发展推动了社会劳动的分化。如果说工业化是指从手工工场过渡到机器工厂，那么在农业经济中，在农奴制被废除之前，主要的生产方式依旧是手工生产。即使在农业生产中试图推行机器或更为现代的生产方式，也会受到重重阻碍，难以推广。然而，社会大生产只能通过劳动技术的近代化来实现，而后者正是建立在生产专门化的基础之上的。

对于俄国而言，广袤的国土和复杂的自然气候环境在劳动分化和区域产业分工方面发挥了重要的作用。在农奴时代末期，农奴制依旧在绝大多数省份里盛行。值得注意的是，工业省份较为特殊。表 2－6 显示，欧俄地区主要的工业中心是中部非黑土区和西北地区，这里集中了全国 69.3% 的机器工厂、手工工场和小作坊。在这些工业省份中，工业化程度最高的三个省份依次是彼得堡省、莫斯科省和弗拉基米尔省，其工业产值占上述两个地区的82.3%。数据表明，西北地区和中部工业区的平均工业化水平（男性居民人均工业产值）远远高于其他地区。其中，作为采矿工业中心的乌拉尔山前地区需要单独分析。

表 2 - 6　欧俄地区工农业生产的分化

地区	1863 年工业产值			谷物粮食和马铃薯产量占比（%）			
				1802 ~ 1811 年	1851 ~ 1860 年		1850 ~ 1860 年
	工业产值（千卢布）	占比（%）	男性人均工业产值（卢布）	谷物占比	谷物占比	马铃薯占比	牲畜量占比（%）
西北地区	61947	25.4	56.9	4.2	2.8	5.2	3.6
斯摩棱斯克省	573	0.2	1.1	3.2	2.4	2.1	2.6
中部非黑土区	106648	43.9	27.8	14.9	14.4	14.4	13.5
中部黑土区	16110	6.6	3.5	24.8	22.4	18.4	16.2
伏尔加河中游	8617	3.5	4.7	8.1	9.3	3.4	5.7
伏尔加河下游和扎沃尔日	4734	1.9	2.8	4.4	8.2	2.5	8.2
沿波罗的海	7976	3.3	9.8	2.4	2.4	9.0	3.0
西部	4932	2.0	2.1	12.3	6.5	20.8	8.9
西南地区	6973	2.9	2.8	7.9	7.4	9.7	5.8
左岸乌克兰	5349	2.2	2.3	8.6	7.2	8.5	6.9
南部草原	6361	2.6	2.5	2.1	3.5	1.3	8.8
乌拉尔山前	10700	4.4	3.7	5.6	12.0	3.8	14.3
北部	2639	1.1	3.7	1.5	1.5	0.9	2.5
欧俄地区总计	243559	100	9	100	100	100	100

资料来源：工业产量（不含采矿、酿酒和烟草业）的数据来自《Статистического временника Российской империи》，вып. 1. СПб.，1866，стр. 54—57；农业与牲畜的占比是根据省长报告文件得出的，详见附录表 1，以及 И. Д. Ковальченко. К истории скотоводства в Европейской России в первой половине XIX в.，《Материалы по истории сельского хозяйства и крестьянства СССР》，сб. IV. М.，Изд - во АН СССР，1960，стр. 200 - 204。

就当时而言，俄国的主要国民经济领域是粮食生产。在 19 世纪初，谷物粮食生产中心是中部黑土区，其粮食产量占全国总量的 24.8%。此外，中部非黑土区约占 14.9%；西部省份（含斯摩棱斯克省）约占 15.5%。整体上看，非黑土区的粮食产量约占 38.5%，其人口约占 39.8%，而黑土区的粮食产量约占 61.5%，人口约占 60.2%。

在 19 世纪上半叶，黑土区的耕种带不断南扩。19 世纪 50 年代时，黑土区的粮食产量约占全国的 70%（人口约占 64.9%），而非黑土区仅占 30%（人口约占 35.1%）。然而，非黑土区贡献了很大一部分的工业产值（约占 75.5%），这说明国民经济的产业区域化程度已大大加深。

随着南部草原、伏尔加河下游、扎沃尔日和乌拉尔山前地区的耕种带不断扩大，黑土区的粮食产量比重也逐渐提升。19 世纪初时，这些地区的粮食产量占比仅为 12.1%，但截至 50 年代时，占比已升至 23.7%。此外，伏尔加河中游地区粮食产量的占比上升较慢，仅从 8.1% 增加到 9.3%。与此相反的是，中部黑土区和乌克兰地区的粮食产量占比有所下降，从 19 世纪初的 41.3% 下降至 50 年代的 37%。另外，一些地区逐渐不再是粮食主产区，中部工业区就是一个典例，在 50 年代，其粮食产量占比从 19 世纪初的 14.9% 下降至 14.4%。这意味着，随着工业化的推进，该地区的居民也会逐渐脱离农业生产。

谷物粮食生产的专门化程度也体现在农作物比例的变化上。表 2-7 显示，不仅非黑土区出现生产专门化现象，而且黑土区的北部也出现类似的情况，后者逐渐倾向于生产黑面包，其原因是该地冬季耕种黑麦，春季耕种燕麦，而其他农作物的所占比例也因此下降。在南部省份，诸如小麦、小米等更有经济价值的农作物的耕种面积有所扩大。

表 2-7　1785~1796 年农作物情况（上行）与 19 世纪 50 年代末
农作物情况（下行）对比

单位：俄石

省份	播种额（一季）	农作物种类							
		黑麦	燕麦	荞麦	小麦	大麦	黍稷	豌豆	双粒小麦
斯摩棱斯克	1652	42	34.8	7.8	3.7	7.4	0.04	0.8	0.01
	1660	37	52	5.5	—	5.5	—	—	—
梁赞	1545	41.6	28.2	19	5.7	1.8	1.1	1.3	—
	1914	37	49.4	10	1.6	2			—
坦波夫	1393	42.2	32.9	11.8	4.9	1.4	2.1	0.8	2.3
	2443	40.2	54.6	2.3	1.7	0.2	1.0	—	—

省份	播种额（一季）	农作物种类							
		黑麦	燕麦	荞麦	小麦	大麦	黍稷	豌豆	双粒小麦
沃罗涅日	1060	41.9	24.9	10.2	13.3	5.9	1.5	0.6	—
	2408	38.3	25.9	3.8	16.5	10.5	5.0	0.03	—
奔萨	1346	43.3	27.5	11.3	3.5	0.7	0.7	1.6	10.5
	1800	42.2	34.7	—	—	—	—	—	—
辛比尔斯克	1096	38.2	24.6	3.8	13.7	2.1	1.4	2.8	11.4
	1559	48.0	30.5	5.9	5.5	1.9	0.8	2.3	5.1

资料来源：通过省长的报告得出（ЦГАДА，ф. ф. 16，1244）。Н. Л. 卢宾施坦诺伊的著作也提到了有关播种额和谷物收成的信息（Н. Л. Рубинштейн. Сельское хозяйство России во второй половине XVIII в. М.，Соцэкгиз，1958，приложение）。19 世纪 50 年代的资料请详见《Материалы для географии и статистики России》. Смоленская губ. СПб. 1862，стр. 199；Рязанская губ. СПб.，1860，стр. 189；Воронежская губ. СПб.，1862，стр. 195；Пензенская губ. СПб.，1867，ч. 1，стр. 430；Симбирская губ. СПб.，1868，ч. I，стр. 409—411；《Журнал Министерства внутренних дел》，1858，No 7，отд. III，стр. 35—36—соотношение культур в Тамбовской губ。

　　由此可见，在 19 世纪上半叶，俄国大多数的省份出现了农业生产专门化的趋势。

　　同样，其他粮食作物也呈现区域专门化现象。在 19 世纪上半叶，马铃薯的耕种面积进一步扩大，其耕种中心如表 2-6 所示，大多位于西部和波罗的海沿岸各省。在 20 世纪 50 年代，这些地区的马铃薯产量约占全国的 30.5%，而且地区内的马铃薯产量几乎是谷物粮食产量的 3.5 倍。在西北、中部工业区和乌克兰第聂伯河右岸地区，马铃薯也是十分重要的农作物。此外，在 19 世纪上半叶，甜菜已在俄国推广开来，乌克兰和中部黑土区的一些省份专事其种植。

　　值得注意的是，蔬菜栽培在 19 世纪上半叶的俄国也快速发展，其中中部工业区和彼得堡周边地区最为显著。在当时，罗斯托夫省和雅罗斯拉夫尔的蔬菜园丁以出众的栽培能力而享誉全国[1]，莫斯科周边的许多农村专事蔬菜栽培。1842 年，莫斯科省省长在报告中写道："在首都地区，园艺栽培成

---

[1]　关于罗斯托夫省蔬菜栽培业的兴起与发展，请参见 В. А. Федорова《Возникновение торговоге огородничества в Ростовском уезде Ярославской губернии（конец XVIII—первая половина XIXвека）》.《Вестн. Моск. ун-та》，сер. истории，1962，No. 6。

为农业的一项重要领域。"① 在韦列亚，有数以千计的农民从事洋葱种植②；在莫斯科省和卡卢加省的博洛夫斯基县和小雅罗斯拉韦茨县的部分地区，许多农民从事洋葱和大蒜的种植③。档案显示，一些来自雅罗斯拉夫尔和博罗夫斯克的园丁在图拉省的卡希尔县为莫斯科栽培蔬菜，为此他们在这里租用了土地④。在梁赞省的叶格里耶夫斯基县和莫斯科省的博戈罗茨克县，许多村庄专事啤酒花的生产。在奔萨省的别索诺夫斯克，几乎所有耕地都被用来栽培洋葱，并主要在本省和周边省份销售⑤。在博布罗夫斯克县的新契其拉村和大亚斯尔克村，村民大多种植洋葱卷心菜，其主要销往沃罗涅日省和坦波夫省⑥。

在俄国中部地区，许多工业原料作物呈现区域专门化现象。例如，普斯科夫省和一些西部和中部非黑土区的省份专事亚麻的种植，奥廖尔省西部、卡卢加省和库尔斯克省的一些县区也是如此。省长的汇报表明，在中部黑土区的南部，出现了一个向日葵种植带，主要分布在沃罗涅日省的奥斯特罗戈日斯克县、瓦卢伊基县、比柳切斯克县和卡拉多亚科斯克县⑦。

在 19 世纪中期，畜牧业也呈现专门化的现象⑧。根据畜牧业的发展情况，全俄可以大致分为两类区域（见表 2 - 6），即南部草原和东南地区，以及乌拉尔山前地区。在 19 世纪 50 年代，这些地区的畜牧量占比高达

---

① ЦГИА，ф. 1281，оп. 4，1843，д. 22，л. 35 об.

② ЦГИА，ф. 1281，оп. 5，1853，д. 83，л. 134.

③ 《Материалы для географии и статистики России》，ч. I（Калужская губ. ）. СПб.，1864，стр. 474.

④ 《Военно - статистическое обозрение Российской империи》，т. IV，ч. 4（Тульская губ. ）. СПб.，1852，стр. 72.

⑤ 《Материалы для географии и статистики》，ч. II（Пензенская губ. ）. СПб.，1867，стр. 85.

⑥ 《Материалы для географии и статистики》（Воронежская губ. ）. СПб.，1862，первая половина XIX. стр. 202.

⑦ 《Материалы для географии и статистики》（Воронежская губ. ）. СПб.，1862，стр. 207—208.

⑧ 关于 19 世纪上半叶俄国畜牧业的历史，请参见《Материалы по истории сельского хозяйства и крестьянства СССР》，сб. IV. Изд - во АН СССР，1960。

31.3%，远高于产粮占比（仅为 23.7%）。

北部和西北地区的畜牧业规模也较大。数据显示，北部、西北、波罗的海沿岸和西部地区的畜牧业占比（18%）明显高于粮食产量占比（13.2%）。同时，这些地区也是乳畜带，除此之外的中部黑土区，特别是雅罗斯拉夫尔省和科斯特罗马省，以及一些省份的乡村地区，乳畜业也发展较快[1]。同时，在 19 世纪上半叶，一些南方省份开始发展另一种类型的畜牧业——羊毛业[2]。

因此，截止到 19 世纪中叶，俄国大多数省份已经形成了符合本地特色的工农产业。那么，19 世纪上半叶农业专门化的特殊性体现在何处？

自封建生产方式诞生以来，就伴随着某种程度的劳动分工，这是城市和农村相对隔离，以及自然地理因素所导致的。然而，在农村小工业的冲击下，城市试图成为经济主导的趋势变得愈发乏力，这使得在农村的农业专门化发展过程中，城市所起到的作用微乎其微。因此，农村之所以会出现农业生产专门化现象，主要原因是自然和地理条件的限制，正因如此，城乡经济交流受限，最终难以推动经济总量的发展。

在封建制度发展的最后阶段，情况发生了变化。农业专门化是社会劳动分工过程的一个环节，同生产外部因素所决定的地理环境分工相反，社会分工是经济因素所导致的，即为满足生产力发展和人口激增所带来的需求。

在封建时代，社会生产专门化实现质的飞跃，也就是从地理环境分工跨越到社会分工，主要推动因素是国内市场的形成，以及在此基础上出现大规模的工业生产。在 18 世纪下半叶，俄国各地均出现了工场，并在 19 世纪上半叶迅速发展。与此同时，农业生产专门化已初具规模，一方面，这为提高农业社会劳动生产率奠定了基础；另一方面，也极大地推动了农村的商品制造业发展。

---

① 例如，弗拉基米尔省省长在 1842 年的报告中写道："最近，在佩列斯拉夫斯基和尤里耶夫斯基县，畜牧业已初具规模。"（ЦГИА，Ф. 1281，оп. 4，1843，д. 31，л. 27 об）

② С. В. Климова. История производства шерсти – сырца в России в первой половине XIX в. Автореф. дисс. М.，1962；ее же. Попытки помещичьего предпринимательства в России первой половины XIX века.《Научные доклады Высшей школы. Исторические науки》，1960，№ 3.

三　农业技术与农业发展水平

农业技术和农业基础是农业发展水平的重要指标。总体而言，这一概念适用于所有农业领域。然而，受地域、土壤、气候、农作物等诸多因素的影响，各地的农业技术存在些许差异。从这一角度来看，俄国可以大致分为两个区域，即黑土区和非黑土区，其中黑土区的北界大致可以划定为：日托米尔—基辅—切尔尼戈夫，诺夫哥罗德—谢韦尔斯基—卡拉切夫—阿列克辛—扎赖斯克—普隆斯克—阿尔达托夫—下诺夫哥罗德南部—伏尔加河右岸至喀山—乌尔茹姆南部—奥汉斯克①。

到18世纪末，农业发展水平主要体现在农业技术上。在非黑土区，主要的耕种工具是木犁（Coxa），而在某些地区（弗拉基米尔省、雅罗斯拉夫尔省和科斯特罗马省），农民兼用俄式犁②（Косуля）和金属犁③（Плуг）。木犁是一种常见的工具，这种工具可以耕犁地面，并松动土壤。当然，俄式犁也有类似的功能④。为了在耕种后保持土壤疏松，农民还使用了木制耙，在某些地区，这种工具极为简陋，仅仅将带有缺口的原木绑在耙上，即可用来打碎大块的泥土⑤。

在非黑土区，农民需要首先用犁来处理地面，之后用耙疏松土壤。在耕种冬季作物时，农民往往把三次土地，而耕种春季作物时，只需要耙两次⑥。

这一时期，肥料已被广泛使用。在某些地方，农民试图使用粪便以外的肥

---

① В. В. Докучаев. Русский чернозем. М. – Л. , Изд – во АН СССР, 1936, Приложение, Карта черноземной полосы Европейской России.
② 一种只能向一面翻土的犁。——译者注
③ 指普通的犁。——译者注
④ 《Которые земли помягче, те пашутся косулями, но которые земли грубее и co щебнем, те пашутся сохами》.《Труды ВЭО》, 1773, ч. XXIII, стр. 234.
⑤ ЦГВИА, ф. ВУА, д. 18888, л. 42 (关于奥洛涅茨省地形描述的部分)。
⑥ ЦГВИА, ф. ВУА, д. 19088, ч. 1, л. 9 об. (Тверская губ); д. 18875, лл. 22; В 47; 67, 130 об. , 151 об. , 163 об. (Новгородская губ); д. 18963, лл. 1 об. , 12 об. , 24, 37, 87 об. (Псковская губ); д. 118629, л. 54 об. (Владимирская губ) .

料，例如，在诺夫哥罗德，农民用"沼泽泥浆"和"腐殖质溢出物"来给土地施肥①。正如许多档案记载的，用于施肥的粪便量严重不足。一位同时代的人写道："我从没听过有俄国地主每年都能给他的整片土地施肥，即使为一半土地施肥的也很少。"② 正因如此，两次到三次地犁耙土地便显得尤为重要了③。

由此可见，非黑土区的农业活动并不复杂，但是，这仍需要投入大量的畜力和人力。

实际上，黑土区的农民相对富裕，因为这里土地肥沃，可以较为轻松地服劳役，这为他们的耕种活动提供了有利条件。在这里，双刃木犁是主要的生产工具。为了开垦新土地，农民还使用了一种特殊构造的犁，这种犁比一般的要小，且带有较短且狭窄的犁刀④。在某些地方，首轮耕种结束后还要进行额外的复耕，为此农民使用了一种类似于耙的工具，但该工具只有一排带铁尖的齿⑤，其主要作用是疏松土壤。在黑土区，耕地和耙地的时间都明显少于非黑土区，以至于三次耕作都属于罕见现象。在一般情况下，种植冬季和春季作物时，农民只需耕耙一次土地⑥。此外，黑土区的耕种模式是三圃制。据萨马拉省长的说法，只有伏尔加河流域是例外，即使是在 19 中叶，也有许多县的农民"不分种植区、不分地点、不分方式"地种植粮食⑦。

因此，在耕地、耙土、播种和施肥时，也就是在进行密集劳动的过程中，黑土区的农民所耗费的劳动明显低于非黑土区的。正如同时代人所指出的，非黑土区的农民为糊口而付出的努力，要比俄国其他粮食产区的农民大得多⑧。

---

① Там же, д. 18875, лл. 22, 47, 209.
② 《Труды ВЭО》, 1765, ч. 1, стр. 15.
③ 彼尔姆省的报告中称："为上述（指土地——作者注）施肥至少需要 3 次。耙地则需要 6～9 次。"（ЦГВИА, д. 18920, л. 107）
④ ЦГИА, ф. 91, Вольное экономическое общество, оп. 1, д. 381, л. 191 об.
⑤ ЦГВИА, д. 18668, л. 135 об.（Воронежская губ）.
⑥ ЦГВИА, дд. 18800, 18668, 18743, 18903, 18911, 18977, 19077 – описания чернсземных губерний.
⑦ ЦГИА, ф. 1281,, оп. 6, 1856, д. 59, л. 10 об.
⑧ 《Военно – статистическое обозрение》, т. II, ч. 2（Псковская губ）. СПб., 1852, стр. 255.

笔者认为，从 19 世纪初到农奴制改革前，俄国农村的农业技术没有发生根本变化，其依据是一些省的省长对农业状况的评价。例如，科斯特罗马省省长在 1858 年的一份报告中写道："除了极少数的例外，该省的农业经济发展状况始终保持在低水平。"① 弗拉基米尔省省长在 1859 年的报告中也写道："弗拉基米尔省的农业发展速度和农业生产总量处于中等水平，且长期以来没有明显改善。"② 下诺夫哥罗德省省长也在同年汇报道："粮食种植是本省农业的重要组成部分，其主要模式是三圃制，但在发展状况方面，除了少数的地主庄园，没有任何的提高。"③ 普斯科夫省省长在 1843 年指出："尽管目前的科学体系发展飞速，但对普斯科夫省的农业而言，尚无法使用其最新设备。"④

黑土区各省的真实情况便是如此。图拉省农业状况的撰写人指出，整个农业体系都已落后，新的经济模式虽已出现，且渗进了地主庄园中，但对整个农业而言，这种程度的改变仅仅是杯水车薪⑤。1842 年，奥廖尔省省长在汇报中写道："我省在进行农业生产时，并未从新型农业体系中受益。"⑥ 1859 年沃罗涅日省省长强调道："我省的农业若要快速发展，恐怕还要等 100 年。"⑦ 辛比尔斯克省省长在 1858 年的汇报中指出，粮食生产的改进除了贵族领地庄园能够实现，其余的均为天方夜谭⑧。萨马拉省和萨拉托夫省由于土地较为肥沃，省长未对农业问题给予特别的关注⑨，后者的省长仅写道："所有农民都在努力扩大耕地，但因人力不足和方法失当等问题，效果始终不佳。然而，得益于肥沃的土地，我省农民在耕种时能够相对轻松，特别是在草原地区，这里的土壤和气候非常适合粮食作物的

① ЦГИА，ф. 1281，оп. 6，1859，д. 28，л. 9 об.
② Там же，1860，д. 29，л. 29.
③ ЦГИА，ф. 1281，оп. 6，1860，д. 30，лл. 24 – 24 об.
④ Там же，оп. 4，1844，д. 44，л. 41.
⑤ 《Военно – статистическое обозрение》，т. VI，ч. 4（Тульская губ.）. СПб.，1852，стр. 64.
⑥ ЦГИА. ф. 1281，оп. 4，1843，д. 55，л. 36 об.
⑦ Там же，оп. 6，1860，д. 38，л. 10 об.
⑧ Там же，оп. 6，1859，д. 45，л. 5 об.
⑨ Там же，оп. 6，1856，д. 59，л. 10 об.

生长。"①

由此可见，在 19 世纪上半叶，俄国农业经济的生产技术基础并没有取得重大进展。但是，这并不意味俄国农业陷入了生产停滞。一些农村的生产力持续发展，但这是业已普及的农业技术和农业基础相结合，并适应于当地条件的结果，换言之，这是生产专门化的结果。对此，生产率和人均粮食产量的发展状况证明了这一点，而笔者从省长的汇报中得出了 1802～1811 年、1842～1850 年和 1851～1860 年的谷物粮食和马铃薯的产量。

表 2-8 清晰地反映了各个阶段的产量变化。数据显示，19 世纪 40～50 年代的北部、西北、中部非黑土区和左岸乌克兰地区的产粮状况与 19 世纪初的相似。在波罗的海沿岸和南部草原地区，40 年代的产粮量有所下降，但在 50 年代又显著增长。伏尔加河中游、伏尔加河下游与扎沃尔日，以及乌拉尔山前地区的产粮量在 40～50 年代飞速增加。与此相反，只有西部（含斯摩棱斯克省）、西南和中部黑土区的产粮量不断下降。

表 2-8 19 世纪上半叶各类谷物粮食作物产量的发展变化

单位：俄石/人，%

地区	1802～1881 年	1841～1850 年	1851～1860 年	与 1802～1811 年产量的比值	
				40 年代	50 年代
西北地区	2.7	2.7	2.7	100	100
斯摩棱斯克省	2.6	2.5	2.3	96.2	88.5
中部非黑土区	2.6	2.7	2.7	103.8	103.3
中部黑土区	3.9	3.5	3.2	89.7	82.1
伏尔加河中游	3	3.2	3.6	106.7	120
伏尔加河下游与扎沃尔日	3.1	3.3	3.6	106.5	116.1
沿波罗的海	5.1	4.3	4.5	84.3	88.2
西部地区	3.6	3	2.7	83.3	75
西南地区	4.3	4.2	3.7	97.7	86
左岸乌克兰	3.2	3.4	3.3	106.3	103.1

---

① 《Военно - статистическое обозрение》, т. V, ч. 4 (Саратовская губ.). СПб. 1852, стр. 93.

续表

地区	1802~1881年	1841~1850年	1851~1860年	与1802~1811年产量的比值	
				40年代	50年代
南部草原	4.6	3.1	3.9	67.4	84.8
乌拉尔山前地区	3	3.5	3.4	116.7	110.2
北部地区	3.4	3.5	3.4	102.9	100
欧俄地区	3.1	3.4	3.2	109.7	103.2

资料来源：根据附录表1中粮食播种量和产量计算得出。

　　表2-9显示，各地区的农业的总体水平有着不同的发展方向。19世纪40~50年代的西北、西部（含斯摩棱斯克省）、西南、中部黑土区和左岸乌克兰的一些地区的人均产粮量与19世纪初的相比，下降幅度较大。而中部非黑土区、伏尔加河中游、南部草原、伏尔加河下游与扎沃尔日，以及乌拉尔山前地区的整体农业水平在农奴制时代末期仍然有所提升。北部和波罗的海沿岸地区的变化不大，虽然后者的农业水平在50年代有所提升。

表2-9　19世纪上半叶农业发展变化（人均粮食和马铃薯的净产量）

单位：俄石，%

地区	1802~1811年	1841~1850年			1851~1860年			与1802~1811年产量的比值	
	谷物	谷物	马铃薯	马铃薯产量用谷物计算的值	谷物	马铃薯	马铃薯产量用谷物计算的值	40年代	50年代
西北地区	2.4	1.69	0.39	1.82	1.59	0.34	1.7	75.8	70.8
斯摩棱斯克省	3.22	3.07	0.34	3.18	2.62	0.25	2.7	98.8	83.9
中部非黑土区	2.24	2.28	0.25	2.36	2.33	0.26	2.42	105.4	108
中部黑土区	4.16	3.81	0.26	3.9	3.3	0.29	3.4	93.8	81.7
伏尔加河中游	3.37	3.31	0.08	3.34	3.63	0.13	3.67	99.1	108.9
伏尔加河下游与扎沃尔日	2.91	3.07	0.1	3.1	3.44	0.11	3.48	106.5	119.6

续表

地区	1802~1811 年	1841~1850 年			1851~1860 年			与 1802~1811 年产量的比值	
	谷物	谷物	马铃薯	马铃薯产量用谷物计算的值	谷物	马铃薯	马铃薯产量用谷物计算的值	40 年代	50 年代
沿波罗的海	2.53	2.16	0.62	2.37	2.27	0.82	2.54	93.7	100
西部	3.56	1.98	0.93	2.29	1.74	0.62	1.95	64.3	54.8
西南	2.74	2.67	0.39	2.8	2.21	0.29	2.31	102.2	84.3
左岸乌克兰	2.56	2.12	0.25	2.2	2.18	0.26	2.27	85.9	88.7
南部草原	1.76	1.24	0.04	1.25	1.92	0.07	1.94	71	110.2
乌拉尔山前地区	1.99	3	0.07	3.02	2.96	0.1	2.99	151.8	150.3
北部	1.57	1.52	0.08	1.55	1.5	0.09	1.53	98.7	97.5
欧俄地区	2.81	2.68	0.3	2.78	2.58	0.27	2.67	98.9	95

注：马铃薯的净产量按谷物粮食的人均 1/4 核算；在将马铃薯产量转换为谷物粮食时，前者的 3/4 等于后者的 1/4。

由此可见，19 世纪上半叶俄国农业的发展呈现两个趋势，一方面，其总体水平不断攀升；另一方面，个别地区的有所下降。这两个趋势在当时的俄国普遍存在，但各地区的程度又有所不同。根据这两个趋势，笔者对各地区农业发展的状况进行了划分①。

――――――――――――――――

① 表 2-9 数据所揭示的 19 世纪上半叶农业发展特征与 В. К. 亚聪斯基的结论有一些不同（В. К. 亚聪斯基的结论请参见 В. К. Яцунский. Изменения в размещении. земледелия в Европейской России с конца XVIII в. до пёрвой мировой войны. Сб.《Вопросы истории сельского хозяйства, крестьянства и революционного движения в России》. М., Изд - во АН СССР, 1961, стр. 128—131）。造成差异的原因是 В. К. 亚聪斯基将 19 世纪初的各省省长报告与 И. 威尔逊出版的 1857~1863 年的数据进行了比较（后者的著作请参见 И. В ильсон. Объяснения к хозяйственно - статистическому атласу Европейской России. СПб., 1869, стр. 108—109）。И. 威尔逊的著作高估了许多地区的粮食收成。因此 В. К. 亚聪斯基对其进行了修改。然而，并非所有都需要修改，例如，19 世纪初和 40~50 年代的数据就较为真实。

　　农作物播种的人均面积和当时的生产力水平直接决定了粮食的人均产量。前两者对农业总体水平的影响就是如此。在 19 世纪 50 年代，各地的粮食人均收成和农作物面积相较于 19 世纪初有明显的提升[①]。在南部草原、东南和乌拉尔山前地区，耕种技术的改进是农业水平提升的主要原因。在中部非黑土区，各类农作物的播种面积和产量的增加也是耕种技术改进的反映，而相比于 40 年代，伏尔加河中下游地区和波罗的海沿岸地区在 50 年代粮食产量的增加，主要原因是单产量提高。与上述地区相反，在西北和左岸乌克兰地区，50 年代的人均产量与 19 世纪初相比并无增长，主要原因是粮食作物的播种面积缩小。具体而言，尽管耕种技术逐渐改善，粮食亩产量提升，但西北地区的耕种总面积缩减，致使总产量维持不增，同样，左岸乌克兰地区也是如此，且其总产量有所下降。在西部、西南、中部黑土区和斯摩棱斯克省，农业水平下降的主因是产量降低。

　　因此，在 19 世纪上半叶，俄国农业总体水平的上升源于农作物耕种的进一步推广。当然，这需要有充足的土地，且适于耕种的农业生产技术，而南部和东南地区正好具备这两方面的条件。对于开发历史较早的西部和中部而言，只有在实现农业集约化的基础上，农业水平才能得到大幅提升。但是，档案显示，集约化趋势不仅未能出现，而且许多地区的农业水平还有所下降（西部、西南、中部黑土区和斯摩棱斯克省），其主要表现是产量下跌。

　　由此可见，农作物播种面积和产量是衡量当时农业生产及其发展特征最直接的数据。此外，扩大农作物耕种面积和提高亩产还取决于农业生产方式，因为后者在很大程度上能够影响耕种技术水平和整体农业水平。

　　在 19 世纪上半叶，俄国主要的农业生产方式是与代役租和劳役租紧密相关的地主土地私有制，并且覆盖全国各类农民。在下文中，笔者将研究各类农民（贵族庄园）在农业生产中所占的比重，以及区域农业发展情况之间的关系。

---

① 在 И. К. 科瓦利琴科曾经发表的论文中，计算了各省区产量的相对规模（参见《Динамика уровня земледельческого производства России в первой половине XIX в. 》.《История СССР》，1959，№ 1）。

四 贵族庄园与社会农业结构

各类贵族庄园所占的比例，是确定社会农业结构的重要指标。表 2 - 10 以地区为单位，罗列了 1840 ~ 1858 年各类地主庄园的具体数据，以及 1858 年各地区贵族地主的庄园面积。

在 1858 年，欧俄地区（除沿波罗的海、比萨拉比亚、顿河和斯塔夫罗波尔地区，以及阿尔汉格尔斯克省）的贵族庄园占耕地总数的三分之一（约 32.3%）。从整体来看，贵族庄园大多分布在人口稠密的西部和中部，而南部、东部和北部地区分布较少。数据显示，在西南地区，贵族庄园所占比例最高，约为 72%，此外，西部为 66.8%、中部非黑土区为 55.1%、西北地区为 48%、中部黑土区为 46.6%、斯摩棱斯克省为 61.4%；反之，所占比例最低的是北部地区，约为 4.3%，伏尔加河下游与扎沃尔日地区为 12.2%，乌拉尔山前地区为 12.3%。

从 1840 年到 1858 年，贵族庄园的发展呈现两个趋势，即一些省份和地区的绝对面积有所缩小；而另一些却与此相反。截至 1858 年，中部非黑土区的地主庄园面积减少了 12.6%，西北地区减少了 9.1%，北部地区减少了 8.7%，斯摩棱斯克省减少了 23.1%，共计 408.7 万俄亩，其中，斯摩棱斯克省减少了 90 万俄亩，诺夫哥罗德省减少了 83 万俄亩，特维尔省减少了 77.9 万俄亩，弗拉基米尔省减少了 53.9 万俄亩。此外，伏尔加河北部地区的贵族庄园面积也略有减少。

需要注意的是，从西部、西南和左岸乌克兰地区的资料来看，贵族庄园的扩张情况并不客观，因为此时的贵族可能占有一些其他类型的土地。或许，在 1840 年的核算表中，并未对贵族地主的这类土地进行丈量。而其余地区的贵族庄园扩张情况较为真实，从表 2 - 10 来看，扩张速度最快的是伏尔加河下游与扎沃尔日地区，此外，贵族庄园在南部草原和乌拉尔山前地区的扩张速度也很快，其扩张的庄园面积共计为 279.1 万俄亩。

表 2－10　19 世纪 40～50 年代贵族庄园情况

单位：俄亩，%

省区	贵族庄园总面积及所占比例		截止到1858年贵族庄园增加或减少情况			1858年的情况		
	19世纪40年代	19世纪50年代	庄园面积		与1840年的比例	耕地总面积及所占比例	贵族庄园情况	
			增加	减少			庄园面积及所占比例	与总面积之比
西北地区	6359	5781	252	830	90.9	18343	8805	48
	6.9	6.1				5.6	8.4	
斯摩棱斯克省	3896	2996	—	900	76.9	4880	2996	61.4
	4.2	3.1				1.5	2.9	
中部非黑土区	19220	16805	—	2415	87.4	30778	16950	55.1
	20.8	17.8				9.5	16.2	
中部黑土区	11639	12012	531	158	103.2	26627	12403	46.6
	12.6	12.6				8.2	11.8	
伏尔加河北部	4325	4225	455	555	97.7	13619	4427	32.5
	4.7	4.4				4.2	4.2	
伏尔加河下游与扎沃尔日	3317	5011	1694	—	151.1	42570	5173	12.2
	3.6	5.3				13.1	4.9	
西部地区	17494	18538	1651	607	106	27755	18538	66.8
	18.9	19.5				8.5	17.7	
西南地区	10065	10845	941	161	107.7	15069	10845	72
	10.9	11.4				4.6	10.4	
左岸乌克兰	3862	5513	1651		142.7	14329	6260	43.7
	4.2	5.8				4.4	6.0	
南部草原	7007	7630	833	210	108.9	17934	8140	45.4
	7.5	8				5.5	7.8	
乌拉尔山前地区	3267	3741	792	318	114.5	66594	8200	12.3
	3.5	3.9				20.4	7.8	
北方地区	2228	2034	5	199	91.3	47091	2034	4.3
	2.2	2.1				14.5	1.9	
总计	92679	95131	8805	6353	102.6	325589	104771	32.17

　　由此可见，在南部和东部地区流行数个世纪之久的农奴制直到其废止的前夕，依旧十分盛行。然而，贵族庄园不仅在南部和东部地区扩张，而且在

作为农奴制支柱性地区的中部黑土区也有小规模的扩张。实际上，在中部黑土区，贵族庄园的扩张（从 37.9 万俄亩增长到 53.1 万俄亩）主要集中在沃罗涅日省等毗邻草原地区的省份。整体来看，从 1840 年到 1858 年，有 20 个省的贵族庄园面积有所缩小，共计 635.3 万俄亩，但另有 22 个省的有所增加，共计 880.5 万俄亩。

因此，在 19 世纪 40～50 年代，贵族地主土地所有制不仅巩固了其经济地位，而且略有增强。

贵族庄园的扩张是分析当时社会土地结构的重要指标。40～50 年代的各省省长汇报不仅介绍了省内农作物情况和总产量，而且对贵族耕地，私有、国有等各类农奴情况进行了汇报。正是根据这些资料，笔者整理出了表 1-3 和表 2-11 中的数据。

此外，贵族地主的农作物主要产地和贵族庄园的地理位置高度重合。在 19 世纪 50 年代，贵族地主的农作物 83.8% 产自西北、沿波罗的海、西部、中部和乌拉尔山前地区，以及斯摩棱斯克省。此外，南部草原地区也是贵族地主农作物的主产地之一。数据显示，在西北、中部和伏尔加河流域地区，贵族地主的农作物产量比例占到了 58.1%。因此，那些盛行农奴制的省份依旧是俄国贵族地主土地所有制的重要支柱。

在 19 世纪 50 年代，西南地区的贵族地主农作物所占比例为 38.8%，西部为 32.6%，中部黑土区为 28.3%，左岸乌克兰为 27.3%，斯摩棱斯克省为 29.1%，南部为 25.5%。值得注意的是，沿波罗的海地区较为特殊，因为在 1816～1819 年，该地区开始逐步废除农奴制，因此这里的贵族地主庄园和农民经济的发展情况与其他地区有所不同。

表 2-11 显示，贵族地主农作物产量所占比例最低的是乌拉尔山前（1.4%）、北部（4.7%）、伏尔加河下游与扎沃尔日（14%）等贵族庄园未大规模扩张的地区。此外，盛行代役租的西北地区和中部工业区，贵族庄园的产量比例也较低，分别为 13.2% 和 16.2%。总体来看，欧俄 48 省（顿河军区和斯塔夫罗波尔地区的资料暂缺）在 19 世纪 50 年代的贵族庄园粮食产量占比为 21.9%。

表 2-11　19 世纪 40~50 年代欧俄地区的社会土地结构

单位：万俄石，%

省区	谷物粮食和马铃薯的总产量	农作物产量及占比							
		贵族地主庄园		私有农民		国有农民		其他类型的农民	
		总量	占比	总量	占比	总量	占比	总量	占比
西北地区	244.2	40.1	16.4	135.8	55.6	56.2	23	12.1	5
	234.6	31	13.2	128	54.6	55.4	23.6	20.2	8.6
斯摩棱斯克省	228.7	58.9	25.8	133.1	58.1	34.5	15.1	2.2	1
	225.1	65.6	29.1	127.3	56.6	31.2	13.9	1	0.4
中部非黑土区	1085	193.1	17.8	618.3	57	232.2	21.4	41.4	3.8
	1151.7	186.4	16.2	652.5	56.6	257.5	22.4	55.3	4.8
中部黑土区	1406.8	430.4	30.6	468.3	33.3	504.6	35.9	3.5	0.2
	1493.4	422.8	28.3	478.1	32	581	38.9	11.5	0.8
伏尔加河北部	511.9	100.5	19.6	139.4	27.2	209.7	41	62.3	12.2
	543.7	102	18.8	134.3	24.7	239.1	43.9	68.3	12.6
伏尔加河下游与扎沃尔日	433.6	61.8	14.3	105.6	24.4	198.5	45.7	67.7	15.6
	464.5	65.2	14	105.5	22.7	223.4	48.1	70.4	15.2
沿波罗的海	146.7	49.5	33.7	66.2	45	27	18.4	4	2.7
	147.6	46.7	31.6	69.2	47.2	27.4	18.5	4.3	2.9
西部地区	700.7	221.4	31.6	334.8	47.8	97.6	13.9	46.9	6.7
	616.6	201.2	32.6	296.3	48	94.7	15.4	24.4	4
西南地区	456.5	180.8	39.6	213.3	46.7	46.4	10.2	16	3.5
	447.6	173.5	38.8	183.4	40.9	50.9	11.4	39.8	8.9
左岸乌克兰	415.1	116.4	28	114.5	27.7	182	43.8	2.2	0.5
	484.7	132.1	27.3	132.2	27.3	208.6	43	11.8	2.4
南部草原	202.1	57.2	28.3	57	28.2	70.7	35	17.2	8.5
	240.1	61.3	25.5	61.5	25.6	81.3	33.9	36	15
乌拉尔山前地区	619.7	12.9	2.8	59.1	9.5	464	74.2	83.7	13.5
	712.1	10.3	1.4	75	10.5	523.2	73.6	103.6	14.5
北方地区	83	3.1	3.7	18.5	22.3	50.4	60.7	11	13.3
	93.3	4.4	4.7	21.5	23.4	54.7	58.6	12.4	13.3
欧俄48省总计	6534	1526.1	23.4	2463.9	37.7	2173.8	33.2	370.2	5.7
	6855	1502.5	21.9	2465.1	36	2428.4	35.4	459	6.7

注：表内省区的数据分为两行，上行为 1842~1850 年的数据，下行为 1851~1860 年的数据。

资料来源：数据来源于表 1-3。

在 19 世纪 40 ~ 50 年代，贵族庄园的产量占比是不断变化的，40 年代时，其在欧俄地区的占比为 23.4%，而在 50 年代，降到了 21.9%。除北部和西部地区，以及斯摩棱斯克省，几乎所有地区的贵族庄园产量占比都在逐步下降。之所以这些地区（伏尔加河北部、伏尔加河下游与扎沃尔日、左岸乌克兰、南部草原）的贵族庄园产量占比下降，是因为绝对耕种面积较之前有所缩减，致使其他类型农民的土地面积及其产量不断攀升。此外，还有一些地区，例如：西北、中部黑土区、中部工业区、西南和乌拉尔山前地区，尽管这些地区贵族的绝对耕种面积也有所缩减，但贵族庄园产量占比的下降幅度也较小。贵族庄园的耕地面积为何会缩减？笔者认为，可能有两方面的原因，其一，在贵族们看来，继续扩展耕地渐渐无利可图；其二，即便维持现有的耕地面积也是如此。

在封建土地所有制下，地主农民需以实物（以农作物为主）的形式缴纳地租。在 50 年代，地主农民产量的占比为 36%，比其他类型农民的都要高。西北、中部和伏尔加河流域是地主农民人数最多的地区，占欧俄地区总数的 65.9%。具体而言，在西北、中部非黑土区、西部和西南地区，以及斯摩棱斯克省，地主土地的面积占总耕地的一半，地主农民也是最为主要的农民类型，而地主农民耕地的产量占总产量的一半以上。此外，在伏尔加河下游与扎沃尔日、乌拉尔山前和北部地区，地主农民的产量占比最低。

19 世纪 50 年代，在沿波罗的海、北部和乌拉尔山前地区，地主农民的产量占比较 40 年代有所下降。在中部工业区、西部和左岸乌克兰地区，占比并无变化。除此之外的地区，地主农民的产量占比均有不同程度的下降。从农业经济情况看，许多地区地主农民耕地的绝对面积逐渐缩减，其中包括西北、西部和西南地区，以及斯摩棱斯克省。此外，一些省份地主农民的产量逐渐下降，例如：梁赞、库尔斯克、沃罗涅日、奔萨、萨拉托夫等。

值得注意的是，在欧俄地区的粮食总产量中，有三分之一来自国有农民。在那些贵族庄园未大规模扩张的省区，国有农民的产量最大。

与地主农民不同，从 40 年代到 50 年代，国有农民的产量占比始终在不断增长（从 33.2% 上升到 35.4%）。同时，国有农民的绝对产量也在不断攀升，从40年代的2173.8万俄石增长到50年代的2428.4万俄石。除西北和西部地区，以及斯摩棱斯克省，几乎所有省区均出现了此类趋势。

从整体来看，欧俄地区其他类型农民的产量占比和总量并不起眼（占比仅为6.7%），但在一些地区，则相对较大，例如，在19世纪50年代，北部地区其他类型农民产量占比为13.3%，乌拉尔山前地区为14.5%，伏尔加河下游与扎沃尔日地区为15.2%，南部草原为15%，伏尔加河中游为12.6%。特别是在伏尔加河中游地区，粮食生产主要依托各类农民的耕地。在农奴制改革前，一些地区非农奴耕地的绝对和相对产量都在不断攀升。其中，南部草原和西南地区增长得最快，绝对播种面积增加了两倍以上，此外，乌拉尔山前地区、中部工业区和西南地区也是如此。值得注意的是，在后两个地区，贵族庄园的面积有明显的缩减。

这种带有阶层色彩的土地关系生产结构一直持续到农奴制末期。当然，这种结构也存在地域差异，其主要体现在中部、西部和边境地区之间，前两者以土地和地主农民的土地居多，而后者以国有农民和其他类型农民的土地为主。同时，各类农民的产量占比和总量也在不断变化，主要趋势为：欧俄地区地主和地主农民的产量占比在不断下降，而国有和其他类型农民的产量占比在逐渐增长。例如，在地主土地产量占比最高，且盛行劳役地租的西部、西南、中部黑土区和左岸乌克兰地区，占比下降幅度最大（西北地区较为特殊，并未出现此类情况），而在地主产量占比最低的乌拉尔山前、伏尔加河下游与扎沃尔日、伏尔加河中游和中部工业区，农业水平均有提升（南部草原地区较为特殊，未出现此类情况）。

五 农民的副业

尽管农耕和其他类型的农业经济最为重要，但在19世纪上半叶，这些并不是农民唯一的活动。除日常的农耕，农民还广泛地从事各种副业。需要指出，这里所说的副业，并不是指农民的家庭工业或手工业，而是一种完全脱离农耕的活动，例如，小商品买卖、企业资本经营或在此就职。

在中部工业区和西北地区，特别是在作为工业中心的彼得堡省和莫斯科省，农民进行副业活动十分常见。例如，在 19 世纪 40 年代的国有农庄内，有 25%～32% 的男性农民持有外出身份证。而在 50 年代末的莫斯科省、雅罗斯拉夫尔省和科斯特罗马省，工厂企业的"年工"有 41%～63% 是来自农村的长工[1]。在 50 年代的莫斯科省地主农村，有 7.11 万人持有外出身份证（约占男性农民人口的 25.5%），弗拉基米尔省有 5 万人（约占 15.9%），科斯特罗马省有 1.28 万人（约占 4.6%），雅罗斯拉夫尔省有 2.8 万人（约占 11.5%），特维尔省有 2.71 万人（约占 7.9%），卡卢加省有 3.82 万人（约占 14.1%），斯摩棱斯克省有 2.03 万人（约占 5.9%）[2]。除此之外，还有许多农民在自己所在的区域或就近打工，因此他们并未持有外出打工身份证。

农民的副业活动有一定的专业化特征。1858 年，彼得堡省省长在报告中写道："每个县都有自己独特的副业。例如，在新拉多加，居民多从事渔业和港口拉纤，在施吕瑟尔堡，许多居民从事将石料、沙土运送到彼得堡的工作，在格多夫，许多人从事伐木业。"[3] 在当时的彼得堡，木材和采伐和浮运、各类木制产品的加工制作、建材的采购、拉客马车等，都是周边农民主要从事的副业。

诺夫哥罗德省的农民也广泛从事副业。丰富的森林资源使该省形成了采伐和浮运、港口建造、焦油馏分、木制产品加工制作等副业。仅木材的采伐和浮运，就使该省农民获利 100 万卢布。在切列波韦茨、别洛奥泽尔斯克和乌斯秋日纳，有丰富的矿石资源，因此这里主要生产钉子、斧子、铁锹、犁

---

① Н. М. Дружинин. Государственные крестьяне и реформа П. Д. Киселева, т. I. М., Изд - во АН СССР, 1958, стр. 315, 321.

② 斯摩棱斯克省、卡卢加和雅罗斯拉夫尔省的数据由 А. К. 拉申得出（参见 А. Г. Рашин. К вопросу о формировании рабочего класса в России в 30—50 - х годах. XIX в. 《Исторические записки》, 1955, т. 53, стр. 152—158）；莫斯科省、弗拉基米尔省、科斯特罗马省和特维尔省的数据由 В. А. 费奥多罗夫得出（参见 В. А. Федоров. Промысловый отход помещичьих крестьян Центрально - промышленных губерний накануне падения крепостного права. Рукопись）。

③ ЦГИА, ф. 1281, оп. 6, 1859, д. 35, л. 8 об.

刀、锅等物品①。同彼得堡省和诺夫哥罗德省不同，普斯科夫省农民的副业并未得到明显的发展。对此，该省省长在报告中写道："就本省农民副业发展情况来看，是受到了严重限制的，他们从事副业只不过是作为耕种活动的补充。"② 在斯摩棱斯克省，农民副业的发展较为薄弱，但东部的一些县比较例外，其中包括维亚泽姆斯基、格扎茨克和瑟切夫斯基，主要的副业是拉客马车、港口建造、木材流送、航运维护、公路铺建等③。

中部工业区是全国农民从事副业最为集中的地区。而莫斯科省和弗拉基米尔省的地主农民是最常外出从事副业的群体。

莫斯科省最主要的农民副业类型是"工厂生产"和"手工业制造"④。例如，在博戈罗茨克、布龙尼茨基和科伦缅斯基，诸如家庭工业和工厂工业等自主工业活动也推广开来。此外，莫斯科各县的许多农民还从事客运和货物运输业。在莫扎伊斯克、兹韦尼戈罗茨基、鲁扎和沃洛科拉姆斯克，常见的副业有渔业、木材砍伐与运输、木制产品加工。在一些县的内部，还形成了副业的行业化，例如，莫扎伊斯克的五个村落形成了纺锤制造业，兹韦尼戈罗茨基的村民从事家具制作而获利 1 万多卢布，在维亚泽姆斯基的农民编制的家具和竹篮还远销莫斯科、彼得堡、基辅等大城市。值得一提的是，科洛缅斯基、兹韦尼戈罗茨基和克林斯基的农民还在公路附近开设旅店。当然，去莫斯科打短工的农民更为常见⑤。

在弗拉基米尔省，最主要的非农副业是打短工。当然，其他类型的副业也十分常见。值得一提的是，弗拉基米尔省的奥菲尼亚⑥（Афеня），特别是科夫罗夫斯基县的，他们携带各类小工业品在全国范围内售卖的身影已有目共睹。在戈罗霍维茨县，有成百上千的农民从事长袜、短袜、手套等

---

① 《Военно‐статистическое обозрение》，т. Ⅲ，ч. 3（Новгородская губ）. СГ.б.，1849，стр. 128，133.

② ЦГИА，ф. 1281，оп. 6，1859，д. 32，л. 7 об.

③ Там же，д. 64，лл. 77—77 об.

④ ЦГИА，ф. 1281，оп. 5，1853，д. 83，л. 123. об.

⑤ ЦГИА，ф. 1281，оп. 6，1860，л. 68，лл. 179—180.

⑥ 帝俄时期流动于村庄之间销售书籍、版画等小商品的小商人。——译者注

毛纺织品的编织工作。为此，该县在黑土区省份采购的毛料多达 1.8 万普特。此外，还有许多农民从事货车、雪橇、木桶、筛子、草鞋等商品的生产工作。弗拉基米尔省圣像画家的产品也受到青睐。同时，该省的水泥匠、灰泥工、房盖工的技术享誉全国，在莫斯科和其他省份，总能看到他们的身影①。

同莫斯科省不同，弗拉基米尔省周边地区的渔业得到了快速发展。在雅罗斯拉夫尔省、科斯特罗马省和卡卢加省，有大批农民在农闲季节外出打短工。实际上，这三个省的各县区，也形成了区域性的副业。在雅罗斯拉夫尔省，雅罗斯拉夫尔县最主要的副业是亚麻布和粗麻布的纺织，梅什基诺县和莫洛加县的则是平底船建造，而羊皮、绳索、毡靴等商品的加工生产在其他的一些县区也较为常见。农民外出打工时，大多担任水泥匠、灰泥工、砌炉匠、粉刷匠、鞋匠、小商贩、旅店服务员等。该省的数据显示，在 19 世纪 40 年代，从事副业的国有和地主农民多达 5 万人②。在科斯特罗马省的基涅什马县和涅列赫塔县，农民大多从事纸制品和绘画，在瓦尔纳维诺、卡罗格里夫、维特卢日斯基等位于森林地区的县区，许多农民从事平底船、蒲席和各种木制产品的生产。在农闲时节，首都地区是农民外出打工的首选之地，据统计，共有 5 万人在这里担任木匠、细木工、水泥匠和其他建筑工③。

在卡卢加省的博罗夫斯克县、塔鲁萨县、梅登县和小雅罗斯拉韦茨县，形成了以生产印花布等手工业品为主的副业。在 50 年代末，这里至少有 4 万张织布机，生产总值高达 84 万银卢布④。在上述县区中，特别是博罗夫斯克，有大量的农民前往莫斯科省的工厂里打工，而梅登县和莫萨利斯克县的副业以大麻打麻为主，塔鲁萨县的则是帽子生产。然而，大多数外出打工农民仍担任木工、水泥匠、灰泥工等，其打工的主要目的地是南方和乌克兰

---

① Там же, оп. 4, 1843, д. 31, лл. 26—26 об.；оп. 5, 1851, д. 43, лл. 123 об. —124 об.
② ЦГИА, ф. 1281, оп. 4, 1844, д. 52, л. 26；В оп. 6, 1855, д. 35, лл. 6 об. —7.
③ Там же, оп. 5, 1851, д. 34, л. 40 об. —41 об.
④ ЦГИА, ф. 1281, оп. 6, 1860, д. 55, л. 14.

地区①。

在特维尔省，一些县区也存在优势副业。值得一提的是，以祖布佐夫、勒热夫斯基、特维尔和上沃尔乔克四县为中心，形成了一条沿河产业带，这里的副业主要和航运有关，例如，平底船建造、装卸货物、拉纤等。在该省的森林地区（奥斯塔什科夫、韦西耶贡斯克和别热茨基），形成了木材砍伐和木制品加工业。总体来看，特维尔省有享誉全国的鞋匠，在卡利亚津和韦西耶贡斯克，共有1.3万余人从事鞋业生产②。

在下诺夫哥罗德省，副业大多集中在北部地区和伏尔加河沿岸的一些县区，其中，前者的主要副业为木材砍伐和加工、港口建造、蒲席和麻袋编织。戈尔巴托夫斯基盛产矿石，因此这里主要生产锁扣、刀具、剪刀、剃刀等。例如，在19世纪中叶，仅巴甫洛夫一县，该方面的产值就高达40万银卢布③。该省最有名的副业是皮革印花业和短外衣的生产（特别是在穆拉什基诺镇和克尼亚吉尼诺县的一些村镇）。在伏尔加河沿岸的一些村镇，居民主要从事航运业④。但与中部工业区相比，下诺夫哥罗德省的副业发展得较为缓慢。

总体来看，在中部工业区，大多数农民从事手工业。

在黑土区，副业发展得较为缓慢。然而，梁赞省北部的扎奥科斯基是例外，因为这里毗邻中部工业区，在这里，工厂生产和手工业制造（木材砍伐、造船、木制品加工等）都十分常见。在图拉省北部的阿列克辛县和卡希尔县，不少农民也从事手工业。此外，这里还有很多农民前往中部工业区打工。

在黑土区和伏尔加河下游地区，农民副业发展相对较好的省份是库尔斯克。主要原因在于，这里缺少耕地，且农业水平较低，正如同时代的人所写

① ЦГИА，ф. 1281，оп. 6，1860，д. 55，л. 13 об.
② Там же，оп. 5，1850，д. 17，л. 45.
③ Архив Русского географического общества，разд. XXIII，д. 85，л. 6 об.
④ ЦГИА，ф. 1281，оп. 5，1851，д. 41，лл. 77—90；оп. 6，1859，д. 71，лл. 216 об. —218 об.

的,"最为急迫的任务不仅没有回报,而且减少了很大一部分人口,这使农民的耕种积极性锐减,农民人数也因此减少,而工人的数量逐渐增加"[1]。在该省,皮带和腰带纺织、长筒袜生产和鞋的缝纫十分普遍[2]。在黑土区和其他地区,仅有几个地区和村镇的副业特征有所不同,例如,奥廖尔省的布良斯克和拉卡切夫,坦波夫省的莫尔尚斯基。

在黑土区的省份,外出打工的农民数量很少。这些外出打工的农民,大多被其他农民所雇用。根据奔萨省的记录,雇用的费用为每人每年25~30 银卢布,而手工业者每年夏天可赚得 40~50 银卢布[3]。相对而言,黑土区的南部草原地区和西南地区较为常见的副业是私人运输和小商品买卖。

以上便是农民副业的基本情况。

作为中部和西北地区农民经济活动的一个独立领域,副业在全国范围内的发展,有着极为重要的意义,因为其产品生产量远远超出了地区需求。同时,副业的发展是社会劳动分工、农业和工业生产区域专业化的重要体现。此外,从事副业的有成千上万的农民,这证明了农民对国家生产力发展的巨大贡献。在村镇内,副业的广泛发展大大提高了农民的生产能力和经济潜力,并提升了其盈利水平。然而,副业的基础仍是体力劳动,这意味着盈利依靠的是农民的劳动强度。值得一提的是,从事副业有时需要全年的辛勤劳动,为此,许多妇女和儿童也参与了进来。

绝大多数农民的农业活动是建立在封建制基础上的,他们以直接生产者的身份进行生产和再生产。然而,在副业领域,生产资料的提供、劳动再生产和社会分配产品的方式与建立在封建关系上的截然不同。因此,副业的广泛发展意味着大批农民从封建生产中解放出来。随着副业在农民经济中的地位逐渐提升,被"解放"的人数越来越多,而封建经济体系逐渐开始瓦解,农村新的生产关系基础得以扩大。

---

[1]　《Военно - статистическое обозрение》, т. XIII, ч. 3 (Курская губ.). СПб., 1850, стр. 77.

[2]　ЦГИА, ф. 1281, оп. 6, 1860, д. 59, лл. 5—5 об.

[3]　《Материаль для географии и статистики》, ч. II (Пензенская губ.). СПб, 1867, стр. 85.

另一方面，由于封建剥削实现的客观基础是农民的土地，即便是简单的再生产，也需要足够的土地。因此，村镇内独立于封建制度的农民经济的出现，意味着剥削的客观基础消失。这样一来，封建关系实际上阻碍了新生产关系的发展，换言之，封建制度成为社会进步的桎梏。

六　农村商品货币关系的发展

社会劳动分工的深化是 19 世纪上半叶商品生产广泛发展的基础。在这一过程中，最为显著的特征是商品货币关系迅速渗入农村。在本节中，笔者将探讨农村商品生产的总体发展特征。

在农奴制时代，特别是 19 世纪上半叶，俄国农业的商品化进程十分缓慢。因为当时的农产品不存在商品化、核算等概念，在探讨地区或全国范围内的问题时，研究人员往往采取间接方式。具体为：首先，需要考虑向非农业人口销售的数额，以及用来酿酒和出口的数额；其次，需要确定各地区的粮食产量和需求，以此分析出各地粮食的盈余情况；最后，计算被运输的粮食。以上每一步都有加减，并且需要相互印证。在这种情况下，需主要考虑粮食的被运输量。这种三段式研究方法的优点在于，能够计算出用来销售的粮食。

首先，需要研究运输粮食的河运系统。一些河运系统数据参见表 2-1。

从 18 世纪 80 年代到 19 世纪中叶，茨纳河和莫克沙河的粮食运输增长了大约四分之一，而从奥廖尔和姆岑斯克运来的粮食量增长了 2.5 倍。自 19 世纪初到中叶，从雷斯科夫和下诺夫哥罗德运出的粮食量增长了二分之一。

第聂伯河（包括索日河与杰斯纳河）的粮食运输直到 19 世纪 30 年代时，只有些许增长（1818 年时，运粮量共 6.4 万俄石）。30 年代之后，运粮量开始猛增，以至于在 50 年代时，第聂伯河成为全国最为重要的水运干线之一（1854 年时，运粮量共 91.1 万俄石）。1859～1862 年，第聂伯河每年的运粮量高达 28 万俄石，比涅曼河、普里皮亚季河与西布格河的运粮量多 5 倍，比西德维纳河多二分之一。

因此，从 18 世纪末到 19 世纪中叶，俄国粮食的航运量在不断攀升，这意味着自然农业经济开始向商品农业经济转变。

在非黑土区，农业商品化趋势也不断加强。此外，这种发展趋势早已出现，并且只有随着黑土区商品生产的发展，非黑土区在较远市场中销售粮食的作用才能减弱。在这方面，斯摩棱斯克省粮食航运量的数据值得关注。众所周知，该省的粮食从周边省份运来，但在 19 世纪初，从该省运出粮食量略少于通过茨纳河、莫克沙河、奥廖尔和姆岑斯克航运而来的粮食，前者为88.4 万俄石，后者为 95.8 俄石。由此可见，这一地区的农业商品化发展早在 19 世纪初便开始了。此后，从斯摩棱斯克省运出的粮食量不断减少。这说明，本地商品粮需求的增长，限制了其外销，这样一来，其他省份不得不在中部黑土区寻找新的"供应省"。

东北地区农业也出现了商品化趋势。数据显示，从这里经北德维纳河运出的粮食量增长了两倍。

农业商品化的快速发展，不仅意味着那些粮食产量过剩地区的外销量不断增长，还体现在本地商品粮需求不断增加，即输入量也在增加。莫斯科和彼得堡的粮食输入量数据显示[1]，从 18 世纪 80 年代末到 1861年，莫斯科每年通过航运输入的粮食量增长了 14 倍，而陆运输入增长了3.5 倍，输入总额增长了 5 倍（从 55.4 万俄石增加到 281.9 万俄石），而从 18 世纪 80 年代到 19 世纪 50 年代中期，彼得堡输入的粮食总量增长了 3.5 倍（从 102.2 万俄石增加到 364 万俄石）。在人口方面，从1782 年到 1857 年，莫斯科省人口增长了 1.5 倍，而彼得堡省增长了70%[2]。然而，随着中部工业区和西北地区居民向非农职业的转化，这里成为粮食销售的巨大市场。

---

[1] 《Ежегодник по аграрной истории Восточной Европы, 1963 г.》. Вильнюс, 1965, стр. 474—475.

[2] В. М. Кабузан. Народонаселение России в XVII—первой половине XIX в. М., Изд - во АН СССР, 1963, стр. 159—160.

通过一些较短时间内的数据，能够更加明显地看出农业商品化的快速发展。需要注意的是，这些仅是欧俄地区粮食的航运数据（见表 2 - 12）。

表 2 - 12　19 世纪 30 ~ 50 年代欧俄地区粮食的航运量

单位：万普特/年航运线

		1837 ~ 1838 年	1854 年	1859 ~ 1862 年
	伏尔加河航运线			
伏尔加河水系	从阿斯特拉罕到下诺夫哥罗德	307. 86	656. 99	——
	从下诺夫哥罗德到雷宾斯克	76. 78	102. 19	——
	伏尔加河上游	162. 71	113. 61	
	小计	547. 38	872. 66	613. 16
	奥卡流域	293. 6	236. 51	193. 93
	卡马流域	35. 58	49. 63	109. 68
	上述总计	1024. 75	1158. 89	916. 82
	其他航运线			
	顿河流域	35. 83	58. 39	77. 08
	第聂伯河流域	16. 83	136. 91	52. 39
	德涅斯特河	0. 16	0. 29	28. 04
	涅曼河与西布格河	17. 56	14. 97	41. 23
	西德维纳河	45. 29	57. 86	33. 85
	涅瓦河流域	115. 49	202. 1	62. 1
	纳尔瓦河	——	——	0. 15
	北德维纳河	33. 25	44. 98	43. 26
	总计	264. 41	515. 5	338. 1
	上述总计	1289. 16	1674. 39	1254. 92

注：从雷宾斯克装运的货物不含粮食，因为粮食主要是用来转运的。

资料来源：《Виды внутреннего судоходства в России в 1837 и 1838 гг. 》СПб. , 1838—1839；《Обзор внутреннего судоходства Европейской России за 1854 год》. СПб. , 1855；《Сведения о внутреннем судоходстве в 1859—1862 гг. 》；《Статистический временник》, вып. I. СПб. , 1866。

伏尔加河是欧俄地区最为主要的运输干线。1837 ~ 1854 年，从阿斯特拉罕经由伏尔加河运往下诺夫哥罗德的粮食量增长了 2 倍。从下诺夫哥罗德到雷宾斯克的运粮量增加了三分之一。但在伏尔加河上游，粮食的外销量有明显的降低。总体而言，伏尔加河领域在 19 世纪 30 年代末到 50 年代中期，运粮量显著增加，但在 60 年代初时，有所回落。同时，与 30 年代末相比，奥卡流域在 50 年代中期到 60 年代初，粮食的外运量不断下降，而卡马流域却与其相反。

此外，在同一时期，顿河流域的运粮量增加了一倍，而第聂伯河的运粮量在 50 年代快速增长，而后急剧下降。涅曼河和西布格河的运粮量也有所增加。在西德维纳河、涅瓦河和北德维纳河，运粮量在 50 年代激增，但之后又快速下降。

显然，在 19 世纪 30～50 年代，各地的运粮量情况不尽相同。若以 1854 年的数据为参照，整个 50 年代的运粮量浮动不大，而且还存在一些影响因素。例如，在封建农奴制时代末期，粮食的航运量减少主要发生在 50 年代粮食绝对产量降低（与 40 年代相比）的地区，其中包括中部黑土区、西南、西部和西北地区（见表 1 - 1）。奥卡流域、第聂伯河、西德维纳河与涅瓦河的粮食运输量的下降也印证了这一点。相反，卡马流域、顿河和德涅斯特河的粮食运输量显著增加，这意味着沿岸地区的产粮量有所上升。

因此，粮食航运量的变化首先反映了 19 世纪上半叶农业商品化进程的快速发展，其次反映了沿岸农业的发展趋势。

在研究中，19 世纪初的农业商品化程度是由 6 个省算出的，而 40 年代的是由 3 个省算出的，50 年代的则是由 10 个省算出的。其数据是对各省的粮食航运和陆运量，以及酿酒所需的数额整合核算后得出的结果。然而，笔者没有找到商品粮省内销售的数据，因此商品粮的实际数据应高于表 2 - 13 的结果。

表 2 - 13　19 世纪上半叶俄国农业商品化情况

单位：万普特，%

| 省区 | 时间 | 粮食产量 | 商品粮 | | | | |
| | | | 运输 | | 酿酒 | 总量 | 商品率 |
			陆运	航运			
沿波罗的海	1810 年	93.9	—	—	—	12.7	13.5
图拉	1809 年	615.5	—	53.6	15	68.6	11.1
库尔斯克	1813～1817 年	600.4	—	55	10	65	10.8

续表

| 省区 | 时间 | 粮食产量 | 商品粮 | | | | |
| | | | 运输 | | 酿酒 | 总量 | 商品率 |
			陆运	航运			
辛比尔斯克	1814～1815 年	359.3	—	22.5	11.6	34.1	9.5
萨拉托夫	1804 年	774.2	—	65.8	10	75.8	9.8
叶卡捷琳诺斯拉夫	1804～1808 年	196.1	—	7.8	9	16.8	8.6
梁赞、坦波夫	19 世纪 40 年代	1529.8	—	269.7	41.1	310.8	20.3
基辅	1847 年	666.7	6.3	84.2	54.6	145.1	21.8
奥廖尔、图拉和梁赞	19 世纪 50 年代	2063	114.8	235.9	52.9	421.6	20.4
坦波夫和沃罗涅日	19 世纪 50 年代	1682.7	85.9	150	72.6	308.5	18.3
黑土区中部	19 世纪 50 年代	3745.7	200.7	403.9	125.5	730.1	19.5
喀山、奔萨和辛比尔斯克	19 世纪 50 年代	1866.1	191.6	100	63.8	355.4	19
萨拉托夫和萨马拉	19 世纪 50 年代	1590.3	347.9	—	49.3	397.2	25
伏尔加河流域	19 世纪 50 年代	3456.4	539.5	100	113.1	752.6	21.8

如表 2 - 13 所示，在 19 世纪初，6 个省的农业商品化程度基本维持在 9%～14%。此时，沿波罗的海地区最高，南部和东南地区最低。动态来看，整个 19 世纪上半叶，农业商品化程度不断提高。在 19 世纪 50 年代，中部黑土区和伏尔加河中游地区的粮食市场价格比 19 世纪初提升了 2 倍，而伏尔加河下游地区增加了 2.5 倍。在黑土区和整个伏尔加河流域，商品粮的产量约占总产量的 21%。黑土区中部和伏尔加河北部农业商品化增长程度几乎一致，而伏尔加河下游地区的要稍多一些[1]。然而，在前两个地区，农业

---

[1] 在通过剩余粮食的数量来计算中部黑土区农业商品化程度方面，В. К. 亚聪斯基的结论是 21%，这几乎与笔者所得出结论一致（参见 В. К. Яцунский. Изменения в размещении земледелия в Европейской России с конца ⅩⅧ в. до первой мировой войны, стр. 136）。这表明，通过计算粮食的剩余量，能够得出较为准确的农业商品化值。

商品化程度的估算值可能比实际要低。显然，表中各地的农业商品化程度差距不大，这表明，在封建时代末期，类似地区的农业商品化程度也大致相似。

那么，当农奴制被废止时，俄国全国农业商品化程度又如何呢？对于这个问题，只能得出一系列的近似值。首先，需要考虑粮食总产量；其次，需要计算商品粮的需求。至于后者，可以通过陆运和航运总量，以及酿酒量来确定。正如前文所述，19 世纪 50 年代粮食的年运输量波动不大，因此可以以 1854 年的数据为准（约 1674.4 万普特）。其中，陆运量至少为航运量的一半，即 850 万普特[①]。在 1862～1863 年，用于酿酒的粮食量约为 800 万普特[②]，而在 50 年代，这方面所需的粮食量更大。

因此，笔者将 19 世纪 50 年代末的年商品粮数量绘制成表 2－14。

表 2－14　19 世纪 50 年代末的年商品粮数量

单位：俄石

需求类型	私下交易（每 1000 人）	每一季度
城市居民（人均 2 俄石）	6105	12210
北部、西北和中部工业区从事副业的居民（人均 1.5 俄石）	3530	5300
其他省地区从事副业的居民	1800	2700
军队（人均 3 俄石）	650	1950
出口（1856～1860 年）	—	8000
酿酒	—	7700
欧俄地区总计		37860

注：有关军队人数，参见 В. М. Кабузан. Ук. соч.，стр.103；有关粮食出口数额，参见《Сборник сведений по истории и статистике внешней торговли России》. Под ред. В. И. Покровского，т. 1. СПб.，1902，стр. 4—5。

表 2－14 显示，城市居民的人均粮食需求为 2 俄石。北部、西北和中部工业区从事副业的人口占农业人口的三分之一，而其他地区的约为 5%。从

---

① 值得注意的是，И. 威尔逊认为，在 19 世纪 50～60 年代之交，陆运的运输量为 8700 万普特，相当于 1000 万俄石（参见 И. Вильсон. Объяснение к хозяйственно - статистическому атласу Европейской Росси，изд. 4. СПб.，1869，стр. 171）。

② 《Статистический временник》，вып. I，отд. II，стр. 38.

事副业居民人均粮食需求量为 1.5 俄石，约占产粮总量的 50%。此外，据同时代人的记载，军队的人均粮食需求为 3 俄石。

在当时，商品粮的总需求约为 3800 万俄石，而 19 世纪 50 年代中期欧俄地区（斯塔夫罗波尔地区和顿河军区除外）粮食总产量约为 2.013 亿俄石，前者所占的比例约为 18%。因此，若加上误差，可以推断 19 世纪 50 年代欧俄地区商品粮所占比例低于 18%。鉴于农业商品化的发展程度，此时俄国在这一方面还相对薄弱。实际上，相对较低的产量，以及在市场中较低的地位，很难推动农村社会经济的发展。

商品货币关系深入农村的事实证明，资本贸易在 19 世纪中期已有长足发展，在此过程中，各类收购商在农村之间建立贸易网络，并借此售卖农业产品。这一情况也被许多同时代的人注意到。例如，斯摩棱斯克省的一位作家描述了本地收购商①的活动，他写道："每个收购商都有自己的'网络'，这些'网络'由一些村镇组成。如果农民需要钱，那么商贩便会给他们无息贷款；需要盐和烟草，他就会为其运送；马车坏了，他会为其弄辆新的，农民只需分期付款即可；农民提供粮食，收购商付钱。由此可见，收购商已经走进了普通农民的日常生活……在每年的粮食收割时节，收购商就会出现在农村。任何农民想出售的，他们都会买走。同时，他们会以粮食为度量，大麻每普特折合 5 俄磅……而当时粮食和大麻的价格均低于现在。"②

卡卢加省的 И. 波普洛茨基也记录了收购商们的活动，他写道："如果您有一匹烈马或者病马，那么就出售给收购商吧，他需要，也知道如何治愈它，您只需要将其半价出售即可。无论您的粮食储存过久还是当下极度缺钱，您只需折价四分之三，就能卖出去……如果有大麻、猪肉、黄油，甚至是碎玻璃杯、破布，都可以出售给收购商。总之，他们什么都需要，似乎就

---

① 原文中为贩子，下文波普洛茨基的记录中也是如此。——译者注
② 《Материалы для географии и статистики России》（Смоленская губ.）. СПб. 1862, стр. 236.

没有他们不买的东西。毫不夸张地说,他们的触角已遍布广阔的俄罗斯。"①

此外,在辛比尔斯克、库尔斯克等省份,许多人也注意到这类收购商在农村中的巨大作用②。而扮演收购商角色的,通常是小商人、小市民和家境殷实的农民。

显然,商品货币关系的长足发展,是农村社会经济发展的显著特征之一。然而,这个过程并非诞生于 19 世纪上半叶。从某种程度上看,农村商品生产贯穿于整个封建时代。但是,在封建制度存在的最后阶段,小规模商品生产在农村中的作用,以及其对农业发展的影响,都与以往有很大不同。

由于这样的小规模商品生产不受社会阶级的反对,仅存在买卖双方之间的矛盾③,也就是说,它本身并不是独立于社会体系之外的。在生产方面,商品生产始终受主流生产方式的影响,而这就是封建时代的写照。但是,在小规模商品生产发展的过程中,它缓慢地侵蚀着封建关系,特别是当这种生产获得可以挣脱封建关系束缚的能力,并且能够独立发展时,将进一步推动封建制度的瓦解。商品生产的主要规律是价格,以及由其产生的竞争。这些规律影响着小生产者们的活动,"在市场上,每一件货物之间都存在竞争关系,每个人都想高价卖,低价买,结局要么盈利,要么亏损,而致富的只是少数人,大多数人会亏损,甚至破产,后者往往转变成雇佣工人或小商店经营者"④。有一种说法认为,在小商品生产发展的某个阶段,资本主义随之产生,而且不是"散发性"的,也不是"偶发"的,而是"真正的,长久的,自发的,且大规模的"⑤。

总之,商品生产规律在小生产者中起到了巨大的作用,并且在某些特定

---

① 《Материалы для географии и статистики России》,ч. 1Ⅰ(Калужская губ.). СПб.,1864,стр. 188.

② Там же,ч. Ⅱ(Симбирская губ.). СПб.,1868,стр. 335,《Военно - статистическое обозрение》,т. ⅩⅢ,ч. 3(Курская губ.). СПб.,1850,стр. 71—72.

③ К. Маркс и Ф. Энгельс. Соч.,т. 23,стр. 600.

④ В. И. Ленин. Полн. собр. соч.,т. 1. стр. 87.

⑤ В. И. Ленин. Полн. собр. соч.,т. 41,стр. 6.

的条件下，小商品生产将农民也卷入其中。首先，这一规律使"市场上的商品价格，高于抑或低于其成本"①；其次，它牢固且系统地将小生产者们和市场"捆绑"在了一起。随着社会劳动力分工的深化，统一的国内市场出现，封建制度终于迎来了它的挽歌。

19 世纪上半叶农村社会经济发展的主要趋势证明，其基础是社会劳动分工的深化，而具体表现为出现了区域性的工业和工业商品生产。社会劳动分工意味着生产力的发展，而这又不可避免地使商品货币关系从自然经济中萌生，并推动了农村小商品生产的发展。

同时，19 世纪上半叶农村社会经济发展的一个重要特征是区域发展。而这一发展过程又与生产过程的社会环境紧密相关。

综上所述，农村发展趋势、经济和地主农民的状况对 19 世纪上半叶农村社会经济发展的总体特征有着决定性的影响。特别是这一现象逐渐渗入了地主农村。众所周知，俄国农奴在国家经济发展过程中起主导作用。例如，在 40 ~ 50 年代，西北、中部工业区、中部黑土区、伏尔加河流域和斯摩棱斯克省地主和地主农民的粮食产量占欧俄总产量的 40%，而这些地区地主农民的粮食产量占欧俄地区地主农民的三分之二。因此，揭示封建制度瓦解的规律性和特征，分析资本主义在俄国的起源，探索封建制度终结过程中的内在机制，都需要全方位地分析农奴制农村社会经济的发展。

---

① К. Маркс и Ф. Энгельс. Соч.，т. 25，ч. 2. стр. 361.

第三章
中部黑土区和伏尔加河流域
从事农业的地主农民

　　根据农民与农业和副业生产活动的关联性，可以将其划分为三类：务农农民、农副混合农民和副业农民。对于第一类而言，笔者在下文中将其直接称呼为"农民"，因为他们主要从事农耕活动。尽管这类农民或许也会从事一些副业，但与农耕相比，那只是辅助性的。相反，农副混合农民主要从事副业，农业是第二位的。而副业农民几乎是不从事农耕活动的。由于在 19世纪上半叶，绝大多数地主农民是从事农耕活动的，所以需要首先分析各类农民，以及其分布最为广泛的地区的经济状况。

一　劳役农民地位和经济状况

　　作为分析农民地位和经济状况的基础，可以通过 11 个拥有大地产的地主资料（见表 3－1）来研究中部黑土区和伏尔加河流域劳役农民分化的深度和特征。这些分布于欧俄各地的庄园都有着大量的农民。例如，尤苏波夫家族在 19 世纪初有 1.7 万名男性农民，分布在 15 个省份；加加林家族有 1.4 余万名农民，分布在 7 个省份①。尽管这些庄园地产的规模均属大型，

---

① К. В. Сивков. Очерки по истории крепостного хозяйства. М. , Изд－во АН СССР, 1951, стр. 13；И. Д. Ковальченко. Крестьяне и крепостное хозяйство Рязанской и Тамбовской губерний. Изд－во МГУ, 1959, стр. 69.

但它们之间存在很大差异。例如，在托尔斯泰家族的博尔科夫斯基庄园里，有大约 350 个男性农民，尤苏波夫家族的拉基蒂扬斯基庄园有 6000 多个男性农民，而舒瓦洛夫家族的什卡夫茨基庄园有 4000 多个男性农民。

表 3 - 1　黑土区大庄园中的农民份地和地主自营地的规模

单位：人，俄亩

庄园	年份	男性农民人数	人均		
			份地	地主自营地	总计
加加林家族的彼得罗夫斯基庄园*（位于坦波夫省鲍里索格列布斯基县）	1800	1492	—	2.1	—
	1811～1815	1516	3.3	2.1	5.4
	1825～1830	1629	3.6	2.2	5.8
	1841～1845	1685	3.6	1.9	5.5
	1856～1860	1606	2.9	2.4	5.3
加加林家族的布特斯基庄园（位于坦波夫省斯帕斯基县）	1800	1833	—	0.5	—
	1816～1820	2052	3.3	0.8	4.1
	1826～1830	2041	—	1.2	—
	1841～1845	2092	3.2	1.3	4.5
	1856～1860	2088	3.3	1.5	4.8
加加林家族的波克罗夫斯基庄园（位于梁赞省萨波若克县）	1800	976	—	2.1	—
	1811～1815	911	3.1	2.2	5.3
	1826～1830	955	—	2	—
	1841～1845	1036	2.5	2	4.5
	1856～1860	961	—	2.2	—
尤苏波夫家族的拉基蒂扬斯基庄园**（位于库尔斯基省格赖沃龙县）	1820	4437	—	1.1	—
	1830	5332	2.1	1.1	3.2
	1837	5265	2.6	1.5	4.1
	1859	6286	2.2	1.2	3.4
舒瓦洛夫家族的什卡夫茨基庄园***（位于奔萨省莫克尚县、因萨尔斯基县和戈罗季先县）	1841	4025	2.5	1.2	3.8
	1854	4097	1.9	1.8	3.7
阿巴梅列克 - 拉扎列夫家族****的戈洛什夏波夫斯基庄园*****（位于图拉省克拉皮温斯基县）	1813	758	1.8	1.4	3.3
	1836	—	2.8	1.2	5
	1858	771	2.8	—	—

庄园	年份	男性农民人数	人均		
			份地	地主自营地	总计
拉巴特科夫斯基庄园	1813	930	2.1	1.4	3.5
	1858	1196	2.5	—	—
尤苏波夫家族的斯捷潘诺伊领地****** （位于图拉省）	1813	822	—	1.9	—
	1825	890	2.7	1.8	4.5
	1834	938	—	2	—
	1852	1542	—	2.7	—
托尔斯泰家族的博尔科夫斯基庄园******* （位于梁赞省萨波若克县）	1836～1844	329	3.3	2.3	5.6
	1848～1855	350	3.4	2.3	5.7
加加林家族的安德烈耶夫斯基庄园******** （位于萨拉托夫省的卡姆申斯基）	1855	808	3	1.8	4.8

注：* И. Д. Ковальченко. Крестьяне и крепостное хозяйство Рязанской и Тамбовской губерний, стр. 71，142，170.

** ЦГАДА，ф. 1290. Юсуповы，оп. 3，д. 4925，л. 20 об.（население по 7 – й ре – визии）; д. 4924，лл. 135 об—136（запашка 1820 г.）; д. 4990，лл. 54 об. —55; д. 5185，лл. 37—37 об.（запашка 1828—1833 гг.）; д. 5185，лл. 31—32（запашка 1836 г.）; д. 5990，лл. 1—2（запашка и надел 1859 г.）. Надел крестьян за 1830 и 1837 гг. определен по количеству тягол – на конное тягло он составлял 2 дес. и пешее – 1 дес. в поле.

*** ЦГИА，ф. 1092，Щуваловы，оп. 1 д. 1470，лл. 17，144; д. 1477;《 Сведения о помещичьих имениях》.《 Приложения к трудам Редакционных комиссий》，т. Ⅲ，Пензенская губ. СПб. ，1860，стр. 5，12，14.

**** 意味阿巴梅列克家族同拉扎列夫家族共同经营的庄园，下同。——译者注

***** ЦГАДА，ф. 1252，Абамелек - Лазаревы，оп. 1，ч. Ⅱ，д. 2816，лл. 310—311; д. 2821，л. 41; ЦГИА，ф. 880，оп. 4，д. 376，лл. 146 об. – 147.《 Приложения к трудам...》，т. Ⅳ，Тульская губ. . СПб. ，1860，стр. 41.

****** К. В. Сивков. Очерки по истории крепостного хозяйства и крестьянского Движения, стр. 60—61，127.

В 1813—1834 гг. на барщине находились крестьяне деревень Орлова，Выселки，Никитское，Пруды и Покровское，а в 1852 г. кроме этих селений также Спасское，Прилепы.

******* ЦГАДА ф. 1282，Толстые - Кристи，дд. 162，294，247（население）; дд. 173，200，212，222，（барская запашка）; д. 1104（число тягол）.

******** ЦГАДА，ф. 1262，оп. 1 д. 4449，л. 1; д. 4451，л. 8. Пашня составляла примерно 2/3 удобной земли.

在这些庄园中，有 10 个是以农民份地的规模而出名。这 11 个庄园的人均份地面积为 2.5 俄亩，但实际上，没有哪个农民拥有的份地超过 3.5 俄亩。在一些庄园里（布特斯基、拉基蒂扬斯基、戈洛什夏波夫斯基和博尔科夫斯基），农民的份地始终没有变化，而在另一些庄园里（彼得罗夫斯基、波克罗夫斯基和什卡夫茨基），农民的份地有所减少。在上述几个大庄园中，只有位于图拉省克拉皮温斯基县的阿巴梅列克 - 拉扎列夫家族的戈洛什夏波夫斯基庄园和拉巴特科夫斯基庄园的人均份地是最小的，1813 年，人均为 1.8 ~ 2.1 俄亩，19 世纪 30 ~ 50 年代时，人均也不过 2.8 俄亩或 2.5 俄亩。

因此，尽管上述庄园中有大量闲置土地，但在 19 世纪上半叶时，农民份地面积不仅未增加，反而一些还有所减少。除了加加林家族的布特斯基庄园和托尔斯泰家族的博尔科夫斯基庄园，30 ~ 50 年代的农民份地为人均 3 俄亩。

如果农民试图经营更多的土地，通常的方法只有购买或租赁。在上述几个大庄园中，农民几乎无法通过购买土地所有权的方式扩大耕地面积。当然，也存在这样的特例，例如在波克罗夫斯基庄园，在 19 世纪 40 年代，有农民在这里占有 212.5 俄亩的耕地[①]。实际上，租赁的方式更为普遍。农民在租赁土地时，会首选自己地主的。例如，加加林家族的彼得罗夫斯基庄园中，就 1845 年一年，农民租赁土地 280 俄亩，租金高达 1520 纸卢布。截至 1856 年，农民已租赁 688 俄亩的地主土地。这几乎占农民份地总数的 15%。或许，租赁土地额的增加，与这一时期农民份地缩减有关。此外，加加林家族的安德烈耶夫斯基庄园在 1858 年向农民出租 136 俄亩的土地[②]。托尔斯泰家族的博尔科夫斯基庄园在 30 ~ 50 年代向农民出租 40 ~ 73 俄亩的土地[③]。同时，尤苏波夫家族的拉基蒂扬庄园也存在向农民大规模出租土地的情况，

① ЦГАДА, ф. 1262, Гагарины, оп. 1, ч. 1, д: 2893, л. 68 об. Описание имений.
② ЦГАДА, ф. 1262, Гагарины, оп. 1, д. 2690, л. 10 об.; д. 4401, л. 3 об.; оп. 4, д. 826, лл. 2—2 об.
③ Там же, ф. 1282, Толстые - Кристи, д. 172, л. 13 об.; д. 175, л. 6 об.; д. 213, лл. 3, 37; В д. 224, л. 2. Рапорты.

例如，在 1827 年，农民租赁了 2156 俄亩的牧场和草场。其中，有 118 俄亩的租金为每俄亩 5.5 卢布，其余的为每俄亩 5 卢布①。在这里，农民租赁的土地占份地总数的 19%。拉基蒂扬庄园也有类似的租赁情况，总的来说，这种现象在 19 世纪上半叶较为普遍。

农民租赁土地是扩大其经济基础的手段之一。在下文中，笔者将分析一些富农的土地租赁或购买情况，他们的目的常常是盈利。然而，对于绝大多数农民而言，确保生产的主要资料仍是农奴制份地。

在上述的大庄园中，地主对农民的剥削强度主要取决于地主自营地的规模（见表 3-1）。数据显示，即使是在 19 世纪 40 年代，人均地主自营地的面积也小于农民份地。但是，这里人均地主自营地的绝对面积很大，因此对农民剥削的强度也很高。例如，在 30 年代之前，农民在地主自营地上所创造的价值远远超过在自己份地的。此外，在上述的几个大庄园里，有 7 个的地主自营地或多或少地增加了。那些在 19 世纪初地主自营地面积最小的庄园，增加得最多。例如，在加加林家族的布特斯基庄园，50 年代的地主自营地面积比世纪初时多了 3 倍。尤苏波夫家族的斯捷潘诺伊领地的地主自营地在 1813～1852 年增加了 46%。还有几个大庄园的地主自营地在世纪初时的面积就相对较大，例如加加林家族的波克罗夫斯基庄园和彼得罗夫斯基庄园，因此这些地方的地主自营地面积并无明显扩大，甚至在一段时间里还有所缩小。

上述庄园地主自营地面积的变化数据无法说明对农民剥削的加剧主要发生在 19 世纪初。相反，除拉基蒂扬斯基庄园和博尔科夫斯基庄园，几乎所有庄园的地主自营地是在 50 年代增加的，甚至其中一些增加的面积相当巨大。例如，在舒瓦洛夫家族的什卡夫茨基庄园里，地主自营地面积在 1841～1854 年增加了 50%，而斯捷潘诺伊领地的地主自营地面积在 1834～1852 年增加了 35%。相比之下，结论只能归纳为，19 世纪 30～50 年代地主自营地的增加幅度低于 10 年代。那么，为何在 19 世纪上半叶，只有加加林家族的

---

① ЦГАДА；ф. 1290，оп. 3，д. 4934，лл. 12 об. – 14 об. Окладная ведомость.

彼得罗夫斯基庄园和托尔斯泰家族的博尔科夫斯基庄园的人均农民份地与地主自营地的总面积多于 5 俄亩呢？

　　正如地主自营地的耕种记录所示，加加林家族的彼得罗夫斯基庄园的人均地主自营地面积在 19 世纪 20～50 年代为 2.1～2.4 俄亩，而耕种时间约占农民总劳动时长的 60%。在布特斯基庄园，尽管人均地主自营地面积较小（1.2～1.5 俄亩），但农民的耕种时间更长，约占其总劳动时长的五分之三，这是由于该庄园内有一座大型酒厂，许多劳役农民在其中工作。在波克罗夫斯基庄园，农民在地主自营地上服劳役的时间占 55%～57%[1]。而在博尔科夫斯基庄园，农民服劳役时间约占五分之三[2]。在那些地主自营地面积相对较小的庄园里，农民服劳役时间要相对短一些。但即便如此，服劳役时间也占劳动总时长的二分之一以上。例如，在 50 年代的安德烈耶夫斯基庄园里，农民不仅要在每个赋税单位上服三天劳役，而且每年需增种五天[3]。

　　由此可见，即使地主自营地面积比农民份地小，在前者服劳役的时间也需耗费农民一半以上的总劳动时长，大约为一周四天。这种情况无法避免，因为农民在地主自营地上的劳动效率远远低于在自己份地上的，而这也是地主自营地扩大的主要障碍。为此，许多地主试图通过延长农民劳动时间的方式来摆脱这种窘况。对于大农奴主而言，这个问题十分重要，因为他们的盈利机会和数额远多于中小农奴主。例如，1838 年，尤苏波夫给总管发出指示，要求农民服三天劳役，他对此补充道："要严格监督他们工作，不要让他们闲逛。"[4] 此外，在 1832 年的一项关于服劳役的命令中，他说道："10 个人能完成的工作就不要安排 20 个人。"[5]

---

[1]　И. Д. Ковальченко. Крестьяне и крепостное хозяйство Рязанской и Тамбовской губерний, стр. 144—148. За исключением праздничных и воскресных дней, в году насчитывалось 280 рабочих дней. При определении соотношения работ крестьян на барщине и в своем хозяйстве 280 дней принимались за 100%.

[2]　ЦГАДА, ф. 1282, оп. 1, д. 198, л. 19.

[3]　ЦГАДА, ф. 1262, оп. 1, д. 4423, л. 23.

[4]　Там же, ф. 1290, оп. 3, д. 5244, л. 50.

[5]　Там же, д. 5066, л. 15.

一般而言，地主通过"定期体系"来巩固劳役制，其内容也各不相同。例如，有些地主会给每项经济活动确定日工作量，而另一些会要求农民定期完成每个赋税单位上的地主自营地和草场。一个总管对此记录道："每个农民，都必须尽到他的耕种义务，犁地、翻土、播种、收割、脱粒都是他们必须做的。"①

由于劳役任务并不是平均地分配在一年的各个季节，因此这大大增加了农民的负担。即使农民每年都履行"三日劳役制"，但在农忙时节，农民还有更耗费时间的任务，而这三天占据了最佳工作时间。同样，尤苏波夫家族命令自己的农民优先完成劳役任务，要求他们每周至少服三天劳役后，才能回到自己的份地②。显然，这样的制度常常使农民自己的劳作失去意义。1847年，加加林家族的财务总管拒绝了农民给年幼的加加林监护人递交的关于普遍劳动的申诉书，并回复道："农作物的播种、除草、收割、整理，这些经济活动没有一项能离得开普遍劳役制。"③

毫无疑问，劳役制农民面临极为繁重的劳役和捐税。由于地主经济的商品化程度快速增长，地主要求农民在搬运粮食到码头和市场销售方面付出更多的劳动。例如，在彼得罗夫斯基庄园，农民需要五人一组，驱车把粮食从赋税单位运到莫尔尚斯基（间距 180 俄里）。根据管理人员的记录，每一季度的运送任务需要付给农民 2.5~3 纸卢布，或者 6.5~7.5 纸卢布的马车费④。因此，每个赋税单位所产粮食的运送劳役，以货币结算应为 30~35 纸卢布。

19 世纪上半叶，无论是国有庄园，还是地主庄园，这种劳役义务都明显增加了。加加林家族的彼得罗夫斯基庄园就是一个典例。若按人头税计算，1820 年时，每一赋税单位需要向地方和村社缴纳 10.3 纸卢布（2.8 银卢布）的捐税，1841 年为 13.9 纸卢布（4 银卢布），1859 年则为 7.5 银

---

① ЦГАДА，ф. 1262，оп. 20/4，д. 30，л. 26 об.

② ЦГАДА，Ф. 1290，оп. 3，д. 5066，л. 4. Такой же порядок существовал и в Лопатковском имении Абамелек – Лазаревых（ЦГАДА，ф. 1252，оп. 1，д. 2821，л. 316 об. Инструкция об управлении крестьянами）.

③ ЦГАДА，ф. 1262，оп. 1，ч. 1，д. 2733，л. 65 об.

④ ЦГАДА，ф. 1262，оп. 4，д. 615，л. 9.

卢布①。换言之，捐税增长了 2 倍多。此外，兵役也是农奴时代农民的义务之一。兵役会为农民带来巨大的损失，若想逃避兵役，则需支付大笔钱财，而只有经济状况最好的农民才有能力支付。

　　显然，在 19 世纪上半叶，劳役制农民的生活保障逐渐恶化，地主对其的剥削日渐加剧。

　　农民经济的特点除了土地保障情况的恶化和剥削强度的加大，另一个特点便与农村商品货币关系的发展程度有关。

　　在 19 世纪上半叶，劳役制农村的日常运转已经无法脱离货币，而货币的主要获取途径是货物销售，其中最为常见的货物是粮食。例如，M 巴拉诺维奇记录道，梁赞省的农民"通过销售多余粮食的方法，肯定能够支付税款"②。1834 年，加加林家族在梁赞省的庄园中的一位总管写道："对于农民而言，日常必需品也不过盐、车具、橇具、犁、耙、购买的木料，农民唯一能够获利的途径就是粮食销售。"③

　　正如同时代人记录的，在 19 世纪中叶，劳役制农民的捐税和个人日常需要，也各不超过 5 银卢布。1849 年一位沃罗涅日县的神父在村社志中写道，一家七口（即 3 个男性）需要支付国家、地方和村社的捐税共 30 纸卢布，而购买的车轮、盐和渣油需要花费 25 纸卢布，或 15.7 银卢布④，即每人（男性）5 银卢布。数据显示，在 19 世纪 50 年代末，加加林家族的彼得罗夫斯基庄园一个赋税单位的捐税为 7.5 银卢布，折合男性人均 3 银卢布，若加上农民日常所需物品的购买费用，则为男性人均 5 银卢布。在 19 世纪中叶，黑土区的农民若想获得这个数量的货币，需要在黑麦每俄石 2~2.5 银卢布的价格下⑤，卖出 2 俄石（男性人均），即人均 1 俄石，而在当时人均粮食产量最高也不过

---

①　Там же，дд. 139，593，868.

②　《Материалы для географии и статистики》（Рязанская губ.）. СПб.，1860，стр. 193.

③　ЦГАДА，ф. 1262，оп. 20/4，д. 252，78 об.

④　РГО，разр. IX，д. 23，лл. 37 – 38.

⑤　Цены на рожь в 1847—1853 гг. колебались в этом районе от 2，04 руб. сер. за четверть в Саратовской и Самарской до 2，58 руб. в Рязанской губ. （А. Н. Егунов. О ценах на хлеб в России и их значение в сфере отечественной промышленности. М.，1855，табл. 1）.

4.5～5 俄石。市场在很大程度上与村庄中的上层有关，也就是那些掌握较大规模剩余产品的人。例如，在 19 世纪 20～50 年代，加加林家族的彼得罗夫斯基庄园和布特斯基庄园中最富有的农民（约占总农户数量的 10%）占有着大量的剩余粮食，他们的粮食产量占所有农户总产量的 30% 以上[①]。同时，这些农民的剩余粮食的商品化程度也很高，其中 15%～20% 用来销售。

以上便是 19 世纪上半叶俄国黑土区大型劳役制庄园中农民经济发展的主要状况。在下文中，笔者对劳役制农民进一步细化，并分别探讨其经济状况和地位。

需要注意的是，在对以下庄园的论述中，农民的分类是按照所使用的畜种来划分的。而工业产业（主要是磨坊）的所有人划归富庶阶层。

按此分类的各类农民及其产量的数量和占比，是农村社会经济发展情况的重要指标。在表 3－2 中，笔者罗列了 19 世纪上半叶各大庄园里各类农民的户数和人数所占比例。在上述大庄园中，尤苏波夫家族的斯捷潘诺伊领地、阿拉波夫家族的博戈罗茨科耶庄园和加加林家族的安德烈耶夫斯基庄园的这类农民的户数所占比例为 50.8%～85.7%，而人数所占比例为 54.3%～82.6%。另一个特点是，这些农民的户产量占比相对较低，特别是其中最为贫困的群体。例如，在加加林家族的安德烈耶夫斯基庄园中，贫困农民的户数和人数所占比例分别为 41.5% 和 29.7%。此外，各大庄园富庶阶层人数的差距极大，例如，在加加林家族的布特斯基庄园中，富庶阶层人数所占比例在 19 世纪上半叶任何一个时期都未超过 18%，而户数所占比例则未曾超过 10%；而尤苏波夫家族的斯捷潘诺伊领地内的富庶阶层户数所占比例在 1825 年时，达到了 57.7%。

以上信息说明，当时大多数农民已经掌握使用自己的生产资料实现简单再生产的能力。除某些特例，富庶阶层的数量证明，劳役制农村中的农奴制经济对于扩大再生产而言，是一种阻碍。

[①] И. Д. Ковальченко. Крестьяне и крепостное хозяйство Рязанской и Тамбовской губерний, стр. 214—215.

表 3 - 2　劳役制庄园中各类农民群体的经济比例情况

单位：%

年份	无马和1匹马				2~4匹马				5匹马及以上			
	户数所占比例	人数所占比例（男性）	赋税单位所占比例	拥有畜力所占比例	户数所占比例	人数所占比例（男性）	赋税单位所占比例	拥有畜力所占比例	户数所占比例	人数所占比例（男性）	赋税单位所占比例	拥有畜力所占比例
加加林家族的彼得罗夫斯基庄园												
1813	11.7	4.7	3.3	3.1	69.3	66.6	67.2	62.9	19	28.7	29.5	34
1818	14.9	8	5.8	4.7	69.7	67.5	68	65.4	15.4	24.5	26.2	29.9
1826	17.8	8.8	6.2	5.2	68.5	68.2	68.8	68.3	13.7	23	25	26.5
1834	22.6	15.4	12.2	7.6	59.2	58.6	60.7	58	18.2	26	27.1	34.4
1856	31.2	17.6	13.6	9.3	58	62.9	66	65	10.8	19.5	20.4	28.7
加加林家族的布特斯基庄园												
1814	14	11.5	9.8	8	76.1	70.7	72.3	71.2	9.9	17.8	17.9	20.8
1824	20.7	13.7	11.3	8.5	70.8	70.8	73	72.3	8.5	15.5	15.7	19.2
1829	44.5	36.8	32.9	17.7	50.8	55.1	58.4	67.7	4.7	8.1	8.7	14.6
1842	36.9	24	23.5	14.5	53.7	58.5	59	62.1	9.4	17.5	17.5	23.4
1849	39.9	27.8	26.5	15.1	53.3	57.6	58.4	65.2	6.8	13.8	13.7	19.7
加加林家族的波克罗夫斯基庄园												
1813	13.3	6	1.8	3.4	62.8	56.1	57	50.5	23.9	37.9	39.1	46.1
1817	11.7	5.4	3.7	3.8	71.9	67.4	67.8	65.5	16.4	27.2	28.5	30.7
1823	12.6	7.2	5.3	3.6	55.5	48.5	48.3	42.5	31.9	44.3	45.2	53.9
1826	14.4	8.7	5.7	4.6	69.9	66.3	67.4	62.7	15.7	25	25.2	32.7
1831	15.2	8.2	5.8	5.2	68.9	64	64.7	63.2	15.9	27.8	28.3	31.6
1835	14.7	8.2	6.5	4.1	70.9	67.4	67.6	65.4	14.4	24.1	23.8	30.5
1856	22.3	11.7	8.1	5.7	65.5	66.3	69.1	66.3	12.2	22	21.7	28
尤苏波夫家族的拉基蒂扬斯基庄园												
1830~1832	35.2	25.2	21.2	12	51.8	54.3	59	54	13	20.5	19.8	34
1837	30.2	21	18.6	8.6	55.8	56.9	59.7	56.4	14	22.1	21.7	35
舒瓦洛夫家族的什卡夫茨基庄园												
1841	23.1	12	9.6	8.3	65.7	69.6	71.2	68.6	11.2	18.4	19.2	23.1

年份	无马和 1 匹马				2～4 匹马				5 匹马及以上			
	户数所占比例	人数所占比例（男性）	赋税单位所占比例	拥有畜力所占比例	户数所占比例	人数所占比例（男性）	赋税单位所占比例	拥有畜力所占比例	户数所占比例	人数所占比例（男性）	赋税单位所占比例	拥有畜力所占比例
阿巴梅列克－拉扎列夫家族的克拉皮温斯基庄园												
1813	3.6	2.1	2.1	1.1	85.7	82.6	81.2	81.7	10.7	15.3	16.7	17.2
1836	2	1.5	—	0.4	83.7	76.4	—	71.3	14.3	22.1	—	28.3
阿巴梅列克－拉扎列夫家族的戈洛什夏波夫斯基庄园												
1813	2.7	1.2	1.5	1	80.2	76.4	74.1	72.2	17.1	22.4	24.4	26.8
阿巴梅列克－拉扎列夫家族的拉巴特科夫斯基庄园												
1813	3.3	2	1.3	1.1	84.4	80.3	81.2	77.7	12.3	17.7	17.5	21.2
尤苏波夫家族的斯捷潘诺伊领地												
1825	8.2	—	1.9	2.6	34.1	—	27	31.8	57.7	—	71.1	75.6
托尔斯泰家族的博尔科夫斯基庄园												
1841	4.5	4.6	3.3	2.1	62.7	55.3	53.3	48	32.8	40.1	43.4	49.9
阿拉波夫家族的博戈罗茨科耶庄园												
1846	5.6	2.4	—	1.3	47.7	36.2	—	27.3	50.7	61.4	—	71.4
加加林家族的安德烈耶夫斯基庄园												
1855	41.5	29.7	24.1	11.7	45.3	48.5	47.6	46.3	13.2	21.8	28.3	42

如表 3－2 中的数据所示，在 19 世纪上半叶，加加林家族的彼得罗夫斯基、布特斯基和斯帕斯基庄园中的贫农人数不断增加，而富农人数有所减少。在 30～50 年代，这一特征变得愈发明显，以至于农村的商品货币关系出现了"逆转"趋势。然而，尽管在 50 年代末期，贫农无论是在户数还是在人数上均翻了 4 倍，富农缩减了 2 倍，但占据主体位置的中农的人数和户数在 40 多年里并未发生大的波动。

各阶层的产量比例与其人数比例大体相当。因此，贫农在农村的经济生活中的地位并不重要。在上述绝大多数庄园中，该阶层的农民人数所占比例低于 10%。中农在经济生活中占据主要地位。在一些庄园中（例如，斯捷潘诺伊领地、博戈罗茨科耶庄园和博尔科夫斯基庄园），中农与富农一同占据了经济主导地位。在 19 世纪上半叶，这一阶层在经济生活中的地位没有发生大的变动。

贫农的产量比例比其人数比例略低，中农的产量比例和人数比例基本一致，而富农的产量比例远远高于人数比例。因此，各农民阶层的差别不仅体现在其人数上，而且反映在经济生产水平上。在这一方面，加加林家族的安德烈耶夫斯基庄园表现得最为明显。在该庄园里，贫农的人数比例是其产量比例的 2.5 倍，而富农的产量比例是其人数比例的 2 倍。当然，安德烈耶夫斯基庄园在这一方面并不是个例。

此外，各农民阶层的赋税与其人数相关。因此，中农成为纳税主体。

在下文中，笔者将逐个分析这三个农民阶层的经济财产状况和内部结构。

贫农的个人经济规模最小（见表 3-3），但托尔斯泰家族的博尔科夫斯基庄园和尤苏波夫家族的斯捷潘诺伊领地是例外，这里各类农民的畜力比例是高于其他庄园的，但贫农的役畜人均不超过 3 头。同时，这些农民的产量也很小，例如，在 1837 年的拉基蒂扬斯基庄园中，贫困农民的户均土地占有量仅为 3.9 俄亩。同时，他们的役畜的情况也不容乐观，因此他们经常无法充分利用自己的份地。例如，在 19 世纪 50 年代末的彼得罗夫斯基庄园、布特斯基庄园和波克罗夫斯基庄园中，无马的贫农所占比例高达 40%。总体来看，在 19 世纪上半叶，贫农的经济规模在不断缩小。例如，在上述三个庄园中，每户的役畜平均减少了三分之一。阿巴梅列克-拉扎列夫家族的戈洛什夏波夫斯基庄园在 1813~1836 年，户均役畜减少了 150%。

在以上大庄园中，贫农的经济能力十分低下，甚至一些基本的必要生产和生活工具都不具备，其经济规模在 19 世纪上半叶一直在萎缩。在 19 世纪中叶加加林家族的大庄园里，人均役畜数量比 19 世纪初时下降了 21%~46%。这种下降趋势在 20 年代末 30 年代初时初现端倪。由于贫农们的粮食产量极低，甚至他们连家庭所需资金的半数都无法获得。例如，在 1841 年 1~5 月的舒瓦洛夫家族的什卡夫茨基庄园里，贫农的粮食种子储备和春播收成仅为人均 0.5 俄石。在 1856 年 11 月的波克罗夫斯基庄园里，粮食储备为人均 3.7 垛，

表 3 - 3　大型劳役制庄园农民的经济和捐税水平与规模

单位：头、人、俄亩

年份	无马和1匹马 牲畜（折算畜牛）户均	男性人均	100名男性中的劳动力数量	男性人均地主自营地	2~4匹马 牲畜（折算畜牛）户均	男性人均	100名男性中的劳动力数量	男性人均地主自营地	5匹马及以上 牲畜（折算畜牛）户均	男性人均	100名男性中的劳动力数量	男性人均地主自营地	全部平均 牲畜（折算畜牛）户均	男性人均	100名男性中的劳动力数量	男性人均地主自营地
					加林家族的彼得罗夫斯基庄园											
1813	1.8	1.2	37	1.5	8.2	1.8	47	2.1	12.2	2.1	47	2.1	6.8	1.8	47	2.1
1818	3	1.4	40	1.4	8.8	2.3	47	2	18.2	2.9	50	2.1	9.4	2.4	47	2
1826	2.5	1.4	46	1.6	8.5	2.3	51	2.2	16.4	2.7	53	2.4	8.5	2.3	51	2.2
1834	2.4	0.9	—	—	7	1.8	—	—	13.4	2.4	—	—	7.2	1.8	—	—
1856	1.9	1.1	59	1.9	6.8	2	61	2.5	16.9	3	55	2.5	6.4	2	59	2.4
1856 年占 1818 年的比重	63.3	78.6	148	136	77.3	87	130	125	92.9	103	110	119	68.1	83.3	126	120
					加加林家族的布特斯基庄园											
1814	2.9	1.1	40	0.5	6.4	1.7	46	0.6	13.5	1.9	48	0.6	6.5	1.7	46	0.6
1824	2.5	1	40	0.8	6.1	1.6	50	1	13.6	1.9	47	0.9	6	1.5	48	0.9
1829	1.4	0.5	—	1	4.8	1.2	—	1.2	11.4	1.7	—	1.2	3.6	1	—	1.1
1842	1.6	0.7	62	1.3	4.8	1.3	56	1.4	10.3	1.7	52	1.3	4.1	1.2	57	1.3

续表

加加林家族的布特斯基庄园

年份	无马和1匹马				2～4匹马				5匹马及以上				全部平均			
	性畜（折算畜牛）		100名男性中的劳动力数量	男性人均地主自营地	性畜（折算畜牛）		100名男性中的劳动力数量	男性人均地主自营地	性畜（折算畜牛）		100名男性中的劳动力数量	男性人均地主自营地	性畜（折算畜牛）		100名男性中的劳动力数量	男性人均地主自营地
	户均	男性人均			户均	男性人均			户均	男性人均			户均	男性人均		
1849	1.9	0.8	57	1.6	6.1	1.7	55	1.7	14.5	2.2	56	1.6	5	1.5	56	1.6
1849 年占1814 年的比重	65.5	72.7	143	320	95.3	100	120	283.3	107.4	115.8	117	266.6	76.9	88.2	120	266

加加林家族的波克罗夫斯基庄园

年份	无马和1匹马				2～4匹马				5匹马及以上				全部平均			
	性畜（折算畜牛）		100名男性中的劳动力数量	男性人均地主自营地	性畜（折算畜牛）		100名男性中的劳动力数量	男性人均地主自营地	性畜（折算畜牛）		100名男性中的劳动力数量	男性人均地主自营地	性畜（折算畜牛）		100名男性中的劳动力数量	男性人均地主自营地
	户均	男性人均			户均	男性人均			户均	男性人均			户均	男性人均		
1813	1.6	0.9	31	0.7	5.3	1.5	48	2.3	11.9	1.7	49	2.5	6.6	1.6	48	2.3
1817	2.3	1.3	39	1.5	6.5	1.8	48	2.3	13.4	2.1	50	2.4	7.1	1.8	48	2.3
1823	2.1	1	44	1.7	5.7	1.7	51	2.3	13.7	2.5	52	2.4	7.4	1.9	51	2.3
1826	1.8	0.9	43	1.3	5.3	1.4	51	2.1	10.5	1.6	50	2.2	6	1.5	50	2
1831	2	0.9	46	1.3	5.1	1.4	51	1.9	11.2	1.6	52	2	5.6	1.4	51	1.9
1835	1.5	0.7	49	1.5	5.1	1.3	51	1.8	11.4	1.7	49	1.9	5.4	1.4	50	1.8
1856	1.4	0.7	54	1.5	5.3	1.4	56	2.3	11.6	1.8	54	2.3	5.2	1.4	55	2.2
1856 年占1817 年的比重	60.9	53.8	138	100	81.5	77.8	117	100	86.6	85.7	108	95.8	73.2	77.8	115	95.6

续表

年份	无马和1匹马 牲畜(折算畜牛)户均	男性人均	100名男性中的劳动力数量	男性人均地主自营地	2~4匹马 牲畜(折算畜牛)户均	男性人均	100名男性中的劳动力数量	男性人均地主自营地	5匹马及以上 牲畜(折算畜牛)户均	男性人均	100名男性中的劳动力数量	男性人均地主自营地	全部平均 牲畜(折算畜牛)户均	男性人均	100名男性中的劳动力数量	男性人均地主自营地
1830~1832	2.2	0.8	49	0.7	6.6	1.7	49	1.2	16.6	2.9	50	1.1	6.3	1.8	49	1.1
1837	1.8	0.7	47	1.3	6.2	1.7	49	1.5	15.3	2.6	45	1.4	6.1	1.7	48	1.5
尤苏波夫家族的拉基蒂杨斯基庄园																
1841	2.2	1.2	47	0.9	6.4	1.7	49	1.2		2.2	52	1.2	6.1	1.8	49	1.2
舒瓦洛夫家族的什卡夫茨基庄园																
1813	1.5	0.8	50	1.5	4.9	1.5	55	1.5	8.2	1.7	48	1.6	5.1	1.5	54	1.6
1836	1	0.3	33	—	4.2	1.1	50	—	9.7	1.6	42	—	4.9	1.2	48	—
阿巴梅列克-拉扎列夫家族的克尔皮温斯基庄园																
1813	2.1	1	53	0.8	5.8	1.4	50	1.4	10.9	2.1	52	1.6	6,3	1.8	50	1.4
阿巴梅列克-拉扎列夫家族的拉巴特科夫斯基庄园																
1813	2	1.1	59	1.7	4.9	1.3	55	1.3	8.6	1.7	57	1.5	5.5	1.4	55	1.4
阿巴梅列克-拉扎列夫家族的戈洛什夏波夫斯基庄园																
1825	4.1	—	—	—	8.3	—	—	—	17	—	—	—	13	—	—	—
尤苏波夫家族的斯捷潘诺伊领地																
1841	4.3	0.9	47	1.7	6.9	1.6	45	2.2	13.7	2.3	55	2.5	9	1.8	49	2.3
托尔斯泰家族的博尔科夫斯基庄园																

续表

年份	无马和1匹马				2~4匹马				5匹马及以上				全部平均			
	性畜（折算畜牛）		100名男性中的劳动力数量	男性人均地主自营地	性畜（折算畜牛）		100名男性中的劳动力数量	男性人均地主自营地	性畜（折算畜牛）		100名男性中的劳动力数量	男性人均地主自营地	性畜（折算畜牛）		100名男性中的劳动力数量	男性人均地主自营地
	户均	男性人均			户均	男性人均			户均	男性人均			户均	男性人均		
1846	2	1	38	—	5.6	1.5	58	1.8	12.6	2.2	54	—	8.9	1.9	55	—
1855	1.8	0.9	52	1.5	6.4	2.1	57	1.8	20	4.3	65	2.4	6.3	2.2	57	1.8

阿拉波夫家族的博戈罗茨科耶庄园

加加林家族的安德烈夫斯基庄园

注：在折算1856年波克罗夫斯基庄园的畜牛时，牛犊并未计算其中，因为后者在之前的普查中没有记录。

粮食种子和春播收成仅为人均 1.9 俄石。在 1855 年 3 月的安德烈耶夫斯基庄园,贫农的种子和面粉人均储备仅为 1.4 普特,而未脱粒粮食的户均储备为 0.2 垛。在当时,农民若要满足经济和粮食需求(非家庭总需),至少要人均拥有 3 俄石种子,由此看来,当时大多数的贫农都无法够其半数。

那么,这些贫农该如何满足自己必要的最低需求呢?许多资料显示,在劳役制农村,封建农奴的生产关系占据主流地位。在这种经济关系下,存在一些根据贫农的需要而进行放贷的机制。因此,贫农会收到粮食和种子,而这些大多来自地主的收成或村社的储蓄商店。在 19 世纪上半叶,这一趋势变得愈发明显,特别是从 20 年代开始,农民的债务剧增。例如,在农民状况较好的彼得罗夫斯基庄园,所有农民的粮食债务在 1811 年时,已经高达 6861 俄石(其中包括各类粮食)。截至 1821 年,粮食债务增至 7518 俄石,1827 年增至 15260 俄石,1840 年则增至 28521 俄石[1]。

对此,加加林家族的总管在 1840 年时写道,粮食贷款通常是在歉收时节发放的,其目的是不让农民破产[2],也就是说只是希望农民免于饥饿。许多大庄园还会为贫农购买马匹,发放用于建造生活和生产设施的林地,并在一定时限内减免税务等。尤苏波夫家族在给黑土省庄园几个总管的管理细则中有几条关于支持贫农的建议:给他们发放用于建造各类设施的林地、役畜所需的草料、粮食和马匹[3]。从 1832 年至 1837 年,拉基蒂扬斯基庄园购买和发放了 388 匹马,其中 95 匹给了贫农。同样,其他庄园也有类似的活动。例如,阿巴梅列克-拉扎列夫家族的图拉省庄园总管在 1812 年有过记录[4]。1822～1823 年,加加林家族的彼得罗夫斯基庄园花费了 1521 卢布为农民购买马匹[5]。此外,加加林家族的庄园还采取了为贫农翻整份地等措施。1834 年春,彼得罗夫斯基庄园的一个管理员记录道,"通过其他农民的劳役活

---

① ЦГАДА, ф. 1262, оп. 4, дд. 13, 166, 597, 724.
② Там же, оп. 5, д. 297, л. 13 об.
③ ЦГАДА, ф. 1290, оп. 3, д. 5044, лл. 15 об. —16 об.
④ Там же, ф. 1252, оп. 1, ч. 2, д. 2816, л. 74.
⑤ Там же, ф. 1262, оп. 1, ч. 1, д. 1274, л. 16.

动，为无马农民的份地播种"①。1856 年 5 月，布特斯基庄园的一位管理员记录道，"在耕种完地主的田地后，他们还必须为那些只有一匹马的农民播种"。后来，还有一些关于这些任务执行情况的记录②。

从记录来看，类似的情况不断增多。这证明，在劳役制农村中，存在扶助各类贫农，以保证其生产能力的措施体系。当然，帮扶并不是无偿的。被帮扶的农民需要用自己的收成来偿付。例如，在 19 世纪 30 年代，尤苏波夫家族的庄园为了不让农民请求放宽收税期限，常常以对方欠有马匹和粮食债务为由，千方百计地征收捐税③。实际上，尽管地主发放的贷款经常无法完全收回，但扶助的有偿性和地主利益优先是无法忽视的事实，以致扶助的效果大打折扣。数据显示，虽然贫民阶层的数量增加缓慢，但他们的经济状况急剧恶化。

贫民保障中的农奴制机制在劳役制庄园中发挥了重要的作用。此外，还有一些其他的保障措施。贫农除了从地主那里获得帮扶，还可以从富裕的同乡那里获得。然而，在劳役制的框架下，富农对贫农的"帮扶"侵犯了地主的利益，因此后者试图限制富农的活动范围。1838 年，尤苏波夫家族给领地主管的管理细则中写道："在规定的时间内，任何人都必须在自己的土地上播种耕种，绝不允许他们像之前一样，雇用其他农民。"④ 1850 年，黑土省的一份管理细则指出："没有主人的许可，任何人都无权雇用其他农民，违者将送去服兵役。"⑤ 显然，这些严格的措施正是针对富农雇用破产贫农现象而制定的，在此之前，这一现象变得愈发普遍。

在劳役制农村中，农奴制机制使贫农获得了最低限度的生活保障，但同

---

① Там же, ф. 1262, оп. 4, д. 496, л. 156.
② Там же, оп. 1, ч. 3, д. 5587, лл. 102, 105, 114. Обработка земли обедневших крестьян миром практиковалась в степных вотчинах Юсуповых (там же, ф. 1290, оп. 3, д. 57, л. 28) .
③ Там же, ф. 1290, оп. 3, д. 5044, л. 16 об. ; д. 5244, л. 55 об.
④ ЦГАДА, ф. 1290, оп, 3, д. 5244, л. 50 об. Об этом же говорилось и в инструкции 1831 г. (д. 5044, л. 17) .
⑤ Там же, д. 5630, л. 45. Юсуповская семья в Каспийском море имела рыбные промыслы.

时，经济活动自由的缺失，使副业在该群体中的吸引力大大降低。拉基蒂扬斯基庄园的 1830～1832 年档案显示，在 520 户贫农中，有 45 户从事副业作业，而在从事副业的 657 人中，只有 47 个贫农。

因此，劳役制农村的贫农既可以在地主劳役剥削的范畴中获得一定程度的"扶助"，也可以向富农出卖劳动力以获取生活保障。

中农的经济规模是远远大于贫农的。例如，中农每户役畜占总量的比值是贫农的 2～4 倍，而每户的收成比例是贫农的 2 倍（见表 3－3）。在 1837 年的拉基蒂扬斯基庄园里，中农每户约占有 7 俄亩的份地，而贫农只有 3.9 俄亩；什卡夫茨基庄园中农户户均份地为 6.2 俄亩，而贫农的为 2.6 俄亩。其他庄园的情况也大致如此。但是，中农的特点不仅在于数量上，而且反映在其占农民经济总额的巨大分量上。与贫农相比，中农的人均役畜占有量是其 1.5～3 倍。在这方面，只有戈洛什夏波夫斯基庄园是例外，因为这里中农的经济水平不高且规模不大。

同贫农一样，截至 19 世纪中叶，中农的经济水平和规模也明显地下降和缩小。在加加林家族的彼得罗夫斯基庄园中，贫农和中农的经济水平和规模比最高值下降（缩小）了 28.7% 和 13%，而波克罗夫斯基庄园的分别下降（缩小）了 18.5% 和 22.3%。在 1813～1836 年的克拉皮温斯基庄园中，中农的经济规模缩小了 14.3%，而经济水平下降了 26.7%。这一下降趋势开始于 20 年代末 30 年代初。数据表明，中农的经济规模和水平下降幅度小于贫农。这说明中农经受的地主剥削弱于贫农。尽管在上述所有庄园中，中农的人均地主自营地耕种规模是大于贫农的，但两者之间的经济差距十分巨大（见表 3－3 中人均牲畜和地主自营地数量）。这一现象在 50 年代末愈发明显。

整体来看，中农通过自给自足达到的经济水平基本可以算是富裕程度。这说明，占据农民主体的中农阶层使用自己的生产资料便可获得足够的粮食，同时，其牲畜生产更为高效。1837 年，在拉基蒂扬斯基庄园，中农的人均粮食产量为 5.5 俄石，而净收成为 3.7 俄石。1841 年 1～5 月，在什卡夫茨基庄园，中农的粮食储备量人均 1.5 俄石，这意味着中农能够尽可能多地进行春播作业，而且其播种数达到了新的水平。1856 年 11 月，在彼得罗夫斯基庄园里，中农的粮食储备为人均6.2垛（约为3.1俄石），其中包括面粉和黍米。然而，中农的剩余产品数量并不大，因此他们一般不会出售自足的粮食。而这便是中农经济状况仅有小幅度下降的原因。

19世纪上半叶，中农数量的变化不大。但在地主日益严苛的盘剥之下，中农的经济状况恶化了，他们的收入越来越少，而补充资金的渠道与贫农基本一致。例如，1832～1837年，拉基蒂扬斯基庄园购买了388匹马，半数贷给了中农。1817年，波克罗夫斯基庄园的中农人均粮食贷入量为3.2俄石，而贷款的户均额为4.4卢布。在农奴制下，面对歉收和饥荒，地主和富农将"照顾"每个人。

另外，中农内部还存在异质性特点。该阶层的马匹占有量从2匹到4匹不等，因此，两马农民与四马农民的经济状况截然不同。表3-4以加加林家族和阿巴梅列克-拉扎列夫家族的庄园为例，对比了各类中农的经济差距。数据显示，两马农民的数量占中农总数的一半。在19世纪30～50年代，彼得罗夫斯基庄园和布特斯基庄园中两马农民的数量有所上升，而其经济状况明显低于三马农民和四马农民。许多两马农民甚至没有母牛。在经过一段时间后，一些两马的中农再次沦为贫农。四马农民的数量占中农总数的20%～25%，而且这一群体的经济关系是中农中最为稳定的。同时，所谓"富裕"不仅体现在能够实现简单的再生产上，而且反映在有一定数量的剩余产品上。总体来看，中农是以农奴份地和家庭劳动为基础实现自给自足，且与市场有一定程度联系的阶层。

表3-4　中农各类农民的人口和经济水平情况

年份	拥有2～4匹马的所有农户（人）	各类农户的人口所占比例（%）			折算后的户均马匹数（匹）		
		2匹马	3匹马	4匹马	2匹马	3匹马	4匹马
加加林家族的彼得罗夫斯基庄园							
1813	273	30.4	34.8	21.9	1.6	1.6	1.8
1818	271	35.6	41.6	22.8	2	2.3	2.6
1826	305	37	36.1	26.9	2.1	2.4	2.4

年份	拥有 2~4 匹马的所有农户(人)	各类农户的人口所占比例(%)			折算后的户均马匹数(匹)		
		2 匹马	3 匹马	4 匹马	2 匹马	3 匹马	4 匹马
加加林家族的彼得罗夫斯基庄园							
1834	257	42.4	31.9	25.7	1.4	2	2
1856	294	45.2	35.7	19.1	1.7	2.1	2.3
加加林家族的布特斯基庄园							
1814	349	47.9	33.8	18.3	1.5	1.7	1.8
1824	377	46.7	31.8	21.5	1.4	1.7	1.7
1829	273	54.9	28.6	16.5	1	1.3	1.3
1842	339	51.9	29.5	18.6	1.2	1.4	1.5
1849	307	55	27.7	17.3	1.5	1.7	2.1
加加林家族的波克罗夫斯基庄园							
1813	137	45.3	28.5	26.2	1.3	1.5	1.6
1817	166	42.2	31.3	26.5	1.5	1.8	2.1
1823	132	37.9	34.8	27.3	1.5	1.8	1.9
1826	165	43	32.7	24.3	1.3	1.5	1.5
1831	168	44.6	29.2	26.2	1.3	1.3	1.6
1835	178	44.9	33.7	21.4	1.2	1.2	1.6
1856	173	41.6	37.6	20.8	1.2	1.6	1.6
阿巴梅列克－拉扎列夫家族的克拉皮温斯基庄园							
1813	48	39.6	35.4	25	1.1	1.8	1.7
1836	41	19.6	46.3	34.1	0.8	1.1	1.3

在 19 世纪上半叶，富农的经济规模是中农的 1.5~2 倍。在生产工具方面，安德烈耶夫斯基庄园中富农的牲畜总数是中农的 3 倍，而人均是中农的 2 倍。这说明，该庄园中农民分化已十分明显。

富农的经济规模和水平的发展变化有其独特之处，即没有像贫农和中农一样有明显和持续的下降。在彼得罗夫斯基庄园、波克罗夫斯基庄园、布特斯基庄园和克拉皮温斯基庄园中（这四个庄园的数据最全），前两者的富农数量有所减少，而后两者刚好相反。在富农的生产工具方面，只有波克罗夫斯基庄园的有明显下降（役畜人均占有量下降了 14.3%），而克拉皮温斯基庄园的几乎无变化，彼得罗夫斯基庄园和布特斯基庄园的有些许增加。值得注意的是，富农所承受的剥削程度较轻。在上述庄园中，由富农耕种的地主自营地的男性人均额与中农的基本相同，但前者的经济水平（人均牲畜占有量）是后者的 1.5 倍。

因此，富农的经济水平足以使他们拥有较大数额的剩余产品。例如，在 1836 年的尤苏波夫家族的拉基蒂扬斯基庄园，富农的人均粮食收成为 5.5 俄石。在 1856 年 11 月的彼得罗夫斯基庄园中，富农的各类粮食储备约为 12 垛，即面粉至少人均 5 俄石，黍米人均 2.3 普特。在处置剩余粮食方面，富农经常会在市场大量出售，甚至在荒年也是如此。例如，布特斯基庄园的一个管理人员在 1839 年的记录中提到，许多富农利用荒年抬高粮价，1 俄石竟卖到 29～30 卢布的价格。值得注意的是，这一时期许多大庄园中拥有五匹马以上的农户只有 60 户左右。

当然，在处理剩余产品方面，富农们有多种方法。许多人会将其再次投入生产，但是，最为主要的方式是投入工商业和商贸领域。其原因有二，首先，这两种渠道获利最高；其次，相比于投入农业生产，工商业活动能够在最大程度上摆脱农奴制框架。

在工商业活动方面，副业成为富农加工农产品的方式之一，他们会收购并转卖粮食和牲畜。在这方面，尤苏波夫家族的拉基蒂扬斯基庄园的富农最为明显。1832 年的一份普查记录了这里富农的副业活动，其中写道，在全庄园 192 户富农中，从事副业的有 80 户；而 765 户中农中，只有 22 户；520 户贫农中，只有 45 户。在从事副业的 80 户富农中，参与生产的共 114 人，其中 6 人从事家庭手工业（生产鞋靴、裁缝）、34 人从事马车运输业、74 人开设小磨坊。数据显示，那些从事马车运输业的人是最具备资本家性质的，因为他们占有固定资产，而且拥有大量马匹和劳动力，而这意味着他们将进一步开拓剩余产品的处理方法。此外，另一个现象也证明了富农商业活动的发展，即在 1837 年，拉基蒂扬斯基庄园开设小磨坊的富农已增至 95 人。尽管这些小作坊无法和地主的磨坊厂相比，但其开设资金也高达 100 卢布。因此，随着富农经济状况的好转，开设小磨坊成为其最常见的副业形式。

在商贸方面，笔者并未在庄园记录中找到农民商人的人数资料。但是，关于其商品货物的资料较为丰富。从这些资料来看，他们其中大部分是畜商贩。需要注意的是，在拉基蒂扬斯基庄园中，富农从地主那里租来大量的土地，租用者主要是畜商贩，他们还租用牧草场来喂养牲畜。通常，富农会一人或多人租用土地，面积从几俄亩到几百俄亩不等。例如，尤苏波夫家族的账单明细中写道，在 1827 年，一些富农以 5 卢布/俄亩的价格租用了 1523 俄亩的土地，其中，64 俄亩用来放牧，而剩下的土地交由 13 个租用者或其朋友个人使用①。

这些从拉基蒂扬斯基庄园租用土地的富农会同拥有大量土地的库尔斯基商人竞争。例如，在 1820 年，库尔斯基商人恰普雷金记录了一次关于与尤苏波夫家族庄园签署租用后者草场和牧场的合同，此次共租用了 7675 俄亩的土地。在合同谈判期间，尤苏波夫家族还与庄园内几个富农（安德烈·伦科夫、西多尔·库托马诺夫、丹尼尔·任尔纳沃伊和斯捷潘·德罗博托夫）签署了出租 2000 俄亩草原土地的合同。然而，恰普雷金表示反对，于是富农们便同意在草原上自行寻找合租者，如果找不到，那么他们将自行承担全部租金②。对此，庄园管理人员指出，几乎所有富农都在出售牲畜，他们能够租下整个草原的土地。同年，大部分草原土地租给了富农③，由此可见，当地的富商和庄园内的富农存在激烈的竞争。

同拉基蒂扬斯基庄园一样，其他劳役制庄园内的富农也常常从事类似的活动。他们主要集中于商贸、磨坊、乳制品等行业。每个庄园内都有这样的几个"企业家"。

在富农从事农业生产和商贸副业时，富农们往往会雇用劳动力。这些劳动力大多是同村的贫农，他们希望能从富农这里得到贷款和"帮扶"，他们在富农经济中起着重要的作用。然而，根据 1837 年拉基蒂扬斯基庄园的记录，在 201 户富农中，只有 30～40 户的外来劳动力数量超过了家庭劳动力。

---

① ЦГАДА, ф. 1290, оп. 3, д. 4984, лл. 13—14 об.
② Там же, ф. 1290, д. 4924, лл. 92—93.
③ Там же, д. 4925, лл. 24—27.

在这些农户中，每户拥有 2 个磨坊，且家庭劳动力不超过 3 人的共有 11 户；每户拥有 1 个磨坊，且家庭劳动力仅有 1 人的有 15 户；从事牲畜养殖和贩卖的有 10～12 户。总的来说，富农在从事农业生产方面，主要依靠家庭的劳动力。对此，富农的家庭构成也可证明这一点。

1856 年，在加加林家族的彼得罗夫斯基庄园中，最富有的农民是瓦西里·费多托夫。在费多托夫家中，共有 13 人，其中 9 人是成年劳动力，拥有 4 块赋税单位。在劳动工具方面，他拥有 10 匹成年马、6 匹马驹、6 头母牛、6 头小母牛、150 只绵羊、7 头猪和 4 箱蜜蜂，储蓄的粮食共 427 垛，面粉有 100 普特①。1855 年，在安德烈耶夫斯基庄园中，最富有的农民是菲利普·萨维里耶夫，他家有 23 人，其中 10 人是成年劳动力，共拥有 3 匹马、14 头牛、8 头母牛、50 只绵羊、9 头猪、25 箱蜜蜂、400 普特种子、70 垛面粉和黍米、60 垛未脱粒粮食②。1846 年，在安拉波夫家族的博戈罗季茨克庄园中，最富有的农民是阿布拉姆·斯捷潘诺夫，他家有 28 人，其中 12 人是成年劳动力，共拥有 15 匹马、9 头母牛、30 只绵羊、10 头猪、220 垛黑麦和燕麦、32 俄石荞麦和黍稷③。19 世纪 20～30 年代，波克罗夫斯基庄园中最富有的农民是伊万·阿法纳西耶夫和叶菲姆·阿法纳西耶夫兄弟。1831 年时，阿法纳西耶夫家有 38 人，其中 15 人为成年劳动力，共拥有 15 匹马、10 头母牛、130 只绵羊、8 头猪、60 箱蜜蜂、15 俄亩土地、7 个赋税单位④。

因此，富农固然雇用了许多外来劳动力，但他们自己家庭的劳动力起到了最为主要的作用。换言之，劳役制农村中富农的经济是以家庭劳动力合作为基础的，这种合作在资本主义生产关系萌生之前就已出现了。

总之，劳役制农村中的富农阶层以家庭劳动力为基础，且将剩余产品投入商贸放贷和副业活动中，其本身带有小商品经济的特点。

---

① ЦГАДА，ф. 1262，оп. 4，д. 822，дер. Сергиевская，двор № 2.
② Там же，ф. 1262，оп. 1，ч. 2，д. 4360，с Жирное，двор № 76.
③ ЦГИА，ф. 1584，д. 37221，с. Богородицкое，двор № 15.
④ ЦГАДА，ф. 1262，оп. 5，д. 382，с. Покровское，двор № 9.

在分析大庄园中农民经济的最后阶段，还需要注意一个特点。正如彼得罗夫斯基庄园、布特斯基庄园和波克罗夫斯基庄园的数据所示，与 19 世纪初相比，在 19 世纪中叶时，庄园中三个农民阶层的人数，以及打工人口的所占比例都有一定幅度的提升。同时，农民的生活环境不断恶化，儿童和老人死亡率的提升佐证了这一点。由此可见，对人口阶层增减情况的分析能够清晰地反映这一时期人口状况。

众所周知，劳役制大庄园集中了大量的地主农民。那么，在这一时期，各阶层农民经济的整体特征和状况又有何特点呢？对此，笔者绘制了表 3 - 5，其中罗列了 12 个位于中部黑土区和伏尔加河流域的中小庄园数据。

表 3 - 5　中小劳役制庄园中农民经济的整体和人均情况

庄园	年份	户数（户）	男性人数（人）	无马和 1 匹马（%）			2 ~ 4 匹马（%）			5 匹马及以上（%）		
				户数所占比例	人口所占比例（男性）	牲畜所占比例	户数所占比例	人口所占比例（男性）	牲畜所占比例	户数所占比例	人口所占比例（男性）	牲畜所占比例
阿尔汉格尔斯基庄园（奔萨省戈罗季谢县）	1810	49	167	46.9	32.3	27.4	53.1	67.7	72.6	—	—	—
	1829	60	234	31.7	20.9	11.7	60	59.4	67.3	8.3	19.7	21
尼克尔斯基庄园（萨拉托夫省巴拉绍夫县）	1798	26	95	—	—	—	66.7	53.6	47.1	32.3	46.4	52.9
奥维奇卡庄园（图拉省耶夫列莫夫县）	1805	7	33				71.4	66.6	50	28.6	33.4	50
伊万岑斯基庄园（萨拉托夫省谢尔多布斯基县）	1811	2	4				100	100	100	—	—	—
利波维茨基庄园（坦波夫省坦波夫县）	1836	11	49	9.1	8.2	5.3	63.6	61.1	57.9	27.3	30.7	36.8
普拉金斯基（图拉省切尔斯基县）	1839	8	34				75	67.6	58.8	25	32.4	41.2

续表

庄园	年份	户数（户）	男性人数（人）	无马和1匹马(%)			2~4匹马(%)			5匹马及以上(%)		
				户数所占比例	人口所占比例（男性）	牲畜所占比例	户数所占比例	人口所占比例（男性）	牲畜所占比例	户数所占比例	人口所占比例（男性）	牲畜所占比例
谢尔别金斯基庄园（萨拉托夫省巴拉绍夫县）	1843	25	98	28	11.2	—	28	27.6	24.2	44	61.2	75.8
托波尔庄园（库尔斯基省格赖沃龙县）	1852	7	26	71.4	61.6	45	28.6	38.4	55	—	—	—
德米特里耶夫斯基庄园（沃罗涅日省沃罗涅日县）	1855	49	199	12.2	9	3.6	73.5	76.7	75.5	14.3	14.1	20.9
诺夫谢尔科夫斯基庄园（图拉省耶夫列莫夫县）	1856	19	107	—	—	—	47.4	31.8	32.6	52.6	62.2	67.4
扎杜博罗夫斯基庄园（梁赞省斯帕斯基县）	1856	3	8	33.3	12.5	—	66.7	87.5	100	—	—	—
阿布留金斯基庄园（图拉省阿列克辛县）	1859	3	20	—	—	—	100	100	100	—	—	—

如表3-6所示，中小庄园的农民份地规模明显小于前文中大庄园的，而地主自营地也是如此。尽管这部分的资料过少，但同时代人的研究或许反映了一个现象，即与大庄园相比，中小庄园的农民的份地情况更为糟糕，且受到的盘剥更为严重。在这12个中小庄园中，有10个庄园中的中农人数和户数所占比例超过半数（见表3-5），相比之下，贫农的人数较少，除了托波尔庄园，其余所有庄园的贫农人数所占比例均不超过三分之一。另外，有四个庄园没有富农。因此，从整体来看，与大庄园相比，中小庄园中农的比例优势更为明显。

表 3 – 6　中小劳役制庄园农民的经济水平和规模

庄园	年份	无马和1匹马				2～4匹马				5匹马及以上				全体农民				男性人均土地(俄亩)	
		总数占比(%)	户均	男性人均	每100人中打工者人数(人)	总数占比(%)	户均	男性人均	每100人中打工者人数(人)	总数占比(%)	户均	男性人均	每100人中打工者人数(人)	总数占比(%)	户均	男性人均	每100人中打工者人数(人)	份地	地主自营地
阿尔汉格尔斯基庄园	1810	2.1	—	0.9	50		5	1.2	50		—	—	—		3.7	1.1	50	—	—
尼克尔斯基庄园	1829	2	—	0.8	53		6.1	1.6	50		13.6	1.5	40		5.7	1.5	49	—	—
奥维奇卡庄园	1798	—	—	—	—		10.6	3.3	42		19.1	4.3	55		13.8	3.8	54	—	1.4
伊万岑斯基庄园	1805	—	—	—	—		4.4	1	45		11	2	55		6.3	1.3	48	1.8	1.1
利波维茨基庄园	1811	—	—	—	—		6	3	50		—	—	—		6	3	50	2.4	—
普拉金斯基庄园	1836	4	—	1	25		6.3	1.5	37		9.3	1.9	40		6.9	1.6	37	—	—
谢尔别金斯基庄园	1839	—	—	—	—		5	1.3	48		10.5	2	55		6.4	1.5	50	2.2	2.2
托波尔斯基庄园	1843	—	—	—	45		5.7	1.5	37		11.4	2.1	42		6.6	1.7	41	—	—
德米特里耶夫斯基庄园	1852	1.8	—	0.6	56		5.5	1.1	60		—	—	—		2.9	0.8	58	1.1	—
诺夫谢尔科夫斯基庄园	1855	2.5	—	0.8	44		8.7	2.1	56		12.4	3.1	64		8.5	2.1	56	2.6	2.3
扎杜博罗夫斯基庄园	1856	—	—	—	—		5	1.3	50		9.3	1.3	49		7.3	1.3	50	—	—
阿布留金斯基庄园	1856	—	—	—	100		4	1.1	86		—	—	—		2.7	1	88	—	—
阿布留金斯基庄园	1859	—	—	—	—		9.3	1.4	50		—	—	—		9.3	1.4	50	2.3	—

当然，在生产方面，有三个庄园的富农占据优势。而贫农在这一方面显得极为薄弱。

在表 3 - 5 中，有贫农数据的有 6 个庄园，而其中只有 4 个有农民个人的经济数据。如表 3 - 6 所示，中小庄园贫农的经济情况与大庄园的相似，男性人均牲畜占有量仅为 0.6 ~ 1 头。

在经济水平方面，中农高于贫农，绝大多数农民有自己的生产工具。例如，在 1839 年 1 月托尔斯泰家族的普拉金斯基庄园中，中农的粮食储量为人均 3.9 俄石[①]。而富农的经济水平高于中农，但是，中小庄园中富农的经济水平明显低于大庄园的。此外，在 6 个中小庄园中，富农的人均牲畜占有量与中农相当，因此许多中农的收入略高于富农。从整体上看，中小庄园农民的分化程度低于大庄园的。实际上，中小庄园的富农不像大庄园的那样富庶。例如，在尼克尔斯基庄园中，最富有的农民是谢苗·安季波夫。1789 年时，安季波夫家有 13 人，其中 7 人为成年男性劳动力，共拥有 10 匹马、8 个磨机、5 头母牛、4 头小母牛、30 只绵羊、10 头猪和 220 垛粮食[②]。在稍晚年代的登记表中，有三分之二的农户与其相似。

因此，中小庄园中各阶层农民的人口、经济水平和规模、阶层结构，大体与大庄园的相似。然而，中小庄园的农民分化程度较低，商品货币关系对农民经济中的农奴制因素影响也相对较弱。

二　劳役—代役农民

同劳役制农民一样，劳役—代役农民也广泛分布在黑土区。他们和其他农民一样，从事农耕或副业，即通过各种方法增加自己的收入。在地主庄园中，他们中的一部分受劳役制剥削，而另一部分受代役制剥削。

---

① ЦГИА，ф. 1584，д. 30810，лл. 3—5.

② ЦГИА，ф. 1584，д. 1741，лл. 195—200，двор № 6.

在研究过程中，笔者收集了 11 个位于中部黑土区和伏尔加河流域的劳役—代役制庄园（准确地说，应当是 12 个庄园，波利亚内庄园散布于奔萨省的三处）。

这类农民主要从事农耕活动，在分类时，笔者所根据的仍是拥有马匹的数量。在戈利岑家族的舒莫夫斯基庄园中，许多拥有 3 ~ 4 匹马的农户从事贸易，其中的收入可达 200 卢布，换言之，拥有 5 匹马及以上的经商农户，可归类于富农阶层。

各庄园中，劳役农和代役农的人数存在差异。例如，在 19 世纪初，舒莫夫斯基庄园和苏普鲁特斯基庄园是代役制庄园，但后来变成了劳役—代役制庄园。19 世纪中叶时，苏普鲁特斯基庄园、米什斯基庄园和博卡洛夫斯基庄园的租制从混合租转变为代役租。这种变化可以用来研究农民份地的规模。在上述 11 个庄园中，农民份地规模大小不一（如表 3 – 7 所示）。整体来看，伏尔加河流域的几个庄园的农民份地面积要大于中部黑土区（特别是北部地区）。在变化方面，只有戈利岑家族的什里诺索夫斯基庄园的份地面积有明显缩小。在 19 世纪 20 年代，农民常常抱怨道，地主会从他们的赋税单位中克扣出每一俄亩良田，"以至于让我们濒临破产"[1]。

除了份地，一些农民还会从地主那租用额外的土地。在 1851 年，奥尔洛夫 – 达维多夫家族的波克罗夫斯基庄园的农民以 2313 银卢布的价格租用了 366 俄亩的土地[2]。同样，奥尔洛夫 – 达维多夫家族的罗热斯特文斯基和博戈斯洛夫斯基庄园也向农民出租了大量土地[3]。加加林家族的米什斯基庄园中的农民也时常向地主租用土地[4]。租用地不仅扩大了农民土地面积，而且在农奴制份地的框架中发挥了重要作用。

---

[1] Центральный исторический музей，отдел письменных источников（ГИМ，ОПИ），ф. 14，Голицыны，оп. 1，д. 2917，л. 35.

[2] ЦГАДА，ф. 1273，Орловы – Давыдовы，оп. 1，д. 1620，лл. 2 об. —3.

[3] Там же，д. 2910，лл. 14 об.，16；д. 975，л. 26 об. Рапорты управляющих.

[4] Там же，ф. 1262，оп. 20/4，д. 372，лл. 47—47 об.

表 3 - 7　劳役—代役制庄园中农民的份地和捐税

庄园	年份	男性人数（人）	人均份地（俄亩）	每一赋税单位	
				地主自营地（俄亩）	代役租（卢布）
加加林家族的米什斯基庄园（梁赞省米哈伊洛夫斯基县）	1802～1804	553	2.5		12
	1811～1815	553	2.5	4.2	
	1821～1825	625	2.1	4.2	
	1830～1835				24.9
	1841～1845	701	2.5	4.5	
	1846～1850	701	2.5	4.5	
	1850～1860		3.7	—	27.5
戈利岑家族的什里诺索夫斯基庄园（图拉省阿列克辛县）	1811				5.1
	1822～1824	263	3.4	4.6	25
	1844	294	3		
	1858				22
阿巴梅列克－拉扎列夫家族的苏普鲁特斯基庄园（图拉省奥多耶夫县）	1821	328	1.7	—	8
	1843	453	1.8	2.7	11.4
	1852	511	1.6	3.7	12
	1858	508	2	—	12
斯特拉霍夫斯基庄园（图拉省阿列克辛县）	1807			—	13.5
	1821	370	1.9	—	5.3
	1843	416	2	3.9	14.3
	1852	406	2	3.9	15
	1858				17
戈利岑家族的舒莫夫斯基庄园（辛比尔斯基县）	1813	912		—	4
	1844	976	3.6	5	15.7
	1858	854	4		17
普希金斯基庄园（坦波夫县）	1848	706	3.5	4.9	22.9
奥尔洛夫－达维多夫家族的博戈斯洛夫斯基庄园（奥尔洛夫县）	1849	526	3.2	6	
罗热斯特文斯基庄园（辛比尔斯基省塞兹兰县）	1845～1848	4229		5.2	16
	1850	4313	3.4		
	1858		3.3		16.9

续表

庄园	年份	男性人数（人）	人均份地（俄亩）	每一赋税单位	
				地主自营地（俄亩）	代役租（卢布）
波克罗夫斯基庄园（萨马拉县）	1845	2410		5	16
	1850	2466	3.5	3.4	18.9
	1858	2332	4.2	—	21
波利扬斯基家族的奔萨庄园（奔萨县、萨马拉县和塞兹兰县）	1821	1826		3	8～21.2
福格特家族的卡尔那乌霍夫斯基庄园	1843	127			14.3

在上述劳役—代役制庄园中，农民所承受的捐税各不相同（见表 3 – 7）。代役制耕地最少的是苏普鲁特斯基庄园，在 1843 年，每个赋税单位为 2.7 俄亩，且捐税有 3 项。1857 年时，这里每个赋税单位增加到 3.7 俄亩。与此相反，戈利岑家族和奥尔洛夫 – 达维多夫家族的庄园代役制耕地面积最大，这里每个赋税单位约为 6 俄亩，人均占有量为 2.5 俄亩。但与前文所述的劳役制庄园相比，这样规模的代役制耕地明显相形见绌（见表 3 –1）。按照当时的标准，4.5 俄亩为代役制耕地的"正常"规模。1845 年，奥尔洛夫 – 达维多夫家族的庄园总管对波克罗夫斯基庄园进行了测绘，并写道，农民在每个赋税单位上进行春耕的面积为 2.5 俄亩，"通常，15 个劳役制农民便可完成"。此外，总管还记录道："农民需要到离村庄很远的地方为地主自营地耕种，而耕地一般需要 3～5 匹马。"于是，他得出了结论："农民的负担极大，他们的时间都耗费在服劳役上，而无法好好地耕种自己土地。因此，他们常常歉收，甚至颗粒无收。"[1] 最终的建议是，减少劳役制耕地，并转而改为代役制。

在上述庄园中，劳役制农民所需耕种的地主自营地面积较大，因此他们

---

① ЦГАДА，ф. 1273，оп. 1，д. 2910，л. 58.

将一多半的劳动时间耗费在服劳役上。在 1825 年 11 月至 1826 年 11 月的米什斯基庄园中，农民的劳动时长为 280 天，其中的 192 天是在服劳役。在 1844～1845 年，男性农民服劳役时间的所占比例为 54%[①]。在奥尔洛夫－达维多夫家族的波克罗夫斯基庄园，1849 年男性农民服劳役时间的所占比例为 56%，1850 年时增至 56%[②]。因此，在每个赋税单位为 3.5～4.5 俄亩的情况下，农民需要花费五分之三的时间来服劳役，即一周服 4 天劳役。

在 19 世纪上半叶，混合制庄园中劳役制农民的捐税不断增多。在米什斯基庄园，19 世纪中叶的捐税比世纪初的增加了 2.3 倍，什里诺索夫斯基庄园的捐税在 1811～1858 年增加了 4.3 倍，舒莫夫斯基庄园的捐税在 1813～1858 年增加了 4.3 倍，而斯特拉霍夫斯基庄园的捐税在 1821～1858 年增加了 3.2 倍。在 20 年代之前，代役租增长速度最快，就整体来看，在 1861 年农奴制改革前，代役租始终保持增长趋势。不仅如此，代役租的增加幅度明显高于粮食价格上涨和农民副业收入的增长幅度。例如，据戈利岑家族的什里诺索夫斯基庄园的档案显示，与其他庄园相比，该庄园的副业发展程度最高，在 1818～1844 年，农民每一赋税单位的副业收入从 27.5 纸卢布增加到 57.7 纸卢布，换言之，尽管代役租增加了 4.3 倍，但农民的副业收入仅增加了 2 倍。

代役租的快速增加意味着农民所受的剥削加剧。对此，戈利岑家族的普希金斯基庄园在 1849 年关于农民农耕和副业的收入也证明了这一点。在该庄园中，农民每一赋税单位的收入为 203 纸卢布，而同一单位的代役租为 80 纸卢布。如果再加上农民畜牧和蔬菜种植的收入，那么其实际收入将略高于文献中的记录，而代役制农民的副业收入普遍高于庄园的平均水平，因此，整体来看，代役租至少是农民收入的三分之一。

由此可见，在上述庄园中，无论是代役制农民，还是劳役制农民，都承受着各种类型的剥削。除此之外，地主还会向农民征收纱线、麻布等物品。

---

① Там же，ф. 1262，оп. 20/4，дд. 161，349. Наряды на барские работы.
② Там же，ф. 1273，оп. 1，д. 1525，лл. 3—4. Отчеты о работах.

例如，在 19 世纪 20 年代的什里诺索夫斯基庄园，农民每一赋税单位需要缴纳价值 2 卢布的餐具[1]。在同时期的波利扬斯基庄园，劳役制农民每一赋税单位需要缴纳价值 5 卢布的餐具，并且女性农民还需纺织纱线和麻布[2]。在 19 世纪初，舒莫夫斯基庄园最先开始征收麻布[3]，而同一时期的斯特拉霍夫斯基庄园，农民在缴纳代役租的同时，还需缴纳一只公羊，以及每一家的伙食费[4]。因此，地主能从农民身上获取巨额的资金。在 19 世纪 20 年代，地主们常常会要求农民缴纳货币，以代替实物。

同地主农庄一样，国有农庄和村社中农民的捐税也在 19 世纪上半叶快速增加。在 1815 年的什里诺索夫斯基庄园，农民每个赋税单位的捐税为 15.5 纸卢布（每项 3.7 卢布），而在 1843 年时，捐税增加到 25.7 纸卢布（每项 7.4 银卢布）[5]。在 1813 年的舒莫夫斯基庄园中，农民每个赋税单位的捐税为 9.7 纸卢布（每项 2.4 银卢布），而在 1844 年，每项增长到 4.5 银卢布[6]。在 1847 年的普希金斯基庄园中，农民每一赋税单位的捐税（非代役租）为每项 6.9 银卢布[7]。因此，在 19 世纪中叶，国有农民和村社农民的捐税是代役租的 30%，这意味着农民所承受的剥削大大加重了。

黑土区的劳役—代役农民的主业是务农，其本身能够满足农民的日常和捐税需要。然而，在许多庄园中，副业也得到了广泛发展。例如，在 1844 年的什里诺索夫斯基庄园中，所有的农户都在从事副业，同年 10 月，有 88 个农民外出前往阿列克辛等城镇打工，其中，大多数担任锯工和弹毛工[8]。在上述所有庄园中，什里诺索夫斯基庄园的副业发展得最好。当然，其他庄

---

① ГИМ，ОПИ，ф. 14，оп. 1，д. 2916，л. 19.
② ЦГАДА，ф. 11276，оп. 1，д. 933；д. 961，л. 22.
③ ГИМ，ОПИ，ф. 14，оп. 1，д. 2517，л. 44.
④ ЦГИА，ф. 880，оп. 4，д. 47，лл. 49—52.
⑤ ГИМ，ОПИ，ф. 14，оп. 1，д. 2913，лл. 141—143，154 об. 3a 1843 г. 捐税总额与赋税单位数量（130）之比。
⑥ Там же，д. 2607，л. 94；д. 2533，л. 21，赋税单位共 430 个。
⑦ Там же，д. 2765，л. 22 об.
⑧ Там же，д. 2917，лл. 105—105 об.

园也有一些农民从事副业，许多地主也鼓励农民从事副业。例如，在 1833年，阿巴梅列克－拉扎列夫家族的一位管理人员在检查苏普鲁特斯基庄园时，谴责那些不耕种份地并漏税的农民，他说道："如果只是因为缺乏马匹或其他原因无法耕种土地，那么这个人就不能免于缴纳代役租，他可以通过从事其他工作来缴纳捐税。"[1]

总之，相比于劳役制庄园，劳役—代役制庄园中商品货币关系发展的程度更高。后者农民承受代役制剥削，因此，他们不得不更加广泛地从事副业，而这又将农民经济与市场联系了起来。甚至在上述的几个庄园中，农民的口粮主要是通过购买获得的。1818 年，什里诺索夫斯基庄园的记录中提到，农民们的副业收入为 3077 卢布，牲畜贩卖的收入为 1391 卢布，而粮食购买仅花费 2498 卢布。

笔者认为，有必要关注劳役—代役制庄园中各农民阶层，以及劳役制庄园中贫农和中农的人数。在上述 11 个庄园中（见表 3 - 8），没有一个庄园的贫农在户数所占比例上超过 25%、在人数占比上超过 20% 的，而在大庄园中，这一群体的所占比例更低。

表 3 - 8 劳役—代役制庄园中各阶层农民的经济占比

单位：%

年份	无马和 1 匹马				2 ~ 4 匹马				5 匹马及以上			
	户数所占比例	人数所占比例（男性）	赋税单位所占比例	牲畜所占比例	户数所占比例	人数所占比例（男性）	赋税单位所占比例	牲畜所占比例	户数所占比例	人数所占比例（男性）	赋税单位所占比例	牲畜所占比例
加加林家族的米什斯基庄园												
1811	4	1.3	0.4	0.7	37.2	31.4	28.1	26.8	54.8	67.3	71.5	72.5
1814	5.6	1.8	0.8	0.8	59.2	50.5	49.8	48.3	35.2	47.7	49.4	50.9
1817	1.7	0.3	—	—	73.5	64.7	62.4	64.1	24.8	35	37.6	35.9
1821	3.9	1.4	—	0.6	65.9	58.6	56.1	54.1	30.2	40	43.6	45.3

---

① ЦГИА，Ф. 880，оп. 4，д. 51，л. 47 об.

续表

年份	无马和1匹马				2~4匹马				5匹马及以上			
	户数所占比例	人数所占比例（男性）	赋税单位所占比例	牲畜所占比例	户数所占比例	人数所占比例（男性）	赋税单位所占比例	牲畜所占比例	户数所占比例	人数所占比例（男性）	赋税单位所占比例	牲畜所占比例
加加林家族的米什斯基庄园												
1826	6.3	2.7	2	1.3	68.7	62.3	60.7	60.3	25	35	37.3	38.4
1832	7.8	4.7	3	1.9	79.1	75	75.5	74.2	13.1	20.3	21.5	23.9
1843	23.1	12.6	9.8	6.2	68.2	71.1	75.2	76.1	8.7	16.3	15	17.7
1849	12	6.3	3.6	3.1	77.2	75.2	78.5	76	10.8	18.5	17.9	20.9
戈利岑家族的什里诺索夫斯基庄园												
1818	—	—	—	—	53.3	39.7	40.2	47.1	46.7	60.3	59.8	52.9
1827	—	—	—	—	66	55.5	55.8	52.1	34	44.5	44.2	47.9
1844	3.9	2.7	2.7	1.6	58.8	47.8	48.8	41.7	37.3	49.5	48.5	56.7
阿巴梅列克－拉扎列夫家族的苏普鲁特斯基庄园												
1821	11.9	8.2		5.6	83.3	83		84.5	4.8	8.8		9.9
阿巴梅列克－拉扎列夫家族的斯特拉霍夫斯基庄园												
1821	12.6	7.3		5.4	86.3	90.8		92.5	1.1	1.9		2.1
波利扬斯基家族的奔萨庄园												
1819~1822	24.6	14.4		7.4	58.6	61.2		55.9	16.8	24.4		36.7
戈利岑家族的舒莫夫斯基庄园												
1844	13	7.2	4.1	3.8	75	75.4	77.2	75.7	12	17.4	18.7	20.5
戈利岑家族的普希金斯基庄园												
1849	14	7.2	8.8	4	54.4	46.3	47	40.4	31.6	46.5	44.2	55.6
奥尔洛夫－达维多夫家族的博戈斯洛夫斯基庄园												
1849	13	8.3	5	3.9	64.1	59.4	59.3	58	22.9	32.3	35.7	38.1
奥尔洛夫－达维多夫家族的罗热斯特文斯基庄园												
1850	22.4	13.5	11.4	4.7	47	44.7	44	37.9	30.6	41.8	44.6	57.4
奥尔洛夫－达维多夫家族的波克罗夫斯基庄园												
1851	28.2	19.3	18.7	6	35.9	34.5	30.4	26.3	35.9	46.2	50.9	67.7
福格特家族的卡尔那乌霍夫斯基庄园												
1843	20	11.8		7.6	80	88.2		92.4	—	—	—	—

此外，贫农在农业生产方面所发挥的作用也较小。例如，在贫农所拥有牲畜所占比例最高的庄园中（福格特家族的卡尔那乌霍夫斯基庄园），其数值也不过 7.6%。

在劳役—代役制庄园中，占据优势的阶层是中农。在上述的几个庄园中，中农在户数上占据优势的有 9 个，而在人数比例上占据优势的有 7 个。特别是在米什斯基庄园、苏普鲁特斯基庄园、斯特拉霍夫斯基庄园和舒莫夫斯基庄园中，中农在人数和户数方面的占比均超过了 70%。由此可见，在农业经济中，中农发挥了主要的作用。值得一提的是，在 7 个庄园中，中农所拥有的牲畜比例超过了 50%。

另一方面，在 19 世纪上半叶，劳役—代役制庄园中富农的数量超过劳役制庄园中的，这一点也值得研究人员注意。除卡尔那乌霍夫斯基庄园、苏普鲁特斯基庄园和斯特拉霍夫斯基庄园，其余所有庄园的富农人数所占比例均在 16% 之上。特别是在什里诺夫斯基庄园、普希金斯基庄园、罗热斯特文斯基庄园和波克罗夫斯基庄园中，富农的人数所占比例超过 40%。由此可见，在劳役—代役制庄园的农业经济中，富农发挥了主导性的作用。

然而，米什斯基庄园和什里诺索夫斯基庄园的数据表明，在这一时期，庄园在各阶层人数及其经济作用方面，最为显著的趋势是富农人数不断缩减。特别是在米什斯基庄园中，富农阶层的人数减少了 360%，而经济总量占比也减少了 350%。与之相反的是，这一时期的贫农人数不断增加，但截至 19 世纪 40 年代末，其人数占比未发生太大的变化，例如，在 1849 年，米什斯基庄园贫农户数占比为 12%，人数占比为 6.3%。由此可见，只有中农的人数占比增加得最多。

同时，各阶层农民的私有财产也存在差异。例如，贫农每户所拥有的牲畜数量比中农的少 2~5 倍，而富农的又比中农的多 2 倍（见表 3-9）。在罗热斯特文斯基庄园和波克罗夫斯基庄园中，中农每户的生产生活设施价值比贫农的多 2 倍，但比富农的少 2 倍。在 1849 年的普希金斯基庄园中，贫农每户的农耕和副业收入为 160.4 纸卢布，中农为 294.4 纸卢布，而富农为 661.7 纸卢布。

表 3 - 9 劳役—代役制庄园农民捐税、经济规模和生产工具水平

单位：头、人、俄亩

加加林家族的米什基斯庄园

年份	无马和1匹马				2~4匹马				5匹马及以上				全部平均			
	性畜（折算畜牛）户均	男性人均	100名男性中的劳动力数量	男性人均赋税单位面积	性畜（折算畜牛）户均	男性人均	100名男性中的劳动力数量	男性人均赋税单位面积	性畜（折算畜牛）户均	男性人均	100名男性中的劳动力数量	男性人均赋税单位面积	性畜（折算畜牛）户均	男性人均	100名男性中的劳动力数量	男性人均赋税单位面积
1811	1.4	1	43	0.1	5.5	1.5	44	0.4	11.1	1.9	53	0.5	8.4	1.8	50	0.5
1814	1	0.7	20	0.2	5.6	1.5	48	0.5	10	1.7	50	0.5	6.9	1.6	48	0.5
1817	—	—	—	—	7.7	1.8	46	0.4	12.7	1.9	50	0.5	8.8	1.8	47	0.4
1821	1.2	0.8	13	—	6.6	1.6	50	0.4	12.1	2	51	0.5	8	1.8	50	0.4
1826	1.5	0.8	41	0.3	6.9	1.6	47	0.4	12	1.8	51	0.4	7.8	1.6	48	0.4
1832	1.3	0.5	41	0.3	5.9	1.4	50	0.4	11.3	1.6	51	0.4	6.2	1.4	50	0.4
1843	1.2	0.5	57	0.3	4.9	1.2	55	0.5	9.1	1.2	47	0.4	4.4	1.1	54	0.4
1849	1.4	0.6	45	0.2	5.2	1.3	54	0.4	10.3	1.4	52	0.4	5.3	1.3	53	0.4
1849年占1811年的百分比	100	60	105	200	94.5	86.7	123	100	92.8	73.7	98	80	63.1	72.2	106	80

戈利岑家族的什里诺夫斯基庄园

年份	无马和1匹马				2~4匹马				5匹马及以上				全部平均			
	性畜（折算畜牛）户均	男性人均	100名男性中的劳动力数量	男性人均赋税单位面积	性畜（折算畜牛）户均	男性人均	100名男性中的劳动力数量	男性人均赋税单位面积	性畜（折算畜牛）户均	男性人均	100名男性中的劳动力数量	男性人均赋税单位面积	性畜（折算畜牛）户均	男性人均	100名男性中的劳动力数量	男性人均赋税单位面积
1818	—	—	—	—	9.4	2.3	44	0.5	12	1.7	46	0.5	10.6	1.9	45	0.5
1827	—	—	—	0.4	5.9	1.2	47	0.4	10.4	1.4	50	0.4	7.4	1.3	48	0.4
1844	3.5	0.9	38	0.4	6.2	1.3	58	0.5	13.3	1.8	60	0.5	8.7	1.5	59	0.4

续表

年份	无马和1匹马 性畜（折算畜牛）户均	男性人均	100名男性中的劳动力数量	男性人均赋税单位面积	2~4匹马 性畜（折算畜牛）户均	男性人均	100名男性中的劳动力数量	男性人均赋税单位面积	5匹马及以上 性畜（折算畜牛）户均	男性人均	100名男性中的劳动力数量	男性人均赋税单位面积	全部平均 性畜（折算畜牛）户均	男性人均	100名男性中的劳动力数量	男性人均赋税单位面积
阿巴梅列克-拉扎列夫家族的亦普鲁特斯庄园																
1821	2	0.7	56		4.4	1.1	43		8.8	1.2	41		4.2	1.1	44	
阿巴梅列克-拉扎列夫家族的斯特拉夫基斯庄园																
1821	2.3	0.9	56		5.2	1.2	62	0.3	9	1.3	57		4.9	1.1	61	
波利扬斯基族的奔庄园																
1819~1822	2	1.1	50		6.4	1.9	52		14.8	3.2	52		6.6	2.1	52	
戈利岑家族的舒莫夫斯庄园																
1844	2.5	1.3	56	0.3	8.4	2.5	61	0.5	14.3	2.9	64	0.5	8.4	2.5	61	0.5
戈利岑家族的普希金斯庄园																
1849	2.5	1.2	58	0.6	6.5	1.8	52	0.5	15.3	2.5	51	0.4	8.7	2.1	52	0.5
奥尔洛夫-达维多夫家族的罗斯特文斯庄园																
1850	1.2	0.6		0.4	4.8	1.6		0.4	10.4	2.4		0.5	5.7	1.8		0.4
奥尔洛夫-达维多夫家族的波克罗夫斯基斯庄园																
1851	1.3	0.6		0.4	4.4	1.5		0.4	11.4	2.7		0.4	6	1.9		0.4
福格特家族的卡尔那乌斯基斯庄园																
1843	1.8	0.7	67		5.6	1.2	47		—	—	—	—	4.8	1.1	50	—

在农业生产工具方面，各阶层的生产制造和经济能力也不尽相同。贫农的人均牲畜拥有量比中农的少 150% ~ 250%，而中农的又比富农的少（见表 3 - 9）。米什斯基庄园和什里诺索夫斯基庄园的数据反映了这一时期各阶层农民的生产工具水平。值得注意的是，在罗热斯特文斯基庄园和波克罗夫斯基庄园中，农民之间的经济财产分化情况十分明显，而这意味着这两个庄园所在的伏尔加河下游与扎沃尔日地区也存在这一现象。

在 19 世纪上半叶，农民的经济规模和生产工具水平最明显的变化趋势是不断缩减和降低。以米什斯基庄园和什里诺索夫斯基庄园为例，与 20 ~ 30 年代相比，这里农民的牲畜数量在人均和户均上都有所减少。其中，米什斯基庄园各阶层农民的经济规模和生产工具水平都所有下降，而在什里诺索夫斯基庄园，这一情况仅在中农阶层出现，而富农的情况则是与此相反。

尽管各阶层的生产工具水平差异很大，但在大多数情况下，三者的捐税数额相差无几，特别是中农和富农，他们的捐税额相差很小。而这意味着，越是贫困的农户所承受的剥削越重。

当然，各阶层的日常和生产需求也不尽相同。例如，在 1849 年 1 月戈利岑家族的普希金斯基庄园中，贫农的人均粮食储备为 2.5 垛，中农为 5 垛，而富农为 12 垛。在 1849 年 3 月奥尔洛夫 - 达维多夫家族的博戈斯洛夫斯基庄园中，贫农每户拥有粮食 0.2 俄石，而富农人均占有量就多达 2 俄石。

当劳役—代役制庄园的农民的生产和生活资料无法自给时，他们会同劳役制庄园的农民一样，即借贷和向地主、村社或富农求助。在 1849 年，奥尔洛夫 - 达维多夫的罗热斯特文斯基庄园和波克罗夫斯基庄园的总管对"帮扶"的细则进行过修改。在 3 月 29 日的报告中，这位总管写道："从村庄的粮食储蓄中拿出一些，发给歉收的和生病的农民。"此外，他写道："对于那些马匹十分瘦弱的农民，应从地主谷场中为其分发额外的耕地，总数不超过 250 块。"他还为贫农购买马匹，并称："他们以当下的情况，无力自行购买。给农民发放马匹，就不用担心他们在夏天耕种时，两三个人争用一匹马了。如果农民身体恢复，并能够劳动，那么就让管理人员将先前发放的马匹收回。"总管还提议，为最贫困的农民按十分之一赋税单位的标准分发份地，并且在每个村庄中设置一个监管人，监管人不仅需要看管农民的行为，而且要监督他们播种和防止粮食变质①。此外，还有其他类似的"帮扶"规定。1851 年，在波克罗夫斯基庄园，农民为购买粮食向地主借贷27237.8 卢布，为购买饲料而借贷 2323.4 纸卢布，而直接借贷来的各类粮食多达 10404 俄石②。1849 年，博戈斯洛夫斯基庄园的总管记录道，在春耕时"给贫穷和生病的农民帮助"，发放的马匹"由他们自行喂养，而贫农们所使用的绝大多数草料是从地主谷场中发放的"③。在加加林家族、戈利岑家族④和其他地主的庄园中，也存在类似的"帮扶"措施。

在劳役—代役制庄园中，除带有农奴制色彩的"帮扶"措施，各种形式的雇佣活动也是农民获得生活生产资料的主要方式，而且在此过程中，农民还可以从农业生产劳动中暂时脱离。例如，在 1818 年什里诺索夫斯基庄园的 45 户农民中，有 34 户外出从事副业。1844 年，该庄园中几乎所有的农户都在从事副业。1844 年，舒莫夫斯基庄园共有 292 个农户，外出从事副业的有 229 户。相比之下，其余庄园农民从事副业的所占比例较低。例如，在 19 世纪 30 年代的每年秋冬季节，米什斯基庄园外出从事副业的仅有50 ~60 人，而该庄园的劳动力却有 230 ~240 人⑤。同样，1849 年，普希金斯基庄园共 171 个农户，外出从事副业的仅有 53 户。

然而，值得注意的是，在各农民阶层中，贫农是外出从事副业所占比例最低的群体。例如，在舒莫夫斯基庄园的 38 户贫农中，外出从事副业的仅有 6 户，在同一时期，该庄园的中农共 219 户，外出从事副业的有188 户，而富农则是全部从事副业。在普希金斯基庄园，贫农没有一户在从事副业，而在 93 户中农中，从事副业的有 13 户，在 54 户富农中，从

---

① ЦГАДА, ф. 1273, оп. 1, д. 1430, лл. 10 об. —12.
② Там же, д. 1583, лл. 5 об. —6.
③ Там же, д. 1430, лл. 20 об. —21 об.
④ ГИМ, ОПИ, ф. 14, оп. 1, д. 2914, лл. 51, 94, 161, 164. 粮食欠额表。
⑤ ЦГАДА, ф. 11262, оп. 20/4, д. 252, лл. 78—78 об. ; д. 259, л. 3.

事副业的有 27 户。因此，那些看似副业需求最高的庄园，副业的实际发展程度反而较低，这些庄园的农民在贴补生活和生产必需品时，主要依靠农奴制机制。

与劳役制庄园相比，劳役—代役制庄园有很大不同，而富农经济活动也反映了这一点。具体而言，劳役制庄园中的富农在处理剩余产品时，往往将其投入非农业生产领域，其中，最主要的是商业。例如，在 1849 年的普希金斯基庄园中，有 21 户从事商业、磨坊维修、碾米和榨油。在舒莫夫斯基庄园，共有 35 户富户从事副业，其中有 18 户是贩畜商，同时，在 188 户富农从事副业的中农中，有 51 户从事小买卖。在 1844 年的什里诺索夫斯基庄园中，有 4 户富农从事磨坊维修，5 户从事货物搬运。正因副业的快速发展，农民的收入较之前有大幅度的增加。例如，在舒莫夫斯基庄园，每户贫农的副业收入为 23 卢布，中农为 61 卢布，富农为 166 卢布。在某种程度上，这种差异是富农阶层中从事副业的人相对较多而导致的。

在代役制的富农阶层中，经济活动与广泛使用外来劳动力有着密不可分的联系。然而，在劳役—代役制庄园中，这样的雇佣关系仅对一小部分农民的经济起到了重要作用，而大多数富农的经济活动仍是建立在家庭劳动力之上的。劳役—代役制庄园中的富农家庭的经济情况佐证了这一点。1844 年，什里诺索夫斯基庄园中最富有的农民是马切伊·叶菲莫夫，他家共有 25 口人，其中 14 人为成年劳动力。在财产方面，他拥有 7 匹马、4 匹小马、4 头母牛、3 头小母牛、15 只绵羊、4 头猪。同时，叶菲莫夫家开设了一家磨坊，还有家人从事马车运输业和砍伐业，全家的副业总收入为 400 卢布①。同年，舒莫夫斯基庄园中最富有的农民是斯捷潘·弗罗洛夫，他家共有 8 口人，其中 5 人为成年劳动力。在财产方面，他家拥有 5 匹马、4 头母牛、5 头小母牛、20 只羊、4 头猪，主要从事的副业是马匹贩卖，收入共计 500 卢布②。1849 年，普希金斯基庄园中最富有的农民是阿布拉姆·费奥多罗夫，

---

① ГИМ, ОПИ, ф. 14, оп. 1, д. 2912, дер. Богатьково, двор № 7.

② Там же, д. 2606, двор № 142.

他家共 18 口人，6 人为成年劳动力，拥有 2 个赋税单位，16 匹马、9 匹马驹、7 头母牛、10 头小母牛、40 只羊、10 头猪、531 垛粮食。同时，费奥多罗夫家开设了 2 个磨坊，并有人是碾米工和商人，他家副业和农业的收入共计 2500 卢布①。同年，博戈斯洛夫斯基庄园中，最富有的农户家中共 20 口人，拥有 8 匹马、2 匹马驹、5 头牛、16 只羊、5 头猪②。

　　在上述几户富农中，雇用外来劳动力的最可能是拉布拉姆·费奥多罗夫家。而其余几个农户即使有雇用外来劳动力，但发挥主要作用的仍是家庭劳动力。显然，在上述庄园的富农群体中，基本都存在家庭劳动力协作的现象。其中，最为明显的是奥尔洛夫－达维多夫家族的波克罗夫斯基庄园，这里富农的家庭协作程度比其他庄园的更高，而外来劳动力的雇用人数相对较低。这样的农户一般拥有 10 匹以上的马，因此这里使用的畜力远比人力广泛。据统计，在 1851 年，波克罗夫斯基庄园中共有 39 户这样的农户（富农共 279 户），其中男性共 197 人。各类用途的马共 555 匹，其中用于役畜的有 370 匹，相当于每个劳动力占有 3.7 匹。由此可见，对于这样的农户而言，外来劳动力并不是必需的。然而，也有 13～15 个农户的生产主要使用的是外来劳动力。对此，波克罗夫斯基庄园中三个最富有的农户的经济情况能够反映这一点。首先是捷连季·菲利波夫，他家共 6 口人，有 2 个代役制赋税单位和半个劳役制赋税单位、27 匹马、3 头牛和 30 只羊，其生产和生活设施的价值为 455 卢布；其次是叶夫多基姆·阿基莫夫，他家共 8 口人，有 3 个代役制赋税单位和半个劳役制赋税单位、24 匹马、9 头牛和 30 只羊，各类设施价值为 610 卢布；最后是雅科夫·拉辛，他家共 18 口人（其中男性 6 人，女性 12 人），有 20 匹马、5 头牛、30 只羊和 3 头猪，各类设施价值为 590 卢布③。

　　因此，通过对比各阶层农民的经济情况及其在生产活动中所发挥的作用，笔者认为，黑土区劳役—代役制农村中的经济结构和发展趋势与劳役制

---

① Там же, д. 2764; с. Пушкино, двор № 20.

② ЦГАДА, ф. 1273, оп. 1, д. 1517, дер. Натальино, двор № 5.

③ ЦГАДА, ф. 1273, оп. 1, д. 1585, с. Покровское, дворы № 20, 38, 1.

农村的基本一致。在某种程度上，代役制框架下的农民有着更大的自由，而这推动了商品货币关系、副业和农民企业活动的进一步发展。

三　代役制农村

在中部黑土区和伏尔加河下游地区，有数量巨大的务农农民，特别是其中的地主农民，他们承受纯粹的代役制剥削。为了研究他们的经济状况，笔者使用了 14 个庄园的资料，并将其绘制成表格（见表 3 – 10）。

表 3 – 10　代役制庄园中农民的份地和捐税

庄园	年份	男性人数（人）	男性人均		
			份地（俄亩）	代役租	
				银卢布	纸卢布
奥尔洛夫 – 达维多夫家族的老加蒂庄园（图拉省叶皮凡斯基县）	1830	229		5.3	19.6
	1840	265		5.4	18.9
	1850	183	3.3		
	1860	183	2.2	9.8	34.3
莫尔德维诺夫家族的伊维尼斯基庄园（莫尔尚斯基县）	1818~1824	511		6.2	22.9
	1829	521		4.1	15.2
	1837	423		8	28.4
	1851	341	3.5	10.1	35.4
莫尔德维诺夫家族的纳杰日金斯科耶庄园（萨拉托夫省赫瓦伦斯基县）	1822	134		6	22.6
	1840	220		6.5	28.8
尤苏波夫家族的奥尔洛夫庄园	1811	544		2.3	9.1
	1831	870	5.5	4.3	16
	1851	1225	3.1	4.7	16.5
尤苏波夫家族的斯捷潘诺伊领地（图拉省）	1796			3.9	5
	1806			5.8	8
	1816	711		4	16.3
	1831	746	4.2	5.4	20.1
	1851	215	4.5	8	28

续表

庄园	年份	男性人数（人）	男性人均		
			份地（俄亩）	代役租	
				银卢布	纸卢布
尤苏波夫家族的维金斯基庄园（库尔斯基省格赖沃龙县）	1804	218		7.1	9
	1811	241	6.1	3.1	12.2
	1815	240	6.1	4.5	19.1
	1820	238	6.1	7.2	26.9
	1827	238	6.1	8.8	33
	1860	347	4.7	8.6	30.1
尤苏波夫家族的维谢洛夫斯基庄园（沃罗涅日省毕柳契斯基县）	1804	1470		4.9	6.2
	1811	1551	4.3	2.5	9.9
	1815	1639	3.6	3	12.6
	1820	1565	3.8	5.2	19.3
	1831	1565		5.3	19.6
	1851	1760	5.1	7	24.5
	1860	2023	5.3	9.3	32.6
杜尔诺夫家族的布特尔斯基庄园（图拉省叶皮凡斯基县）	1839	343		6.7	23.5
	1859	364	1.8	6.3	22.1
沃龙佐夫家族的普兰斯基庄园（萨拉托夫省库兹涅茨克县）	1801			3.3	5
	1819			6.8	25.3
	1832			7.6	27.8
	1859	1279	4.6	8	28
塔雷津家族的萨马尔斯基庄园（萨马拉县）	1859	2919		8.1	28.4
车比雪夫家族的苏哈列夫斯基庄园（图拉省奥多耶夫斯基县）	1818	59	2.8	1.5	5.4
苏霍京家族的杜波夫斯基庄园（梁赞省拉年堡县）	1820	17	2.1	7.2	27
霍赫洛夫家族的帕尔岑赫斯基庄园（坦波夫省斯帕斯基县）	1824	17	1.6		

同劳役制和劳役—代役制庄园不同，各代役制庄园的农民份地规模差距很大（人均从 1.6 俄亩到 6.1 俄亩不等）。其中，尤苏波夫家族的庄园，以及沃龙佐夫家族的萨拉托夫斯基庄园的人均份地规模最大，而杜尔诺夫家族的布特尔斯基庄园的最小。相比之下，中小庄园的农民人均份地（1.6～2.8 俄亩）远远小于大庄园的。

截至 19 世纪中叶，代役制庄园的农民份地规模有明显缩小。在尤苏波夫家族的奥尔洛夫庄园和维金斯基庄园，份地缩小的首要影响便是农民逃往其他庄园。1859 年，奥尔洛夫－达维多夫家族的老加蒂庄园发布命令，要求每个赋税单位上农民份地减少至 4.5 俄亩，而剩下的土地改为出租。此举从农民手中共割占了 205 俄亩土地。尽管农民向这位伯爵表达了不满，但最后还是被迫交出土地，并转为租用①。

在笔者所使用的史料文献中，没有关于农民租用和购买土地的记录，当然，这并不意味着这两种现象不存在。然而，由于在大庄园中，农民通常能够通过自己的份地自给，因此，购买或租用土地的现象或许并不是普遍存在的。毫无疑问，在农民的各类土地中，份地才是其实现自给的最主要资料。

值得注意的是，18 世纪末至 19 世纪中叶代役租规模的变化表明，相比于金属卢布，纸卢布更易贬值。纸卢布的贬值趋势始于 18 世纪 80 年代，在 1787～1800 年，1 纸卢布的价值从 97 戈比下跌到 65.3 戈比，截至 1811 年，1 纸卢布仅相当于 25.4 戈比。由此可见，自 19 世纪伊始，纸卢布的贬值趋势明显加快。在 1811～1839 年，也就是在货币改革之前，纸卢布的价值相对稳定，1 纸卢布相当于 24～28 银戈比②。由于纸卢布价值的不稳定性，笔者需要在研究代役租的变化时，将纸卢布换算成更稳定的金属卢布。然而，纸卢布的下跌趋势并不是规律的，而且如果全部折合金属卢布，那么在研究代役租变化时，将没有对比的数据（见表 3－10）。例如，在斯捷普诺伊庄

---

① Там же, д. 1799, лл. 3—4. Рапорты управляющего.
② Н. К. Бржеский. Государственные долги России. СПб. , 1884, табл. 3.

园、维金斯基庄园和维谢洛夫斯基庄园，农民的代役租若以纸卢布计算，那么在 1804～1806 年，所缴纳的代役租是不断增加的，而若以银卢布计算，则是不断减少的。在解决这个问题时，需要查明在货币流通过程中其实际的价值。这个问题十分复杂，几乎无法计算。因此，笔者在研究代役租问题时，需要将 1811 年作为节点，在两个时间段内进行分析。

在 19 世纪上半叶，代役租的规模不断扩大。在尤苏波夫家族的庄园中，从 20 年代到 50 年代，代役租增加了 2～3.5 倍。在沃龙佐夫家族的普兰斯基庄园中，从 19 世纪初到中叶，代役租增加了 2.5 倍。在 20～50 年代，老加蒂庄园和伊维尼斯基庄园的代役租增加了 1.5 倍以上。显然，在 19 世纪上半叶，各地代役租增长的幅度是不均衡的。在尤苏波夫家族的奥尔洛夫庄园和维金斯基庄园、沃龙佐夫家族的萨拉托夫斯基庄园、杜尔诺夫家族的布特尔斯基庄园中，代役租仅在 30 年代前有明显增加，而其他庄园的（伊维尼斯基庄园、维谢洛夫斯基庄园和老加蒂庄园）则是在 30～50 年代里有显著增加。总之，在 19 世纪上半叶，大庄园中农民人均增加了 8～10 卢布。

数据显示，黑土区地主对农民施加的代役制剥削是十分残酷的，经常超出农民所能承受的范围。例如，在 1818～1828 年的伊维尼斯基庄园，地主从农民手中收取了大量的欠税。1822 年，农民向地主抱怨道，粮食收成和销售的利润不佳，歉收"致使农民们濒临破产，根本无法支付全部的捐税"，并询问"是否能减少村中农民的代役租，且提供相应的工厂工作"[①]。然而，农民的请求并未收到回应。于是，农民们拒绝服从管家和伯爵的命令。1826 年，庄园派出了检查员来镇压农民并征收代役租。在了解情况后，检查员于 9 月下令，"农民必须开始收割粮食并脱粒，但不能出售，当莫尔尚斯基县的商人开始收购粮食时，价格会因囤积而上涨。此时，再根据各户的收成，为其保留食物和种子，其余部分出售给商人……然后根据之前的要

---

① ЦГИА，ф. 944，Мордвиновы，оп. 2，д. 1369，лл. 1，об. —2.

求收取代役租"①。然而，这个方法并没有收到明显的效果，1827 年 4 月，伯爵要求管家去处罚那些欠款农民，要让他们"付出体力劳动，而且要夺走他们的土地，改为出租"。管家对此认为，如果让农民去工厂工作，将使他的家庭将无法维系，而剥夺土地只会让他们彻底破产。他提议道："从农民那收取一半的春播和冬播粮食，并当作他们所支付的代役租，而剩下的一半留给他们。"② 1828 年夏，10 个欠税农民被派去学习烧砖，12 人被派去伯爵的承包单位中做工③。残酷的剥削压迫并未收到结果，地主最终被迫减免了较大一部分的捐税。从 1829 年开始，代役租从原先的 1.2 万卢布减少至8000 卢布④。后来，由于在补交欠款时出现了核算问题，农民大量外逃。据统计，在 1833 年有 27 户（105 个男性 100 个女性），1839 年有 39 户（191个男性 180 个女性）逃往莫尔德维诺夫家族的奥伦堡庄园⑤，因为这里的份地规模更大。然而，地主并未反思这一现象，在 19 世纪 30 ~ 40 年代，代役租再次增加了 2.5 倍。

其他庄园在搜刮农民的代役租时，基本也采用类似的方法。当农民无法如期交租时，地主会从前者手中夺取粮食和牲畜，或者将他们派往自己的承包单位中做工，即将代役租转变为劳役租。1828 年 1 月，尤苏波夫家族派出专员，前往维谢洛夫斯基庄园收取欠款，此行共收取 1187.5 卢布，价值1380.4 卢布的粮食、723.6 卢布的猪肉。在当时，尤苏波夫家族在黑土区所有庄园的农民欠税共 18.7 万卢布，当月收缴而来的货币和实物租金共 4.7万卢布，截至同年 3 月中旬，收缴的欠租也仅为 70331.7 卢布⑥。1829 年 1月，奥尔洛夫 - 达维多夫家族的莫斯科办事处给老加蒂庄园发出指示，要求庄园管理人员根据代役租欠款簿，向欠款农民发出警告，"让他们准备好在4 月去挖水渠"。4 月 5 日，办事处发出公告，派遣 21 名欠税农民去修路。

---

① ЦГИА，д. 1371，лл. 6—6 об.
② Там же，лл. 17—17 об.
③ Там же，л. 24.
④ ЦГИА，ф. 944，л. 38.
⑤ Там же，д. 1372，л. 17 об. ；д. 1366，л. 9 об.
⑥ ЦГАДА，ф. 290，оп. 3，д. 4990，лл. 3—3 об.，5 об.，14.

同年 11 月，庄园处理了更多的欠税农民，"勒令他们去给粮食脱粒，并在管理人员的监督下运往莫斯科销售，卖得的钱交往公爵的办事处，但如果这些欠税农民没有粮食，那么就派他们去马尔菲诺做工"①。

由此可见，庄园中的各种强制措施，为农民按时缴纳代役租提供了保障，同时，尽管在原则上，农民仅承受代役制剥削，但这些措施在很大程度上限制了农民经济活动的自由。实际上，从 19 世纪 20 年代开始，越来越多的庄园采用强制措施，而这意味着农民受承受的代役制剥削不断加重。

截至 19 世纪 50 年代末，对于地主而言，代役租已成为一笔十分可观的钱款。在 1840～1842 年，老加蒂庄园的代役租为人均（男性）2.2 卢布②。维谢洛夫斯基庄园的人均代役租在 1843 年时为 2 卢布，而在 1859 年时，增至 2.1 卢布③。当然，在农奴制的俄国，对于农民而言负担最重的莫过于兵役。此外，还有许多义务虽然并不繁重，但需要耗费农民大量的时间和精力。例如，1850 年，尤苏波夫对代役制庄园的总管说道，除了代役租，"农民还有第二项义务——社会劳动，包括森林维护，教堂、自营地和村庄治安巡视，道路和桥梁修缮，清洁池塘并在水库中蓄水，耕地④，维修公共设施等"⑤。

同劳役制和劳役——代役制农民相比，之所以代役制农民的经济活动有显著差异，是因为代役制农村中商品货币关系的发展程度普遍高于劳役制和劳役——代役制的（当然，也有特例，但数量极少）。毫无疑问，代役制农民在市场中出售的自己产品的比例远高于劳役制农民的。同时，代役制农民广泛从事副业，尽管他们中的绝大多数只是将其作为农耕活动的补充，且仅是短期内外出从事各类工作，但他们的数量十分庞大。

在上述代役制庄园中，各阶层的农民都使用畜力耕作。只有尤苏波夫家

---

① ЦГАДА，ф. 1273，оп. 1，д. 1009，лл. 4，7，10.
② Там же，д. 1039，л. 65.
③ Там же，ф. 1290，оп. 3，д. 5412，л. 17；д. 5992，л. 58.
④ 此处的"耕地"是指给粮食仓库增加储备粮。——作者注
⑤ Там же，д. 5630，л. 45.

族的维金斯基庄园和维谢洛夫斯基庄园的富农拥有磨坊。

在分析上述代役制庄园中各阶层时，需要注意，奥尔洛夫－达维多夫家族的老加蒂庄园和莫尔德维诺夫家族的庄园占有大量的农民，其中，中农和贫农在人数上占据绝对优势，而且有许多是从其他庄园迁来的。这些情况对农民阶层的构成产生了影响。

代役制庄园中人数最多的阶层是中农。大多数庄园的中农人数甚至占农民总数的一半以上。许多劳役制和劳役—代役制庄园的情况也是如此。中农在人数上的优势，意味着中农在农业生产方面发挥了主导作用，并且集中了绝大多数的畜力、粮食产量和储量。在人数方面，代役制庄园的富农人数在整体上高于劳役制庄园的。甚至在一些没有外来迁入农户的农村中，富农能够在农村的经济生活中发挥主导作用（例如：莫尔德维诺夫家族的纳杰日金斯科耶庄园、尤苏波夫家族的维谢洛夫斯基庄园、车比雪夫家族的苏哈列夫斯基庄园）。几乎所有庄园的贫农人数都较少（户数所占比例不超过25%，人数所占比例不超过20%），同时，他们在农民生产力方面发挥的作用也微乎其微（见表3－11）。从各阶层间的关系角度来看，需要对沃龙佐夫家族的普兰斯基庄园（位于萨拉托夫省库兹涅茨克县）进行分析。在该庄园中，中农人口依旧占据优势，但与其他庄园相比，贫农人口较多，户数所占比例为45.9%，人数所占比例为34%，而富农人口较少，户数所占比例为7.5%，人数所占比例为11.8%。因此，在上述所有庄园中，普兰斯基庄园各阶层间的人口和生产力差异是最大的。值得注意的是，有三个中型和小型的代役制庄园在农民分化程度方面低于大庄园。其原因在于，这三个庄园的贫农人数较少，而且中农和富农在人数和生产力方面的差距不大。

由此可见，在19世纪上半叶黑土区的代役制农村，各阶层人口的比例，以及各自在农村经济中所发挥的作用，与劳役制和劳役—代役制农村基本相同，也就是说，最主要的特点是中农人口占多数。

显然，各类代役制农民在经济规模和生产力方面存在差异。例如，中农每户的牲畜占有量为3～3.5头，而人均也高于贫农的。富农每户的生产占有量是中农的2倍，而人均是后者的1.5倍（见表3－11）。

表 3 – 11　代役制庄园中各类农民在农业经济中的地位

单位：%

庄园	年份	无马和1匹马				2~4匹马				5匹马及以上			
		户数所占比例	人数所占比例（男性）	赋税单位所占比例	牲畜所占比例	户数所占比例	人数所占比例（男性）	赋税单位所占比例	牲畜所占比例	户数所占比例	人数所占比例（男性）	赋税单位所占比例	牲畜所占比例
老加蒂庄园	1830	—	—	—	—	79.5	64.2	63.9	60.6	20.5	35.8	36.1	39.4
	1840	15.8	8.3	6.3	3.8	80.7	85.7	88.4	87.7	3.5	6	5.3	8.5
	1850	—	—	—	—	38.2	23	34	22.6	61.8	77	66	77.4
	1860	7.1	2.7	2.4	1.1	71.5	65.1	63.5	63.1	21.4	32.2	34.1	35.8
伊维尼斯基庄园	1829	10.4	4.2	—	2.9	53.9	44.5	—	41.5	35.7	51.3	—	55.6
	1837	8.5	1.9	—	0.8	35.4	23.4	24.1	23.6	56.1	74.7	75.9	75.6
	1851	5.8	1.5	1.5	1	47.8	39	36.5	34.9	46.4	59.5	62	64.1
纳杰日金斯科耶庄园	1822	26.4	17.2	15.4	8	58.5	62.7	61.5	61.9	15.1	20.1	23.1	31.1
	1842	23	—	17.8	2.7	31.1	—	28.9	19.9	45.9	—	53.2	77.4
波克罗夫斯基庄园	1799	27.4	18.9	—	10.8	56	57.5	—	59	16.6	23.6	—	30.2
奥尔洛夫庄园	1825	4.6	2.3	—	1.3	63.6	52.1	—	51.2	31.8	45.6	—	47.5
斯捷潘诺伊领地	1825	6.8	4.2	5.1	2.7	66.3	55.2	55.3	51.1	29.5	39.7	39.6	46.2
维金斯基庄园	1830 ~ 1832	18.1	9.4	—	3.2	58.3	58.8	—	53.7	23.6	31.8	—	43.1
维谢洛夫斯基庄园	1830 ~ 1832	23.7	17.7	—	5.8	49.6	47.1	—	39.9	26.7	35.8	—	54.3
布特尔斯基庄园	1839	22.9	15.7	16.5	8.6	60.2	59.5	57.8	60.5	16.9	24.8	25.7	30.9
普兰斯基庄园	1849	45.9	34	30.2	13.9	46.6	54.2	56	58.2	7.5	11.8	13.8	27.9

庄园	年份	无马和1匹马				2~4匹马				5匹马及以上			
		户数所占比例	人数所占比例（男性）	赋税单位所占比例	牲畜所占比例	户数所占比例	人数所占比例（男性）	赋税单位所占比例	牲畜所占比例	户数所占比例	人数所占比例（男性）	赋税单位所占比例	牲畜所占比例
萨马尔斯基庄园	1859	16.5	7.4	5.9	3	59.6	55.4	56.4	52.1	23.9	37.2	37.7	44.9
苏哈列夫斯基庄园	1818	—	—	—	—	45.5	28.8	—	30.9	54.5	71.2	—	69.1
杜波夫斯基庄园	1820	—	—	—	—	66.7	52.9	—	55.6	33.3	47.1	—	44.4
帕尔岑赫斯基庄园	1824	—	—	—	—	100	100	—	100	—	—	—	—

在尤苏波夫家族的维谢洛夫斯基庄园（沃罗涅日省毕柳契斯基县），特别是沃龙佐夫家族的普兰斯基庄园（萨拉托夫省库兹涅茨克县）和莫尔德维诺夫家族的纳杰日金斯科耶庄园（萨拉托夫省赫瓦伦斯基县），农民分化程度最为明显。换言之，东南地区农民分化程度最高。

例如，1849 年时，普兰斯基庄园中农的人均牲畜占有量是贫农的 2 倍，而富农的是中农的 2.7 倍。1842 年时，纳杰日金斯科耶庄园贫农的冬播和春播面积为 2.8 俄亩，中农的为 6.4 俄亩，而富农的为 13.5 俄亩。

尽管各类农民在经济规模和生产力方面存在差异，但向地主缴纳的代役租在数量上差异很小。例如，在斯捷潘诺伊领地和布特斯基庄园，富农缴纳的代役租甚至低于贫农的。由此可见，在代役制农村，那些数量较少的农民阶层所受的剥削更为残酷（见表 3-12）。

表3－12　代役制庄园农民经济水平和捐税情况

年份	无马和1匹马				2~4匹马				5匹马及以上				合计			
	按畜牛折算（头）		100名男性中的劳动力人数（人）	男性人均代役租（银卢布）	按畜牛折算（头）		100名男性中的劳动力人数（人）	男性人均代役租（银卢布）	按畜牛折算（头）		100名男性中的劳动力人数（人）	男性人均代役租（银卢布）	按畜牛折算（头）		100名男性中的劳动力人数（人）	男性人均代役租（银卢布）
	户均	人均（男性）			户均	人均（男性）			户均	人均（男性）			户均	人均（男性）		
奥尔洛夫－达维多夫家族的老加蒂庄园																
1830	—	—	—	—	6.7	1.6	46	5.3	17	1.9	43	5.3	8.8	1.7	45	5.3
1840	1.1	0.5	—	4.1	5	1	—	5.6	11	1.4	—	4.7	4.6	1	—	5.4
1850	—	—	—	—	6	1.9	—	—	12.7	1.9	—	—	10.1	1.9	—	—
1860	1	0.6	—	8.8	5.6	1.4	—	9.6	10.5	1.6	—	10.4	6.3	1.4	—	9.8
莫尔德维诺夫家族的伊维尼基庄园																
1829	2.8	1.5	55	—	7.7	2.1	51	—	15.7	2.4	47	—	10.1	2.2	49	—
1837	1.4	1.3	14	—	10.7	3.1	47	8.2	21.7	3.2	42	8.1	16.1	3.1	43	8
1851	2.3	1.8	60	10.6	9.5	2.4	41	9.4	18.1	2.9	49	10.5	13.1	2.6	46	10.1
莫尔德维诺夫家族的日金科耶庄园																
1822	2.1	1.3	65	5.4	7.4	2.7	54	5.9	14.6	4.3	59	6.9	7.1	2.8	57	6
切尔卡斯基家族的波克罗夫斯基庄园																
1799	2.4	0.9	44	—	6.4	1.7	52	—	11.2	2.1	57	—	6.1	1.6	52	—
尤苏波夫家族的奥廖尔斯基庄园																
1825	2.9	1.2	—	—	8.4	2.1	—	—	15.5	2.3	—	—	10.4	2.2	—	—
尤苏波夫家族的斯捷普诺庄园																
1825	3.9	1.5	—	6.7	8.1	2.1	—	5.4	15.7	3.5	—	5.4	10	2.3	—	5.4

续表

年份	庄园	无马和1匹马				2~4匹马				5匹马及以上				合计			
		按畜牛折算（头）户均	人均（男性）	100名男性中的劳动力人数（人）	男性人均代役租（银卢布）	按畜牛折算（头）户均	人均（男性）	100名男性中的劳动力人数（人）	男性人均代役租（银卢布）	按畜牛折算（头）户均	人均（男性）	100名男性中的劳动力人数（人）	男性人均代役租（银卢布）	按畜牛折算（头）户均	人均（男性）	100名男性中的劳动力人数（人）	男性人均代役租（银卢布）
1830~1832	尤苏波夫家族的韦坚斯科耶庄园	1.5	0.7	46	—	7.9	1.9	49	—	15.6	2.8	52	—	8.6	2.1	50	—
1830~1832	尤苏波夫家族的维谢洛夫斯基庄园	2.1	0.7	52	—	6.9	1.6	53	—	17.4	2.9	48	—	8.6	1.9	51	—
1839	杜尔诺夫家族的布特尔斯基庄园	2.3	0.8	48	7	6	1.5	47	6.5	11	1.8	44	7	6	1.5	50	6.7
1849	沃龙佐夫家族的普斯兰斯基庄园	1.1	0.5	—	7.1	4.7	1.4	—	8.2	14.1	3.8	—	9.4	3.8	1.3	—	8
1859	塔雷津家族的萨马尔斯基庄园	1.7	1	48	6.4	8.1	2.3	48	8.2	17.4	2.9	41	8.2	9.2	2.4	46	8.1
1818	车比雪夫家族的苏哈列夫斯基庄园	—	—	—	—	5.8	1.7	53	—	10.8	1.5	38	—	8.5	1.6	42	—
1820	苏霍金家族的杜波夫斯基庄园	—	—	—	—	7.5	1.7	78	—	12	1.5	50	—	9	1.6	65	—
1824	霍赫洛夫家族的帕尔岑斯基庄园	—	—	—	—	5.8	2.1	65	—	—	—	—	—	5.8	2.1	65	—

在划分农民阶层方面，最为直观的数据是农民的粮食占有量。在 1825 年秋尤苏波夫家族的奥廖尔斯基庄园中，贫农粮食储备情况为人均 3 俄石种子、4 垛粮草；中农为 4 俄石种子、6.4 垛粮草；富农为 5.3 俄石种子、6.9 垛粮草。如果每垛粮草的净粮量不超过 0.5 俄石，那么意味着，贫农包括用于春播的种子在内粮食储备明显不足；大多数中农能够依靠土地的收入以维持生计；而富农可能会有剩余产品。在 1829 年 12 月的伊维尼斯基庄园中，贫农的粮食储备为每人 2.6 垛，中农为 4.4 垛，富农为 7 垛。在 1830 年 3 月的老加蒂庄园中，中农的粮食储备为每人 1.4 俄石，富农为 4 俄石。当然，如若遇到荒年，所有农民的收成都会无法满足生活所需。例如，在 1839 年（荒年）的布特斯基庄园中，贫农的收成为每人 3.8 垛，中农为 4 垛，富农为 4.3 垛，也就是说，所有农民的粮食都不足。

代役制农村贫农和中农生产资料不足的原因在于，代役制农村的情况比劳役制和劳役—代役制农村的更为复杂。此外，代役制农村的商品货币关系发展程度较高、地主经济角色的影响相对较弱等因素也起到了一定作用。因此，除了荒年，代役制农村很少会出现粮食或牲畜借贷的情况。帮扶贫困农民的主要方式为延长代役租的收缴期限和折免欠款，有时也会降低租金。例如，1833 年 11 月伊维尼斯基庄园的管家记录道，鉴于农民歉收，需要延缓支付代役租，有的甚至无法实现自给①。1830 年，尤苏波夫家族的代役制庄园降低了代役租，具体为每俄亩或每人（男性）降低 1 卢布。1831 年，一位大公在黑土区庄园管理局的准则书上，将降低后的代役租金额保持了下来，但又写道："在他们好转之后，就应当增加代役租。"② 在代役制农村，还广泛存在农民去其他地主庄园和承包商处打工的情况。除了缴纳代役租，农民还会通过各种方式来挣取更多的钱。

当生产资料不足时，贫农和中农也会向同村的富农借贷。例如，1831 年 4 月，伊维尼斯基庄园的管家查阅了办公室中 10 个迁居户的资料，发现

---

① ЦГИА，ф. 994，оп. 2，д. 1372，лл. 22—23.

② ЦГАДА，ф. 1290，оп. 3，д. 5044，л. 3 об.

这些农户"忘记，并欠有本庄园其他农民大量代役租尾款"①。1834 年 6 月，管家报告道："通过指派那些有一定财产的农户，我们的田野上已完成冬播和春播，除此之外，来播种的还有向前者借贷的贫困农民，但他们不仅是在播种，更主要的目的是糊口。"② 因此，贫农为了偿付这些"帮扶"，往往会继续贷款，或前往债主那里打工。

同时，代役制农民在副业方面更为常见。但是，在一些农村中，副业并没有得到广泛发展。例如，在尤苏波夫家族的斯捷潘诺伊领地（图拉省）的 173 个农户中，从事副业的仅有 70 户，人数为 80 人（男性人口共 380 人）。在沃龙佐夫家族的普兰斯基庄园中的 388 户中，从事副业的仅有 60 户，人数为 62 人（共 550 人）。由此可见，很少有农民频繁从事副业活动。在大多数代役制农村，农民会去大多数临近地区打短工，而最为常见的是去草原地区。例如，伊维尼斯基庄园（莫尔尚斯基县）的农民在 1822 年的记录中称他们"有许多人在夏天的时候前往草原地区打各种零工"③。因此，代役制农村的雇用自由劳动力现象比劳役制和劳役—代役制农村更广泛。在上文所述的几个代役制庄园中，普兰斯基庄园的雇佣关系发展程度最高。1849 年，庄园共有 178 户贫农，男性劳动力为 190～200 人，其中的 55 户中，有 56 人外出打短工。而 51 个农户的份地要么只部分播种（不足一半），要么就根本未播种。由此可见，有三分之一的贫农，特别是破产或半破产的雇农，主要的经济来源是受雇打工。

代役制农村中富农的经济规模占绝对优势，而这主要是靠家庭劳动力。对此，笔者将通过举例说明。

在 1825 年尤苏波夫家族的奥尔洛夫庄园，伊万·伊万诺维奇家共有 15 口人，拥有 9 匹马、2 匹马驹、5 头母牛、4 头牛犊、20 只绵羊、15 头猪、54 俄石的种子和 130 垛未脱粒粮食④。在尤苏波夫家族的维谢洛夫斯基庄园

---

① ЦГИА，ф. 994，оп. 2，д. 1371，л. 47.
② Там же，д. 1372，л. 26.
③ ЦГИА，ф. 994，оп. 2，д. 1369，л. 1.
④ Там же，ф. 1290，оп. 3，д. 7190，с. Робья，двор № 73.

中，最大的农户是瓦西里·亚罗文科，他家共 17 口人，其中 7 名劳动力，拥有 4 匹马、20 头耕牛、6 头肉牛、2 头母牛、2 头小牝牛、25 只绵羊、5 头猪、25 个蜂箱和 2 个风车磨坊①。在 1849 年沃龙佐夫家族的普兰斯基庄园中，最大的农户是叶戈尔·戈尔巴托夫和马克西姆·索洛多夫，前者家共 13 口人，每人需要交 5.5 卢布的直接税，拥有 8 匹马、10 头母牛和 6 头猪。此外，叶戈尔·戈尔巴托夫从事商贸。马克西姆·索洛多夫家共 13 口人，每人需要交 6.75 卢布的直接税，拥有 7 匹马、7 头母牛、6 头牛犊、3 头猪和 500 只绵羊②。在 1839 年塔雷津家族的萨马尔斯基庄园中，最大农户是费多尔·德米特里耶夫，他家共 27 口人，其中 13 口是成年劳动力，赋税单位有 7 个，拥有 16 匹马、10 头母牛、20 头牛犊、170 只绵羊和 35 头猪③。

或许，除了上述的案例，还有其他富农使用外来劳动力。例如，叶戈尔·戈尔巴托夫、费多尔·德米特里耶夫和"前往草原地区"打工的黑土区农民就属于这样的劳动力。但是，从整体来看，大多数富农依靠的仍是家庭劳动力。

代役制农村的富农，以及一些劳役和劳役—代役制农村的农民，将一部分剩余产品投入工商业活动中。对此，尤苏波夫家族的维谢洛夫斯基主园最为明显。在 19 世纪 30 年代初，该庄园共有 106 户富农，拥有磨坊的有 40 户。

因此，相比于劳役和劳役—代役制庄园，代役制庄园农民经济最大的特点在于商品货币关系发展程度更高。但从各农民阶层的人数，以及其在农业生产和农村经济结构中的地位来看，这种程度的发展仍不足以带来经济上的质变。当然，沃龙佐夫家族的萨拉托夫斯基庄园除外，因为这里商品货币关系发展的程度最高。

总之，在当时，中部黑土区和伏尔加河流域大多数的地主农民主要的经济活动仍是农耕。而对于农民而言，最为主要的土地使用形式是份地。

---

① 　Там же, д. 5078, слоб. Веселая, двор № 262.
② 　Там же, ф. 1261, оп. 7, д. 4001, с. План, дворые 119, 224.
③ 　Там же, ф. 1281, оп. 1, д. 164, дер. Меньги, двор № 33.

各庄园农民份地的规模大小有所不同。整体来看，劳役制农民的份地比代役制农民的小，而中小庄园的农民份地比大庄园的小。在 19 世纪 30～50 年代，除了某些个例，绝大多数劳役制农民的人均份地规模不超过 3 俄亩，具体而言，为 2.5 俄亩左右。在这一时期，人均份地规模的变化呈现两个趋势：其一，一些庄园的份地有所减少；其二，另一些庄园的有所增加。在 20 个份地资料较全的庄园中，有 10 个的份地有所增减，1 个没有变化，其余 9 个（4 个劳役制庄园、2 个混合制庄园、3 个代役制庄园）则有所减少。在 9 个份地减少的庄园中，有 6 个是农民耕地的绝对面积缩减导致的。由此可见，农民份地缩减的原因众多。值得一提的是，所有庄园的地主自营地都没有增长。

整体来看，在黑土区的农民经济中，土地买卖和租赁现象并不常见。但是，也有一些富农会从地主和同村贫农那里租赁土地。这种情况最早出现在伏尔加河下游地区的代役制农村和庄园中。

在 19 世纪初，特别是 30 年代之前，地主自营地、农民的代役租和其他捐税的规模有较大程度的增加，即地主加大了对农民的剥削力度。在 30～50 年代，劳役制农民一周需要服 4 天劳役。对各类农民捐税的研究表明，在所有庄园中，地位最低的农民阶层承担了最残酷的剥削。同时，地主自营地和代役租的规模要么几乎一致，要么与人数最多的农民阶层（中农）的捐税规模十分相近。

为了确保农民履行义务，地主们采用了各方法。在劳役制农村，地主采取的措施旨在提高农民在服劳役时的劳动效率。例如，设置期限、增加监督人员等方式。在代役制农村，地主广泛采用农产品销售监督、没收粮食和牲畜、上调代役租、强迫农民去承包商或同村富农处打工等方式，当然，也存在一些暴力措施，例如肉刑、罚款、充军等。

在 19 世纪上半叶，所有的地主农民都或多或少地被卷入了市场，他们通过销售自己的农产品来满足缴纳捐税和生活所需。在商品生产方面，发展程度最高的是代役制农民。而黑土区地主农村中最主要的商品形式就是农民的产品。同时，农民还有能力进行再生产，这说明，大多数的农民保留了用于产品制造的主要生产资料（土地、牲畜等）。在代役制庄园，首先是黑土区的东南部（部分地区），当用于再生产的劳动力和生产资料进入商品生产时，这里商品货币关系便在富农阶层当中达到了一个新的高度。无论是在代役制农村，还是在劳役制农村，农民的副业和工商业活动以及外出打工，均推动了农民经济商品化的发展。

在 19 世纪上半叶的农奴制农村中，人数最多的是中农，而贫农是三个阶层中人数最少的。但是，伏尔加河流域的一些庄园情况有所不同，这里人数最多的是贫农，而不是中农。

后来，各农民阶层出现了一些变化，这些变化从 19 世纪 20 年代末开始，以及在整个 30 年代里表现得尤为明显。主要趋势为贫农人数增加，富农人数减少，其特点是前者增加的速度较缓，而后者减少的速度极快。但是，从整体来看，截至 1861 年改革前，农村中各阶层的结构并未发生根本性的改变，人口最多的仍是中农。从 20 年代末到 50 年代各地农民经济的规模不断缩减，特别是贫农和中农家中各类牲畜的生产力急剧下降，而富农经济水平也呈下降趋势，只是前两者小得多。

各农民阶层经济生产能力也存在差异。贫农几乎无立锥之地；中农能够实现完全的自给自足；富农则有一定的剩余产品。

在 19 世纪 50 年代末，各阶层经济生产力的差异不断增大，这使农村的分化进一步加深。在伏尔加河流域下游与扎沃尔日地区的中小庄园里，农村阶层分化程度最深。

在黑土区的地主农村中，面对农民生产和生活资料不足的情况，存在很多补充方法。按照特点，这些方法可以大致分为三种。第一种十分普遍，即贫农和遇到困难的农民向地主或村社寻求帮助，后者会向他们提供贷款、粮食、牲畜、饲料和建筑材料，临时降低捐税，折免欠款和劳役农的份地租金。第二种是通过调整分收制从同村富农那里获取一些贷款和帮助。第三种是通过外出打工来换取所需品，换言之，就是出卖劳动力。实际上，这三种方法是同时存在的。但显然，各类庄园所采取的主要"帮扶"方法有所不同。例如，在劳役制农村，主要的"帮扶"方法是地主发放救济（直接或者通过村社发放）。代役制农村主要的方法是向同乡寻求救济。而在 19 世纪中叶伏尔加河流域的庄园农村，由于贫农人数众多，他们采取的主要方法是外出打工。

富农会通过很多种途径来处理剩余产品，其中主要是农产品。购买和租赁土地是最基本的支出，而剩余产品的主要处理方式，是从事非农业和工业，特别是商贸活动。但无论是哪种方法，在所在地区的农村经济生产中都占据了主要地位。在处理剩余产品的过程中，富农盖设了磨坊、碾米场、油坊、炼油场和皮革作坊，并销售粮食、牲畜和其他农产品。一些富农还使用了外来劳动力。尽管这类富农属于少数，但他们发挥了重要的作用。整体来看，绝大多富农的生产主要依靠家庭劳动力间的协作。总之，黑土区农村的社会经济发展有两个明显的趋势，即尽管农奴制的阻碍作用在缓慢增大，但农民分化现象表明，整个农村是在不断进步的。

第四章
中部工业区和西北地区的地主农民

一 劳役制和劳役—代役制农民的经济情况和地位

在非黑土区，也就是中部工业区和西北地区，大多数农奴主要从事各类农耕活动。他们中所受的剥削形式通常为劳役制或各种形式的混合役。

为了分析劳役制、劳役—代役制和其他混合制庄园农村中农民的经济活动特点和情况，笔者以 19 个庄园为样本，整理其人口等方面的数据（见表 4－1），其中的 14 个为大型或巨型庄园①。在这些大型庄园中，实行劳役制的仅为尼克尔斯基庄园，且在 19 世纪 50 年代末，该庄园也出现了一些代役租。穆辛－普希金家族在雅罗斯拉夫尔省和杜尔诺夫家族在特维尔省的庄园的农民承受劳役—代役制剥削，也就是说，这里的农民一部分服劳役，一部分缴纳代役租。同时，戈利岑家族、瓦西利奇科夫家族和奥尔洛夫－达维多夫家族庄园中的农民也承受混合形式的剥削。

---

① 瓦西利奇科夫家族的三个庄园和奥尔洛夫－达维多夫家族的两个庄园的资料将在表 4－1 展示。

表 4 – 1　中部工业区和西北地区劳役制和劳役—代役制庄园的
份地、耕地和代役租情况

庄园	年份	男性人口（人）	人均份地规模（俄亩）	每块赋税单位下	
				地主自营地（俄亩）	代役租（银卢布）
加加林家族的尼克尔斯基庄园*（莫斯科省鲁扎县）	1818	433	—	2.1	—
	1832	587	1.8	1.8	—
	1840	572	—	2.4	—
	1861	631	2.2	—	—
穆辛 – 普希金家族在雅罗斯拉夫尔省莫洛加县的庄园**					
鲍里索格列布斯基庄园	1815	904	—	—	3.3
	1824	971	—	—	5.3
	1834 ~ 1837	1101	3.3	1.6	19.6
	1847	1511	—	1.4	21.4
	1852	1613	—	—	21.6
阿列克谢耶夫斯基庄园	1822	509	—	—	3.7
	1829	545	—	—	6.1
	1834 ~ 1837	594	2	1.5	20
	1847	595	—	1.6	21.3
	1852	598	—	—	21.2
穆辛诺夫斯基庄园	1822	955	—	—	3.8
	1837	1246	4.6	1.5	19
	1847	1246	—	1.3	21.2
	1852	—	—	—	21.7
维索克戈尔斯基庄园	1847	1044	1.4	—	19.9
	1852	1066	—	—	21.7
普罗佐罗夫斯基庄园	1824	1075	—	—	4.6
斯特罗加诺夫 – 戈利岑家族					
马里因斯基庄园***（诺夫哥罗德县）	1830	346	—	—	18
	1852	349	—	—	24
	1859	—	1.1	—	24
涅达诺夫斯基庄园****（沃洛科拉姆斯克县）	1823	—	—	2.5	13.4
	30 年代	309	2.8	—	14.3
杜尔诺夫家族的萨尔蒂科夫斯基庄园*****（特维尔省卡申县）	1843	—	—	2.9	25.7
	1858	551	—	—	25

续表

庄园	年份	男性人口（人）	人均份地规模（俄亩）	每块赋税单位下	
				地主自营地（俄亩）	代役租（银卢布）
瓦西利奇科夫家族的普斯科夫斯基庄园****** （波尔霍夫斯基县）	1839	—	—	—	15.3
	1858	1190	4.5	1.5	22.2
奥尔洛夫－达维多夫家族的奥特拉津斯基庄园和谢科梁捷耶夫斯基庄园******* （谢尔布霍夫斯基县）	1845	2683	—	—	16
	1858	2686	1.7	—	18
雅科夫列夫家族的别佐布拉佐夫斯基庄园******** （塔鲁萨县）	1822	15	—	7	—
阿拉波夫家族的安库洛夫斯基庄园********* （梅连基县）	1846	113	—	—	—
杰米多夫家族的拉斯杜诺夫斯基庄园********** （波多利斯基县）	1846	94	—	3	24.5
亚历山德罗夫家族的利辛斯基庄园*********** （鲁扎县）	1854	18	1.2	3.9	18.3
古里亚诺夫家族的博戈罗斯基庄园************ （韦列亚县）	1856	131	1.4	1.5	

注：* ЦГАДА，ф. 1262，оп. 3，д. 85，1—2；д. 299，1 об.—2；д. 553，л. 1

** ЦГАДА，ф. 1270 1，А. 1375，лл. 1—2；дд. 1528，1531，2034，6783；д. 28⊿7，л. 6；д. 3427，лл. 6—12；д. 5284，1—5；д. 6105；д. 6314，лл. 8—16；д. 5567，3—4.

*** ЦГИА，ф. 927，оп. 1；д. 283，лл，17 об.—18；д. 284，л. 14 об.；д. 286，л. 124 об.；д. 970，лл. 10—10 об.

**** Там же，д. 1336，л. 7；дд. 1382，1519.

***** ЦГИА，ф. 934，д. 473，лл. 7—8；д. 134；д. 738，л. 106.

****** ЦГАДА，ф. 1260，оп. 2，д. 22，лл. 1—2；《Приложения》，т. Ⅲ.

******* ЦГАДА，ф. 1273，оп. 1，дд. 1275，1505，1248.

******** ЦГАДА，ф. 1584，д. 12193，лл. 94—95.

********* Там же，д. 37221，лл. 127—134.

********** ЦГАДА，ф. 54，оп. 177，д. 229，лл. 29—38.

*********** Там же，д. 696，лл. 4—10.

************ Там же，д. 886，лл. 9—15.

上述庄园在农民份地规模方面各不相同。穆辛－普希金家族的穆辛诺夫斯基庄园和瓦西利奇科夫家族的普斯科夫斯基庄园的农民份地规模为人均 4.5～4.6 俄亩。大多数庄园的农民份地规模都较小。在 14 个有份地资料的庄园中，8 个的人均规模低于 2 俄亩，而其中 4 个低于 1.5 俄亩。遗憾的是，笔者无法通过这些资料来确定份地总面积和可用份地面积的变化。但是，笔者收集到了一部分关于地主的资料。

例如，1824 年 1 月，穆辛－普希金家族的穆辛诺夫斯基庄园的农民请求降低代役租，并增拨林地，因为他们的草场被剥夺了，而他们"原有的草场又很小，任何人都需要租地（картома）"。伯爵在回复信中认为，农民们已经两年没有还钱了，他们应该首先考虑如何还清欠款，而不是要求增加土地，"因为任何农民离开地主后都将变得一无所有"[1]。同一时期，其他庄园的农民也抱怨拥有的草场仅为 85 俄亩[2]。总体来看，非黑土区的大多数劳役制和劳役—代役制农民的份地比黑土区的少。

农民租用和购买土地是其份地规模受限的原因之一。例如，在 1848 年，瓦西利奇科夫家族的总管给普斯科夫斯基庄园的信中描述了农民购买土地的情况[3]。1854 年，杜尔诺夫家族的萨尔蒂科夫斯基庄园的农民从邻近地主那里购买了 28.5 俄亩的土地，为此，他们向本庄园的地主贷款了 600 银卢布[4]。1847 年，谢科梁捷耶夫斯基庄园的农民从被释放的农民手中以每俄亩 15 银卢布的价格购买了 82 俄亩土地[5]。

农民租地的首选是草场。在中部工业区和西北地区，这一现象十分普遍，因为这里的农民有更多的时间和精力经营畜牧业。例如，1833 年，穆辛－普希金家族在雅罗斯拉夫尔省的庄园的农民向地主解释代役租欠款的原因，并请求为他们增拨草场，而且抱怨道"在租地上花了不少的钱"[6]。再

---

① ЦГАДА，ф. 1270，Мусины－Пушкины，оп. 1，д. 1519，лл. 1，43 об.，44.
② Там же，ф. 1270，д. 6272，лл. 11—11 об.
③ Там же，ф. 1260，Васильчиковы，оп. 2，д. 150，лл. 14 об.，15.
④ ЦГИА，ф. 934，оп. 1，д. 527，рапорт 16 октября 1854 г.
⑤ ЦГАДА，ф. 1273，оп. 1，д. 1427，л. 12.
⑥ ЦГАДА，ф. 1270，оп. 1，д. 2751，л. 1.

如，司捷普林村和谢尔盖耶夫斯基村的村民以每年 100 卢布的价格租用了
10 俄亩的村中草场。1824 年，农民们给伯爵写了一封信，信中称租用这块
草场已经使他们严重亏损，并请求"使用其他的支付方式来租用这块草场，
因为费用已经超出了他们的能力"①。然而，无论是购买还是租用土地，上
述庄园中农民们最主要的土地使用类型仍是份地。

　　相比黑土区，非黑土区庄园的地主自营地规模较小。即使是在大庄园，
地主自营地规模也不超过 2.9 俄亩，赋税单位则为三人一块，面积通常为
2.5 俄亩。在中小庄园里，地主自营地的面积较大。中部工业区和西北地区
各类庄园的差异表明，大庄园的地主并没有对农业生产进行限制。与农民一
样，许多地主也经营畜牧业（穆辛 - 普希金家族、奥尔洛夫 - 达维多夫家
族和加加林家族）或林业（穆辛 - 普希金家族、戈利岑家族和瓦西利奇科
夫家族），以及在莫斯科郊外的宅旁园地经营花园和蔬菜地。当然，地主所
进行的一切经济活动，都是以使用农民劳动力为基础的，甚至在耕种相对较
小的自营地时，也对劳役制农民进行了残酷的剥削。例如，从 1823 年 11 月
到 1824 年 12 月，加加林家族的尼克尔斯基庄园的农民除了"常规"的劳
役，每人还需要额外服劳役 27 天②。在 19 世纪 30 年代末的斯特罗加诺夫 -
戈利岑家族的马里因斯基庄园，劳役制农民从 4 月到 11 月需要每周服劳役
3 天，此外，在割草期他们还需要服 3 天劳役，而在打谷期他们每周需要服
1 天劳役。同时，每一种捐税需要农民准备并运送 0.25 立方米（俄丈）的
石块、150 根原木、3 立方米（俄丈）的木柴，并运送两辆大车到彼得堡，
到达后留下一辆③。在一些庄园中，劳役制农民除了常规的任务，还需要完
成其他的杂役。在 40 年代的萨尔蒂科夫斯基庄园中，地主从 70 个劳役农的
赋税单位中，收缴了 33 只绵羊、66 只鸡、1650 枚鸡蛋和 990 俄尺
（Аршин）的麻布④。对此，农民曾在请愿书中抱怨劳役过重。穆辛 - 普希

---

① Там же, ф. 1270, оп. 1, д. 1522, л. 25.

② Там же, ф. 1262, оп. 3, д. 135. Наряды на барские работы.

③ ЦГИА, ф. 927, оп. 1, д. 255, л. 103.

④ Там же, ф. 934, оп. 1, д. 473, л. 5 об.；д. 490, л. 4 об.

金家族的鲍里索格列布斯基庄园的农民于 1833 年记录道:"由于要服劳役,我们总会推迟播种,这导致我们无法获得好的收成,为了在田野上播种,不得不每年向伯爵大人借贷。"[1]

在 19 世纪上半叶,代役制和混合制农民的代役租金额呈不断上升趋势。例如,1815 ~ 1822 年再到 50 年代初,鲍里索格列布斯基、阿列克谢耶夫斯基和穆辛诺夫斯基庄园的代役租金额上涨了 5 ~ 6 倍。其中,19 世纪 30 年代初到中期上涨的幅度最大。而在 30 ~ 50 年代,增速有所减缓,例如,1839 ~ 1858 年,瓦西利奇科夫家族的普斯科夫斯基庄园的代役租仅上涨了 1.5 倍。在数值上,30 ~ 50 年代的代役租为每个赋税单位 18 ~ 25 银卢布,或每人(男性)8 ~ 10 卢布。此外,不仅混合制农民需要履行地主规定的所有义务,甚至一部分代役制农民也要如此。例如,奥尔洛夫 - 达维多夫的混合制庄园中的农民除了为每个赋税单位缴纳地租,在 40 ~ 50 年代时,他们还需要每年去奥特拉特的宅院和花园服劳役 6 天,或者自备并往莫斯科运输 1 立方米(俄丈)的木柴。由此可见,农民实际的工作量十分巨大。

在 19 世纪 50 年代末瓦西利奇科夫家族的庄园里,除了 24 个劳役制和 70 个代役制赋税单位,还有 430 个混合制的赋税单位。后者被划分为两类,其中,242 个为每个缴纳 19.7 银卢布、309 根圆木、101 立方米(俄丈)的木柴和搬运 137 车的厩肥;188 个为每个支付 5.5 卢布,并在地主自营地的三块田野上耕种 1.5 俄亩,以及缴纳 433 根圆木和 106 立方米(俄丈)的木柴[2]。同样,戈利岑家族的马里因斯基庄园中的农民也需要承担许多义务。50 年代,农民需要缴纳 24 银卢布的代役租,每个赋税单位则要从森林向马里因运送 4 根圆木、2 立方米(俄丈)的木柴和 0.25 立方米(俄丈)用于修路的石块,以及向彼得堡输送一车物品,并在地主自营地上服劳役[3]。

由于将代役制和劳役制结合,地主获得了高额的收入。例如,在 50 年

---

① ЦГАДА, ф. 1270, оп. 1, д. 2753, л. 3.

② 《Приложение к Трудам Редакционных комиссий. Сведения о помещичьих имениях》, т. Ⅲ. СПб., 1860. Псковская губ., стр. 30.

③ ЦГИА, ф. 927, оп. 1, д. 283, л. 18.

代末的马里因斯基庄园，地主从农民身上获得的收入为：每个赋税单位 52
银卢布，或每人 20.8 卢布①。

义务和捐税增长的主要反应是，农民向地主不定期地缴纳代役租，而地
主对农民的剥削日渐加剧。在这一时期，所有人都是在地主经济的框架下缴
纳代役租的，工作产出的一部分会被收走，有时还会受到地主的体罚。在奥
尔洛夫家族的奥特拉特庄园，出现了农民拖欠代役租的情况②。1834 年 3
月，瓦西利奇科夫家族的总管要求彼得堡办事厅通知承包商"不必支付农
民工钱，因为他们拖欠代役租"。在 6 月的报告中，总管写道，"扎莫斯基
庄园的欠款农民也曾在地主田庄上耕种"，7 月，他在报告中说，希望招募
农民进行脱粒工作，"他们去年没有缴纳租金，而且无力支付"③。这些无力
支付的农民需通过在限期内为戈利岑家族的马里因斯基庄园服劳役的方式来
偿还债务④。正如这位总管记录的，在穆辛–普希金家族的庄园中，农民通
过木柴和圆木来支付租金⑤，并购买燕麦⑥。

地主通过转换劳役的方式，将单一剥削形式转变为劳役—代役制，在这
种残酷的剥削形式下，农民所承受的压迫日渐加剧。相应的，这里的代役租
欠款金额不会特别巨大。例如，在 1837 年的鲍里索格列布斯基、阿列克谢
耶夫斯基和穆辛诺夫斯基庄园，农民的代役租欠款为 3276 银卢布，1850 年
时，则变为 1444 卢布⑦。

无论是劳役制，还是劳役—代役制等混合制农民，均主要从事农耕。对
此，笔者找到了每户粮食储存量的数据。在 1851 年穆辛–普希金家族的鲍
里索格列布斯基庄园中，农民粮食的储量总量为 3346 俄石。这个储量水平
甚至是 1941 年的 3 倍，而那时的人均储量为 3.5 俄石。在 1852 年的穆辛诺

---

① ЦГИА，ф. 927，оп. 1，д. 283，л. 18.
② Там же，ф. 1273，оп. 1，д. 1857，лл. 44—44 об. Рапорты.
③ Там же，ф. 1260，оп. 1，д. 14，лл. 7 об.，24，28.
④ Там же，ф. 927，оп. 1，д. 256，лл. 114—114 об.；д. 284，лл. 52 об. —86.
⑤ ЦГАДА，ф. 1270，оп. 1，д. 2386，л. 5.
⑥ Там же，д. 1622，л. 4 об.
⑦ Там же，ф. 1270，оп. 1，д. 3470，лл. 1—3；В д. 6739，л. 6.

夫斯基庄园，农民用于春播和冬播的粮食储量为 2523 俄石，这与 1945 年的水平相当①。在 1851 年的维索克戈尔斯基庄园，农民人口为 2273 人，而用于春播的粮食储量为 2232 俄石②。在 1849 年杜尔诺夫家族的萨尔蒂科夫斯基庄园中，1000 个农民的种子储备量就多达 1300 俄石③。在 1830 年瓦西利奇科夫家族的普斯科夫斯基庄园中，庄园总人口为 1942 人，而种子储备量为 3350 俄石。这些庄园的农民会将一部分粮食售出。例如，1834 年 3 月，瓦西利奇科夫家族的总管记录道，农民们"虽然开始偿付欠款，但还是没什么希望，因为他们对粮食储存不善，浪费了许多，现在要将它们卖出去十分费劲"④。

　　然而，在奥尔洛夫－达维多夫家族的庄园和穆辛－普希金家族的阿列克谢耶夫斯基庄园，特别是戈利岑家族的马里因斯基庄园中，农民的储备量很少。这里的农民经常购买粮食。1832 年 2 月，奥特拉达庄园总管报告道，收缴农民的欠租十分困难，因为粮食价格很高，农民大量出售粮食，而"在满足自己的口粮方面，选择购买粮食"⑤。在 1830 年的马里因斯基庄园，723 个农民的粮食总储量为 509 俄石，而他们购入的粮食为 558 袋面粉和 387 俄石燕麦。

　　除了耕种粮食，一些庄园还会经营其他农业领域。在穆辛－普希金家族位于雅罗斯拉夫尔省的庄园、戈利岑家族的马里因斯基庄园、瓦西利奇科夫家族的庄园等，许多农民在经营畜牧业。在这类庄园中，农民所拥有母牛的数量通常是其他庄园的 2 倍以上。在瓦西利奇科夫家族的普斯科夫斯基庄园中，主要的贸易品是亚麻。在 1834 年 7 月，庄园总管报告道："如果没有好的粮食收成，就无法收缴租金和欠款，而如今耕种在庄园边缘地区，且有助于农民换取租金的亚麻已经完全没有了。"⑥

---

① Там же, ф. 1270, оп. 1, д. 6230. Подворная опись за ноябрь 1852 г.
② Там же, д. 6663. Подворная опись за май 1851 г.
③ ЦГИА, ф. 934, оп. 1, д. 488. Подворная опись.
④ ЦГАДА, ф. 1260, оп. 1, д. 114, л. 7.
⑤ Там же, ф. 1273, оп. 1, д. 1331, л. 10.
⑥ Там же, ф. 1260, оп. 1, д. 14, л. 4.

在从事农耕的同时，各地农民广泛地从事副业。奥尔洛夫－达维多夫家族的庄园中从事副业的农民最多，他们大多会前往谢尔普霍沃县的工厂中打工①；杜尔诺夫家族的萨尔蒂科夫斯基庄园和戈利岑家族的马里因斯基庄园的农民通常会去彼得堡打工②。例如，在马里因斯基庄园，每户农民的副业收入为181银卢布，或每人（男性）54卢布。农民较擅长于木材砍伐和加工。在穆辛－普希金家族位于雅罗斯拉夫尔省的庄园里，许多农民从事木材砍伐、各类船只建造等副业。

由此可见，在上述庄园中，农民经济活动的形式变得多样化，且与黑土区同类农民相比，非黑土区的农民与市场的联系更加紧密。

在下文中，笔者将对位于非黑土区的劳役制和劳役—代役制等其他混合制庄园中农民的阶层进行划分和研究。在劳役制庄园中（尼克尔斯基、别佐布拉佐夫斯基和安库洛夫斯基庄园），农民阶层是根据役畜的数量来划分的（无马和1匹马的为贫农；2～4匹马的为中农；5匹马及以上的为富农）。而在那些专门划出畜牧区的庄园，各阶层的农民均拥有一定数量的牲畜。但鉴于该类庄园农业在经济中的作用较小，这里中农和富农的役畜数量并不多。在穆辛－普希金家族的鲍里索格列布斯基庄园、阿列克谢耶夫斯基庄园、穆辛诺夫斯基庄园、维索克戈尔斯基庄园和普罗佐罗夫斯基庄园，斯特罗加诺夫－戈利岑家族的马里因斯基庄园和涅达诺夫斯基庄园，杜尔诺夫家族的萨尔蒂科夫斯基庄园，贫农虽然分为无马户和一马户，但他们都有1～2头母牛；仅拥有1匹马的中农，母牛数量在3头以上，2～3匹马的中农，母牛数量则在5头以上；而拥有2～3匹马的富农，母牛数量则在6头以上。在瓦西利奇科夫家族的庄园中，每户的母牛的数量和赋税单位的情况被一起记录了下来，拥有2～3匹马的富农，带角牲畜数量在7头以上。在奥尔洛夫－达维多夫家族的奥特拉津斯基庄园和谢科梁捷耶夫斯基庄园，有更多的农民从事副业，同时，在拉斯杜诺夫斯基庄园、利辛斯基庄园和博戈

①　Там же，ф. 1273，оп. 1，д. 1430，л. 60.

②　ЦГИА，ф. 934，оп. 1，д. 485；В д. 737，л. 29 об.；дд. 522，527.

罗斯基庄园，无马和 1 匹马的贫农都至少拥有 1 头母牛；1 匹马的中农拥有 2 头以上的母牛，2~3 匹马的中农则拥有 1~3 头母牛；2~3 匹马的富农拥有的母牛数量则在 4 头以上。

在中部工业区和西北地区的劳役制和混合制农村中，人数最多的农民阶层是中农。在表 4-2 列出的 16 个庄园中，有 14 个的中农户数所占比例超过 50%，有 11 个的中农人数占比超过 50%。特别是在尼克尔斯基庄园（在 1818~1824 年，中农人数占庄园总人口的 60%~71%）和一些中小庄园（在五分之三的该类庄园中，中农人数所占比例为 68%~84%），这一情况最为明显。

表 4-2　中部工业区和西北地区劳役制和劳役—代役制庄园中
各农民阶层的经济情况与地位

单位：%

庄园	年份	贫农				中农				富农			
		户数占比	人数占比（男性）	份地占比	牲畜占比	户数占比	人数占比（男性）	份地占比	牲畜占比	户数占比	人数占比（男性）	份地占比	牲畜占比
加加林家族的尼克尔斯基庄园	1818	32.8	18.2	16.1	15.2	59.6	66.8	69.2	69.5	7.6	15	14.7	15.3
	1830	36.9	27.1	23.5	16.9	54.3	59.6	61	60.9	8.8	13.4	15.5	22.2
	1841	28.2	15.5	11.8	10.2	64.9	70.7	73.5	75.4	6.9	13.8	14.7	14.4
穆辛-普希金家族													
鲍里索格列布斯基庄园	1824	9	5	4.7	3.6	59.6	54.6	55.1	49.5	31.4	40.4	40.2	46.9
	1828	13.7	8	3.2	4.7	62.7	57.3	47.1	55.1	24.6	34.7	49.7	40.2
	1852	20.8	11.5	9.7	7.1	49.9	46.4	46.6	49.1	29.3	42.1	43.7	43.8
阿列克谢耶夫斯基庄园	1829	7.2	4.6	4.3	3.1	64.7	55.4	56.2	51.2	28.1	40	39.5	45.7
	1846	20.6	12.4	11.2	8.3	55.6	52.8	55.5	52.3	23.7	34.8	33.3	39.4
	1852	27.4	14.7	12.9	9.8	48.6	49.4	48.8	47.1	24	35.9	38.3	43.1
穆辛诺夫斯基庄园	1852	12.8	16	12.8	10.6	43.6	44.2	43.4	39.1	29.3	39.8	43.8	50.3
维索克戈尔斯基庄园	1851	10.3	7	5	4.2	52.6	46.2	46.5	44.9	37.1	46.8	48.5	50.9

续表

庄园	年份	贫农				中农				富农			
		户数占比	人数占比（男性）	份地占比	牲畜占比	户数占比	人数占比（男性）	份地占比	牲畜占比	户数占比	人数占比（男性）	份地占比	牲畜占比
穆辛－普希金家族													
普罗佐罗夫斯基庄园	1824	13.5	8.2	7.3	5.5	60.6	56.1	55.9	50	25.9	35.7	36.8	44.5
斯塔罗加诺夫－戈利岑家族													
马里因斯基庄园	1830	28.2	21.4	18	16.7	59.2	60.4	60	61.8	12.6	18.2	22	21.5
	1851	32.3	20.1	—	14.6	59.6	66.7	—	70	8.1	13.2	—	15.4
涅达诺夫斯基庄园	1830	1.4	1	0.7	0.6	63.5	58.2	54.4	47.9	35.1	40.8	44.9	51.5
	1845～1846	37	26.8	25.7	14.9	52.4	56.8	57.4	61.2	10.6	16.4	16.9	23.9
奥尔洛夫－达维多夫家族的奥特拉津斯基庄园和谢科梁捷耶夫斯基庄园	1857	47.9	32.6	30.9	25.2	46.9	58.1	59	62.3	5.2	9.3	10.1	12.5
瓦西利奇科夫家族的普斯科夫斯基庄园	1830	10.8	6.6	6.6	3.6	51.5	46.5	43.9	37.5	37.7	46.9	49.5	58.9
杜尔诺夫家族的萨尔蒂科夫斯基庄园	1849	22.9	—	14.3	9.9	64.1	—	63.8	68.7	13	—	16.9	21.4
雅科夫列夫家族的别佐布拉佐夫斯基庄园	1822	—	—	—	—	—	—	—	—	100	100	100	100

续表

庄园	年份	贫农				中农				富农			
		户数占比	人数占比（男性）	份地占比	牲畜占比	户数占比	人数占比（男性）	份地占比	牲畜占比	户数占比	人数占比（男性）	份地占比	牲畜占比
斯塔罗加诺夫－戈利岑家族													
阿拉波夫家族的安库洛夫斯基庄园	1846	22.6	14.2	—	9.4	67.7	68.1	—	73.2	9.7	17.7	—	17.4
杰米多夫家族的拉斯杜诺夫斯基庄园	1846	24	12.8	—	4.1	68	73.9	—	79.6	8	13.3	—	16.3
亚历山德罗夫家族的利辛斯基庄园	1854	25	5.6	—	15.8	75	94.4	—	84.2	—	—	—	—
古里亚诺夫家族的博戈罗斯基庄园	1856	41.4	34.4	—	25.9	48.3	51.1	—	50.9	10.3	14.5	—	23.2

　　大型的混合制庄园（劳役—代役制庄园本身也是一种混合制庄园）有一个显著的特点，即富农人口较多。在 10 个此类庄园中，有 7 个的富农户数所占比例为 24% ~ 38%，人数所占比例为 35% ~ 47%。值得注意的是，这些庄园都在一定程度上发展了畜牧业。富农的比例说明，或许之前的计算低估了该阶层的母牛占有量。但主要原因在于，这类庄园中农民的牲畜占有量高于其他类型的庄园。在尼克尔斯基庄园和一些中小庄园中，富农所占比例较少（户数比低于 10%）。在奥尔洛夫－达维多夫家族的马里因斯基庄园和杜尔诺夫家族的萨尔蒂科夫斯基庄园，农民副业的发展程度最高。

各庄园贫农的数量有所不同。在大庄园中，贫农所占比例最高的是戈利岑家族、杜尔诺夫家族和奥尔洛夫 – 达维多夫家族的庄园，其户数所占比例高于23%，人数所占比例高于20%。在19世纪50年代末的奥尔洛夫 – 达维多夫家族的一个庄园中，贫农户数的占比竟高达47.9%，人数占比则为32.6%。而其余庄园（包括博戈罗斯基庄园）贫农人数占比均低于这个数字，其中的一些（瓦西利奇科夫家族的维索克戈尔斯基庄园和涅达诺夫斯基庄园）甚至可以用"极少"来形容。

在大多数庄园的农业生产中，发挥主要作用的是中农，另一些（维索克戈尔斯基庄园、穆辛诺夫斯基庄园和瓦西利奇科夫家族的庄园）则是富农。而贫农在任何庄园的作用都很低。

在19世纪30～50年代，农民阶层人数变化的主要趋势是贫农人数增加，富农人数减少。与此同时，农民分化的程度进一步加深。但从整体来看，中农在人数方面的优势并未发生改变。

显然，根据表4 – 3所示，农民阶层之间的经济规模和水平存在差异。每户贫农的牲畜数量比中农少一倍，且人均牲畜量比后者少1.5倍。而富农阶层拥有的牲畜总数是中农的两倍，人均是中农的1.5倍。然而，在一些庄园中，中农和富农拥有牲畜的绝对数量并不多，特别是在40～50年代。数据显示，两个大庄园（尼克尔斯基庄园和马里因斯基庄园）和两个中型庄园（安库洛夫斯基庄园和拉斯杜诺夫斯基庄园）出现了此类情况。相比其余庄园，马里因斯基庄园的农业经济发展程度最低。同时，富农和中农之间经济水平的差异在牲畜数量方面的表现不够明显。与另外三个庄园相比，该庄园经济分化程度较低，这说明，一方面，劳役制庄园中的农民分化程度较低；另一方面，大多中小庄园的情况也是如此。

在19世纪30～50年代，各阶层农民的农业生产水平均明显下降（见表4 – 3中人均牲畜占有量的相关数据），其中以贫农尤甚。例如，在1818～1841年的尼克尔斯基庄园，贫农的牲畜人均占有量下降了28.6%，而中农和富农的下降了5.9%。

表 4－3 非黑土区劳役制和混合制庄园中农民经济水平和受剥削情况

年份	贫农 按畜牛折算（头）户均	贫农 按畜牛折算（头）人均（男性）	贫农 100名男性中的劳动力人数（人）	贫农 男性人均代役租（银卢布）	中农 按畜牛折算（头）户均	中农 按畜牛折算（头）人均（男性）	中农 100名男性中的劳动力人数（人）	中农 男性人均代役租（银卢布）	富农 按畜牛折算（头）户均	富农 按畜牛折算（头）人均（男性）	富农 100名男性中的劳动力人数（人）	富农 男性人均代役租（银卢布）	合计 按畜牛折算（头）户均	合计 按畜牛折算（头）人均（男性）	合计 100名男性中的劳动力人数（人）	合计 男性人均代役租（银卢布）
加林家族的尼克尔斯基庄园																
1818	2.8	1.4	51	0.4	7	1.7	56	0.5	12.2	1.7	51	0.5	6	1.7	54	0.5
1830	2.3	0.8	49	0.4	5.7	1.4	58	0.4	11.4	2	61	0.5	4.9	1.3	56	0.5
1841	1.9	1	49	0.3	6.2	1.6	55	0.4	11.1	1.6	53	0.5	5.3	1.5	54	0.4
穆辛－普希金家族的鲍里索夫斯基庄园																
1824	3.5	1.6	56	1	7	2	45	1	12.6	2.5	57	1	8.5	2.2	51	1
1828	2.7	1.2	—	1	7	2	—	2	12.8	2.4	—	3.3	7.9	2.1	—	2.3
1852	2.6	1.2	55	0.4	6.8	1.8	56	0.5	13	2.2	54	0.5	7.7	1.9	55	0.5
穆辛－普希金家族的阿列克谢耶夫斯基庄园																
1829	3.5	1.5	44	1	6.4	2.1	52	1	13.2	2.6	51	1	8.1	2.3	52	1
1846	3	1.3	55	0.4	7	1.9	61	0.4	12.3	2.3	51	0.5	7.4	2	57	0.5
1852	2.5	1.4	60	0.4	7.1	2	58	0.4	13.1	2.6	58	0.5	7.3	2.1	58	0.5
穆辛－普希金家族的穆索夫诺夫斯基庄园																
1852	3.1	1.3	56	0.4	7.2	1.8	59	0.4	13.9	2.6	63	0.6	8.1	2	60	0.5
穆辛－普希金家族的维索－戈尔斯基庄园																
1851	3.6	1.4	37	0.3	7.2	2.4	54	0.5	13	2.6	55	0.5	8.9	2.4	54	0.5
穆辛－普希金家族的普罗佐罗夫斯基庄园																
1824	3.3	1.4	45	0.9	6.7	1.9	49	0.9	14.1	2.7	48	1	8.2	2.1	49	1
斯特罗加诺夫－戈利岑家族的马里因斯基庄园																
1830	3.4	1.4	42	0.4	6.1	1.8	52	0.4	9.9	1.7	59	0.5	5.8	1.7	51	0.5
1851	2.3	1.1	49	—	6.1	1.5	51	—	9.9	—	55	—	5.2	1.5	50	—

164

续表

年份	贫农				中农				富农				合计			
	按畜牛折算（头）		100名男性中的劳动力人数（人）	男性人均代役租（银卢布）	按畜牛折算（头）		100名男性中的劳动力人数（人）	男性人均代役租（银卢布）	按畜牛折算（头）		100名男性中的劳动力人数（人）	男性人均代役租（银卢布）	按畜牛折算（头）		100名男性中的劳动力人数（人）	男性人均代役租（银卢布）
	户均	人均（男性）			户均	人均（男性）			户均	人均（男性）			户均	人均（男性）		
斯特罗加诺夫-戈利岑家族的佩达斯诺夫斯基庄园																
1830	4	1.3	33	0.3	6.4	1.7	56	0.4	12.6	2.6	57	0.5	8.6	2.1	56	0.5
奥尔洛夫-达维多夫家族的奥特拉津斯基庄园和谢科梁捷耶夫斯基庄园																
1845~1846	1.5	0.5	—	0.5	4.2	1	—	0.5	8.2	1.3	—	0.5	3.6	0.9	—	0.5
1857	1.6	0.6	—	0.4	4.2	0.8	—	0.5	7.5	1.1	—	0.5	3.1	0.8	—	0.5
瓦西利奇科夫家族的普斯科夫斯基庄园																
1830	2.8	1.3	44	0.6	6	1.9	41	0.5	13.1	3	48	0.6	8.4	2.4	45	0.6
杜尔诺夫家族的萨尔科夫斯基庄园																
1849	2.9	—	—	—	7	—	—	—	12.1	—	—	—	6.7	—	—	—
雅科夫列夫家族的别拉布佐夫斯基庄园																
1822	—	—	—	—	—	—	—	—	8.5	1.1	47	1.1	8.5	1.1	47	—
阿拉波夫家族的安库洛夫斯基庄园																
1846	1.9	0.8	50	—	4.8	1.3	51	—	8	1.2	40	—	4.5	1.2	49	—
杰米多夫家族的拉斯杜诺夫斯基庄园																
1846	0.7	0.3	66	—	4.6	1.1	64	—	8	1.2	62	—	3.9	1	64	—
亚历山德罗夫家族的利辛斯基庄园																
1854	3	3	100	—	5.3	1	59	—	—	—	—	—	4.3	1	61	—
古里亚诺夫家族的博戈罗斯基庄园																
1856	2.4	0.6	60	—	4.1	0.9	54	—	8.7	1.4	53	—	3.9	0.9	56	—

　　农民阶层间经济生产能力的差异还体现在另一方面，即尽管所有农民都是通过自己的生产资料进行生产，但收入并不均等。例如，在 1852 年 11 月的穆辛诺夫斯基庄园，贫农的人均粮食储备量为 0.8 俄石，中农为 1.8 俄石，富农为 2.8 俄石。在 1830 年涅达诺夫斯基庄园的 44 户中农里，购买粮食的有 24 户，29 户富农中，则有 2 户（贫农中仅有 1 户）。

　　役畜数量减少，而贫农无法依靠其余的生产工具耕种全部份地。有很大一部分的贫农——特别是在 1861 年改革前夕，是无马农户。在 1841 年尼克尔斯基庄园的 45 户贫农中，有 16 户是无马农户。在 1852 年鲍里索格列布斯基庄园的 82 户中，有 21 户是无马农户。在 1857 年奥尔洛夫家族的各庄园里，有 323 户贫农，其中 229 户为无马农户。在 1830 年的马里因斯基庄园中，29 户贫农的全部生产工具仅为 27 个犁和 12 个耙。因此，许多贫农不得不向同村居民求助，或出租自己的份地。例如，在 1846 年，穆辛 - 普希金家族的鲍里索格列布斯基庄园的总管调查了 13 个农民的资料，他们曾以 49.5 卢布的价格将一部分耕地和草场出租给同村居民[①]。在 1850 年奥尔洛夫家族的奥特拉津斯基庄园里，三个农民出租了自己的份地，所得租金用于播种价值 70 银卢布的燕麦（面积仅为份地的四分之一）[②]。向同村居民出租份地的现象在许多庄园都十分常见，因为地主允许这种行为。1832 年，斯特罗加诺夫 - 戈利岑家族的一位庄园总管记录道："农民所有的耕地、林地和宅园地，均不得出售，但可以将土地出租给同庄园的其他农民，同时，也不得出租给其他庄园的农民。"[③]

　　同黑土区的地主一样，非黑土区的地主也会帮扶那些负担较重的贫农。地主会以"优待价"从农民手中购入粮食。例如，1825 年 5 月 18 日，穆辛 - 普希金家族的一位总管报告道，耕地收成减少的原因在于农民的马"十分瘦弱，而且由于饲料不足缺乏力量，甚至还有许多农民没有马，因此无法耕地。这些农民不得不向村社寻求施舍，并给地主打工，以此挣取一些

---

① ЦГАДА，ф. 1270，оп. 1，д. 4975，л. 1.
② Там же，ф. 1273，оп. 1，д. 1587，л. 40.
③ ЦГИА，ф. 927，оп. 1，д. 1158，л. 5.

粮食。有些农民没有口粮和播种用的种子。因此，首先应当向最贫困的农民分发种子"①。1845 年，瓦西利奇科夫家族的一位总管汇报了关于向贫农发放马匹和村社与地主粮食的情况。这位总管在检查了农民的粮仓后，说道："一些农民申请要粮食是合理的，但还有一些明明有粮食，还在要。"②1831 年 1 月，加加林家族的莫斯科办公室向尼克尔斯基庄园的农民以 13 卢布/俄石的价格出售地主粮，领地管理委员会警告道，粮食分发必须"按照农民的真实需要，而不是要让他们去做小买卖，也不要给其他庄园的人"③。

非黑土区里劳役制和所有混合制庄园的特点在于，当贫农和中农资源短缺时，他们会通过完成地主工作的方式获取一些补助。例如，在 1829 ~ 1830 年冬季的尼克尔斯基庄园，农民为地主搬运了 393 立方米（俄丈）、价值 1862.9 卢布的木柴④。瓦西利奇科夫家族的农民在 1840 年时，向彼得堡运送了价值 1176.4 卢布的地主粮⑤。在 1855 ~ 1856 年的马里因斯基庄园，农民为地主砍伐了 3451 立方米（俄丈）的木柴，并挣得了 5940.7 银卢布。其中，代役租扣除了 870.4 卢布，购买粮食花费 257.5 卢布，燕麦种子花费 533 卢布，国税缴纳 1413.9 卢布，之前的欠款为 53.7 卢布⑥。此外，穆辛 - 普希金庄园的农民也会通过砍伐和销售木柴的方式缴纳捐税。

最后，销售剩余或其他产品等形式的副业活动，在农民获取必要品方面也占据了一定地位。当然，在各阶层农民群体中，副业所发挥的作用也不尽相同。在 1818 年的尼克尔斯基庄园，39 户贫农的 40 名成年劳动力中，从事副业的仅 8 人；71 户中农里有 25 户（共 163 名劳动力，从事副业的有 28 人）；9 户富农里有 6 户（共 33 名劳动力，从事副业的有 7 人）。在 1852 年的鲍里索格列布斯基庄园，103 名贫农劳动力中，仅有 9 人从事副业；415

---

① ЦГАДА，ф. 1270，оп. 1，д. 1622，лл. 42—42 об.
② Там же，ф. 1260，оп. 1，д. 86，лл. 3，12 об.，22，24.
③ Там же，ф. 1262，оп. 3，д. 264，л. 18.
④ Там же，д. 250，л. 8.
⑤ Там же，ф. 1260，оп. 1，д. 40，л. 3.
⑥ ЦГИА，ф. 927，оп. 1，д. 284，лл. 46 об.—47.

名中农里有 91 人；而 370 名富农里有 157 人。在 1852 年的穆辛诺夫斯基庄园，83 名贫农劳动力中，仅有 28 人从事副业；118 名中农里有 239 人；而 228 名富农里有 127 人。在 1830 年瓦西利奇科夫家族的各庄园，28 名贫农劳动力中，仅有 1 人从事副业；185 名中农里有 26 人；而 217 名富农里有 43 人。由此可见，富农从事副业人数的占比最高，而贫农最低。而这也证明，在黑土区的劳役制和混合制农村，当贫农面临经济短缺时，会通过向地主、村社和同村富农申请帮助或贷款，以及为地主帮工的方式来挣取用于缴纳捐税的资金。

各阶层农民在从事副业方面各具特点。贫农和中农主要的副业形式是去地主的承包商开办的工场中打工，而富农主要是从事工商活动。例如，在穆辛－普希金家族的各庄园中，富农主要的销售品是木材、粮食和种子。在奥尔洛夫家族的奥特拉津斯基庄园中，富农专事在各村里销售各种工业品。值得注意的是，一些富农还参与了较大的生意。例如，在 1824 年穆辛－普希金家族的庄园中，一名叫作安德烈·伊格纳托夫的农民从普罗佐罗夫斯基庄园的农民手中购入了价值 1350 卢布的干草。通过转卖，共获利 2400 卢布[1]。当然，这并不是全部，但这足以证明，商贸对富农有较大吸引力。同样做起大生意的还有特罗菲姆·费多罗夫，1833 年，他向地主抱怨道，有 5 个农民购买了他的燕麦，但拖欠了 893.8 卢布。后来，这些农民受到了严厉的裁决[2]。在 1847 年的鲍里索格列布斯基庄园，一名叫作格里戈里·阿列克谢耶夫的强迫三个长期欠款的农民还债，因为后者向他借债 585 卢布用来购买木材。在欠款的农民中，有一名叫作尼基福尔·安德烈耶夫的承包商，他从阿列克谢耶夫手中购买了价值 581 卢布的木材[3]。此外，做起大生意的还有格里戈里·伊万诺夫，他在奥特拉达村销售各类女性饰品（银质品、戒指、项链等）。他每年三次从莫斯科商人塔尔里科夫手中进购货物，每次至少花费 1000 卢布。这种贸易活动利

---

[1]　ЦГАДА, ф. 11270, оп. 1, д. 1522, л. 5.

[2]　Там же, ф. 1270, оп. 1, д. 2752, л. 2.

[3]　Там же, д. 5267, лл. 28—29.

润极大，因为奥特拉津斯基庄园农民众多，市场较大。从事工商业的农民第一次从商人手中购入商品时，是以现金结算的。之后几次便采用贷款，费用为总价的10%。如果考虑到商人的初始价格已经包括了交易后的利润，那么农民商人也能获得一笔十分可观的利润，而这也反映在农奴制框架下交易利润的大小方面。

由此可见，各阶层农民从事的副业领域也存在差异。在非黑土区的劳役制和混合制庄园中，农民副业的分化程度甚至高于农业领域的分化。如果说在农业领域，各阶层农民大多数是以家庭劳动力为基础，而在商品生产的起步阶段，是从自然经济向商品经济过渡的话，那么农民企业家、工厂主和商人则与那些外出打工的同乡在副业领域有着极大的不同。实际上，副业分化的绝对程度并不大，整体上与在农业领域的分化程度相近。

二　代役制农村庄园社会经济的发展

中部工业区绝大多数的地主农民，以及西北地区和斯摩棱斯克省的一大部分地主农民所受的剥削形式是代役制。他们大多从事各领域的农业生产，其中最主要的是粮食种植。此外，也有一些地区的农民经营畜牧业、技术种植、蔬菜和园艺业。

为了分析这些专事粮食种植和畜牧业农民的经济庄园与情况，笔者从非黑土区各省中挑选了26个大庄园作为研究样本（见表4-4）。

表4-4　中部工业区和西北地区代役制农民的份地与代役租规模

庄园	年份	男性人口（人）	人均（男性）份地（俄亩）	人均代役租	
				纸卢布	银卢布
舍列梅捷夫家族的小图德庄园*（特维尔省勒热夫和奥斯塔什科夫县）	1802~1811	8437	3	5	1.7
	1812~1829	7934		10	2.6
	1830~1860	8726	4	12.5	3.6

续表

庄园	年份	男性人口（人）	人均（男性）份地（俄亩）	人均代役租	
				纸卢布	银卢布
加加林家族的马努洛夫斯基庄园 **（勒热夫县）	1810～1813	518	2.5	10	2.5
	1820	566		17.6	4.7
	1829	449		25	6.8
	1860	505	2.4	24.5	7
戈利岑家族的格里夫斯基庄园 ***（斯摩棱斯克省瑟乔夫卡县）	1814	1419		11.2	2.9
	1844	1288		25	7.6
戈利岑家族的波兹尼亚科夫斯基庄园 ****（弗拉基米尔省穆罗姆县）	1806	896		10	7.3
	1823	917		17.1	4.6
	1833	954		21.3	5.9
尤苏波夫家族的波斯科斯基庄园 *****（卡卢加省莫萨利斯克和梅晓夫斯克县）	1815			14	3.3
	1831	478		22	6.4
	1851	551		22.1	6.3
	1858	551	3.3		
尤苏波夫家族的克利莫夫斯基庄园 ******（斯摩棱斯克省尤赫诺夫县）	1851	6824		20.7	5.9
	1858	6496	3.2	23.5	6.7
奥尔洛夫 - 达维多夫家族的兹纳缅斯基庄园 *******（莫斯科省布龙尼齐县）	1845	1209			5
	1850	1079	1.4		7.5
	1860	1154	1.3		10
穆辛 - 普希金家族的梅利霍夫斯基庄园 ********（卡卢加省博罗夫斯克县）	1837	253		21.1	5.9
戈利岑家族的阿列克谢耶夫申斯基庄园 *********（弗拉基米尔县）	1811			10	2.5
	1817	517		33.3	8.7
戈利岑家族的卡利捷耶夫斯基庄园（弗拉基米尔省）	1806			12.5	9.1

续表

庄园	年份	男性人口（人）	人均（男性）份地（俄亩）	人均代役租	
				纸卢布	银卢布
戈利岑家族的克尼亚日辛斯基庄园（巴拉赫纳县）	1844	304	0.7	19.7	5.6
	1858	360	0.7		
古里耶夫家族的下诺夫哥罗德斯基庄园**********（下诺夫哥罗德省克尼亚吉尼诺县）	1819	1130	2.2	19.1	5.1
沃龙佐夫家族的安德烈耶夫斯基庄园***********（弗拉基米尔省波克洛夫县）	1800	2545	3.4	5	3.2
	1811			6	1.5
	1819			16	4.3
	1843	2158	3.5	25.9	7.4
	1857	2211	4.1	28	3
沃龙佐夫家族在弗拉基米尔省的其他庄园*************	1801	1074	5.5	5.5	3.2
	1811			8	2
	1819			16	4.3
	1843				
	1858	1465	3.5	28	8
纳雷什金家族的卡卢加斯基庄园************（梅晓夫斯克和佩列梅什利县）	1826	573		7~13	1.9~3.5
	1833	606	1.3	12~15	3 3~4.2
	1858	576	1.2	25.2	7.2
谢尔巴托夫家族的沃兹克列先斯基庄园（科斯特罗马省涅列赫塔县）	1792	567		6.2	5
	1827	616		33	8.8
舍列梅捷夫家族的特罗伊茨基庄园*************（莫斯科县）	1799	940	2.9	4.8	3.2
	1812	1004		12	3.1
	1838	1283	2.1	15	4.2
	1858	1388	2	18.9	5.4
勒季谢夫家族的梅晓夫斯基庄园***************（卡卢加省）	1840	467			

19 世纪上半叶的俄国农奴

续表

庄园	年份	男性人口（人）	人均（男性）份地（俄亩）	人均代役租	
				纸卢布	银卢布
舒瓦洛夫家族的库特梅涅夫斯基庄园***************（韦列亚县）	1841	443		20.3	5.8
	1855	452		42.7	12.2
尤苏波夫家族的托尔宾斯基庄园和秋丰斯基庄园****************（波多利斯克和谢尔普霍夫县）	1831			26	7
	1851	813	1.4	29.1	8.3
斯特罗加诺夫家族的杜雷金斯基庄园**************（沃格科拉姆斯克县）	1832	270		24.2	6.6
	1858	326	1.5	35.7	10.2
尤苏波夫家族的拉脱维亚斯基庄园***************（下诺夫哥罗德省沃洛科拉姆县）	1831	187		26	7
	1851	221		26.3	7.5
	1858	240	2.1	26.3	7.5
莫尔德维诺夫家族的波克罗夫斯基庄园****************（彼得堡省卢日斯基县和诺夫哥罗德县）	1829	300		27.7	7.5
	1835	326		22.1	6.2
	1858	378	7.3	22.1	6.3
加加林家族的格里高利耶夫斯基庄园*************（弗拉基米尔省佩列斯拉夫尔县）	1810	279		12.5	4.2
	1819	298		25	6.7
	1829	330	1.2~3.6	25	7.2
	1858				
纳雷什金家族的扎戈良斯基庄园*****************（佩列斯拉夫尔县）	1807	442		12.7	8.6
	20 年代	542	2.4~3	34	9.2
	1858		1.6~2.2	34	9.7
尤苏波夫家族的阿法纳西耶夫斯基庄园****************（普斯科夫省奥波切茨基县）	1801	870		5	3.3
	1811			7	1.8
	1831	921		14	3.8
	1858	1109	3.5	30.1	8.6
德米特里耶夫－马莫诺夫家族的阿克肖诺夫斯基庄园****************（科斯特罗马省丘赫洛马县）	1855	721		20	5.7

172

注：　* И. Д. Ковальченко. Крупная помещичья вотчина в первой половине XIX в. 《Вестн. Моск. ун – та》, сер. истори, 1965, 4. Надел по Ржевской части имения.

** И. Д. Ковальченко. О характере расслоения помещичьих крестьян России в первой половине XIX в. записки, 1965, т. 78；《Приложения》.

*** ГИМ, ОПИ, ф. 14, оп. 1, дд. 2718, 2719, 2716, 2717, 2745, 2746.

**** Там же, д. 1655；д. 1700, л. 40；1669, л. 27. об.

***** ЦГАДА, ф. 1290, оп. 3, д. 6756, лл. 18 об. —19；д. 1850；д. 4663.

****** Там же, ф. 1290, оп. 3, д. 1850；《Приложения》.

******* ЦГАДА, ф. 1273, оп. 1, д. 1577, лл. 1, 26；д. 1505, л. 3；д. 1270, л. 11 об.

******** Там же, ф. 1270, оп. 1, д. 2851, л. 5 об.

* * * * * * * * * ГИМ, ОПИ, ф. 14, оп. 1, д. 1536, лл. 37 об. , 45；д. 1535；д. 1559, л. 9；д. 2409；《Приложения》.

********** ЦГАДА, ф. 2431, оп. 1, д. 47, лл. 6—8.

*********** ЦГАДА, ф. 1261, оп. 7, д. 1132；оп. 2, д. 574, лл. 64—64 д. 1024, лл. 78—85；д. 848, л. 9. См. также Е. Индова. Крепостное хозяйство в начале XIX в. М. , изд – во АН СССР, 1951, стр, 67.

************ ЦГАДА, ф. 1261, оп. 7, д. 1132；оп. 2, д. 574, лл. 64—64 д. 1024, лл. 78—85；д. 848, л. 9. См. также Е. Индова. Крепостное хозяйство в начале XIX в. М. , изд – во АН СССР, 1951, стр, 67.

* * * * * * * * * * * * * И. Д. Ковальченко. Расслоение оброчных крестьян мышленного района во второй четверти XIX в. 《Материалы по истории сельского хозяйства и крестьянства СССР》, VI. М. , АН СССР, 1965.

************** ЦГИА, ф. 1088, оп. 3, д. 932, лл. 12 об. —13；д. 978, л. 35.

*************** ЦГИА, ф. 1584, д. 35522.

**************** ЦГИА, ф. 1092, оп. 1, д. 1375, 1399, лл. 11—12；д. 1377, л. 3.

***************** ЦГАДА, ф. 1290, оп. 3, дд. 675, 1850；д. 3733, лл. 4—5.

****************** ЦГИА, ф. 927, оп. 1, д. 1381, д. 1391, лл. 2—2 об.

******************* Там же, дд. 675, 1850；《Приложения》.

******************** ЦГИА, ф. 994, оп. 2, д. 1309, л. 3 об. ；д. 5859, л. 51；д. 5868, л. 153 об. 所有宜耕份地。

********************* ЦГАДА, ф. 1262, оп. 1, д. 5848, лл. 1—3；д. 5859, л. 51；д. 5868, л. 153 об. 耕地份地和草场份地。

********************** Там же, ф. 1262, оп. 2, д. 44, л. 1, д. 89, лл. 39, 6—7；д. 83, лл. 16—18. 耕地—草场。

*********************** ЦГАДА, ф. 1262, оп. 3, д. 675, 1850；, лл. 1—3；оп. 6, д. 861, л. 8；д. 866, л. 54 об. 《Приложения》.

************************ ЦГАДА, ф. 1268, оп. 3, д. 326.

　　上述各庄园间的农民份地规模有些明显区别。一些庄园（戈利岑家族的克尼亚日辛斯基庄园、加加林家族的格里高利耶夫斯基庄园、纳雷什金家族的卡卢加斯基庄园）的人均份地低于 1.5 俄亩。另一些（舍列梅捷夫家族的小图德庄园、沃龙佐夫家族在弗拉基米尔省的庄园）则相反，份地规模较为乐观。例如，1852 年小图德庄园的档案表明，在位于勒热夫的部分，农民份地极大，农民可以"按照每个人的需求"来耕种土地①。在一些庄园中，如果遇到耕地不足的情况，地主会发放较好的草场来代替（例如，格里高利耶夫斯基庄园和扎戈良斯基庄园的畜牧业发展较好）。

　　农民份地最主要的变化趋势是不断减少。在上述 9 个资料较全的庄园中，有 6 个截至 1861 年改革前夕时，都有不同程度的减少。例如，沃龙佐夫家族在弗拉基米尔省的庄园从 19 世纪初至 1861 年改革时，农民份地中的耕地部分从人均 5.5 俄亩下降到 3.5 俄亩。在同一时期的特罗伊茨基庄园，份地从人均 2.9 俄亩下降至 2 俄亩。而扎戈良斯基庄园在 19 世纪 20 ~ 50 年代初，人均份地从 2.4 俄亩下降至 1.6 俄亩。出现这一现象的原因在于，在农民土地及其各类设施不变的情况下，代役制农民的人口数有所增长。

　　在代役制农村，也广泛存在农民购买或租用土地的现象。例如，截至 1861 改革时，加加林家族的马努洛夫斯基庄园的农民共有 2165 俄亩的份地和 1636 俄亩购入的土地，也就是说，有相当于份地面积 75% 的土地是农民购入的②。在 19 世纪 50 年代末的小图德庄园（奥斯塔什科夫县的部分），农民份地中有 1902 俄亩的份地和 1210 俄亩购入的土地③。同样，纳雷什金家族的卡卢加斯基庄园和扎戈良斯基庄园、加加林家族的格里高利耶夫斯基庄园、尤苏波夫家族的波斯科斯基庄园也存在这种情况。此外，扎戈良斯基庄园的农民还从著名的采矿资本家莫索罗夫家族和梅晓夫斯基的小市民手中租用了大量的土地④。

---

① ЦГИА, ф. 1088, оп. 13, д. 192, л. 13 об.

② ЦГАДА, ф. 1262, оп. 1, д. 7358, лл. 10 об. – 11 об.

③ ЦГИА, ф. 1088, оп. 13, д. 283, лл. 127—130.

④ ЦГАДА, ф. 1272, оп. 2, д. 39, лл. 8, 29 об.; д. 83, лл. 16 об. —18; В д. 89, лл. 6 об. —7; ЦГАДА, ф. 1262, оп. 1, д. 5849, л. 17; 5862, л. 102.

而在克利莫夫斯基庄园，农民主要是租用地主的土地[1]。

一些较为精打细算的农民选择购买土地。例如，在 1826 年，加加林家族尼克尔斯基庄园的管家在检查马努洛夫斯基庄园时记录道，农民的份地中"有许多荒芜的草场，上面长满了没有任何作用的灌木，虽然他们也会播种，但并不好好地打理，也很少去施肥"[2]。然而，尽管购买和租用土地的现象十分常见，但从整体来看，在非黑土区的代役制农村，大多数农民主要的农业生产资料仍是份地。

在 19 世纪上半叶，代役租的规模扩大了 2～5 倍（见表 4－4）。在 30 年代之前，代役租增长的幅度最大，但在 30～50 年代，代役租的增长量也十分巨大。例如，在 1841～1855 年舒瓦洛夫家族的库特梅涅夫斯基庄园，代役租从 5.8 银卢布增长到 12.2 银卢布，在 1846～1860 年奥尔洛夫－达维多夫家族的兹纳缅斯基庄园，代役租从 5 银卢布增长到 10 银卢布。在 1833～1858 年纳雷什金家族的卡卢加斯基庄园，代役租从 3.3～4.2 银卢布增长到 7.2 银卢布；在同一时期的斯特罗加诺夫家族的杜雷金斯基庄园，代役租从 6.6 银卢布增长到 10.2 银卢布；而在阿法纳西耶夫斯基庄园，代役租从 3.8 银卢布增长到 8.6 银卢布。在 19 世纪中期，大多数庄园的代役租为人均 8～10 银卢布。

在 19 世纪上半叶，农民的国家、地方和村社的捐税有了大幅增加。在 1801～1810 年的小图德庄园，这些捐税为人均 0.5 卢布；在 1812～1815 年，为 0.85 银卢布；在 1829～1834 年，为 1.2 银卢布；而在 1851～1860 年，则为 3.1 银卢布[3]。在 1812 年的马努洛夫斯基庄园，这些捐税为人均 1 银卢布，在 1830 年约为 2.5 银卢布，19 世纪 50 年代时则为 3.5 银卢布[4]。在 1814～1815 年的格里夫斯基庄园，这些捐税为赋税单位人均 1.2 卢布，

---

① ЦГАДА, ф.1290, оп.3, д.4490, л.91.

② ЦГАДА, ф.1262, оп.1, д.7223, л.67 об.

③ И. Д. Ковальченко. Крупная помещичья вотчина в первой половине XIX в.《Вестн. Моск. ун－та》; сер. IX, история, 1965, № 4.

④ ЦГАДА, ф.1262, оп.1, дд.7213, 7238, л.1119; В д.7255, л.343В д.7330.

1843～1844 年时为 3.5 银卢布①。由此可见，截至 19 世纪中叶，国家、地方和村社的捐税已增至农民代役税的一半。

除代役租，以及国家、地方和村社的捐税，许多代役制庄园里还存在其他的税款。例如，在尤苏波夫家族的克利莫夫斯基庄园，大龄未嫁的女性（大于 17 岁）也需缴纳一项专门的税款。在 19 世纪 40 年代，该庄园在该税项中收取了数千卢布②。同时，该庄园还会向农民收取实物税。1842～1851年，共收取了 1107 俄石的黑麦、4426 俄石的燕麦、44333 垛干草、1058 根圆木、4919 只公鸡和 44332 枚鸡蛋③。在 50 年代的小图德庄园，每个赋税单位需要根据领地管理局的要求缴纳一根圆木和 0.25 立方米（俄丈）的木柴，并运送 50～70 俄里。这些捐税共价值 1.6 银卢布④。

小图德庄园和马努洛夫斯基庄园的资料反映了当时的农民还需面对税民兵役制度。1800～1855 年的小图德庄园，共征募了 2442 人（庄园男性总人口为 8000～8500 人）。此外，那些未服税民兵役的农民在这段时期共缴纳了101132 纸卢布⑤。19 世纪初至 1853 年的马努洛夫斯基庄园，共征募了 76 人（庄园男性人口为 500～550 人），而未服税民兵役的农民在这段时期共缴纳了 32649 纸卢布⑥。

在当时，地主通过各种捐税款项盘剥农民，而农民们进行经济活动的主要目的就是缴纳代役租和其他税款。从 20 年代起，各庄园均出现了类似的剥削体系，换言之，正是从那时起，农民的捐税不断增加，而欠款也逐渐地累积了起来。例如，在 20 年代之前的马努洛夫斯基庄园，农民基本能够交全各类租税。1814～1820 年，该庄园农民积累的欠款共 6042 卢布，截至1827 年，欠款增至 28304 卢布⑦，而这相当于三年的代役租。然而，地主加

---

① ГИМ，ОПИ，ф. 14，оп. 1，дд. 2716—2719. Окладные книги.

② ЦГАДА，ф. 1290，оп. 3，д. 4490，л. 943В д. 4514，лл. 17，122—123.

③ Там же.

④ ЦГИА，ф. 1088，оп. 13，д. 183，лл. 98，132.

⑤ Там же，оп. 21，дд. 8420，8421，8638，8639. Подворные описи.

⑥ ЦГАДА，ф. 1262，оп. 1，д. 7306，лл. 39 об. и сл. Там же.

⑦ Там же，д. 7232，л. 22.

加林坚决不肯让步。1828 年，一部分农民被派去服劳役，有 21 户迁往莫斯科省的尼克尔斯基庄园（劳役制庄园）。在地主的压力下，农民承诺交全代役租，并偿还欠款[1]。后来，尽管劳役地租被废止，但欠债农民依然定期被派往坦波夫省的布特斯基庄园打工，在强制劳动时，他们需受到领班的监督。例如，在 1827 年被派往彼得堡打工的有 90 人，1829 年 4 月有 85 人，1833 年 4 月有 60 人，1856 年 6 月有 85 人[2]。在 1810 年，小图德庄园的农民被免除了所有欠款，但截至 1820 年，各类累积的欠款又增至 18085 卢布，1825 年时增至 100431 卢布，1830 年时增至 152011 卢布，1840 年时增至 351796 卢布，1852 年时增至 438753 卢布[3]。于是，地主采取了训诫和惩罚措施，甚至送他们去服税民兵役（1815～1833 年，为偿还代役租和各类欠款，共有 112 人去服税民兵役），但并未达到地主理想的效果。19 世纪 40 年代时，地主开始派遣他们去自己在莫斯科—彼得堡承包的建筑工地上打工，后来又派他们去修筑从莫斯科到华沙的铁路。每年在领班的监督下，会派送 700～1000 名农民去从事这些工作，农民们挣得的薪酬用于支付代役租。在 40～50 年代，代役租占农民薪酬的三分之二（薪酬约为 30 银卢布，代役租约为 18 银卢布）[4]。在尤苏波夫家族的克利莫夫斯基庄园，欠款农民也会被派去打工。1843 年，该庄园共派遣了 168 人去执行"官府任务"[5]。1841 年春，戈利岑家族的格里夫斯基庄园派遣了 406 人"去各地打工以偿还代役租"。据统计，这些农民未缴纳的代役租欠款高达 69392 卢布[6]。

　　由此可见，在 19 世纪 50 年代的非黑土区代役制庄园，派遣打工是地主

① Там же，д. 7237，лл. 1—3；д. 7240，л. 21.

② Там же，д. 7214，л. 188；д. 7218，лл. 20，24，26；В д. 7267，л. 49%；д. 7232，л. 26；д. 7240，л. 171；В д. 7244，л. 59；В д. 7318，л. 37. Рапорты и приказы.

③ И. Д. Ковальченко. Крупная помешичья вотчина в первой половине XIX в. 《Вестн. Моск. ун – та》，сер. IX，история，1965，№ 4.

④ Там же.

⑤ ЦГАДА，ф. 1290，оп. 3，д. 4457，лл. 21—25.

⑥ ГИМ，ОПИ，ф. 14，оп. 1，д. 2754，лл. 28，42. На заработки отправлялись также крестьяне Афанасьевского имения Юсуповых（ЦГАДА，ф. 1290，оп. 6，д. 920，л. 2 об.；д. 921，л. 6）.

强迫农民缴纳代役租的主要方式之一。

在上述各类庄园中，农民主要的任务是从事农耕。农户户口资料中关于播种、收成和粮食储备的资料反映了农民的农业生产水平和规模。例如，在1826 年 11 月，马努洛夫斯基庄园农民的人均粮食储量为 2.7 俄石。1840年，春播和冬播的人均播种量为 1.6 俄石，换言之，丰年的净收成为人均 3俄石。1860 年 3 月，人均收成为 1.9 俄石[1]。在 1836 年，小图德庄园（勒热夫县的部分）的人均播种量为 1.5 俄石。

当然，其余大多数庄园的情况也是如此。

在代役制农村，还存在向农民销售粮食的现象。每逢荒年，就会有许多农民申请延缓缴纳或免除代役租。有时，地主认为是农民出售的粮食数量过多，所以才会向地主寻求贷款。例如，在 1825 年 3 月，马努洛夫斯基庄园的管家花费了 1953 卢布来为农民购买粮食，莫斯科的办公厅记录道："必须严加看管，以免这些（粮食）被他们卖掉，这些只能他们自己使用。"[2] 德米特里耶夫 - 马莫诺夫家族的阿克肖诺夫斯基庄园的资料反映，在 1855 年时，232 户共有 2110 俄石的剩余粮食，他们自己仅需要其中的一小部分，其余的都被出售了[3]。在非黑土区，燕麦是农民最主要的农业商品。例如，在 1830 年斯塔罗加诺夫家族的杜雷金斯基庄园中，农民总计出售了 1555 俄石的燕麦，人均出售量为 2.7 俄石[4]。

每年秋季，也就是在收获春粮之后，农民会进行集中出售。例如，据村庄的记载，在 1802 年的小图德庄园，农民每户出售了 1.5～2 俄石的黑麦和4～5 俄石的燕麦。之后，每户花费 15～20 卢布来购买其他粮食和种子[5]。在 1805 年戈利岑家族的波兹尼亚科夫斯基庄园，235 户中购买粮食的有 220

① И. Д. Ковальченко. О характере расслоения помещичьих кресьян.《Исторические записки》，1965，т. 78，приложения.
② ЦГАДА，ф. 1262，оп. 1，д. 7218，л. 33 об. ；д. 7229а，лл. 7—7 об.
③ Там же，ф. 11268，оп. 3，д. 326. Подворные описи.
④ ЦГИА，ф. 927，оп. 1，д. 1460. Подворная опись.
⑤ ЦГИА，ф. 1088，оп. 21，д. 127，лл. 6—7，10，58—59，72.

户；在 1817 年的阿列克谢耶夫申斯基庄园，164 户中有 38 户[1]；在 1838 年
舍列梅捷夫家族的特罗伊茨基庄园，394 户中有 159 户[2]。除了粮食，农民
还会出售牲畜、亚麻、大麻、干草等。例如，在加加林家族的格里高利耶夫
斯基庄园和沃龙佐夫家族的安德烈耶夫斯基庄园，农民就曾大量出售牲
畜[3]。整体来看，非黑土区代役制农民农产品的商品化程度高于劳役制和劳
役—代役制农民的。

上述所有庄园的农民在进行农业活动的同时，还广泛从事副业。19 世
纪初，小图德庄园的农民共办理了 750 份外出身份证，在 50 年代，增至
1500 份（庄园共 4500 名劳动力）。在 1840 年的马努洛夫斯基庄园，从事副
业的有 141 人（庄园共 234 名劳动力）。在 1851 年尤苏波夫家族的波斯科斯
基庄园（莫萨利斯克县的部分）的 199 名男性劳动力中，从事副业的有 162
人。在 1827 年谢尔巴托夫家族的沃兹克列先斯基庄园的 361 名劳动力中，
从事副业的有 253 人。在 1841 ~ 1846 年的秋丰斯基庄园，445 名劳动力中
有 188 人从事副业。在 1838 年舍列梅捷夫家族的特罗伊茨基庄园的 644 名
劳动力中，有 199 名从事副业。

农民从事的副业大多是木工等建筑工作、各类船舶建造、原料采集
（采矿）和道路修建等工作。从 19 世纪 50 年代起，公路以及后来铁路的修
建需要大量的劳动力，因此，在一些地区有专事此项工作的农民。例如，尤
苏波夫家族的克利莫夫斯基庄园的大多数农民，以及一些居住在斯摩棱斯克
省尤赫诺夫县的庄园农民在农忙之余，便会去筑路工地打工。1842 年，莫
斯科省省长询问尤苏波夫家族房产管理所，是否能够调派一些庄园农民去塞
瓦斯托波尔铲平位于两个海湾间的海角上的一座小山，因为海军部打算在这
里修建一些设施。克利莫夫斯基庄园管理局要求房产管理所婉拒这个申请，

---

[1] ГИМ，ОПИ，ф. 14，оп. 1，д. 1535. Подворная опись.

[2] ЦГИА，ф. 1088，оп. 9，д. 292. Подворная опись.

[3] ЦГАДА，ф. 1261，оп. 7，д. 2156. Подворная опись 1821 г.；ф. 1262，оп. 1，5868，л. 153
об. Описание имения.

因为所需的劳动力过多，庄园无力调配①。

关于这些"简单"的农民副业，一些主流的说法认为，大多数农民从事的副业仅是作为农耕活动的一种补充。副业能够吸引剩余劳动力，并且消耗农民在从事农耕活动之外的时间。对于大多数农民而言，相比于农耕的收入，副业收入发挥了辅助性的作用。例如，1840 年加加林家族的马努洛夫斯基庄园的资料显示，农民总收入为 109.9 纸卢布，或每户 32 银卢布。黑麦的播种量为每户 4.2 俄石，春播量（仅包括燕麦）为每户 8.4 俄石。丰年情况下，黑麦的净收成为每户 8.4 俄石，而燕麦为每户 16.8 俄石。在特维尔省，黑麦每俄石可卖 4.5 银卢布，燕麦为 2.2 银卢布，每户通过销售农产品能够获利 75 银卢布。在 1844 年戈利岑家族的格里夫斯基庄园，农民副业总收入为 11390 卢布。同年 12 月时，农民粮食总储备量为 13522 俄石。斯摩棱斯克省的粮食价格为每俄石黑麦 3.9 银卢布、燕麦 2.2 银卢布，农民销售农产品的获利额略高于副业的。

在相对较高的副业收入的刺激下，代役制农民广泛地从事副业。小图德庄园的资料显示②，在 19 世纪初，从事副业的农民的平均收入为 30 卢布。而如果要通过农耕获得这个收入，则需要销售 4~5 俄石黑麦或 10 俄石左右的燕麦。在 1844 年的格里夫斯基庄园，从事副业的农民的平均收入为 35.8 银卢布，这等于 9.2 俄石黑麦或 16 俄石燕麦的销售价。显然，在等量收入的情况下，从事农耕需要耗费更大的财力和人力。

代役制农村副业的发展使农民经济被卷入市场，并且推动了自然经济的商品化。需要注意的是，大多数农民的副业活动仅作为农耕的补充，而收入主要用来支付各类捐税，以及购买日常必需品（盐、焦油、一系列工具等），因此，副业活动在各类农民的农业经济结构中所发挥的作用并没有预想中的高。

在上述庄园的农民阶层划分方面，笔者采用了以下标准。在小图德、马

---

① ЦГАДА，ф. 11290，оп. 3，д. 4454，л. 22—25.
② ЦГИА，ф. 1088，оп. 21，д. 21，л. 6 об.；д. 127，лл. 7，35 об.，59，161，167 об.，190，271，273；В оп. 13，д. 192，л. 13 об. Описание имения.

努洛夫斯基、克利莫夫斯基、波斯科斯基、波克罗夫斯基和戈斯廷斯基庄园，无马和 1 匹马农户为贫农，拥有 2~4 匹马的为中农，拥有 5 匹马及以上的为富农。在格里夫斯基庄园、波兹尼亚科夫斯基庄园，农民的阶层划分则是根据役畜，但鉴于这两个庄园农民拥有马匹的情况较差，因此拥有 4 头役畜及以上者划定为富农。同时，这些都是典型的农业庄园，副业发展十分缓慢。

波克罗夫斯基庄园（莫尔德维诺夫家族）、格里高利耶夫斯基庄园、阿克肖诺夫斯基庄园、安德烈耶夫斯基庄园、扎戈良斯基庄园和阿法纳西耶夫斯基庄园专事畜牧业，无马和 1 匹马且母牛数量低于两头的为贫农；拥有 1 匹马及 3 头以上母牛的为中农；拥有 2~3 匹马及 6 头以上母牛，或拥有 4 匹马以上的为富农。

在农业和畜牧业发展程度均低的庄园，其副业的发展程度却较高，划分标准为：无马和 1 匹马，且母牛数量低于 1 头的为贫农；拥有 1 匹马及 2 头以上母牛，或拥有 2~3 匹马及 3 头以下母牛的为中农；拥有 2~3 匹马及 4 头以上母牛，或拥有 4 匹马及以上的为富农。这样一来，在这些庄园中，大多数情况下母牛数量对农民阶层的划分结果影响极小，因为拥有 1 匹马和 2 头及以上母牛的，或拥有 2 匹马和 2 头及以上母牛的农户很少出现。所以，无论农业生产规模如何，所有庄园都有从事工业创办和大型贸易的富农。

在农民阶层结构方面，上述庄园最明显的特点是中农的人口占据优势，甚至所有庄园一半以上的农户和人口都为中农。该阶层在农业生产中发挥了主要作用。同时，他们还拥有一半以上的牲畜、播种量、收成、干草和粮食储备。显然，在捐税方面，中农也占据了主要份额（见表 4-5）。

各庄园在贫农和富农人口方面的情况有所不同。在贫农人口最少的庄园，农民往往与农业活动联系得极为紧密，副业发挥的作用不大。而在那些临近莫斯科的庄园中，农民的副业活动大多与大型工业生产相关，而贫农也广泛地参与副业（有三分之一以上的农户和四分之一以上的人口）。这样的庄园包括奥尔洛夫 - 达维多夫家族的兹纳缅斯基庄园（布龙尼齐县）、舒瓦洛夫家族的库特梅涅夫斯基庄园（韦列亚县）、穆辛 - 普希金家族的梅利霍夫斯基庄园（博罗夫斯克县）。

表 4 – 5　中部工业区和西北地区代役制农村庄园中各阶层农民占比
及其在农业经济中的作用

单位：%，个

庄园	年份	贫农				中农				贫农			
		户数所占比例	人数所占比例	赋税单位	牲畜所占比例	户数所占比例	人数所占比例	赋税单位	牲畜所占比例	户数所占比例	人数所占比例	赋税单位	牲畜所占比例
小图德庄园	1802	26.9	21.2	18.2	8.6	60.6	60.9	61.6	61.8	12.5	17.9	20.2	29.6
勒热夫县所有部分	1855~1856	24	14.9	12.2	6.8	70.1	75.9	77.6	77.6	5.9	9.2	10.2	15.6
勒热夫县的三个部分	1802	26.4	20.8	18.1	8.6	61.9	62.6	63.1	63.8	11.7	16.6	18.8	27.6
	1836	40	28.9	24	10.6	52.2	58.7	61	65	7.8	12.4	15	24.4
	1855~1856	23.5	15.2	12.4	7	71.8	77.2	79.4	80.3	4.7	7.6	8.2	12.7
奥斯塔什科夫县	1827	19	14.1	—	6	74.3	75.8	—	76.4	6.7	10.1	—	17.6
	1837	18.5	15.1	12.1	5.8	71.8	71.3	73.3	74.6	9.7	13.6	14.6	19.6
	1855	16.9	9.2	6.6	3.5	71.2	73.7	75.4	72.6	11.9	17.1	18	24.1
	1858	17	9.3	5.9	3.5	70.5	71.6	74.4	71	12.5	19.1	19.7	25.5
马努洛夫斯基庄园	1813	10.2	5	4.6	2.3	69.4	65.8	66.3	61.8	20.4	29.2	29.1	35.9
	1823	8.2	4.4	3	1.5	61.7	56.1	55.2	50.5	30.1	41.5	41.8	48
	1829	5.8	2.2	1.6	1.4	82.6	75.9	79	74	11.6	18.9	19.4	24.6
	1840	14.4	10.1	8.1	3.7	73.6	73	74.3	73.5	12	16.9	17.6	22.8
	1850	11.2	5.2	3.8	2.4	73.6	74.2	72.3	71.1	15.2	20.6	23.9	26.5
	1860	7.3	3.8	3.1	2	75.8	72.2	72.9	69	16.9	24	24	29
格里夫斯基庄园	1806	21.5	15.6	13.2	8.7	62.7	59.9	62.4	62.6	15.8	24.5	24.4	28.7
	1844	13.4	8.8	6.7	4.4	76.1	76.7	68.8	75.3	10.5	14.5	24.5	20.3
波兹尼亚科夫斯基庄园	1805	8.5	3.7	2.3	1.3	57	41.9	48.5	48	34.5	54.4	49.2	50.7
	1827	21.3	14.3	11.6	9.3	61	58.8	61.1	59.6	17.7	26.9	27.3	31.1

续表

庄园	年份	贫农				中农				贫农			
		户数所占比例	人数所占比例	赋税单位	牲畜所占比例	户数所占比例	人数所占比例	赋税单位	牲畜所占比例	户数所占比例	人数所占比例	赋税单位	牲畜所占比例
波斯科斯基庄园	1827	33.3	30.2	27.5	21.1	64.5	67.1	69.1	74.6	2.2	2.7	3.4	4.3
莫萨利斯克县	1840	13	9.7	4.5	4.8	71.1	67.5	66.3	66.4	15.9	22.8	29.2	28.8
	1851	7.7	2.6	1.6	1.9	70.8	65.5	66.1	62.8	21.5	31.9	32.3	35.3
梅晓夫斯克县	1840	8.7	4.6	—	1	56.5	52.3	47.9	41.7	34.8	43.1	52.2	57.3
	1851	4.5	2.1	1.3	1.9	54.6	38.9	48.7	44.7	40.9	59	50	53.4
波克罗夫斯基庄园	1829	17.6	10.7	9.6	3.7	29.7	28	27.4	21.1	52.7	61.3	63	75.2
	1835	26.4	17.8	15.2	8.9	47.2	48.2	50	46.1	26.4	34	34.8	45
	1849	18.5	—	11.6	5.9	56.5	—	53.7	49.5	25	—	34.7	44.6
格里高利耶夫斯基庄园	1825	22.9	11.8	—	8.8	40.6	31.5	—	31.4	36.5	56.7	—	59.8
	1839	17.8	6.9	2.8	1.6	55.1	48.1	48.8	47.7	27.1	45	48.4	50.7
阿克肖诺夫斯基庄园各部分	1838	20.7	18.4	—	6.9	31	19.4	—	23.4	48.3	62.2	—	69.7
	1855	21.9	5.4	—	4.9	56.2	56.6	—	56.5	21.9	38	—	38.6
阿克肖诺夫斯基庄园所有部分	1855	19.8	5.9	—	5.8	52.6	48.8	—	47.9	27.6	45.3	—	46.3
梅利霍夫斯基庄园	1837	27.7	18.6	15	12.5	63.1	66.8	67	69.3	9.2	14.6	18	18.2
	1846	34.2	22.1	—	13.6	55.3	60.1	—	67.4	10.5	17.5	—	19
波克罗夫斯基庄园和戈斯廷斯基庄园	1817	3.6	1.8	1.6	1.3	72.6	65.1	64.8	60.9	23.8	33.1	33.6	37.8

庄园	年份	贫农				中农				贫农			
		户数所占比例	人数所占比例	赋税单位	牲畜所占比例	户数所占比例	人数所占比例	赋税单位	牲畜所占比例	户数所占比例	人数所占比例	赋税单位	牲畜所占比例
兹纳缅斯基庄园	1850	33.1	21.8	18	13.1	54.8	58.7	60.6	61.9	12.1	19.5	21.4	25
	1860	42.9	30.2	28.2	18.3	48.5	54.3	56.8	60.9	8.6	15.5	15	20.8
阿列克谢耶夫申斯基庄园	1817	17.7	11.2	9.2	8.3	71.3	74.5	74.4	72.6	11	14.3	16.4	19.1
卡利捷耶夫斯基庄园	1820	21	12.7	13.2	9.2	72.5	72	71.8	76.1	6.5	15.3	15	14.7
舒伊斯基庄园和卡夫洛夫斯基庄园	1821	22.2	—	—	8.9	71.8	—	—	79.8	6	—	—	11.3
安德烈耶夫斯基庄园	1821	20.2	—	—	10.5	63	—	—	61.3	16.8	—	—	28.2
卡卢加斯基庄园	1826	20.7	9.2	—	6	54.3	52.2	—	50.1	25	38.6	—	43.9
扎戈良斯基庄园	1828	19.1	11.1	6.7	6	44.4	39.8	37.6	36.6	36.5	49.1	55.7	57.8
沃兹克列先斯基庄园	1827	31.8	19.2	—	13.8	55.5	58.4	—	63.7	12.7	22.4	—	22.5
杜雷金斯基庄园	1830	26.5	20.4	19.5	13.4	54.4	57.7	57.2	49.8	19.1	21.9	23.3	36.8

庄园	年份	贫农				中农				贫农			
		户数所占比例	人数所占比例	赋税单位	牲畜所占比例	户数所占比例	人数所占比例	赋税单位	牲畜所占比例	户数所占比例	人数所占比例	赋税单位	牲畜斤所占比例
特罗伊茨基庄园	1838	32	18	15	12.3	55.8	61.3	63.7	65	12.2	20.7	21.3	22.7
阿法纳西耶夫斯基庄园	1839	19.5	16.2	—	8.4	55.8	55	—	52.4	24.7	28.8	—	39.2
梅晓夫斯基庄园	1840	31.6	22.3	—	10.3	52.2	53.5	—	55.9	16.2	24.2	—	33.8
库特梅涅夫斯基庄园	1841	39.2	27.1	25	15.2	44.2	50.3	50.3	48	16.6	22.6	24.7	36.8
托尔宾斯基庄园和秋丰斯基庄园	1841/1846	20.3	11.6	9.9	8.3	72.2	74.8	76.7	77.5	7.5	13.6	13.4	14.2
克尼亚日辛斯基庄园	1844	41.8	26.3	25.5	24.4	54.4	66.5	67.2	68.2	3.8	7.2	7.3	7.4
克利莫夫斯基庄园	1851	16.5	7.8	5.2	4.1	62.3	59.6	59.9	57	21.2	32.6	34.9	38.9
拉脱维亚斯基庄园	1851	31	18.8	21.2	13.8	54.9	58	54.1	59.9	14.1	23.2	24.7	26.3

　　富农人口最多的是波克罗夫斯基庄园、格里高利耶夫斯基庄园、扎戈良斯基庄园、阿克肖诺夫斯基庄园和阿法纳西耶夫斯基庄园，以及波斯科斯基

庄园（梅晓夫斯克县），即那些畜牧业庄园。在农奴制改革前夕，这些庄园的富农仍然占据户数的四分之一，以及人数的三分之一以上。实际上，在同时期的其余庄园，富农一般占总户数的 15%～20%，人口则不超过总数的四分之一。在 10 个资料较全的庄园中，有 8 个的富农人数不断减少，而另外 2 个情况相反。特别是小图德庄园（勒热夫县），该庄园在 1802～1855/1856 年，富农的户数和人数缩减了一半。富农人口增长的庄园是波斯科斯基庄园和梅利霍夫斯基庄园，以及小图德庄园（奥斯塔什科夫县）。由此可见，富农人口减少是上述庄园的主要趋势之一。

各庄园在贫农人口变化方面的情况也有所不同。有 4 个庄园（波兹尼亚科夫斯基庄园、波克罗夫斯基庄园、梅利霍夫斯基庄园和兹纳缅斯基庄园）的贫农人口数在不断增加，而有 6 个（小图德庄园、马努洛夫斯基庄园、格里夫斯基庄园、格里高利耶夫斯基庄园、阿克肖诺夫斯基庄园和波斯科斯基庄园）则是不断减少。

整体来看，在 19 世纪上半叶非黑土区代役制农村，各阶层农民人数以及其在农业经济中所发挥的作用并未发生实质性的变化，其主要特征仍是由中农占主导地位。

在经济规模方面，富农是中农的 2 倍，而中农又是贫农的 2～3 倍（见表 4－6）。虽然各阶层间经济水平不同，但实际的差别并不大。中农的人均牲畜拥有量是贫农的 1.5～2 倍，而富农又是中农的 1.5 倍。然而，许多庄园富农的人均牲畜占有量和中农的差别不大，甚至有时还低于中农。例如，1851 年的波斯科斯基庄园（梅晓夫斯克县），1846 年的梅利霍夫斯基庄园、阿克肖诺夫斯基庄园、下诺夫哥罗德斯基庄园、沃兹克列先斯基庄园、特罗伊茨基庄园、托尔宾斯基庄园和秋丰斯基庄园均出现了这类情况。当然，这并不意味着该类庄园中富农的经济模式和水平与中农无异。在后文中，笔者将证明，两者间的确存在差异，但并不是农业方面的，而是在副业生产领域。

在经济关系方面，中农群体表现出了内部异质性特点。在这方面，小图德庄园表现得最为明显（见表 4－7）。

表4-6　中部工业区和西北地区代役制农村庄园各阶层农民的经济水平和规模

庄园	年份	贫农				中农				富农				合计			
		牲畜(牛)占有量(头)		每100名男性中的劳动力(人)	男性人均代役租(银卢布)	牲畜(牛)占有量(头)		每100名男性中的劳动力(人)	男性人均代役租(银卢布)	牲畜(牛)占有量(头)		每100名男性中的劳动力(人)	男性人均代役租(银卢布)	牲畜(牛)占有量(头)		每100名男性中的劳动力(人)	男性人均代役租(银卢布)
		户均	男性人均			户均	男性人均			户均	男性人均			户均	男性人均		
舍列梅捷夫家族的小图德庄园	1802	2.1	0.7	49	1.5	6.6	1.8	51	1.7	15.4	3	50	1.9	6.5	1.8	50	1.7
热勒夫县所有部分	1855~1856	1.7	0.7	54	3	6.5	1.6	53	3.7	15.3	2.7	51	4	5.8	1.6	53	3.6
1855/1856年占1802年的百分比	—	81	100	110	200	98.4	88.9	104	218	100	90	102	211	89.2	88.9	106	212
热勒夫县三个维尔齐*	1802	2.1	0.7	49	1.5	6.7	1.8	51	1.7	15.3	3	50	1.9	6.5	1.8	50	1.7
	1836	1.7	0.7	54	3	8	2.1	54	3.8	20	3.7	51	4.4	6.4	1.9	54	3.6
	1855~1856	1.8	0.7	54	2.9	6.5	1.7	54	3.7	15.9	2.7	50	3.8	5.8	1.6	53	3.6
1855/1856年占1802年的百分比	—	85.7	100	110	193	97	94.4	106	218	104	90	100	200	89.2	88.9	106	212

续表

庄园	年份	贫农 牲畜（牛）占有量（头）户均	贫农 男性人均	贫农 每100名男性中的劳动力（人）	贫农 男性人均代役租（银卢布）	中农 牲畜（牛）占有量（头）户均	中农 男性人均	中农 每100名男性中的劳动力（人）	中农 男性人均代役租（银卢布）	富农 牲畜（牛）占有量（头）户均	富农 男性人均	富农 每100名男性中的劳动力（人）	富农 男性人均代役租（银卢布）	合计 性畜量（头）户均	合计 男性人均	合计 每100名男性中的劳动力（人）	合计 男性人均代役租（银卢布）
奥斯塔什科夫县所有部分	1827	2.9	1.1	51	—	9.6	2.5	56	—	24.5	4.4	56	—	9.3	2.5	55	2.6
	1837	3.8	1.1	58	2.9	12.5	3.1	56	2.9	26.1	4.2	54	3.9	12.1	2.9	56	3.6
	1855	1.9	1	50	2.6	10.1	2.5	55	2.6	20	3.6	52	3.8	9.9	2.6	54	3.6
	1858	1.5	0.8	51	2.3	7.3	1.9	55	2.3	14.7	2.6	53	3.8	7.2	2	54	3.6
1858 年占 1827 年的百分比	—	51.7	72.2	100	79.3	76	76	98.2	100	60	59.1	94.6	97.4	77.4	80	98	138
加加林家族的马努洛夫斯基庄园	1813	1.9	1.1	38	2.2	7.5	2.2	51	2.4	14.7	2.9	56	2.4	8.4	2.4	52	2.4
	1823	1.8	0.9	56	3.2	7.7	2.3	54	4.8	15	2.8	58	4.7	9.4	2.4	56	4.8
	1829	1.9	1.3	60	5.6	6.5	1.8	53	7.7	15.4	2.5	56	6.9	7.3	2	53	6.7
	1840	2	0.8	48	5.8	7.7	2.1	50	7.3	14	2.8	50	7.4	7.7	2	50	7.2
	1850	1.7	1	50	5.3	6.7	1.8	55	6.7	14.3	2.9	61	7.9	8.2	2.2	56	6.9
	1860	2.1	1	42	5.9	7.1	1.8	57	6.9	13.2	2.3	55	6.9	7.4	1.9	56	6.9
1860 年占 1813 年的百分比	—	111	90.9	111	268	94.7	81.8	112	288	89.8	79.3	98	288	88.1	79.2	108	288

续表

庄园	年份	贫农 牲畜占有量(牛)(头) 户均	男性人均	每100名男性中的劳动力(人)	男性人均代役租(银卢布)	中农 牲畜占有量(牛)(头) 户均	男性人均	每100名男性中的劳动力(人)	男性人均代役租(银卢布)	富农 牲畜占有量(牛)(头) 户均	男性人均	每100名男性中的劳动力(人)	男性人均代役租(银卢布)	合计 牲畜占有量(牛)(头) 户均	男性人均	每100名男性中的劳动力(人)	男性人均代役租(银卢布)
戈利岑家族的格里夫斯基庄园	1806	2.6	1	51	2.4	6.3	1.9	51	3	11.5	2.1	51	2.9	6.3	1.8	51	2.9
	1844	2.3	0.8	35	7	6.9	1.6	36	7.9	13.6	2.3	32	6.7	7	1.7	35	7.6
1860年占1813年的百分比	—	88.5	80	68.6	292	110	84.2	70.6	263	118	110	62.7	231	111	94.4	68.6	206
戈利岑家族的波兹尼亚科夫斯基庄园	1805	1.3	0.8	42	4.9	6.7	2.5	60	8.4	12.4	2.1	52	6.6	8.5	2.2	55	7.3
	1827	3.5	1.3	51	3.7	7.7	2	49	4.8	14.4	2.4	68	4.7	8.1	2	49	5.1
尤苏波夫家族的波斯科斯基庄园	1827	2.9	0.8	49	—	5.4	1.3	43	—	9	1.8	20	—	4.6	1.1	44	4.6
莫萨利斯克县	1840	4.8	0.7	46	3	7.3	1.5	51	6.3	14.1	1.9	47	8.2	7.8	1.5	50	6.4
	1851	2	1	50	3.8	7	1.3	54	6.3	13	1.5	50	6.3	7.9	1.4	53	6.3
梅晓夫斯克县	1840	1.5	0.4	30	—	9.4	1.5	46	5.9	21	2.5	48	7.7	12.7	1.9	48	6.4
	1851	5	1.7	33	3.9	9.8	2.1	71	7.9	15.7	1.7	40	5.3	12	1.8	53	6.3

续表

庄园	年份	贫农 性畜（牛）占有量（头）户均	贫农 男性人均	贫农 每100名男性中的劳动力（人）	贫农 男性人均代役租（银卢布）	中农 性畜（牛）占有量（头）户均	中农 男性人均	中农 每100名男性中的劳动力（人）	中农 男性人均代役租（银卢布）	富农 性畜（牛）占有量（头）户均	富农 男性人均	富农 每100名男性中的劳动力（人）	富农 男性人均代役租（银卢布）	合计 性畜（牛）占有量（头）户均	合计 男性人均	合计 每100名男性中的劳动力（人）	合计 男性人均代役租（银卢布）
莫尔德维诺夫家族的波克罗夫斯基庄园	1829	1.8	0.8	59	6.7	6.3	1.6	59	7.3	12.5	2.6	63	7.7	8.8	2.2	61	7.5
	1835	3	1.2	52	5.3	8.6	2.2	52	6.7	15	3.1	51	6.6	8.8	2.3	52	6.2
	1849	2.7	—	—	—	7.3	—	—	—	15	—	—	—	8.3	—	—	6.3
加林家族高利耶的格里斯夫斯基庄园	1825	3.4	1.9	54	—	6.8	2.5	50	—	14.4	2.7	48	—	8.8	2.6	49	—
	1839	0.6	0.5	68	2.9	6.1	2.3	60	7.3	13.2	2.6	55	7.7	7.1	2.3	58	7.2
德米特里耶夫家族的阿夫斯基庄园（庄园的一部分）	1838	2.5	0.8	47	—	5.7	2.5	60	—	10.9	2.4	59	—	7.5	2.1	57	—
	1855	1.3	1.8	40	—	5.8	2	54	—	10.1	2	60	—	5.6	2	55	—
克肖诺夫斯基庄园（整个庄园平均值）	1855	1.9	2.2	50	—	6.1	2.2	58	—	11.2	2.3	63	—	6.7	2.2	60	—

续表

庄园	年份	贫农				中农				富农				合计			
		牲畜（牛）占有量（头）		每100名男性中的劳动力（人）	男性人均代役租（银卢布）	牲畜（牛）占有量（头）		每100名男性中的劳动力（人）	男性人均代役租（银卢布）	牲畜（牛）占有量（头）		每100名男性中的劳动力（人）	男性人均代役租（银卢布）	牲畜（牛）占有量（头）		每100名男性中的劳动力（人）	男性人均代役租（银卢布）
		户均	男性人均			户均	男性人均			户均	男性人均			户均	男性人均		
穆辛－普希金家族的梅利霍夫斯基庄园	1837	2.2	0.8	51	4.8	5.4	1.3	55	5.9	10	1.6	62	7.3	4.9	1.3	55	5.9
利霍夫斯基庄园	1846	2	0.9	53	—	5.9	1.6	58	—	8.8	1.5	61	—	4.8	1.4	58	—
波克罗夫斯基庄园和戈斯廷斯基庄园	1817	2.9	1.2	59	—	6.7	1.5	52	—	12.5	1.9	57	—	8	1.6	54	—
奥尔洛夫－达维多夫家族的兹纳缅斯基庄园	1850	1.6	0.6	—	6.2	4.5	1.1	—	6.6	8.3	1.4	—	9.4	4	1.1	—	7.5
的兹纳缅斯基庄园	1860	1.4	0.5	—	9.3	4.2	1	—	10.5	8.1	1.2	—	9.7	3.3	0.9	—	10
戈利岑家族的阿列克谢耶夫申斯基庄园	1817	2.3	1.1	36	7.1	5	1.5	46	8.7	8.5	2.1	51	9.9	4.9	1.6	45	8.7
戈利岑家族的卡利捷夫斯基庄园	1820	1.9	0.9	52	—	4.6	1.3	52	—	10	1.1	54	—	4.4	1.2	54	—

续表

庄园	年份	贫农 牲畜（牛）头 占有量 户均	贫农 牲畜（牛）头 占有量 男性人均	贫农 每100名男性中的劳动力（人）	贫农 男性人均代役租（银卢布）	中农 牲畜（牛）头 占有量 户均	中农 牲畜（牛）头 占有量 男性人均	中农 每100名男性中的劳动力（人）	中农 男性人均代役租（银卢布）	富农 牲畜（牛）头 占有量 户均	富农 牲畜（牛）头 占有量 男性人均	富农 每100名男性中的劳动力（人）	富农 男性人均代役租（银卢布）	合计 牲畜（牛）头 占有量 户均	合计 牲畜（牛）头 占有量 男性人均	合计 每100名男性中的劳动力（人）	合计 男性人均代役租（银卢布）
古纳耶夫家族的下诺夫哥罗德斯德基庄园	1819	1.9	0.6	52	3.8	4.3	1.3	55	5.6	7.9	1.4	55	5.2	4.4	1.1	54	5.1
纳雷什金家族的卡卢加斯庄园	1826	1.4	0.6	62	—	4.4	0.9	48	—	8.3	1.1	50	—	4.7	1	50	9.2
纳雷什金家族的扎戈良斯克基庄园	1828	2.3	1.3	57	5.6	6.5	2.4	53	8.7	12.4	3	60	10.4	7.3	2.4	57	—
谢尔巴托夫家族的沃兹克列先斯克基庄园	1827	1.5	0.9	58	—	4.1	1.4	60	—	6.3	1.3	54	—	3.6	1.3	59	—
戈利岑家族的杜金斯基庄园	1830	2.4	0.8	51	6.3	4.4	1.1	57	6.5	9.3	2.1	68	7	4.8	1.2	58	6.6
舍列梅捷夫家族的特罗伊茨基庄园	1838	1.5	0.8	49	3.5	4.6	1.3	51	4.3	7.3	1.3	50	4.3	3.9	1.2	51	4.2

续表

庄园	年份	贫农 牲畜（牛）占有量（头）户均	男性人均	贫农 每100名男性中的劳动力（人）	贫农 男性人均代役租（银卢布）	中农 牲畜（牛）占有量（头）户均	男性人均	中农 每100名男性中的劳动力（人）	中农 男性人均代役租（银卢布）	富农 牲畜（牛）占有量（头）户均	男性人均	富农 每100名男性中的劳动力（人）	富农 男性人均代役租（银卢布）	合计 牲畜（牛）占有量（头）户均	男性人均	合计 每100名男性中的劳动力（人）	合计 男性人均代役租（银卢布）
尤苏波夫家族的阿法纳西耶夫斯基庄园	1839	3.1	0.8	55	—	6.7	1.5	54	—	11.4	2.1	53	—	7.2	1.5	54	—
勒季谢夫家族的梅哉夫斯基庄园	1840	1.1	0.4	51	—	3.6	0.9	55	—	6.9	1.2	50	—	3.3	0.8	53	—
舒瓦洛夫家族的库特梅涅夫斯基庄园	1841	1.7	0.7	54	5.4	4.8	1.1	54	5.8	9.8	2	54	6.3	4.4	1.2	54	5.5
尤苏波夫家族的托尔宾斯基庄园和秋丰斯基庄园	1841~1846	1.3	0.7	50	6.9	3.5	1	55	8.2	6.2	1	56	7.9	3.2	1	55	8.8
戈利岑尼亚日家族的克斯基辛基庄园	1844	2.3	1	43	5.4	4.9	1	48	5.7	7.7	1	50	5.6	3.9	1	46	5.6

续表

庄园	年份	贫农				中农				富农				合计			
		牲畜占有量（牛）（头）		每100名男性中的劳动力（人）	男性人均代役租（银卢布）	牲畜占有量（牛）（头）		每100名男性中的劳动力（人）	男性人均代役租（银卢布）	牲畜占有量（牛）（头）		每100名男性中的劳动力（人）	男性人均代役租（银卢布）	牲畜占有量（牛）（头）		每100名男性中的劳动力（人）	男性人均代役租（银卢布）
		户均	男性人均			户均	男性人均			户均	男性人均			户均	男性人均		
尤苏波夫家族的克利莫夫斯基庄园	1851	1.9	0.8	49	4	7	1.5	58	6	14.1	1.8	55	6.4	8.8	1.5	56	5.9
尤苏波夫家族的拉脱维亚斯基庄园	1851	1.5	0.9	51	8.4	3.8	1.2	53	7	6.5	1.4	58	8	3.5	1.2	54	7.5

注：＊俄文 Быть，意为份地的部分。——译者注

表 4 - 7　小图德庄园中农阶层内各类别情况及其经济水平

类别	勒热夫县所有维齐		热勒夫县的三个维齐			奥斯特什科夫县所有部分			
	1802 年	1855 年	1802 年	1836 年	1855 年	1827 年	1837 年	1855 年	1858 年
拥有 2～4 匹马的所有农户（人）	1204	1368	1020	862	1012	265	236	269	281
其中各类农户所占比例（%）									
2 匹马	52.4	52.7	52	52.8	53.9	54.7	39.9	38.1	38.4
3 匹马	27.6	29.4	28.1	29.1	28.7	26.4	39.8	40.7	34.9
4 匹马	20	17.9	19.9	18.1	17.4	18.9	20.3	21.2	26.7
牲畜（按牛折算）的人均（男性）占有量（头）									
2 头	1.4	1.3	1.5	1.5	1.4	1.5	1.8	1.7	1.5
3 头	1.9	1.8	1.9	2.2	1.8	2.1	2.2	2	2
4 头	2.4	2	2.4	2.8	2.1	2.1	2.3	2.4	2.3

　　据表 4 - 7 显示，有 40%～50% 的中农是两马户，拥有 4 匹马的农户占中农总户数的五分之一。而四马农户的人均牲畜量是两马农户的 1.5 倍。如果认为两马农户无法始终维持自给自足的话，那么四马农户则不仅能够实现自给，甚至能够达到富裕水平。

　　农业经济水平的发展是衡量农民及其经济状况的重要指标。在马努洛夫斯基庄园、格里夫斯基庄园、格里高利耶夫斯基庄园、兹纳缅斯基庄园和小图德庄园（奥斯塔什科夫县），贫农的人均牲畜占有量呈递减趋势；而在波兹尼亚科夫斯基庄园、波克罗夫斯基庄园（莫尔德维诺夫家族）、波斯科斯基庄园、梅利霍夫斯基庄园和阿克肖诺夫斯基庄园，贫农的经济水平不断提高；小图德庄园（勒热夫县）的情况则是没有变化。在梅利霍夫斯基庄园、波克罗夫斯基庄园和波斯科斯基庄园（梅晓夫斯克县），中农的经济水平有所提高，而在波斯科斯基庄园（该庄园没有变化）之外的其他庄园，中农的经济水平则是呈下降趋势。富农的经济水平普遍下降，仅有一些庄园（戈利岑家族的格里夫斯基庄园和波兹尼亚科夫斯基庄园，以及莫尔德维诺夫家族的波克罗夫斯基庄园）的情况例外。整体来看，农民役畜和其他畜类的数量呈下降趋势。然而，对于非黑土区的代役制农民而言，牲畜对于他们并不像对其他类型农民那样重要。即便是在中农和贫农群体中，牲畜的占有情况也未达到普遍水平。正如小图德庄园、马努洛夫斯基庄园和波斯科斯基庄园（莫萨利斯克县）的资料显示，19 世纪 30～50 年代的农业水平呈下降趋势。

在 19 世纪上半叶，上述庄园中各阶层农民的代役租规模不断扩大。富农的代役租高于中农，而中农的高于贫农。然而，波斯科斯基庄园的情况有所不同，该庄园里各阶层间代役租的差别极小，甚至小于他们之间经济水平的差距。这意味着，在非黑土区的代役制农村，中农和贫农所受的剥削强度大于富农。

最后，地主农民的人口占比出现了重大变化，这表明，在许多庄园中（马努洛夫斯基庄园、波斯科斯基庄园、梅利霍夫斯基庄园、格里高利耶夫斯基庄园和小图德庄园热勒夫县部分），其他类别农民的成年劳动力所占总人口的比例上升。

农户普查中有关粮食播种、收成和储存量的资料清晰地反映了各阶层农民为满足需要所必须进行农业生产的规模（见表 4-8）。很显然，贫农的粮食产量完全无法实现自给，而富农的粮食在大多数情况下有剩余。

表 4-8　各类农民的粮食情况（人均值）

单位：俄石

庄园	时间	阶层		
		贫农	中农	富农
粮食储量				
马努洛夫斯基庄园	1823 年 2 月	0.1	1	3.1
	1826 年 11 月	0.6	2.2	4.9
	1829 年 12 月	1.1	2.3	3.6
	1850 年 12 月	0.2	2.3	6
	1860 年 3 月	1.1	1.4	3.7
格里夫斯基庄园	1806 年 1 月	1.3	3.7	5.7
	1844 年 12 月	3.2	5.3	6

续表

庄园	时间	阶层		
		贫农	中农	富农
粮食储量				
波斯科斯基庄园(莫萨利斯克县)	1840 年 12 月	0.4	1.5	4.1
	1851 年 11 月	0.8	1.2	1.9
阿列克谢耶夫申斯基庄园	1817 年 8 月	2.4	3.8	4.9
格里高利耶夫斯基庄园	1825 年 9 月	0.6	1.1	1.8
克利莫夫斯基庄园	1851 年 1 月	0.9	1.6	2.1
特罗伊茨基庄园	1838 年 9 月	1.9	2.8	3
亚美尼亚斯基庄园	1851 年 1 月	1.6	2.2	2.1
粮食播种量				
小图德庄园(勒热夫县)	1836 年	1	1.6	2.5
波克罗夫斯基庄园	1835 年	0.9	1.2	1.3
库特梅涅夫斯基庄园	1841 年	0.8	1.5	1.6

通常,中农能够实现粮食自给,但有时也会出现不足的情况。

贫农的农业生产水平低下的一个重要原因在于,其役畜情况较差。大多数贫农根本没有耕马。例如,小图德庄园(勒热夫县)的无马贫农在 1802 年占贫农总数的 14.5%,而在 1855 年则增至 28.8%。甚至在一些庄园中,许多贫农完全破产,成为独身农民。小图德庄园(热勒夫县)这样的农户在 1806 年时有 119 户,1834 年时增至 187 户[1]。

在非黑土区的代役制农村,出租土地现象十分普遍。例如,1836 年小图德庄园(勒热夫县)的农户普查显示,有 90 户农民租用了同乡的土地。同时,他们大多也是土地购买者。例如,在 1823 年的马努洛夫斯基庄园,60% 的购入土地归属富农。1807 年,小图德庄园(奥斯塔什科夫县)9 个

---

[1] ЦГИА,ф. 1088,оп. 21,д. 900,лл. 1—13;В д. 5348,лл. 9—36. 根据舍列梅捷夫家族的特罗伊茨基庄园 1838 年的记录,在 126 户贫农中,有 40 户没有一头牲畜,其中又有 18 户是独身农民(там же,оп. 9,д. 292)。

农户购买了 695 俄亩的土地。在 1836 年，11 个农户购买了 385 俄亩的土地①。如此一来，富农的购入土地在经济中发挥了主要作用。在 1829 年的马努洛夫斯基庄园，富农的土地占有量为每户 17.6 俄亩的份地和 26.2 俄亩的购入土地。

　　农民拥有大量购入土地意味着他们能够进行独立于农奴制份地的农业生产。因此，份地的作用逐渐减弱，甚至一些农民耕种份地的积极性降低。

　　各阶层代役制农民的农业生产均以家庭劳动力为基础。当然，非黑土区的一些代役制农村也存在使用本地或外来劳动力的情况。在马努洛夫斯基庄园和小图德庄园，使用雇佣劳动力的情况被记录了下来②。但是，雇佣劳动力在经济生产中发挥的作用并不大。一些庄园的记录中明确写道，庄园内没有雇佣劳动力。例如，尤苏波夫家族的秋丰斯基庄园的记录（19 世纪 50 年代末）写道："完全没有使用雇佣劳动力的情况。"③ 舍列梅捷夫家族的特罗伊茨基庄园在 1858 年的记录中也有类似的说法④。而代役制农村中的富农在进行农业生产时，首先也会使用家庭劳动力。例如，在 1829 年的马努洛夫斯基庄园，4 个农户拥有最大规模的购入土地，其人数为 55 人，其中劳动力有 28 人，共拥有 68.5 俄亩的份地和 200 俄亩的购入土地（包括耕地和草场）、26 匹耕马、35 头母牛、33 头牛犊、39 只绵羊、14 头猪和 238 俄石的粮食。显然，这 4 个农户使用了雇佣劳动力，但相比于家庭劳动力，前者在经济中未必发挥了决定性作用。

　　小图德庄园（勒热夫县）最大的几个富农（拥有 10 匹及以上数量的

---

① ЦГИА, ф. 1088, оп. 21, д. 1068, л. 11 об.; д. 5631, лл. 5—5 об.
② ЦГАДА, ф. 1262, оп. 1, д. 7312, лл. 3 - 3 об.; ЦГИА, ф. 1088, оп. 13, д. 283, лл. 134 об. —135; оп. 21, д. 94, лл. 3, 5 об.; д. 873, л. 1 об.; д. 1073, л. 43В д. 1290, л. 25 об.; д. 3726, л. 12 об.; д. 4359, л. 14; В д. 7263, лл. 9 об., 10, 15; д. 7407, л. 1. 根据笔者收集的文献，有关雇佣劳动力的记载只有小图德庄园（奥斯塔什科夫县）的特罗菲姆·斯捷潘诺夫，他在 1806 年雇用了三人（там же, оп. 21, д. 873, л. 1 об.）。
③ ЦГАДА, ф. 11290, оп. 3, д. 3733, л. 5 об.
④ ЦГИА, ф. 1088, оп. 9, д. 2298, лл. 4—5.

马，或拥有 5～9 匹马和 11 头及以上数量的母牛）或许也使用了雇佣劳动力，但其经济生产仍然是以家庭劳动力为基础的（见表 4－9）。该结论是通过每个劳动力仅拥有 2 匹以上马的情况而得出的。

表 4－9　19 世纪初与中叶小图德庄园（热勒夫县）的富农户数和经济情况

	1802 年	1855 年
富农总户数(户)	193	130
其中最富庶的户数(户)	28	20
最富庶农户所占比例(%)	14.5	15.4
每户的平均情况		
人口(人)　男性	5.9	6
人口(人)　女性	5.5	5.4
劳动力(人)　男性	3	3.1
劳动力(人)　女性	3.1	2.9
每户牲畜(按牛折算)占有数量(头)	18.6	21
男性人均牲畜占有数(头)	3.2	3.5
劳动力人均马匹占有数(匹)	2.5	2.1

最富有的农户往往首先使用家庭劳动力。在 1844 年的格里夫斯垦庄园，最富的农民是阿法纳西·瓦西里耶夫。他家共 14 口人，其中 6 人为成年劳动力（包括女性），拥有 6 匹马、7 头母牛、4 头牛犊、12 只绵羊、4 头猪、132 俄石粮食（12 月）、5 俄石马铃薯和 4 俄石亚麻籽①。在 1851 年（6 月）的波斯科斯基庄园（莫萨利斯克县），最富有的农民是伊万·菲利波夫。他家共 23 口人，其中 4 人为成年男性劳动力，拥有 7 匹马、2 匹马犊、5 头母牛、9 只绵羊、8 头猪、29 俄石粮食和 5 俄石马铃薯②。在 1851 年的克利莫夫斯基庄园，5 个最富有的农户共 99 口人，其中 28 人为成年男性劳动力，赋税单位 44 个，共拥有 69 匹马、12 匹马犊、34 头母牛、7 头牛犊、70 只绵羊、34 头猪和 242 俄石粮食（1 月）。

---

①　ГИМ，ОПИ，ф.14，оп.1，д.2746，двор№ 92.
②　ЦГАДА，ф.1290，оп.3，д.4685，дер. Добрая，двор№ 17.

　　上述富农中有两个是承包商，一个兼任承包商和商人①。在 1860 年的兹纳缅斯基庄园，最富有的农民是卡林·卡尔波夫，家中共 14 口人，拥有 9 匹马、4 头母牛、2 头牛犊和 8 只绵羊②。类似的情况还有很多，而这说明，非黑土区的代役制农民主要依靠家庭劳动力进行农业生产。

　　在代役制农村，当农民生产和生活资料不足时，"帮扶"措施有些许不同。总体来说，较为常见的是向村社仓库租赁粮食，或向地主贷款购买粮食，特别是每逢荒年，这些现象变得更加普遍。例如，1839 年，尤苏波夫向克利莫夫斯基庄园的农民贷款了 20 万卢布，用于购买粮食。直到 19 世纪40 年代，农民才完全还清贷款③。1851 年时，克利莫夫斯基庄园共有超过1300 个赋税单位上的农民从村社仓库借贷种子和钱款。庄园总办公室记录了黑麦和钱款的贷款情况："不仅要严密监管贷出钱款的使用去向，而且必须要求农民把贷入的种子完全用于播种。"④ 在 1834 年的格里夫斯基庄园，为了用于播种和日常食用，农民共贷款了 18431 卢布。1846 年，农民从村社仓库中获取了 709 俄石的春播作物⑤。资料显示，地主有时会免除农民的借粮债务。例如，1851 年 1 月，尤苏波夫家族的波斯科斯基庄园免除了农民之前租赁 408 俄石粮食的债务⑥。

　　此外，地主有时还会免除农民的代役租欠款。例如，1857 年，舍列梅捷夫减免了小图德庄园 51465 银卢布的代役租欠款⑦。普遍认为，在大多数情况下，地主只会允许贫农暂时延缴代役租。实际上，尤苏波夫家族的庄园的确存在这样的制度。1851 年 6 月，面对克利莫夫斯基管理局的询问，总办公室答复道："在大人您所有的庄园中……凡是贫困、疾病、残疾、服役

----

① ЦГАДА, ф. 1290, оп. 3, д. 4523, дер. Подсосенка – двор № 6, дер. Татьянино—двор № 12, дер. Ананьина пинка—двор № 1, дер. Лоци—двор № 12, дер. Степинка —двор № 13.

② ЦГАДА, ф. 1273, оп. 1, д. 3028, с. Михеево, двор № 22.

③ Там же, ф. 1290, оп. 3, д. 4497, л. 17.

④ Там же, д. 4518, лл. 29—30.

⑤ ГИМ, ОПИ, ф. 14, оп. 1, д. 2755, лл. 30—30 об.; д. 2754, л. 51.

⑥ ЦГАДА, ф. 1290, оп. 3, д. 4516, л. 6.

⑦ ЦГИА, ф. 1088, оп. 21, д. 9233, л. 7 об.

的农民，其代役租和其他捐税均可缴纳至村社。"① 然而，无论是在代役制庄园还是在劳役制庄园中，地主和村社的"帮扶"措施均没有发挥足够重要的作用。

相比之下，富农提供的帮助作用更大。小图德庄园的文献罕见地记录了这方面的信息。

对于那些生产资料不足的贫农，前往缺乏劳动力的农户家中充当养子（Приемыш）、多利尼克（Дольник）② 和入赘女婿（Зять）是一个十分普遍的现象。史料中保存了一些相应的协议记录，它们清晰地反映了这种制度的实质。

1801 年 3 月，克利莫夫斯基村的村民彼得·费多谢耶夫，与库兹马和伊万·伊万诺夫兄弟签订协议，内容包括："我，费多谢耶夫，你们，伊万诺夫兄弟，自此之后来我家，并永远生活在这里，为了能够顺利生活，你们需要承担所有的家庭劳动，而我将提供给你们食宿，直至你们去世，你们应当尊重我费多谢耶夫，而你们也将被视为我的亲生孩子。家中的木宅、牲畜等财产也是你们的。同时，库兹马·伊万诺夫的妻子也将来我家生活，并受到我家的保护。和伊万诺夫兄弟一样，库兹马的妻子也将享有我家的使用权。我，费多谢耶夫，拥有 4 块赋税单位，需要将地主缴纳租金，还要为他的宅园和土地耕种。而去年的代役租欠款，还未支付，且必须支付。"③ 显然，养子大多是贫农，他们"出售"自己至其他农户家，而他们也将作为后者的家人分享其财产所有权。甚至一些协议明确地写道："我，马丁诺夫，来我家的养子，叶夫多基莫夫，他并非我个人所有，而是属于家中的一分子。"④ 养子制度有两种形式。第一种为两户合并为一户，财产也随之结合；第二种仅仅是将一户的劳动力转移至另一户。从保存的文献来看，第二种形式更为常见。

---

① ЦГАДА，ф. 1290，оп. 3，д. 4517，л. 45.
② 帝俄时期的分收制家民。——译者注
③ ЦГИА，ф. 1088，оп. 21，д. 23，лл. 4 об.—5. Там же，д. 3728，л. 3.
④ Там же，д. 3728，л. 3.

维持某些农户经济能力的另一种方法，是分收制家民制度，即一种在一段时间后形成独立家庭的制度。笔者查阅了一份于 1810 年 8 月 5 日缔结的分收制家民协议，缔结双方分别为寡居的塔季扬娜·伊万诺娃和阿列克谢·菲利波夫，协议内容为："我，伊万诺娃，我家生活的分收制家民，菲利波夫夫妇，从上述日期算起，十年内由我提供食宿。之后，我会将一半财产分给菲利波夫夫妇。如果我出现意外（不满十年——作者注），那么我财产的一半也应划给菲利波夫家，而另一半则划给我伊万诺娃的孙子伊万·瓦西里耶维奇。但是，如果在这之前（不满十年——作者注），菲利波夫的妻子去世，我将嫁给菲利波夫。十年期满后，所有财产归属伊万·瓦西里耶维奇。我，伊万诺娃，及菲利波夫，任何人都不得反悔。"①

分收制家民最为常见的期限为 10～15 年。期满后，缔约人能从自己原来主人那里获取一部分财产②。在领地办公室的文件中，保留有一些关于解决分收制家民和家庭劳动力不足问题的记录。分收制家民不仅包括成年劳动力，而且包括孩子，特别是女孩，在该制度下，缔约的一方需在其出嫁之前承担抚养义务，并准备嫁妆③。显然，分收制家民制度的本质是，家民在协议期满后能够获得缔约另一方的一部分财产。毫无疑问，在协议期限内，缔约的另一方使用其进行经济生产，并最后分给其一部分好处。另外，分收制家民往往是贫农。

入赘是一种与分收制家民相近的制度，也需要签署一些协议条款。例如，"1808 年 1 月 16 日，在小图德庄园博布罗夫·尼维村的村民伊万·耶夫列莫夫和季莫费·季莫菲耶夫之间缔结协议，季莫菲耶夫入赘至我耶夫列莫夫家，娶我的女儿玛特琳娜，在十年期限内，他，季莫菲耶夫将完全服从于我，不反对任何事情。而我，耶夫列莫夫不能以任何方式压迫他，如果玛特琳娜在十年内遭遇意外，那么季莫菲耶夫将按照我的意愿迎娶第二任妻子，并一起生活 10 年。但如果他本人不愿意结婚，那么将分给他三分之一

---

①　ЦГИА，ф. 1088，оп. 21，д. 1797，л. 15 об.
②　Там же，д. 3167，лл. 61—61 об.；д. 3564，л. 4.
③　Там же，д. 1996，л，10 об.；д. 6566，лл. 8 об.，15.

的财产。以上"①。

在其他的协议中，如果妻子突遭意外，而女婿拒绝再婚，则不按照事前商定的金额划分财产。例如，菲罗尔·叶戈罗夫与叶甫根尼·纳扎罗夫在协议中写道："如果不愿意结婚，那么纳扎罗夫将作为我家居住的外来劳动力，为其每年支付薪酬，而其本人可自行决定去留。"② 如果夫妻双方顺利生活至协议期限（通常为 10 年），那么将按照协议内容划分其一部分财产（通常为一半，或者三分之一）。有时，入赘协议要求入赘者永久定居，但相应地也会允许其继承全部财产③。

由此可见，小图德庄园在维持小农经济方面，存在许多种方法，而其本质是封建的，使用的劳动力通常为贫困者，甚至地位更低的农民。在 19 世纪上半叶的文献中，这类协议书并不常见，但小图德庄园保留了一些，其数量超过 100 份。如果类似的协议以其他的形式（例如，信件或者在有见证人的情况下达成的口头协议）保留了下来，那么则可以认为，签订这样的协议在当时是一件十分常见的事情。

除了上述情况，当时还存在帮助农民摆脱破产的措施，对分制（Испольщина）就为其中之一。根据这种制度，当农民因一些情况无法使用自己的生产工具耕种份地时，便会去同乡富农那里求助，并获得其收成的一半。根据小图德庄园（热勒夫县）1836 年的文件，有 36 次有关播种作物和种子对分的记录。实际上，对分制不仅适用于一般农业，而且适用于畜牧业。对于后者，有 45 次关于牲畜（母牛和绵羊）对分的记录。值得注意的是，还有一些农户用"饲料"来代替牲畜，文献中有 33 次这样的情况。通常，使用牲畜来进行"对分"的是那些家境较好的农户。使用自己的牲畜进行对分，甚至在一段时间内将牲畜交给别人的行为，是为了自己的财产不受损失，当然，首先这样做的是那些无力独自饲养牲畜的农民。

由此可见，各庄园农村都有不同的制度，以帮助贫困农民摆脱破产，并

---

① Там же，д. 1292，л. 4.
② ЦГИА，ф. 1088，оп. 21，д. 1292，лл. 6—6 об.
③ Там же，д. 1996，лл. 9 об.，18 – об.；д. 3564，лл. 5 об. —6.

使其拥有必要的生产资料，而使用外来劳动力的情况也越来越多。这种方式虽然在本质上与劳动力的自由买卖有所不同，但诸如打工这样的行为，能够逐渐演变为真正意义上的劳动力雇佣，而雇佣关系使农民分化进一步加深。根据 1836 年的资料，在无马农户中，有 34 户在同村或外村农民家中打工。

　　因此，可以肯定的是，这种农民关系以及其制度，绝不可能只出现在小图德庄园。Г. Т. 里亚布科夫认为[1]，在 19 世纪上半叶的斯摩棱斯克省，分收制家民制度曾广泛存在。1827 年戈利岑家族的阿列克谢耶夫申斯基庄园的条规规定，允许农民接收养子和入赘女婿[2]。显然，对分制和打工也必然广泛存在于地主农村之中，特别是代役制农村。甚至可以断定，恰恰是养子、分收制家民、入赘女婿、对分制和打工等制度，成为贫苦农民获得必要生活资料的主要途径，同时也为富农进行农业生产补充了劳动力。正如文献所示，作为收入来源之一的副业，在贫农阶层中也有一定程度的发展（见表 4 – 10）。

表 4 – 10　代役制农民的副业发展情况

单位：人，%

庄园	年份	贫农		中农		富农	
		男性劳动力	副业从事率	男性劳动力	副业从事率	男性劳动力	副业从事率
小图德庄园（热勒夫县）	1802	528	23.9	1697	24.3	526	21.1
马努洛夫斯基庄园	1823	14	—	165	23	137	29.2
	1840	23	30.4	171	63.2	40	65
格里夫斯基庄园	1844	39	41	358	17.3	60	21.7
阿列克谢耶夫申斯基庄园	1817	21	33.3	176	39.2	38	60.5
沃兹克列先斯基庄园	1827	69	59.4	217	74.4	75	66.6

① Г. Т. Рябков. Тормозящее влияние крепостного права на расслоение крестьян в Смоленских вотчинах Барышниковых в первой половине XIX в. 《Ежегодник по аграрной истории. 1960》. Киев，1962，стр. 351.
② ГИМ，ОПИ，ф. 146，оп. 1，д. 1536，лл. 5—5 об.

庄园	年份	贫农		中农		富农	
		男性劳动力	副业从事率	男性劳动力	副业从事率	男性劳动力	副业从事率
托尔宾斯基和秋丰斯基庄园	1841~1846	47	17	336	58.3	62	48.4
特罗伊茨基庄园	1838	113	10.6	400	27.2	131	52.7
梅利霍夫斯基庄园	1846	31	87	93	97.6	28	85.7

在表 4-10 中，只有两个庄园（沃兹克列先斯基庄园和梅利霍夫斯基庄园）超过半数的贫农在从事副业，同时，只有一个庄园的贫农副业从事率高于中农和富农。此外，破产农民的副业从事率低于其余的贫农。例如，在 1802 年小图德庄园的 52 户无马农户中，只有 8 户从事副业，人数为 11人（无马农户共 114 人），同时，该庄园整个贫农群体的副业从事率仅为23.9%。1844~1846 年，在托尔宾斯基庄园和秋丰斯基庄园的 20 户无马农户中，仅有 1 户从事副业。上述其余庄园的情况也大致如此。这证明，副业并未成为代役制农村中贫农的主要经济来源。对于富裕的同乡和地主而言，在分收制等类似制度下，无马农户（特别是那些没有任何牲畜的农户）没有多少剥削价值，他们中许多人是赤贫者。

这些农民通过不定期的短工和行乞度日。例如，在 1836 年的小图德庄园（热勒夫县）的记录中，这样的农户有 62 户（无马农户共有 231 户），其所占比例超过了四分之一。

在代役制农村，生产资料匮乏的农民的主要经济来源有所差异，但其中最主要的方式是与其他人建立人身和经济依附关系，而自由出卖劳动力的方法仅占据次要地位。

值得注意的是，富农在使用剩余产品时存在一些特点。富农虽然将不少剩余产品再次投入农业生产，但将其应用到非农业领域才是主要处理方法，例如，进行工业生产、雇用劳动力、进行商贸和高利贷。

在上述的一些庄园中，诸如磨坊这样的小工业有了一定程度的发展。例如，1819 年，下诺夫哥罗德斯基庄园的富农开办了 26 个磨坊①。其中一些富农甚至同时拥有 2 个磨坊。在尤苏波夫家族的克利莫夫斯基庄园，农民广泛参与挖土工作，而富农则是这些挖土工作的承包商。据统计，该庄园共有 95 个农民承包人（富农共 287 户）、8 个商人、5 个开办了碾米场和炼脂场②。在其他庄园，也有农民从事承包工作。例如，1851 年波斯科斯基庄园的记录称，农民瓦西里·阿基莫夫承包了一项政府项目，其任务是架设窑炉，其拖欠工资的数额高达 848.5 卢布③。在纳雷什金家族的卡卢加斯基庄园，一个承包商拖欠工人 1500 卢布的工资④。整体来看，在每一个庄园中，几乎都会有农民成为商人、承包商，或者开办磨坊⑤。

在中部工业区的许多代役制庄园中，一些富农从事工业品的生产和加工。在舍列梅捷夫家族的特罗伊茨基庄园（莫斯科县），这一现象最为常见⑥。1838 年，在全庄园的 48 户富农中，有 38 户从事副业，而成年男性劳动力参与副业的更是超过了半数（131 名劳动力中有 69 人）。据统计，从事手艺活或小商品制造的有 13 户（人数超过 19 人），其中，9 人经营马车运输业、4 人生产帽子和托架、2 人是铁匠、1 人是鞋匠。此外，在本地或外出打工的有 10 户（共 19 人）。剩余劳动力的增加使富农们开始重视自身经济中的各个部分。例如，在农民伊里亚·费多罗夫家，共有 21 口人，其中 6 人是男性雇工，拥有 5 匹马、4 头母牛和 10 只绵羊，而且粮食能够自给。在伊里亚家中，有两人从事工业，挣得的工资为 250 卢布⑦。其余的 12 户专事贸易和工业活动，其中有 4 户从事贸易（其中一户还开办了磨坊），8 户开办了工厂（3 户生产细平布，5 户生产香烟——其中 1 户还生产马具、

---

① ЦГАДА，ф. 2431，оп. 1，д. 47. Подворная опись.
② ЦГАДА，ф. 1290，оп. 3，д. 4523. Подворная опись.
③ Там же，д. 4516，л. 32.
④ ЦГАДА，ф. 1272，оп. 2，д. 39，с. Белобородово，двор № 15.
⑤ 参见秋丰斯基、托尔宾斯基、波斯科斯基、拉脱维亚斯基庄园（ЦГАДА，ф. 1290，оп. 3，дд. 2975，3485，3734，4642，4658，4395）、阿列克谢耶夫申斯基庄园和格里夫斯基庄园（ЦГАДА，ф. 1289，оп. 1，д. 822）的记录。
⑥ ЦГИА，ф. 1088，оп. 9，д. 292，лл. 273 – 358.
⑦ Там же，с. Троицкое，двор № 5.

大板车和雪橇），两个位于莫斯科，其余的则在庄园内。这 12 户从事贸易和工业的富农共投入了 31 个家庭劳动力。除此之外，他们还使用了雇佣劳动力。据统计，其中 6 个工厂（另外 3 个没有数据）雇佣劳动力的数量为 65 人，家庭劳动力数量为 13 人，也就是说，这些工厂已经具备了资本主义特点。但是，在劳动力使用规模方面，各工厂有所差异。其中的一个拥有 4 个家庭劳动力和 5 个雇佣劳动力，另一个有 2 个家庭劳动力和 6 个雇佣劳动力，还有一个有 1 ~ 2 个家庭劳动力和 10 ~ 12 个雇佣劳动力，由此可见，这三个工厂的规模较大。关于另外三个缺乏数据的工厂，笔者认为，每个的雇佣劳动力数量不会超过 10 人，因为其中的两个是细平布工厂，而每 15 张织布机只需要 3 ~ 4 人操作即可；第三个是马具、大板车和雪橇工场，使用 3 个家庭劳动力便可产出价值超过 4000 卢布的商品。文献显示，最大的工厂是位于莫斯科的菲利普·尼基丁的烟厂。尼基丁家中的成年男性劳动力仅有 2 人，但他的工场却雇用了 20 名劳动力[①]。由此可见，菲利普·尼基丁实质上相当于一个大资本家。按照当时的工厂等级，最低的是使用相同数量家庭和雇佣劳动力的工厂。

在代役制庄园中，特罗伊茨基庄园的农民分化情况独具特点，因为这里的农民在农业领域的分化与其在副业领域的并不同步。当副业领域兴起资本企业时，这里的大多数农民依旧在从事以家庭劳动力为基础的小商品生产。

除了工商业，富农还广泛从事高利贷行业，剩余产品是最为常见的放贷物。但显然，货币类财富是收益最高的放贷物。对于从事高利贷行业的富农而言，最需要的物品是货币和粮食。在一些庄园农村，高利贷者的数量十分巨大，小图德庄园的文献对此有一些记录。1836 年，在该庄园的热勒夫县部分，农民所欠的高利贷数额高达 1.9 万纸卢布，其中超过 1.3 万纸卢布是中农欠下的，5000 纸卢布是贫农欠的，而富农仅欠债 700 纸卢布。高利贷者大多是同村农民，也有一些是邻村农民，以及热勒夫县和奥斯塔什科夫县的商人和小市民。

---

① 　ЦГИА，ф. 1088，оп. 9，дер. Жестова，двор № 53.

    1836 年的记录反映,债务人和债主在各村之间组成了一个严密的网络。记录中称,几乎每一个村庄都有高利贷者,他们向农民贷出货币和粮食。在这些高利贷者中,有 15 人向至少 2 名村民贷出了货币和粮食,也就是说,他们专事高利贷行业。其中,有 14 人是农民(12 人是富农,2 人是中农),另一个是小图德教堂的助祭。这 15 人拥有 62 名同村的债权。最富有的高利贷农户是阿尼西姆·格里高利耶夫,他家共 11 口人(5 名男性和 6 名女性),拥有 6 匹马、20 头母牛、3 头牛犊、40 只绵羊和 8 头猪①。他有 10 个同村债务人,欠有 80 卢布和 2 俄石的粮食②。财富仅次于他的是阿尔乔姆·库兹明,他家共 21 口人(10 名男性和 11 名女性),拥有 5 匹马、2 匹马驹、10 头母牛、10 头牛犊、20 只羊和 5 头猪③,同村的债务人有 7 名,欠有 177 卢布④。

    此外,小图德庄园其他维齐的富农也广泛从事高利贷行业。例如,扎维多夫维齐最大的高利贷者是纳扎尔·季莫菲耶夫,家中共 8 口人(5 名男性和 3 名女性),拥有 8 匹马、12 匹马驹、13 头母牛、34 只绵羊和 7 头猪⑤。同村的债务人有 10 人,其中 5 人欠有 67 卢布、5 人欠有 10 俄石的粮食⑥。另一位较为富有的高利贷者是潘菲尔·阿法纳西耶夫,家中有 14 口人(7 名男性和 7 名女性),拥有 6 匹马、2 匹马驹、8 头母牛、10 头牛犊、16 只绵羊和 3 头猪,同村的债务人有 4 人,欠有 107 卢布⑦。

    当然,小图德庄园在高利贷方面并不是特例。其他庄园也有许多高利贷者。例如,在 1813 年的马努洛夫斯基庄园,一个名叫阿尼西娅·米纳耶娃的农民向加加林抱怨道,伊万·阿列克谢耶夫卖给她的土地价格高达 50 卢布。据记载,阿列克谢耶夫不仅设置掠夺性的高利贷利率,而且禁止这位欠

---

① ЦГИА, ф. 1088, оп. 21, д. 10187, л. 33 об.
② Там же, лл. 10, 18 об., 20 об., 21 об., 26 об., 29 об., 58 об.
③ Там же, л. 104 об.
④ Там же, лл. 12 об., 14 об., 15 об., 77 об., 78 об., 79 об.
⑤ Там же, д. 10186, л. 48 об.
⑥ Там же, д. 10186, лл. 46 об. - 55 об.
⑦ Там же, лл. 113 об., 115 об., 118 об.

债的米纳耶娃在地里播种和收割。最后，庄园的莫斯科办公厅发布命令，阿列克谢耶夫"因设置掠夺性的高利贷利率，判处鞭刑，并在村社大会上行刑"，对此，有许多农民表示不赞成，他们对管理人员说："他以后不再信任我们了，而我们没有贷款根本无法生活。"[1] 1825 年，马努洛夫村的农民格里高利·康斯坦丁诺夫向另一个名叫安德烈·尼基福罗夫的农民贷入了一些粮食，并用它购买了价值 45 卢布的 10 俄亩土地，他向村长抱怨称，购买这些土地根本不需要这么高的利息[2]。

在 19 世纪上半叶，高利贷者通常是村中的一般农民，他们的财富来自简单的积累。例如，马努洛夫斯基庄园的德米特里和列夫·帕夫洛夫兄弟就是如此，据德米特里的儿子伊万称，用于商贸周转需要 5000 纸卢布，缴纳各类捐税需要 1900 纸卢布，而农业生产则需要 8000 纸卢布[3]。

这些便是大庄园中由各阶层农民所构成的经济结构的主要特征。

在非黑土区，中小庄园所占比例极大。笔者收集了 11 个位于莫斯科省、弗拉基米尔省和下诺夫哥罗德省的中小庄园资料。如表 4 - 11 所示，中小庄园的农民份地规模小于大庄园的。在 8 个庄园中，仅有 1 个的人均份地大于 3 俄亩，4 个为 1.5 ~ 2 俄亩，另外 3 个则小于 1.5 俄亩。在代役租方面，据 19 世纪 40 ~ 50 年代的资料反映，中小庄园的人均为 7 ~ 11 卢布，而这竟与大庄园的基本一致。因此，相比于大庄园的农民，中小庄园的农民受到的剥削更为残酷。

上述庄园农民的主要活动是从事农耕，而在冬季，会补充性地从事副业，其中最常见的是马车运输业。例如，契里洛夫家族的帕诺夫斯基庄园的记录称："一部分农民从事农耕，耕地不足的另一部分农民[4]为了获取粮食，会去打工。"切米索夫家族的格里尼申斯基庄园曾称农民"耕种自己的田地，冬季时会去给商人运输货物"。瓦杜丁斯基庄园的农民也是如此，他们

---

[1]　ЦГАДА, ф. 1262, оп. 1, д. 7180, лл. 16—18.
[2]　ЦГАДА, ф. 1262, оп. 1, д. 7223, лл. 28—28 об.
[3]　Там же, д. 7189, л. 57.
[4]　指人均耕地仅为 0.8 俄亩的地主农民。——作者注

通常耕种土地，但也会去莫斯科为当地居民运输货物。关于阿列克谢耶夫斯基庄园，有文献称农民"除了从事农耕，还会在冬季从事运输业"。在农民阶层划分方面，笔者的依据是农民所拥有的役畜数量（4 匹马以上即富农）。

在中小庄园中，人数占优势的是中农，其户数所占比例为 50% ~ 74%，而人数所占比例为 53% ~ 82%（见表 4 – 11）。中农阶层在农村经济中发挥了主导作用（牲畜所占比例为 49% ~ 87%）。各庄园中贫农数量的差异较大，但总体来看，其人数占比均低于 30%，绝大多数不超过 20%。在生产方面，贫农的作用较小。

表 4 – 11　中部工业区中小庄园各阶层农民的份地和代役租规模及其经济地位

庄园	年份	男性人口（人）	男性人均		贫农（%）			中农（%）			富农（%）		
			耕地份地（俄亩）	代役租（银卢布）	户数所占比例	人口所占比例	畜牛所占比例	户数所占比例	人口所占比例	畜牛所占比例	户数所占比例	人口所占比例	畜牛所占比例
扎格鲁兹斯基家族的斯帕斯基庄园（沃洛科拉姆斯克县）	1816	259	—	—	9.3	6.2	3.7	70.7	65.6	64.4	20	28.2	31.9
契里洛夫家族的帕诺夫斯基庄园（谢尔加奇县）	1816	173	0.8	2.5	40	28.3	11.2	53.3	64.2	77.5	6.7	7.5	15.3
契里洛夫家族的鲁缅采夫斯基庄园（下诺夫哥罗德县）	1816	145	1.5	—	17	8.3	2.3	70.3	69.2	72.5	12.7	22.5	25.2

续表

庄园	年份	男性人口（人）	男性人均		贫农（%）			中农（%）			富农（%）		
			耕地份地（俄亩）	代役租（银卢布）	户数所占比例	人口所占比例	畜牛所占比例	户数所占比例	人口所占比例	畜牛所占比例	户数所占比例	人口所占比例	畜牛所占比例
希特罗夫家族的萨特尼科夫斯基庄园（科洛缅斯基县）	1827	70	1.2	3.1	21.4	13	11.7	71.5	74	76.6	7.1	13	11.7
伦科维切夫家族的列斯诺伊庄园（谢尔普霍沃县）	1827	81	3.7	5.9	5.3	1.2	2.8	73.7	77.8	80.3	21	21	16.9
阿拉波夫家族的普罗塔西耶夫斯基庄园（梅连基县）	1846	27	—	4.8	50	29.6	33.3	50	70.4	66.7	—	—	—
约西波夫家族的索科利尼斯基庄园（谢尔普霍沃县）	1854	46	—	—	27.3	21.7	15.6	54.5	56.6	49.1	18.2	21.7	35.3
切米索夫家族的格里尼申斯基庄园（韦列亚县）	1857	62	2.8	7.2	27.3	6.5	10	54.5	53.2	55.7	18.2	40.3	34.3

庄园	年份	男性人口（人）	男性人均		贫农（%）			中农（%）			富农（%）		
			耕地份地（俄亩）	代役租（银卢布）	户数所占比例	人口所占比例	畜牛所占比例	户数所占比例	人口所占比例	畜牛所占比例	户数所占比例	人口所占比例	畜牛所占比例
多尔戈鲁科夫家族的瓦杜丁斯基庄园（莫斯科县）	1860	60	1.8	10.5	15.4	5	—	69.2	75	74.6	15.4	20	25.4
恰达耶夫家族的阿列克谢耶夫斯基庄园（德米特罗夫县）	1861	70	2.9	10.6	30	11.4	2.2	60	68.6	68.8	10	20	29
别吉切夫家族的普希金斯基庄园（布龙尼齐县）	1861	33	2.7	8.7	33.3	18.2	13.3	66.7	81.8	86.7	—	—	—

　　与大庄园不同的是，中小庄园的富农阶层规模相对较小。

　　因此，相比于大庄园，中小庄园的农民分化程度较低。各阶层农民的经济水平情况清晰地反映了这一点（见表 4 – 12）。

　　整体来看，在牲畜占有量方面，中农要多于贫农。但在 3 个庄园中（萨特尼科夫斯基庄园、普罗塔西耶夫斯基庄园和格里尼申斯基庄园），中农的人均牲畜数量要么是仅略高于贫农，要么甚至低于富农。这说明，该地农民经济水平的差别不大，而富农的情况也是如此。在其中的另外 4 个庄园里，富农的人均牲畜数量要么仅略高于中农，要么甚至低于中农。实际上，与大庄园的富农不同，中小庄园的富农并非"腰缠万贯"。在上述的 11 个庄园中，

表4－12　中部工业区中小代役制庄园各阶层农民的经济水平和规模

单位：头，人

庄园	年份	贫农			中农			富农			共计		
		畜牛		每100名男性中的劳动力数量	畜牛		每100名男性中的劳动力数量	畜牛		每100名男性中的劳动力数量	畜牛		每100名男性中的劳动力数量
		户均	男性人均		户均	男性人均		户均	男性人均		户均	男性人均	
扎格鲁兹斯基家族的斯帕斯基庄园	1816	2.3	1	50	5.1	1.6	50	8	2	56	5.8	1.6	52
契里洛夫家族的帕诺夫斯基庄园	1816	1.8	0.6	50	5.6	1.2	53	10	2.3	92	4.3	1.1	55
契里洛夫家族的鲁缅采夫斯基庄园	1816	0.6	0.4	50	4.8	1.6	59	9.2	1.7	48	4.6	1.5	55
希特罗夫家族的萨特尼科夫斯基庄园	1827	2.3	0.8	44	4.6	0.9	35	7	0.9	33	4.3	0.9	34
伦科维切夫家族的列斯诺伊庄园	1827	2	2	—	3.6	0.9	52	6	0.7	41	3.7	0.9	49
阿拉波夫家族的普罗塔西耶夫斯基庄园	1846	1.8	1.4	100	3.7	1.2	68	—	—	—	2.8	1.2	78
约西波夫家族的索科利尼斯基庄园	1854	2.7	0.8	40	4.2	1	50	9	1.8	50	4.6	1.1	48

续表

庄园	年份	贫农			中农			富农			共计		
		畜牛		每100名男性中的劳动力数量	畜牛		每100名男性中的劳动力数量	畜牛		每100名男性中的劳动力数量	畜牛		每100名男性中的劳动力数量
		户均	男性人均		户均	男性人均		户均	男性人均		户均	男性人均	
切米索夫家族的格里尼申斯基庄园	1857	2.3	1.7	100	6.5	1.2	48	12	1	52	6.4	1.1	52
多尔戈鲁科夫家族的瓦杜丁斯基庄园	1860	—	—	33	4.6	0.9	42	7	1.2	66	4.2	0.9	47
恰达耶夫家族的阿列克谢耶夫斯基庄园	1861	0.3	0.3	50	5.1	1.3	52	13	1.9	57	4.5	1.3	53
别吉切夫家族的普希金斯基庄园	1861	1.3	0.7	66	4.3	1	48	—	—	—	3.3	0.9	52

仅有两户富农拥有 5 匹以上的马，其中一户拥有 6 匹马和 5 头母牛①，另一户有 7 匹马和 9 头母牛②。

由此可见，相比于大庄园，中小庄园不仅对农民的剥削更加残酷，而且其商品货币关系较简单，农民分化的程度也相对较低。

---

① ЦГАМ，ф.54，оп.175，д.870，лл.4—21，дер. Помазкина，двор № 28.
② Там же，оп.177，д.1230，лл.43—54，с. Алексеевское，двор № 5.

三　领地庄园的农业商品化

在 19 世纪上半叶的地主农村，随着专门化的农业经济及其商品化的发展，劳动力的社会分工也有了进一步的深化。首先便是中部工业区的农业经济，因为这一地区的工业发展迅速，而非农业人口的增长推动了对各类农业产品的需求。

有一定财产的农民会主动经营商品粮，这一点舍列梅捷夫家族的叶夫列夫斯基庄园（位于特维尔省斯塔里察县）最为显著。叶夫列夫斯基庄园是舍列梅捷夫家族于 1825 年从波尔托拉茨基家族手中购买来的，其规模相当于一个中型庄园。第七次人口调查时有 151 名男性，第八次时为 210 名，第九次时为 213 名[1]。

舍列梅捷夫以每人 30 纸卢布的价格购买了庄园，他一次性支付了 1.5 万纸卢布，农民对此说道："这是为了避免卖给那些不太富裕的小地主。"[2]尽管庄园易手，但是农民仍然无力支付捐税，代役租的规模依然十分巨大。1829 年时，农民的代役租欠款已高达 5594 纸卢布[3]，1832 年时，又增至 9274 纸卢布[4]。庄园总办公室的检查员在巡视后，承认有必要减免农民的代役租欠款，并承诺一次性付给他们 1.5 万纸卢布，而当时代役租总共为 2500 纸卢布，即人均 16.7 纸卢布，若再加上租用磨坊所花费的，费用总额为 3000 纸卢布，即人均 20 纸卢布，或 5.7 银卢布[5]。总办公室批准了这项建议。直至 1861 年农奴制改革，庄园的代役租规模始终保持在这一水平[6]。

---

[1]　ЦГИАЛ，ф. 1088，оп. 16，д. 137，лл. 21 об. —22；В д. 592，лл. 18 об. —193В д. 729，лл. 16 об. —17，23 об. —24.
[2]　Там же，д. 54，л. 9.
[3]　Там же，д. 54，л. 6 об.
[4]　Там же，д. 117，л. 10 об.
[5]　Там же.
[6]　Там же，оп. 13，д. 1184，л. 12 об.

在这期间，农民始终有代役租欠款，其数额为 1 万纸卢布，或 2900 银卢布①。而国家、地方和村社的各类捐税为人均 3～4 银卢布②。

叶夫列夫斯基庄园的农民主要从事农耕。1832 年舍列梅捷夫家族总办公室的检查员记录道："没有任何人从事手艺活，他们的副业也是粮食种植。"③ 1858 年的记录中写道："农民的主要副业是粮食种植，所有农民都在从事这项工作。"④ 1829 年，农民在上交的关于降低代役租的请愿书中写道："我们仅从事粮食种植，我们既要靠它交税，也要靠它养家。"⑤

各阶层农业经济的规模和水平存在差异（见表 4－13）。每户中农的经济规模是贫农的 5～6 倍，人均牲畜占有量是其 3～4 倍，而富农分别是中农的 2 倍和 1.5 倍。1847 年时，贫农的经济规模和水平没有变化，但富农和中农的有所减少和降低（见表 4－13 中人均和户均牲畜占有量数据）。然而，各阶层所需缴纳的代役租规模却相差无几，由此可见，在叶夫列夫斯基庄园，贫农和中农所承受的剥削比富农的要重。

表 4－13　叶夫列夫斯基庄园农民经济的水平和规模

	贫农		中农		富农		庄园整体	
	1836 年	1847 年	1836 年	1847 年	1836 年	1847 年	1836 年	1847 年
	占比（%）							
户数	36.7	45.8	53.3	42.4	10	11.8	100	100
人口（男性）	27.5	32.8	58.5	46.9	14	20.3	100	100
赋税单位	24.7	31.3	59.8	51.5	15.5	17.2	100	100
牲畜（折合畜牛）	8.9	12.2	59.5	55.4	31.6	32.4	100	100
购买土地	—	4.9	36.2	30.5	63.8	64.6	100	100

① Там же, оп. 16, д. 327, л. 7 об.；оп. 13, л. 1184, л. 13.
② Там же, оп. 13, д. 1184, л. 13.
③ Там же, оп. 16, д. 117, л. 10.
④ Там же, оп. 13, д. 1184, л. 9.
⑤ Там же, оп. 16, д. 54, л. 10.

		贫农		中农		富农		庄园整体	
		1836 年	1847 年	1836 年	1847 年	1836 年	1847 年	1836 年	1847 年
户均									
人口（男性）（人）		2.4	2.3	3.5	3.6	4.5	5.6	3.2	3.3
耕地和草场（俄亩）	份地	8.7	9.2	14.5	16.3	20	19.4	12.9	13.4
	购买土地	—	0.4	2.5	2.5	23.3	19	3.7	3.5
牲畜（头）		1.4	1.3	8.2	6.5	16	13.6	5.1	5
男性人均									
牲畜（头）		0.5	0.6	2.3	1.8	3.6	2.4	1.6	1.5
粮食总收成（俄石）	黑麦	3.4	—	4.3		6.5	—	4.4	—
	燕麦	3.8	—	5.4	—	13.7	—	6.1	—
代役租（银卢布）		5.1	5.5	5.8	6.3	6.3	4.8	5.7	5.7
劳动力人均（男性）									
马匹（匹）		0.8	0.6	1.4	1.3	2.5	1.9	1.4	1.2
耕地和草场（俄亩）		7.1	7.2	10.1	9.8	20.2	18.7	10.6	10
每 100 名男性中的劳动力（人）		51	57	48	53	48	41	49	52

同时，各农民阶层的经济生产力和农业经济结构也存在差异。1836 年，贫农人均（男性劳动力）拥有的马匹数量仅为 1 匹（有些甚至根本没有），大多数农户除此之外再无其他役畜。据统计，22 户贫农仅拥有 3 头母牛，他们均从事农耕活动，其生产水平极度低下。贫农的人均粮食产量仅为 3.3 俄石，净产量为 2.2 俄石。他们在每年秋季出售粮食，并缴纳捐税，之后会购买口粮和种子。根据史料记载，在这 22 户贫农中，有 21 户购买过口粮，同时，所有农户均贷款购买了燕麦种子。

中农的人均（男性劳动力）马匹数量为 1.3～1.4 匹，还有价值 18 卢布的工具器械。该阶层的人均粮食产量为 4.7 俄石，净产量为 3 俄石。在 28 户中农里，有 13 户仅出售粮食，有 18 户不仅出售，而且会再次购买粮食。此外，许多中农还购买了土地，但发挥重要作用的仍是份地（参见表 4 -

13）。整体来看，中农阶层能够实现自给。

富农阶层每户平均拥有 4 匹马和 4~7 头母牛，即人均占有 2~2.5 匹马。1836 年时，人均粮食产量为 9 俄石，净产量为 6 俄石，也就是说，富农阶层往往会有大量的剩余产品，通过出售，他们能获得一笔可观的收入。

对于富农而言，维持经济规模主要依靠的是购入的土地。1836 年时，有 6 户富农购买了土地。整体来看，每户富农购买的土地规模大体与份地相当。实际上，这是购入的土地分布不均所导致的。例如，在 1836 年时，购入的土地共计 143 俄亩，但其中 120 俄亩为 3 户所购买；1847 年时，购入的土地共计 133 俄亩，有 101 俄亩归这 3 户所有。显然，这些农民要维持如此规模的土地，不可能不使用雇佣劳动力。1836 年，谢尔盖·瓦西里耶夫雇用了 3 名男性和 3 名女性，他家中拥有 7 匹马、10 头母牛、24 俄亩的份地和 50 俄亩的购入土地，收成为 40 俄石的黑麦和 100 俄石的燕麦，其中需拿出一部分播种 14 俄亩的黑麦和燕麦[1]。如果谢尔盖·瓦西里耶夫还经商，那么他一定雇用了其他劳动力。又如，瓦西里·瓦西里耶夫雇用了 2 名男性劳动力，拥有 5 匹马、10 头母牛、8 头牛犊、16 俄亩的份地和 40 俄亩的购入土地，收成为 30 俄石的黑麦和 50 俄石的燕麦[2]。此外，帕维尔·尤达雇用了 1 名劳动力，拥有 5 匹马、6 头母牛、2 头牛犊、12 俄亩的份地和 8 俄亩购入的土地，收成为 80 俄石的粮食[3]。显然，他们都使用了雇佣劳动力，而且其数量少于家庭劳动力。

在其他农村，也存在使用雇佣劳动力的现象。一些贫农被同村居民雇用，为后者耕种份地。例如，1834 年 4 月的一份协议中写道："耶夫列夫村的村民彼得·伊万诺夫与尼基福尔·米涅耶夫缔结以下协议，尼基福尔·米涅耶夫给彼得·伊万诺夫耕地，并进行春播，后者将支付 28 卢布。"[4] 根据 1836 年的记录，尼基福尔·米涅耶夫家中有 5 口人（3 名男性和 2 名女

---

① ЦГИАЛ, ф. 1088, оп. 16, д. 175, л. 8 и сл., с. Иевлево, двор № 2.
② Там же, двор № 17.
③ Там же, двор № 35.
④ Там же, ф. 1088, оп. 16, д. 138, л. 2.

性），劳动力为 2 名女性和尼基福尔，打工地点在库斯科夫。尼基福尔家中仅拥有 1 匹马。彼得·伊万诺夫是一名中农，他拥有 2 匹马，劳动力仅为他自己和他儿子，打工地点也在库斯科夫[①]。1834 年 4 月，又缔结了三份协议，内容是关于当中农雇用贫农耕种份地时，若出现两种特殊情况时，前者将用种子来代替支付给贫农[②]。可以肯定的是，在 1834 年时，这样的协议并非个例。

那么，贫农和中农为满足自身需求的货币或实物是从何而来的呢？在叶夫列夫斯基庄园，其来源是受雇打工。在 19 世纪 30 年代，地主雇用农民的现象十分常见。例如，在 1836 年，有 27 人被地主雇用，并被安排在库斯科夫斯基庄园工作，其中贫农有 19 人、中农有 22 人、富农有 2 人。显然，在叶夫列夫斯基庄园，受雇打工在贫农阶层中已十分普遍，并且逐渐成为其主要收入来源，而粮食商品化程度的深化则无疑为这种现象出现奠定了基础。在位于莫斯科省韦列亚县的舒瓦洛夫家族维什哥罗德斯基庄园，有许多农民经营蔬菜种植。维什哥罗德斯基庄园是一座大型庄园，它由 20 个村镇组成。第八次人口普查（1834 年）结果显示，该庄园共有男性 2272 人，第九次普查（1858 年）时则为 1925 人[③]。1841 年时，人均耕地和草场份地的面积分别为 3.4 俄亩和 0.5 俄亩[④]。截至 1861 年农奴制改革前，人均耕地和草场份地的总面积为 3.5 俄亩[⑤]。除了份地，农民还拥有购入土地。50 年代末，购入土地的总面积为 928 俄亩，约为耕地和草场份地面积的 14%（6671 俄亩）。

据统计，所有的农民都是代役制的。在 19 世纪 30 年代中期，人均代役租为 20 ~ 24 纸卢布，或 5.5 ~ 6.5 银卢布[⑥]。从 40 年代起，庄园开始收缴土地代役租。3.25 俄亩的耕地份地和 1125 平方俄丈的草场需缴纳 20 卢布。按照这一标准，1841 年时的人均代役租为 21 纸卢布，或 6 银卢布（见表 4 -

---

① Там же, ф. 1088, оп. 16, д. 175, с. Иевлево, дворы № 5 и 14.
② Там же, л. 175, дворы No 30, 31, 43, 45; д. 138, лл. 2—2 об.
③ ЦГИАЛ, ф. 1092, оп. 1, д. 1378, л. 23; д. 1377, л. 60 об.
④ Там же, д. 1375.
⑤ Там же, д. 1370, лл. 13, об. —14.
⑥ Там же, д. 1368, лл. 2, 59 об.

14）。19 世纪 50 年代末则为人均 10 银卢布①。除此之外，国家、地方和村社的捐税为人均 3.5 银卢布②。面对繁重的赋税，农民往往无力承担。因此，1844 年时，农民的欠款总额已高达 89326 纸卢布，或 25547 银卢布③。对此，庄园颁布了各种措施以从农民手中搜刮钱财。1844 年，庄园的地主自营地规模约为 100 俄亩。为了缴纳欠款，农民不得不前往地主自营地打工。1855 年时，在地主自营地上耕种的农民已多达 1634 人，还有耕马 612 匹④。有时，农民会被派遣到其他庄园打工，但这依然无法完全偿还欠款。1861 年，该庄园农民的代役租欠款已达 13376 银卢布，而地方和村社的捐税欠款为 8182 银卢布⑤。

表 4-14　1841 年舒瓦洛夫家族的维什哥罗德斯基庄园（莫斯科省韦列亚县）
的农民阶层

		贫农			中农			富农			共计	
		数量	占比（%）	户均	数量	占比（%）	户均	数量	占比（%）	户均	数量	户均
户数（户）		222	36.1		301	48.9		92	15		615	
人数（人）	男性	582	27.8	2.6	1076	51.5	3.6	434	20.7	4.7	2092	3.4
	女性	572	25.7	2.6	1156	51.9	3.8	498	22.4	5.4	2226	3.6
劳动力（人）	男性	331	28.9	1.5	581	50.8	1.9	233	20.3	2.5	1145	1.9
	女性	318	24.5	1.4	696	53.5	2.3	286	22	3.1	1300	2.1
从事农耕（男性）（人）		251	27.8	1.1	450	49.9	1.5	201	22.3	2.2	902	1.5
代役租（纸卢布）		11040	25	49.7	23220	52.6	77.1	9890	22.4	107.5	44150	71.8
马匹（匹）		154	16	0.7	514	53.6	1.7	292	30.4	3.2	960	1.6
母牛（头）		117	15.6	0.5	406	54.1	1.4	227	30.3	2.5	750	1.2

---

① Там же, д. 1378, лл. 23—36.
② Там же, д. 1370, лл. 13 об.—14.
③ Там же, д. 1378, л. 1 об.
④ ЦГИАЛ, ф. 1092, оп. 1, д. 1393, лл. 7 об., 8.
⑤ Там же, д. 1377, л. 64 об.

续表

	贫农			中农			富农			共计	
	数量	占比 （%）	户均	数量	占比 （%）	户均	数量	占比 （%）	户均	数量	户均
牛犊（头）	19	11.7	0.1	80	49	0.3	64	39.3	0.7	163	0.3
绵羊（只）	296	10.9	1.3	1534	56.5	5.1	887	32.6	9.6	2717	4.4
猪（头）	1	2.7	—	15	40.5	0.1	21	56.8	0.2	37	0.1
折合畜牛 的数量（头）	320	14.9	1.4	1155	53.7	3.8	674	31.4	7.3	2149	3.5
播种量											
黑麦（俄石）	388	14.3	1.8	1062	57.4	3.5	571	28.3	6.2	2021	3.3
燕麦（俄石）	702	17.6	3.2	2075	51.9	6.9	1217	30.5	13.2	3994	6.5
大麦（俄石）	46	19.6	0.2	114	48.5	0.4	75	31.9	0.8	235	0.4
荞麦（俄石）	27	8.6	0.1	153	48.7	0.5	134	42.7	1.5	314	0.5
亚麻（俄石）	27	19.1	0.1	77	54.6	0.3	37	26.3	0.4	141	0.2
马铃薯（俄石）	56	33.7	0.3	83	50	0.3	27	16.3	0.3	166	0.3
洋葱（俄石）	240	8.2	1.1	1675	57.6	5.6	995	34.2	10.8	2910	4.7
农户的识字人数与从事副业的数量与所占比例											
识字人数 （男性）（人）	7	6.6		56	52.8	0.2	43	40.6	0.5	106	0.2
从事副业 的农户（户）	101	31.7	—	168	52.7	—	30	15.6	—	319	
从事副业 的人数（人）	144	29.1	0.6	254	51.3		97	19.6	1.1	495	0.8
从事副业群体的情况											
手艺活（人）	6	33.3	—	9	50	0.8	2	16.7	—	17	—
受雇打工 （人）	138	29.2	0.6	245	51.9	0.8	89	18.9	1	472	0.8
商人和工 厂主（人）	—	—	—	—	—	—	6	100	—	6	

资料来源：ЦГИАЛ，ф.1092，Шуваловы，оп.1，д.1375。

维什哥罗德斯基庄园的农民主要从事农耕活动。1841 年的资料显示，从事农耕的有 902 人，从事副业的有 495 人（见表 4 - 14）。尽管该庄园所有农民都在从事农耕，且都拥有牲畜，但农业和畜牧业发展程度依然较低。

例如，1846 年舒瓦洛夫家族在莫斯科和卡卢加的各庄园在报告中提到了维什哥罗德斯基庄园，其中称："农民前往乡里从事蔬菜种植，但显然，他们对此并不上心，需要采取一些强硬手段。"① 1849 年的报告称："土地肥力一般，他们从事洋葱种植，并购买粮食和木柴。畜牧业的情况十分糟糕。"②

在维什哥罗德斯基庄园中，大多数农民从事洋葱种植。1846 年的报告称："经过长期的关注，农民终于在洋葱种植方面有所进展，而这也成为他们的主要收入来源。"③ 莫斯科省省长在汇报中曾不止一次提及舒瓦洛夫家族的韦列亚斯基庄园的农民大面积种植洋葱的情况④。1841 年，维什哥罗德斯基庄园种植了 2910 俄石的洋葱（种植面积为 250～300 俄亩）⑤。该庄园中几乎所有的农民都在从事洋葱种植，但收成与种植面积并不成正比。对此，1846 年的报告评价道："洋葱这种蔬菜，需要投入大量的肥料，但农民的施肥能力较低。当洋葱价格上涨，并且收成较好时，所有努力都是值得的。如果出现相反的状况，那么则需要考虑种植这种作物究竟是不是有利于所有人，同时，由于库存房里湿度较高，存放的洋葱极容易变质。"⑥

在维什哥罗德斯基庄园的农民阶层划分上，需要将洋葱种植情况考虑在内。种植量低于 4 俄石（种植面积小于 0.3 俄亩），且马匹数量为 1 匹以下的为贫农。种植量为 3～10 俄石（种值面积为 0.3～0.8 俄亩），拥有 3 匹以下马匹和 3 头母牛，且开设工商业作坊的为中农。种植量超过 10 俄石，以及拥有 4 匹以上马匹，或者从事商业和开办工厂的为富农。

1841 年，贫农户数所占比例为 36.1%，中农为 48.9%，富农为 15%，而男性人口所占比例分别为 27.8%，51.5% 和 20.7%。

在表 4－14 中，笔者罗列了能够反映各阶层经济状况的数据。贫农占全庄

---

① Там же，д. 1378，л. 17.

② Там же，д. 1368，л. 2.

③ Там же，д. 1378，л. 18.

④ Там же，ф. 1281，оп. 5，1852，д. 61，л. 149 об.；1853，д. 83，л. 134.

⑤ С. Сутулов. Лук репчатый и порей. Какую приносит пользу, его сорта и способы посева, сохранения и сбыта его. М.，1896，стр. 11，18.

⑥ ЦГИА，ф. 1092，оп. 1，д. 1378，л. 18.

园男性人口的 28%，但牲畜占有量和播种量均仅占 15%。在洋葱种植方面，贫农发挥的作用也较小，其种植量仅占 8%。富农的男性人口所占比例为 21%，但占有 31.4% 的牲畜和 30% 的播种量，洋葱种植占有量高达 34.2%。

维什哥罗德斯基庄园中各阶层农民的经济生产力水平以及经济结构存在差异，庄园的管理机构不止一次提及这个情况。例如，1849 年莫斯科省和卡卢加省的庄园管理局在汇报中写道："所有的有地农民的情况各不相同。在相同的环境和时间里，有的农户能够派出一人或多人外出打工，其余人留在家中从事生产，并为村社和大人的耕地无偿劳动。如果家中人口较少，且丧失役畜，又或者缺乏劳动工具，那么这类农民会将自己的赋税单位以每个 25 纸卢布的价格转给他人，而自己则外出打工。"[①]

在经济规模方面，每户贫农拥有 0.7 匹马和 0.5 头母牛，而人均种子占有量仅为 1 俄石。这意味着，即便是在丰年，贫农的收成至多也不过人均 3 俄石，平年则为 2 俄石。显然，这远远无法满足农民的需要。通常，亏损的部分通过洋葱种植来补偿，但贫农无力大面积种植（人均 0.2 俄石）。据统计，有三分之一的贫农（67 户）是无马农户，一半农户没有母牛，21 户无力进行播种作业（显然，这些农民不得不将自己的份地转卖给同村居民），这样看来，贫农们不得不外出打工，成为"外来"劳动力。但实际上，仅有一半的贫农从事副业，具体为 144 人，约占该阶层男性劳动力总数的 43.5%。其中，受雇打工的有 138 人，他们大多担任锯工和弹棉工。1846 年总管的记录描述了农民的副业："从事手艺活的村民不多。大多数农民当起了锯工，也有许多农民去赫尔松省的尼古拉耶夫打工，那里缺能干重体力活的人，薪酬也不错。毕竟在庄园附近，鲜有能够通过出卖劳动力就能获得可观报酬的工作。同时，还有一些农民前去位于莫斯科省的生产细平布和丝带边的工厂里打工。"[②]

此外，维什哥罗德斯基庄园还有另一种"副业"，即行乞，甚至一些农民专门通过行乞来获取收入。1846 年的报告称："据村民讲，每逢荒年，他

---

① ЦГИА，ф. 1092，оп. 1，д. 1368，лл. 36 об. —37.

② ЦГИА，ф. 1092，оп. 1，д. 1378，лл. 18—18 об.

们就会去各个国家①间游荡，这种现象在很早之前就已经出现了。"② 为此，农民们甚至动用了打工身份证。1849 年，庄园总管写道："许多村民用施舍物缴纳代役租。去行乞的人有很多，甚至一些根本不缺东西的人也会去做。"③ 由此可见，行乞所获得的收入甚至能够交齐代役租。对于该庄园的贫农阶层而言，他们几乎已经破产，根本无法通过自己的生产资料来进行生产，于是，他们只能通过出卖劳动力来维持生存。

相比贫农，中农的经济水平要高很多。中农阶层播种量为人均 1.5 俄石，总收成为人均 4.5 俄石，净收成为人均 3 俄石。洋葱种植量为人均 0.5 俄石，即贫农的 2.5 倍。整体来看，中农主要使用自己的生产工具来进行生产，使用的劳动力也大多为家庭劳动力。就中农而言，有两方面的特点值得注意，首先，中农的生产工具数量仍然不足；其次，并非所有劳动力都被束缚在了土地上。因此，副业在中农阶层中发展较快。有超过一半的农户（301 户中有 168 户）和近一半的劳动力（581 人中有 254 人）从事副业，其中有 245 人为受雇打工，他们大多担任锯工或为工厂工人。

富农的播种量为人均 2.1 俄石，总收成的人均值为 6.5 俄石，而净收成为人均 4.5 俄石。此外，富农还种植洋葱，人均耕种量为 1 俄石。据档案显示，该庄园的购入土地为 928 俄亩，或许其中绝大多数为富农所购买。如果考虑到从贫农手中租用的土地的话，那么对许多富农的经济而言，非农奴制的土地使用形式无疑发挥了主导作用。

在笔者收集的资料中，没有能够反映富农的雇佣劳动力的数据。但显然，这一群体一定存在。最大的富农的洋葱种植量超过了 15 俄石。在维什哥罗德斯基庄园中，这样的富农有 18 户，一共拥有 42 名劳动力，他们需要耕种 271 俄石（26 ~ 27 俄亩）的洋葱，为 215 俄亩的土地播种。如果主要使用家庭劳动力的话，那么也就意味着洋葱的人均播种面积为 6 俄亩。显然，这已经超出了家庭劳动力的能力。然而，雇佣劳动力发挥主要作用的现

---

① 即各个地区。——作者注

② Там же, л. 18 об.

③ ЦГИА, д. 1368, лл. 2—2 об.

象，仅仅出现在一小部分富农中。

富农阶层也广泛从事副业。在 92 户富农中，从事副业的有 50 户，人数为 97 人。其中，一半从事手艺活，四分之一从事贸易。同时，还有一半农户开设了棉花作坊，但在规模方面缺乏数据。其余从事副业的农民为外出打工，他们有的从事运输业，也有的在棉花工厂担任工人。整体来看，大多数富农从事副业，这说明副业能够为他们带来更多的收入，因此，农耕在其经济结构中的地位逐渐下降。

由此可见，农奴制村庄的农民经济中的农业商品化程度与"普通型"村庄的相比有很大不同。在 19 世纪上半叶，特别是在 50 年代，位于中部工业区的叶夫列夫斯基庄园和维什哥罗德斯基庄园等诸如此类的庄园，社会经济已经有了明显的发展。例如，商品化的蔬菜种植①、园艺、生产技术等方面发展迅速。

显然，在 19 世纪上半叶，非黑土区农奴制农村社会经济发展的主要特点同黑土区的一样，但前者有一些自身的特质。

在中部黑土区和西北地区，购买和租赁土地的现象十分常见。这样一来，份地也被卷入了市场。在一些庄园中，购入和租赁的土地十分重要，其甚至在许多富农的经济中发挥了主要作用。同时，虽然大多数农民从事农业生产的基础是份地，但实际上，其中有许多人的经济活动在很大程度上已经摆脱了农奴制份地的束缚。

非黑土区的另一个特征在于，这里的农民有更为丰富的经济活动，且分化、商品货币关系和经济专门化的发展程度更高。显然，非黑土区地主农民的主体是代役制农民，同时，这里形成了农业商贸中心，并且副业也有了更进一步的发展。此外，较高商品化水平，以及商品农业的专门化趋势也是值得注意的特点。这里的商品不仅是普通的农产品，而且有许多再生产后的加工品，以及特殊的劳动力。可以认定，在非黑土区各农民阶层及其经济结构

---

① В. А. Федоро в. Возникновение торгового огородничества в Ростовском уезде Ярославской губернии（конец XVIII – первая половина XIX века）.《Вестн. Моск. ун – та》, сер. истории，1962，№ 6.

中，商品货币关系均有较高程度的发展。例如，在商品经济化的农村，中农阶层逐渐失去主导地位，并被富农排挤到经济边缘。在雇佣劳动力方面，他们通过出卖自己的劳动力来获取薪酬，后来，这种方式成为其主要的经济来源。然而，那些经济专门化的农村并没有明显的发展，因为那些出卖劳动力的贫农通常会前往变成资本家或商人的富农那里打工，而他们在那里所受到的剥削要高于黑土区的。最后，非黑土区农村用于"帮扶"贫农的方式也有了逐渐普及，且各农村庄园的方式特点不一，而最为常见的是分收制和服劳役，以及半奴役性的雇佣劳动①。

因此，虽然非黑土区大多数农民的状况逐渐恶化，但相比于黑土区，位于前者的农奴制农村，特别是代役制农村的社会经济发展趋势更加显著。

---

① 有关半奴役性雇佣参见 И. Д. Ковальченко. Об особенностях работы по найму помещичьих крестьян России в первой половине XIX в. Сб.《Генезис капитализма в промышленности и сельском хозяйстве. М. 》,《Наука》, 1965。

第五章
农副混合型农民与副业型农民

一　农副混合型农村

在许多地主庄园，特别是中部工业区的地主庄园，农民主要从事副业，而农业相对处于次要地位。

为了研究中部工业区和西北地区农副混合型农民的经济状况，笔者收集了 20 个庄园的资料（来自 6 个省份），其中 12 个庄园有份地数据。整体来看，这类农民的份地规模小于农业型农民的。例如，有 6 个庄园的人均份地不足 6 俄亩，且仅有 2 个超过 2.5 俄亩（20 世纪初至 20 年代加加林家族的基亚索夫斯基庄园和尤苏波夫家族的舒金斯基庄园）。在 5 个数据较全的庄园中，有 4 个的人均份地规模在不断缩小，而另一个则没有变化。

除农副混合型农村的份地土地使用制出现变化，购买和租用土地的模式也得到了广泛发展。例如，在 1858 年加加林家族的斯帕斯基庄园中，农民的购入土地面积共计 606 俄亩，相当于份地（含耕地和草场）面积（2287 俄亩）的 26%[1]。在 1848 年加加林家族的索斯诺夫斯基庄园，农民份地总面积为 333 俄亩，而在 50 年代末，购入土地的总面积为 353 俄亩。此外，

---

[1]　ЦГИА，ф. 1262，оп. 6，д. 172.

农民还从地主手中租用了 102 俄亩的耕地。整体来看，农民购买和租用的土地面积占耕地面积（1053 俄亩）的 40% 以上①。在 1836 年加加林家族的马林斯基庄园中，农民购入了 340 俄亩的土地，还有大量的租用土地（50 年代末时，租用土地已达 879 俄亩）②（见表 5 – 1）。

表 5 – 1　西北与中部工业区农副混合型庄园农民的代役租和份地规模

年份	男性人口（人）	男性人均耕地份地（俄亩）	男性人均代役租	
			纸卢布	银卢布
加加林家族的基亚索夫斯基庄园*（谢尔普霍夫斯基县）				
1810	718		9	3
1816	623	4	13. 3	3.3
1820	711		16	4.3
1830	788		20	5.4
1858	816	2.3	22.8	6.5
加加林家族的斯帕斯基庄园**（克罗梅县）				
1810			10	3.3
1816	1250	2.1	15	3.7
1820	1343		16.5	4.4
1827	1451		23.3	6.2
1840	1469		24	6.9
1856	1282	1.7	24.5	7.1
加加林家族的马林斯基庄园***				
1809			6	2.7
1816	1156	1.8	13	3.2
1819			19	5.1
1840			20	5.7
1858	1566	1.4		
加加林家族的索斯诺夫斯基庄园****（下诺夫哥罗德省戈尔巴托夫斯基县）				
1811	458		15	3.8
1820			25	6.7
30 ~ 50 年代	560	1.9		7 ~ 7.5

① ЦГИА，ф. 1262，оп. 8，д. 122，лл. 2 об. —3，6；д. 236，лл. 86 об. —87.
② ЦГАДА，оп. 1，д. 7124，лл. 1—1 об. ；《Приложение к Трудам Редакционных комиссий》，т. II，Московская губ. СПб. ，1860，стр. 33.

年份	男性人口（人）	男性人均耕地份地（俄亩）	男性人均代役租	
			纸卢布	银卢布
戈利岑家族的彼得罗夫斯基庄园 ***** （莫斯科省兹韦尼戈罗茨基县）				
20～50 年代	476～576			20～25/赋税单位
穆辛 - 普希金家族的谢苗佐夫斯基庄园 ****** （雅罗斯拉夫尔省梅什基诺庄园）				
1815	652		20.8	5
1822	679		26.2	7
1837	741	1	26.7	7.5
1846	737		36.3	10.4
1858	737		50	14.3
尤苏波夫家族的特鲁涅夫斯基庄园 ******* （莫斯科省德米特罗夫斯基县）				
1831	132		26	7
1841	135		26	7.4
1851	142		26	7.5
尤苏波夫家族的兹德金斯基庄园 ******** （科斯特罗马省瓦尔纳维诺县）				
1831	128		26	7
1851	306		26	7.5
1858		2.4		7.7
尤苏波夫家族的阿尔汉格尔斯基庄园 ********* （莫斯科省兹韦尼戈罗茨基县）				
1842	393		19.6	5.6
1851	407		31.1	8.9
谢尔巴托夫家族的罗曼诺夫 - 鲍里索格列布斯基庄园 ********* （雅罗斯拉夫尔省）				
1827	236			
德米特里耶夫家族的乌斯谢夫斯基庄园 *********** （切列波韦茨县）				
1826	572			
舍列梅捷夫家族的尼克尔斯基庄园 *********** （莫斯科县）				
1806	191	1.4	9	6.6
1812	231	1.4	10	2.6
1836	243	1	12	3.4
1858	234	0.8	17.2	4.9
舍列梅捷夫家族的康斯坦丁诺夫斯基庄园 *********** （布龙尼齐县）				
1804	422	2	劳役制	
1812	436		劳役制	
1836	554	2	12	3.4
1855		2	17.5	5
舒瓦洛夫家族的阿加菲特斯基庄园 *********** （博戈罗斯基县）				
1841	298	1.5	25	7.2
1860	347		39.2	11.2

续表

年份	男性人口（人）	男性人均耕地份地（俄亩）	男性人均代役租	
			纸卢布	银卢布
尤苏波夫家族的斯帕斯基庄园 *************** （莫斯科县）				
1831	156		26	7
1851	88		26	7.5
尤苏波夫家族的雅罗斯拉夫斯基庄园 ***************				
1813			13	4
1831	1474		26	7
1851	1440		26	7.5
尤苏波夫家族的舒金斯基庄园 *************** （下诺夫哥罗德省戈尔巴托夫斯基县）				
1855/1858	198	2.6	35	10
斯塔罗加诺夫家族的斯鲁金茨基庄园 *************** （彼得堡省卢日斯基县）				
50 年代	121		37.8	10.8
格鲁金斯基家族的捷列乌舍夫斯基庄园 *************** （下诺夫哥罗德县）				
1802	211	1.5	10	7.1
托尔布欣家族的米哈伊洛夫斯基庄园 *************** （波多尔斯克县）				
1844	139	1.2	28.7	8.2

注： * И. Д. Ковальченко, О характере и формах расслоения помещичьих крестьян. 《Исторические запики》, 1965, т. 78, Надел удобной земли.

** ЦГИА, ф. 1262, оп. 1, д. 5979; оп. 6, дд. 17, 37, 92, 112, 172.

*** И. Д. Ковальченко. Расслоение оброчных крестьян мышленного района во второй четверти XIX в. 《Материалы по истории сельского хозяйства и крестьянства СССР》, VI. М., АН СССР, 1965.

**** И. Д. Ковальченко, О характере и формах расслоения помещичьих крестьян.

***** ЦГИА, ф. 1263, оп. 2, д. 141, л. 8; д. 157, л. 27; оп. 3, дд. 178, 180, 181.

****** ЦГИА, ф. 1270, оп. 1, д. 1385; д. 3323; л. 6 об.; дд. 3427, лл. 6—12; дд. 4880, дд. 4880, л. 6; д. 6980, л. 1.

******* ЦГАДА, ф. 1390, оп. 3, дд. 6501, 1850, 3592.

******** Там же, дд. 650, 1850; л. 3547, лл. 47, 42.

********* Там же, дд. 2729, 2807.

********** ЦГАДА, ф. 1267, оп. 1, д. 1816.

*********** ЦГАДА, ф. 1267, оп. 10, д. 428.

************ И. Д. Ковальченко. Расслоение оброчных крестьян мышленного района во второй четверти XIX в. 《Материалы по истории сельского хозяйства и крестьянства СССР》, VI. М., АН СССР, 1965; ЦГИА, ф. 1088, оп. 3, д. 932; д. 978, лл. 19, 23.

************* ЦГАДА, ф. 1290, оп. 3, дд. 675, 1850, 4416; д. 7393, лл. 3, 7, 30 об.

************** ЦГИА, ф. 927, д. 1381.

*************** ЦГИА, ф. 54, оп. 175, д. 795, л. 96 и сл.

**************** ЦГИА, оп. 177, д. 158, лл. 40—53.

在下文中，笔者将探讨贫农土地，以及这种土地所有制发展的原因。

上述庄园几乎都是代役制庄园，只有戈利岑家族的彼得罗夫斯基庄园不是，这里有 20% ~ 30% 的农民受劳役制剥削。这些庄园的代役租在 19 世纪上半叶急剧增加。例如，基亚索夫斯基庄园、斯帕斯克斯基庄园和索斯诺夫斯基庄园在 1811 ~ 1866 年至 50 年代末，代役租（以银卢布结算）增长了 2 倍。在同一时期，舍列梅捷夫家族的尼克尔斯基庄园和尤苏波夫家族在雅罗斯拉夫尔省的庄园的代役租也增长了 2 倍。此外，穆辛 - 普希金家族的谢苗佐夫斯基庄园的代役租增长了 2 倍以上。尽管大多数庄园的代役租增长速度最快时期是在 30 年代之前，但代役租总额的急剧增加则是在 30 ~ 50 年代。例如，在 1837 ~ 1858 年的谢苗佐夫斯基庄园，代役租增加了 2 倍；而在 1842 ~ 1851 年的阿尔汉格尔斯基庄园，代役租增加了 1.5 倍；康斯坦丁诺夫斯基庄园的代役租在 1836 ~ 1855 年增长了 1.5 倍；阿加菲特斯基庄园的代役租在 1841 ~ 1860 年增长了 1.5 倍。

在 19 世纪 20 年代之前，农民在大多数情况下能够交全代役租。但自此之后，代役租欠款逐渐出现，并累积扩大。在斯帕斯基庄园，1826 年时的代役租欠款为 12748 纸卢布，1835 年时为 47385 纸卢布，1840 年时为 99057 纸卢布（每年的代役租总额约为 3.5 万纸卢布）[1]。在基亚索夫斯基庄园，1820 年时的代役租欠款为 1654 纸卢布，1827 年时为 14204 纸卢布，1831 年时为 27513 纸卢布，1840 年时为 78623 纸卢布（每年的代役租总额约为 1.6 万纸卢布）[2]。在索斯诺夫斯基庄园，1830 年时的代役租欠款为 6510 纸卢布，1835 年时为 26228 纸卢布，1847 年时为 49924 纸卢布（每年的代役租总额约为 1.4 万纸卢布）[3]。整体来看，在 20 ~ 50 年代，各庄园的代役租普遍出现了拖欠情况。

对此，地主和庄园管理部门开始制定各类措施。例如，在 1847 年 8 月，戈利岑家族彼得罗夫斯基庄园的管理局给莫斯科办事厅致信说道："我们庄

---

① Там же, ф. 1262, оп. 6, дд. 37, 70, 92, л. 163.

② Там же, оп. 1, д. 6068, л. 5; д. 6157, л. 67; д. 629, л. 144; д. 6456, л. 38.

③ Там же, оп. 8, д. 24, лл. 14—16; д. 53, л. 12; д. 72, л. 9.

园不常出现拖欠代役租的情况，因为我已经下达了命令……未交或未交全代役租者，派去做工（即服劳役）。"①

从 19 世纪 20 年代起，加加林家族的基亚索夫斯基庄园陆续派遣未缴纳代役租的农民去其他庄园，或承包商那里做工②。然而，这些政策并未起到地主设想的作用。1828 年，加加林派 95 户（几乎为总户数的一半）去服劳役。难以忍受的农民去请求公爵免去他们"自古以来闻所未闻，如此繁重的捐税和痛苦"。1829 年，劳役制被废止③，但派农民去做工的现象依然普遍。此外，在 1821～1850 年，有 15 个欠款农民被送去服兵役④。

相比于其他庄园，加加林家族的索斯诺夫斯基庄园的农业所发挥的作用更大，而地主也会根据农民的农耕活动来调整自己的需求。1842 年，莫斯科办事厅给庄园总管致信道："严密监管农民们，这样他们就不会因为卖粮食换酒喝了。"1846 年，庄园"强迫农民在宅园内种植大麻。这样可以通过销售种子和大麻，而不是需要节约，以及用来再生产的粮食来满足农民和其家庭的货币需求"⑤。

在 19 世纪上半叶，国家、地方和村社的捐税也有大幅增加。例如，在 10 年代末 20 年代初的基亚索夫斯基庄园，这类捐税总额为人均 9 纸卢布，或 2.5 银卢布，而在 50 年代末，增至 4～4.5 银卢布⑥。也就是说，这类捐税增长了 2 倍，在总额上相当于代役租的一半。

由此可见，在 19 世纪上半叶的农副混合型农村，农民的份地不断减少，而他们所需缴纳的赋税却在不断增加。

---

① Там же, ф. 1263, оп. 2, д. 171, л. 262.
② ЦГАДА, ф. 1262, оп. 1, д. 6573, лл. 172 об. —173；д. 6601, л. 6；д. 6704, л. 159；д. 6468, л. 138；д. 6483, лл. 157, 162. Рапорты и приказы. Там же, ф. 1262, оп. 1, д. 6979, лл. 11 об. —12；д. 6112, л. 132；д. 6009；д. 6944, лл. 24 об., 54. Оклады повинностей.
③ Там же, д. 6217, лл. 1—4；6220, лл. 11—11 об., 14.
④ Там же, оп. 6, дд. 89, 108.
⑤ Там же, д. 72, л. 3；д. 86, л. 21 об.
⑥ Там же, ф. 1262, оп. 1, д. 6979, лл. 11 об. —12；д. 6112, л. 132；д. 6009；д. 6944, лл. 24 об., 54. Оклады повинностей.

整体来看，上述大多数庄园从 19 世纪 20 年代末 30 年代初开始，副业逐渐在农民经济中发挥了主导作用，而只有一小部分庄园除外（例如索斯诺夫斯基庄园）。然而，在 19 世纪初，发挥主要作用的仍是农业，副业仅是农民经济的补充。

由于农民的粮食储存量和副业活动的规模能够反映农民经济中农业和副业的作用，所以笔者挑选了一些数据较全的庄园，并绘制成表 5 - 2。

表 5 - 2　农民副业的发展程度及其农业水平

单位：俄石，%

庄园	时间	人均	从事副业的农户所占比例	从事副业的男性劳动力所占比例
基亚索夫斯基庄园	1822 年		31.3	18.2
	1840 年 3 月	1(播种量)	89.2	61
	1858 年 1 月	1(储量)	77.6	74.2
斯帕斯基庄园	1823 年		80.6	59.2
	1840 年	1(播种量)	88.9	71.2
	1856 年		84.8	85.3
彼得罗夫斯基庄园	1824 年		65.9	59.5
	1857 年	0.6(播种量)	82.8	79.6
	1860 年	0.6(播种量)	88	82.6
谢苗佐夫斯基庄园	1837 年		96.9	78.7
	1847 年	0.6(播种量)	94.9	90.2
特鲁涅夫斯基庄园	1841 年 11 月	1.1(储量)	89.5	92.5
康斯坦丁诺夫斯基庄园	1836 年	3.8(总收成)	98.2	90.9
阿加菲特斯基庄园	1841 年		95.3	96.2
斯帕斯基庄园	1846 年		100	67.2
雅罗斯拉夫斯基庄园	1851 年 5 月		77.3	83.1

表 5 - 2 中庄园的农民粮食储存、收成和播种量显然无法满足其食用和经济需求，因此更不会有用于出售以换取货币的剩余产品，大多数农民会被迫购买粮食。例如，在舍列梅捷夫家族的尼克尔斯基庄园，有一半农民会购买粮食（83 户中有 41 户），而康斯坦丁诺夫斯基庄园有 133 户（庄园共有 167

户）。然而，低下的农业生产力并不意味着农民只有购买需求。每逢秋季，许多农民为了缴纳捐税，会大量出售粮食，最常见的是燕麦，之后购买冬季作物。例如，1826 年 10 月，基亚索夫斯基庄园管家发布通知，近日将收缴代役租，而农民则"开始打谷脱粒，准备出售"。1831 年 9 月，管家又写道："农民前往莫斯科，大多人带的是燕麦。"① 甚至是在 1858 年，即副业已有广泛发展的时期，庄园管家的记录里也会提到："每年的这个时节（秋季），大多数农民会去莫斯科出售燕麦。"② 显然，基亚索夫斯基庄园并不是特例。

在 19 世纪 30 ~ 50 年代，副业开始在上述庄园内发挥主导作用。在一些庄园的资料中，分列了农民的农业和副业收入。例如，在 1841 年的基亚索夫斯基庄园的文献中，记录农民的总收入为 25685 卢布，其中，农业收入为 10785 卢布，约占 42%，而副业收入为 14900 卢布，约占 58%③。在 1840 年的斯帕斯基庄园，农民的副业总收入为 108415 纸卢布。

在农业方面，冬播量为 1402 俄石，春播量为 2804 俄石，而冬季作物的净收成为 2804 俄石，春季作物为 5608 俄石。在莫斯科省，黑麦的价格为 13.3 纸卢布/俄石，而燕麦为 9.1 纸卢布/俄石，农民的农业总收入为 78325 卢布。1858 年尤苏波夫家族的兹德金斯基庄园的资料中写道："农民的农业收入是副业收入的一半。"④

庄园中农民所从事的副业各具特点。例如，康斯坦丁诺夫斯基庄园、阿加菲特斯基庄园、斯帕斯基庄园和特鲁涅夫斯基庄园的农民大多从事纺织工业；马林斯基庄园、基亚索夫斯基庄园、雅罗斯拉夫斯基庄园的农民从事的副业主要是商贸；彼得罗夫斯基庄园的农民则是麻绳、家具和篮篓制作；而谢苗佐夫斯基庄园的则是各类船只建造。

由于副业在农民经济中占据主导，商品化也随之向更高的程度发展。农民销售的主要商品不是简单的农业产品，而是投入劳动力和其他工具经过再

---

① ЦГАДА，ф. 1262，оп. 1，д. 6157，л. 10；д. 6282，л. 10.
② Там же，д. 6991，л. 2 об.
③ Там же，д. 6499，лл. 1 об. —3.
④ Там же，ф. 1290，оп. 3，д. 4743，л. 66 об.

生产的制成品。在这一方面，同农业型农民的副业有很大不同。此外，该类农民还有其他特点，例如，他们的生产活动在很大程度上摆脱了农奴制份地的束缚。当然，庄园中各阶层的农民，及其经济结构都带有这些特点。

在阶层划分方面，拥有 1 匹马和 1 头牛及以下，且副业形式为受雇打工的农户为贫农；拥有 1 匹马、2 头以上数量的母牛，或者从事手工业、小商品制造和小买卖的，以及拥有 2～3 匹马、3 头以下数量的母牛，且开设工业作坊和参与较大型规模贸易的为中农；拥有 2～3 匹马、4 头以上数量的母牛，以及拥有 4 匹以上的马，且开设工厂和大型贸易的为富农。当然，各庄园存在差异，在一些特殊的方面需要具体分析。例如，在上述庄园中，基亚索夫斯基庄园、索斯诺夫斯基庄园和彼得罗夫斯基庄园的劳动力和役畜数量是最少的，因此拥有 3 匹马以上的农户便可归为富农。而在谢苗佐夫斯基庄园、雅罗斯拉夫斯基庄园和科斯特罗姆斯基庄园，农民拥有的役畜数量相对较多，因此，拥有 2～3 匹马、5 头以上数量（谢苗佐夫斯基庄园应为 6 头以上）的母牛才可归为富农，而仅拥有 1 匹马和 2 头母牛的为贫农。

相比其他类型的庄园，农副混合型庄园在阶层方面最突出的特点在于，占优势地位的中农阶层在人数上占比较低（见表 5-3）。在这一方面，上述庄园可分为两类。第一类（基亚索夫斯基庄园、马林斯基庄园和索斯诺夫斯基庄园）的中农阶层是在 19 世纪初到 30 年代被排挤到农业经济边缘的，而第二类（斯帕斯基庄园、彼得罗夫斯基庄园和特鲁涅夫斯基庄园）的中农直到 30～40 年代，甚至 50 年代依然在庄园内保持人口方面的优势。整体来看，在 50 年代末时，各庄园中农在人口上的占比不足总数的一半，其中还有 6 个（索斯诺夫斯基庄园、特鲁涅夫斯基庄园、兹德金斯基庄园、阿加菲特斯基庄园、米哈伊洛夫斯基庄园和尤苏波夫家族的斯帕斯基庄园）低于 40%。值得注意的是，穆辛－普希金家族的谢苗佐夫斯基庄园在 30 年代末时，中农人口有一定程度的增长，而这是因为该庄园的富农（在 20 年代时，该阶层的人数最多）人数出现了十分少见的缩减现象。此外，这样的现象也出现在 20 年代末至 50 年代的彼得罗夫斯基庄园，这一时期的中农人数要多于 20 年代初的。

表 5 - 3　中部工业区和西北地区农副混合型庄园中各阶层农民在生产活动中的地位

单位：%

庄园	年份	贫农					中农					富农				
		户数所占比例	人数所占比例	赋税单位所占比例	牲畜（折合畜牛）所占比例	从事副业的男性劳动力所占比例	户数所占比例	人数所占比例	赋税单位所占比例	牲畜（折合畜牛）所占比例	从事副业的男性劳动力所占比例	户数所占比例	人数所占比例	赋税单位所占比例	牲畜（折合畜牛）所占比例	从事副业的男性劳动力所占比例
加林家族的基亚索夫斯基庄园	1817	37.4	30.5		17.7		43.9	45.9		47.8		18.7	24.6		34.5	
	1822	21.3	14.9		6.6	18.2	46.9	45.4		41	45.4	31.8	39.7		52.4	36.4
	1834	52.6	44.4		24.3	45.2	31.4	34.4		38.4	33.3	16	21.2		37.3	21.5
	1840	47.2	38	37.4	24.3	36	39.5	44.8	44.5	46.9	48.6	13.3	17.2	18.1	28.8	15.4
	1851	51.2	40.3	37.8	27.2	42.9	38.8	44.5	41.3	48.4	48.3	10	15.5	20.9	24.4	
	1858	53.8	43.2	42.2	31.9	42.9	39	44.5	45.7	52.6		7.2	12.3	12.1	15.5	8.8
加林家族的帕斯基庄园	1817	31.2	21.2		13.5	18.3	56.4	59		65.1	64.1	12.4	19.8		21.4	
	1823	24.9	15.8		8.9	25.4	59.6	60.8		63.4	57.6	15.5	23.4		27.7	17.6
	1828	32.6	21.9		14.2	37.9	50.8	54.6		64.5	46.7	16.6	23.5		29.3	17
	1834	46.8	36.2	42.2	26.4	42.7	37.0	42.9		49.3	41.8	16.2	20.9		24.3	15.4
	1840	53.8	44	38.7	31	42.4	29.6	37	38.5	42.5	40.5	16.6	19	19.3	26.5	15.5
	1856	56.1	40.4		28.5		30.6	40.6	42.7	50.9		13.3	19	18.6	20.6	17.1
加林家族的马林斯基庄园	1816	47.7	39.2		22.3		38.4	41.1		54.2		13.9	19.7		31.9	
	1828	53.3	43.3		25.3		38.2	46		54.7		8.5	10.7		20	

续表

庄园	年份	贫农					中农					富农				
		户数所占比例	人数所占比例	赋税单位所占比例	牲畜(折合畜牛)所占比例	从事副业的男性劳动力所占比例	户数所占比例	人数所占比例	赋税单位所占比例	牲畜(折合畜牛)所占比例	从事副业的男性劳动力所占比例	户数所占比例	人数所占比例	赋税单位所占比例	牲畜(折合畜牛)所占比例	从事副业的男性劳动力所占比例
加加林家族的索斯诺夫斯基庄园	1828	63	47	46	34.5		23	27	28	31.3		14	26	26	34.2	
	1835	63	48	49	30.9		11	16	17	17.6		26	36	34	51.5	
	1842	75	62	60	45.6		19	26	28	34.3		6	12	12	20.1	
	1853	77	63	62	46.7		17	26	29	36		6	11	9	17.3	
	1857	86	79	76	65		10	15	18	23.6		4	6	6	11.4	
	1860	84	73	71	60.7		12	18	19	24.6		4	9	10	14.7	
戈利岑家族的彼得罗夫斯基庄园	1824	36.3	27.5	23.8	20.8	20.2	42.2	41	41.4	43.4	49.5	21.5	31.5	34.8	35.8	30.3
	1828	46.3	34	31.4	28.8	21.8	44.7	51	53.3	53.3	53.8	9	15	15.3	17.9	24.4
	1834	41.7	28.6	28.4	21.7	22.2	51.2	57.8	57.2	63.2	57.5	7.1	13.6	14.4	15.1	20.3
	1854	46	38.9	32.4	31.2	35.3	47.4	50.6	57.4	54.3	52.9	6.6	10.5	10.2	14.5	11.8
	1857	49.7	41.9	36.5	37	38.8	48.3	54.2	59.1	58.3	56.2	2	3.9	4.4	4.7	5
	1860	51.3	44.3	40.1	40.3	40.5	44	47.2	50.9	48.3	50	4.7	8.5	9	11.4	9.5
穆辛-普希金家族的谢苗佐夫斯基庄园	1824	13.3	7.8	7.4	5.5		42	34.5	37.1	33.8		43	57.7	55.5	60.7	
	1837	25.8	16.3	13.8	12.1	42.3	46.6	46.7	49	47.5	42.2	27.6	37	37.2	40.4	44.2
	1847	22.8	16.6	15	13.2	45.9	77.2	83.4	85	86.9	47.6	资料被汇入中农阶层				

续表

庄园	年份	贫农					中农					富农				
		户数所占比例	人数所占比例	赋税单位所占比例	牲畜（折合畜牛）所占比例	从事副业的男性劳动力所占比例	户数所占比例	人数所占比例	赋税单位所占比例	牲畜（折合畜牛）所占比例	从事副业的男性劳动力所占比例	户数所占比例	人数所占比例	赋税单位所占比例	牲畜（折合畜牛）所占比例	从事副业的男性劳动力所占比例
尤苏波夫家族的特鲁涅夫斯基庄园	1825	8.1	1.6	2.6	4.1		63	68	65.9	42.8		18.9	30.4	31.6	53.1	
	1841	28.9	20.7	13.7	14.9	11.3	47.4	40.8	49.3	47.5	46.8	23.7	38.5	37	37.6	41.9
	1851	41.6	28.2	23.7	24	35.5	30.6	29.6	30.3	31.1	32.3	27.8	42.2	46	44.9	32.2
尤苏波夫家族的兹德金斯基庄园和切列列帕尼赫村	1836	61	54.8	41.2	28.7		31.7	39.3	42.6	49.7		7.3	5.9	16.2	21.6	
	1852	53.2	38.5	30.6	26.4		29.8	39.2	41.2	38.3		17	22.3	28.2	35.3	
尤苏波夫家族的阿汉格尔斯基庄园	1842	61.7	53.3	46.8	43.9		28	34.5	39.6	34.7		10.3	12.2	13.6	21.4	
	1851	52.1	43	36.3	31.3		40.2	47.2	51.8	49.1		7.7	9.8	11.9	19.6	
格鲁金斯基家族的捷列乌舍夫斯基庄园	1802	62.4	51.2		37.3		29.4	36.5		46.1		8.2	12.3		16.6	
杰米多夫家族的乌西切夫斯基庄园	1826	45.1	35.3		16.7		31.9	33.1		35		23	31.6		48.3	

续表

庄园	年份	贫农					中农					富农				
		户数所占比例	人数所占比例	赋税单位所占比例	牲畜（折合畜牛）所占比例	从事副业的男性劳动力所占比例	户数所占比例	人数所占比例	赋税单位所占比例	牲畜（折合畜牛）所占比例	从事副业的男性劳动力所占比例	户数所占比例	人数所占比例	赋税单位所占比例	牲畜（折合畜牛）所占比例	从事副业的男性劳动力所占比例
谢尔巴托夫家族的罗曼诺夫-鲍里索夫斯基庄园	1827	47.9	39.8		21		38.3	38.1		46.3		13.1	22.1		32.7	
舍列梅捷夫家族的尼克尔斯基庄园	1836	51.9	39.8	33.3	22.7		37.3	42.4	46.2	51.8		10.8	17.8	20.5	25.5	
舍列梅捷夫家族的康斯坦丁诺夫斯基庄园	1836	54.5	44.1	40	34.2	46.6	34.7	40.4	42.1	46	40.7	10.8	15.5	17.9	19.8	12.7
舒瓦洛夫家族的阿加特斯基庄园	1841	56.5	38.6	41.1	35.5	43.8	25.9	34.9	31.9	33.3	30.5	17.6	26.5	27	31.2	25.7
托尔布欣家族的米哈伊洛夫斯基庄园	1844	62.8	59.1		43.3		25	35.3		46.4		2.2	5.6		10.3	

续表

庄园	年份	贫农					中农					富农				
		户数所占比例	人数所占比例	赋税单位所占比例	牲畜(折合畜牛)所占比例	从事副业的男性劳动力所占比例	户数所占比例	人数所占比例	赋税单位所占比例	牲畜(折合畜牛)所占比例	从事副业的男性劳动力所占比例	户数所占比例	人数所占比例	赋税单位所占比例	牲畜(折合畜牛)所占比例	从事副业的男性劳动力所占比例
尤苏波夫家族的斯帕斯基庄园	1846	47.3	38.1	38.5	24.3	48.7	15.8	24.7	20.5	22.9	28.2	36.9	37.2	41	52.8	23.1
尤苏波夫家族的雅罗斯拉夫斯基庄园	1851	48.7	36.8	32.2	31.3	30.5	37.5	42.5	46.4	48.7	47.1	13.8	20.7	21.4	20	22.4
斯特罗加诺夫家族的斯鲁茨基庄园	1851	24.1	19	13.5	12.8		48.3	45.5	45.5	45.5		27.6	35.5		41.7	
尤苏波夫家族的舒金斯基庄园	1855	40.4	24.7	13.5	17.6		42.1	44	47.3	46		17.5	31.3	39.2	36.4	

另一个特点则是在贫农阶层方面。在 19 世纪 30～50 年代，有 11 个庄园的贫农在户数占比上超过了 50%，人数占比超过了 40%。只有 4 个庄园（谢苗佐夫斯基庄园、特鲁涅夫斯基庄园、斯鲁金茨基庄园和舒金斯基庄园）的贫农在人数占比上未超过 30%。在 20～40 年代，舒金斯基庄园的贫农人数增至巅峰，而特鲁涅夫斯基庄园的贫农人数巅峰则是在 20 年代。在这一时期，贫农阶层的主要变化趋势为人口和户数不断增长，且与 30～50 年代时相比，前者要更为明显，也就是说，在 20 年代之后，副业取代了农业在农民经济中的主导地位。

各农副混合型庄园的富农情况存在差异。有的庄园富农人数超过了三分之一，但也有的不足十分之一（50 年代的索斯诺夫斯基庄园、彼得罗夫斯基庄园和阿尔汉格尔斯基庄园）。富农阶层的主要变化趋势是人数不断减少，仅有 2 个庄园（特鲁涅夫斯基庄园和尤苏波夫家族的兹德金斯基庄园）除外。

正如前文所述，在其他类型的庄园中，中农在人口上占据优势，且阶层的变化并未改变这一局面。但在 19 世纪上半叶的农副混合型庄园，殖着副业开始发挥主导作用，中农也逐渐被排挤至农村经济的边缘。

以上便为农副混合型庄园的各阶层农民在生产活动中的特点。在 30～50 年代，仅有个别庄园，且在这一时期的个别阶段，中农的牲畜占有量超过总数的一半。从整体上看，富农和贫农的农业生产所占比例也呈直线下滑趋势。而在中农人数不断减少的庄园中，其农业生产所占比例的下滑幅度明显小于其人数减少幅度。这意味着，相比于处于农村经济边缘的阶层，中农与农业有着更加紧密的联系。

此外，农副混合型农村还有一个十分重要的特点，即相比于农业型农村，农副混合型农村的贫农和中农受到的剥削更加残酷，而前者地主的主要剥削对象是中农。

例如，在 14 个庄园中，有 10 个庄园的贫农赋税单位的所占比例超过三分之一。

各农民阶层在农业生产水平和规模方面存在差异（见表 5－4）。每户中农的牲畜数量为贫农的 2～3 倍，人均是后者的 1.5～2 倍。而在大多数庄园中，每户富农的牲畜数量是中农的 1.5 倍，人均是后者的 1.5 倍。但这种现

表 5 - 4 中部工业区和西北地区农副混合型庄园农民的副业活动、代役租规模和农耕生产情况

庄园	年份	贫农 性畜(牛)占有量(头) 户均	贫农 男性人均	贫农 每100名男性中的劳动力(人)	贫农 男性人均代役租(银卢布)	中农 性畜(牛)占有量(头) 户均	中农 男性人均	中农 每100名男性中的劳动力(人)	中农 男性人均代役租(银卢布)	富农 性畜(牛)占有量(头) 户均	富农 男性人均	富农 每100名男性中的劳动力(人)	富农 男性人均代役租(银卢布)	合计 性畜(牛)占有量(头) 户均	合计 男性人均	合计 每100名男性中的劳动力(人)	合计 男性人均代役租(银卢布)
加加林家族的基亚索夫斯基庄园	1817	1.6	0.5	48		3.7	0.9	50		6.5	1.3	55		3.5	0.9	51	
	1822	1.2	0.4	55		3.4	0.8	47		6.3	1.1	55		3.8	0.9	51	
	1834	1.2	0.3	55		3.4	0.7	55		6.6	1.1	51		2.8	0.6	54	
	1840	1.4	0.4	53	5.5	3	0.6	54	5.7	5.7	1.1	58	6.1	2.6	0.6	55	5.7
	1851	1.5	0.5	56	6.4	3.5	0.8	60	7.1	6.7	1.1	55	7.1	2.8	0.7	59	6.8
	1858	1.3	0.4	52	6.4	2.8	0.7	51	6.7	5.3	0.8	48	6.5	2.1	0.5	51	6.5
1858 年占 1817 年的百分比(%)		81.3	80	108		75.6	77.7	102		81.5	61.5	87		60	55.5	100	
加加林家族的斯帕斯基庄园	1817	1.8	0.6	57		4.7	1.1	51		7	1	49		4.1	1	52	
	1823	1.5	0.6	58		4.6	1	53		7.6	1.2	53		4.3	1	54	
	1828	1.6	0.5	54		4.2	0.9	55		6.5	1	46		3.7	0.8	53	
	1834	1.7	0.6	55		4.1	0.9	57		4.7	0.9	52		3.1	0.8	55	
	1840	1.5	0.4	55	6.6	3.6	0.7	58	7.1	4	0.9	56	7	2.5	0.6	57	6.9
	1856	1.3	0.5	57	6.9	4.1	0.9	58	7.5	3.8	0.8	53	7	2.5	0.7	57	7.1

庄园	年份	贫农 牲畜（牛）占有量（头）户均	男性人均	每100名男性中的劳动力（人）	男性人均代役租（银卢布）	中农 牲畜（牛）占有量（头）户均	男性人均	每100名男性中的劳动力（人）	男性人均代役租（银卢布）	富农 牲畜（牛）占有量（头）户均	男性人均	每100名男性中的劳动力（人）	男性人均代役租（银卢布）	合计 牲畜（牛）占有量（头）户均	男性人均	每100名男性中的劳动力（人）	男性人均代役租（银卢布）
	1856年占1817年的百分比（%）	72.2	83.3	100		87.2	81.8	114		54.3	80	108		61	70	110	
加加林家族的马林斯基庄园	1816	1.6	0.5	54	5.8	4.1	1	54	5.9	7.8	1.4	51	5.9	3.4	0.9	54	5.9
	1828	1.2	0.3	48	8.6	3.6	0.7	50	9.2	5.9	1.1	51	8.1	2.5	0.6	49	8.2
加加林家族的索斯诺夫斯基庄园	1828	1.9	0.8	53	7.3	4.6	1.2	57	7.8	8.1	1.4	51	7.9	3.4	1.1	54	7.5
	1835	1.7	0.7	51	7.7	5.4	1.1	53	8.7	6.8	1.5	48	7	3.4	1	50	7.9
	1842	1.6	0.7	56	7.1	5.1	1.2	55	9.5	9.7	1.7	58	9.1	2.8	1	56	7.5
	1853	1.8	0.8	56	7.4	6.2	1.5	62	8.2	8.8	1.6	48	8.1	2.9	1	57	7.5
	1857	1.7	0.7	50		5	1.3	67		7.1	1.6	52		2.2	0.8	53	
	1860	1.8	0.8	54		5.4	1.4	58		8.2	1.6	56		2.6	1	55	
	1860年占1828年的百分比（%）	94.7	100	102	128	117.4	116.6	102	139	101.2	114.2	110	137	75.6	90.9	102	127

续表

庄园	年份	贫农 牲畜（牛）占有量（头） 户均	男性人均	每100名男性中的劳动力（人）	男性人均代役租（银卢布）	中农 牲畜（牛）占有量（头） 户均	男性人均	每100名男性中的劳动力（人）	男性人均代役租（银卢布）	富农 牲畜（牛）占有量（头） 户均	男性人均	每100名男性中的劳动力（人）	男性人均代役租（银卢布）	合计 牲畜（牛）占有量（头） 户均	男性人均	每100名男性中的劳动力（人）	男性人均代役租（银卢布）
戈利岑家族的彼得罗夫斯基庄园	1824	1.7	0.6	45	0.4	3.1	0.9	49	0.5	5.2	1	48	0.5	3	0.9	48	0.5
	1828	1.5	0.6	46	0.4	2.8	0.6	49	0.4	4.8	0.8	48	0.4	2.4	0.6	48	0.4
	1834	1.5	0.5	48	0.5	3.3	0.7	51	0.5	5.5	0.7	51	0.5	2.6	0.7	50	0.5
	1854	1.7	0.6	50	0.4	2.8	0.7	52	0.5	5.4	0.9	55	0.4	2.5	0.7	52	0.4
	1857	1.7	0.6	50	0.4	2.5	0.6	52	0.4	5	0.7	52	0.4	2.1	0.6	51	0.4
	1860	1.4	0.4	49	0.4	1.9	0.5	54	0.4	4.2	0.6	45	0.4	1.8	0.5	51	0.4
1860年占1824年的百分比（%）		82.4	66.6	109	100	61.3	55.5	110	80	80.8	60	93.8	80	60	55.5	104	80
穆辛-普希金家族的谢苗佐夫斯基庄园	1824	2.6	1	28	6.6	5	1.3	51	7.6	8.4	1.4	47	6.7	6.2	1.4	47	7
	1837	3.1	1.1	50	6.3	6.7	1.5	56	7.8	9.6	1.6	54	7.6	5.3	1.2	55	7.5
	1847	2.5	0.9	46	9.4	6.7	1.2		9.4	算入中农				5.2	1.1	53	10.4

续表

庄园	年份	贫农 牲畜（牛）占有量（头） 户均	男性人均	每100名男性中的劳动力（人）	男性人均代役租（银卢布）	中农 牲畜（牛）占有量（头） 户均	男性人均	每100名男性中的劳动力（人）	男性人均代役租（银卢布）	富农 牲畜（牛）占有量（头） 户均	男性人均	每100名男性中的劳动力（人）	男性人均代役租（银卢布）	合计 牲畜（牛）占有量（头） 户均	男性人均	每100名男性中的劳动力（人）	男性人均代役租（银卢布）
尤苏波夫家族的特鲁涅夫斯基庄园	1825	2	3		11.5	2.7	0.8		6.8	11	2		7.3	3.9	1.2		7
	1841	1.9	0.8	38	4.9	3.7	1.2	62	9	6.6	1	48	7.1	3.7	1	50	7.4
	1851	2.9	1.1	55	6.3	5.5	1.4	57	7.7	8.2	1.4	58	8.2	5.1	1.3	57	7.5
尤苏波夫家族的兹诺捷镇与切列帕尼哈村	1836	2	0.7	38	5.5	6.5	1.6	58	8	12.3	4.6	63	19.9	4.2	1.3	47	7.3
	1852	3.1	1.4	49	6.8	8	1.9	64	9	12.9	3.1	67	10.8	6.2	2	59	7.5
尤苏波夫家族的阿尔汉格尔斯基庄园	1842	2.2	0.7	47	4.9	3.7	0.9	55	6.5	6.5	1.5	56	6.3	3.1	0.9	51	5.6
	1851	2	0.7	50	7.5	4	1	58	9.7	8.3	1.8	63	10.8	3.3	0.9	55	8.9

续表

庄园	年份	贫农				中农				富农				合计			
		牲畜（牛）占有量（头）		每100名男性中的劳动力（人）	男性人均代役租（银卢布）	牲畜（牛）占有量（头）		每100名男性中的劳动力（人）	男性人均代役租（银卢布）	牲畜（牛）占有量（头）		每100名男性中的劳动力（人）	男性人均代役租（银卢布）	牲畜（牛）占有量（头）		每100名男性中的劳动力（人）	男性人均代役租（银卢布）
		户均	男性人均			户均	男性人均			户均	男性人均			户均	男性人均		
格鲁金斯基家族的捷列乌舍夫斯基庄园	1802	1.7	0.8	45		4	1.3	56		5.7	1.5	61		2.8	1.2	51	
德米特里耶夫家族的乌斯舍夫斯基庄园	1826	1.8	0.8	46		5.3	1.8	57		10	2.6	55		4.8	1.7	52	
谢尔巴托夫家族的罗曼诺夫-鲍里索格列布斯基庄园	1827	1.5	0.7	54		4.1	1.6	62		8	2	71		3.4	1.3	61	

续表

庄园	年份	贫农				中农				富农				合计			
		牲畜（牛）占有量（头）		每100名男性中的劳动力（人）	男性人均代役租（银卢布）	牲畜（牛）占有量（头）		每100名男性中的劳动力（人）	男性人均代役租（银卢布）	牲畜（牛）占有量（头）		每100名男性中的劳动力（人）	男性人均代役租（银卢布）	牲畜（牛）占有量（头）		每100名男性中的劳动力（人）	男性人均代役租（银卢布）
		户均	男性人均			户均	男性人均			户均	男性人均			户均	男性人均		
舍列梅捷夫家族的尼克尔斯基庄园	1836	1.1	0.5	52	2.8	3.6	1.1	50	3.7	6.1	1.2	49	3.9	2.6	0.9	51	3.4
舍列梅捷夫家族的康斯坦丁诺斯基庄园	1836	2.1	0.8	48	3.1	4.4	1.2	55	3.6	6.1	1.3	48	3.9	3.3	1.1	51	3.4
舒瓦洛夫家族的阿加菲特斯基庄园	1841	1.7	0.7	50	7.6	3.5	0.7	38	6.5	4.8	0.9	46	7.5	2.7	0.8	45	7.2

续表

庄园	年份	贫农				中农				富农				合计			
		牲畜（牛）占有量（头）		每100名男性中的劳动力（人）	男性人均代役租（银卢布）	牲畜（牛）占有量（头）		每100名男性中的劳动力（人）	男性人均代役租（银卢布）	牲畜（牛）占有量（头）		每100名男性中的劳动力（人）	男性人均代役租（银卢布）	牲畜（牛）占有量（头）		每100名男性中的劳动力（人）	男性人均代役租（银卢布）
		户均	男性人均			户均	男性人均			户均	男性人均			户均	男性人均		
托尔布欣家族的米哈伊洛夫斯基庄园	1844	1.3	0.5	52		4.4	0.9	49		10	1.3	60		2.2	0.7	53	
尤苏波夫家族的斯帕斯基庄园	1846	1.9	0.5	59	7.6	5.3	0.7	63	6.2	5.4	1	58	8.3	3.7	0.7	60	7.5
尤苏波夫家族罗斯拉夫斯基庄园	1851	2.4	1.2	56	6.6	4.7	1.7	64	8.2	5.3	1.4	53	7.8	3.6	1.5	59	7.5

248

续表

庄园	年份	贫农				中农				富农				合计			
		牲畜（牛）占有量（头）		每100名男性中的劳动力（人）	男性人均代役租（银卢布）	牲畜（牛）占有量（头）		每100名男性中的劳动力（人）	男性人均代役租（银卢布）	牲畜（牛）占有量（头）		每100名男性中的劳动力（人）	男性人均代役租（银卢布）	牲畜（牛）占有量（头）		每100名男性中的劳动力（人）	男性人均代役租（银卢布）
		户均	男性人均			户均	男性人均			户均	男性人均			户均	男性人均		
斯特罗加诺夫家族的斯鲁金茨基庄园	1851	3.7	1.1	43		6.6	1.7	51		10.6	2	53		7	1.7	50	
尤苏波夫家族的舒金斯基庄园	1855	2.4	1.2	41	5.1	6.1	1.7	47	10.1	11.6	1.9	52	11.7	5.6	1.6	47	9.3

象并非各阶层农业生产的本质差异，特别是富农与中农的。例如，有分之一
以上的庄园（19 世纪 50 年代末的基亚索夫斯基庄园、斯帕斯基庄园、彼得
罗夫斯基庄园、特鲁涅夫斯基庄园、尼克尔斯基庄园和康斯坦丁诺夫斯基庄园
等），富农和中农的人均牲畜数量几乎没有差别。而在彼得罗夫斯基庄园和阿加
菲特斯基庄园，中农和贫农的人均牲畜数量相差不大。因此，在副业广泛发展
的背景下，各农民阶层在农业水平方面的差距并不大，因此后者并不能反映各
阶层在经济生产力方面的真实差异。与农业型农村不同，农副混合型农村的农
民经济水平和规模并未出现普遍下滑和萎缩。在 9 个资料较全的庄园中，有 4
个（索斯诺夫斯基庄园、特鲁涅夫斯基庄园、兹德金斯基庄园和阿尔汉格尔
斯基庄园）的人均牲畜数量在不断增长。此外，那些出现农业水平下降的农
副混合型庄园，下滑幅度最大的并非中农或贫农，而是富农。例如，截至 50
年代末，基亚索夫斯基庄园的贫农在人均牲畜数量方面下降了 20%，中农为
22.3%，而富农为 38.5%。斯帕斯基庄园相应的阶层分别下降了 16.7%、
18.2% 和 20%，而彼得罗夫斯基庄园的分别为 33.3%、44.5% 和 40%。

在代役租的规模方面，农副混合型庄园的各阶层农民与其他类型的农民
基本一致。但在大多数情况下，前者要略低于后者，特别是中农和富农的，
换言之，在农副混合型庄园，贫农和部分中农受到的剥削，比富农更加残酷。

然而，大多数农副混合型庄园并没有提到其他类型的农民截至 50 年代
末其外出打工者的数量所占比例。在各庄园的资料中，只有 12 个提到了这
类农民的占比，但仅为其粮食播种、收成和储存情况（见表 5-5）。这些资
料反映了贫农的粮食拥有情况较差，很难做到自给。

表 5-5　副业发展与农民粮食占有情况

单位：俄石，%

庄园	时间	粮食	经济群体					
			人均粮食占有量			男性打工者所占比例		
			贫农	中农	富农	贫农	中农	富农
基亚索夫斯基庄园	1822 年		—	—	—	21	20	16
	1840 年	播种	0.9	1	1.4	61	69	54
	1858 年 1 月	储备	0.5	1.1	2.1	72	81	57

续表

庄园	时间	粮食	经济群体					
			人均粮食占有量			男性打工者所占比例		
			贫农	中农	富农	贫农	中农	富农
斯帕斯基庄园	1823 年		—	—	—	64	63	45
	1840 年	播种	1.3	1.4	1.4	70	78	59
	1858 年 10 月	储备	1.8	3	3	89	83	82
		垛	1.1	1.7	2.6	—	—	—
马林斯基庄园	1828 年 11 月	垛	—	—	—	41	63	71
彼得罗夫斯基庄园	1824 年							
	1828 年 1 月	储备	0.3	0.4	0.4	33	50	78
	1860 年		—	—	—	78	83	100
谢苗佐夫斯基庄园	1837 年		—	—	—	86	77	81
	1847 年	播种	0.4	0.6	0.7	100	89	91
阿尔汉格尔斯基庄园	1842 年 10 月	储备	0.7	1.5	1.1	—	—	—
	1851 年 11 月	储备	0.4	0.5	0.6	—	—	—
特鲁涅夫斯基庄园	1841 年 11 月	储备	0.6	1	1.6	25	85	100
兹德金斯基庄园	1852 年 3 月	储备	1.7	1.8	4.8	—	—	—
尼克尔斯基庄园	1836 年	总产量	2.5	3.4	4.8	—	—	—
康斯坦丁诺夫斯基庄园	1836 年	总产量	3.4	4.1	4.4	100	84	80
尤苏波夫家族的雅罗斯拉夫斯基庄园	1851 年 5 月	储备	2.5	3.3	4.2	73	84	100
舒金斯基庄园	1855 年	播种	0.4	1.1	1	—	—	—
阿加菲特斯基庄园	1841 年		—	—	—	97	100	92
尤苏波夫家族的斯帕斯基庄园	1851 年		—	—	—	86	73	43

　　糟糕的役畜和工具情况使贫农难以维持必要的农业生产水平。在上述所有庄园中，绝大多数的贫农是无马户。例如，在 1822 年的基亚索夫斯基庄园，无马农户占贫农总户数的 17.2%，1858 年时，增至 38.3%；在 1817 年

的斯帕斯基庄园，无马农户占贫农总户数的比例为 26.9%，1856 年增至 57.8%；在 1828 年的索斯诺夫斯基庄园，所占比例为 32.4%，1860 年增至 62.2%。有一些无马农户没有任何的役畜，因此无法进行农耕，他们不得不将土地出租给同村农民。例如，1827 年戈利岑家族的彼得罗夫斯基庄园的资料显示，有 25 户农民没有进行春播①。1823 年 5 月，基亚索夫斯基庄园的管家给莫斯科办公厅寄去了一份包含 26 个农民的名单，这些农民无一例外地将份地出租了出去②。

　　显然，贫农无力应对日益繁重的赋税，对此，地主采取了一些措施。在农副混合型农村，最为常见的是贷款和贷粮，通常，这些事宜由村社承担。例如，基亚索夫斯基庄园的总管在 1816 年时记录道："在村社的帮助下，贫穷的农民们播种了粮食，修缮了房屋，一切再次回归正轨。"③ 同村的富农有时也会成为放贷者，此外，贫农也会去地主那里做工，以换取薪酬。

　　尽管上述"帮扶"手段对贫困农民来说有一定的作用，但他们解决生产资料匮乏问题最主要的途径是受雇打工，即出卖劳动力。据该类型庄园的资料反映，在贫农阶层中，副业已相当普遍。在 19 世纪 30 ~ 50 年代的上述庄园中，有 50% ~ 100% 的男性贫农从事副业（见表 5 - 5）。

　　从副业类型来看，贫农从事的较为单一，几乎全部为受雇打工。

　　因此，在农副混合型农村，贫农的主要收入来源是受雇打工。但是，在当时的经济状况下，这种雇佣劳动是带有半奴役或奴役性质的。

　　在粮食播种和储量上，中农要多于贫农，特别是在日常口粮自给度方面。然而，大多数中农仍无法仅通过农耕来满足自身全部的需求。因此，他们主要的经济来源是副业，相比贫农，中农从事的副业有着实质性的区别。首先，许多农民从事副业，只不过是作为农耕经济的补充。例如，在尼克尔斯基庄园、康斯坦丁诺夫斯基庄园、舒金斯基庄园和雅罗斯拉夫斯基庄园，中农的人均粮食产量超过 2 俄石，而这意味着，中农的大多数生活资料是通过农耕获得的。

---

① ЦГАДА，ф. 1263，оп. 2，д. 150，л. 130.

② Там же，д. 6003，л. 59.

③ Там же，д. 5969，л. 29 об.

　　其次，手艺活和小商品生产在中农阶层中十分常见。例如，在 19 世纪 50 年代末的彼得罗夫斯基庄园，大多数中农从事小商品生产（藤制家具和篮篓、皮鞋、裁缝衣物）。1854 年，在 108 名从事副业的农民中，有 66 人是这种生产小商品的"家内制"手工业者，1857 年时，123 人中有 66 人，1860 年时，121 人中有 74 人。手艺人和手工业者大多数为中农，尽管如此，中农最重要的副业形式仍是受雇打工。

　　因此，中农本质上仍是小农和小手工业者，他们的大多数生产和生活资料仍是通过小农生产来自给的。

　　各庄园富农的粮食情况有所不同（见表 5 - 5）。在基亚索夫斯基庄园、特鲁涅夫斯基庄园、兹德金斯基庄园、尼克尔斯基庄园和雅罗斯拉夫斯基庄园，富农的粮食播种量和储存情况有两方面的特点：首先是规模相对较大，其次是多于中农。一些富农不仅能够实现完全的自给，而且有能够变成商品的剩余产品。同时，绝大多数的购买和租用土地也为富农所拥有。例如，在 1835 年的索斯诺夫斯基庄园，所有的购买耕地土地（179 俄亩）均为富农占有。当然，富农间购买土地的规模也不尽相同，其中一些的占有量相当巨大。

　　值得注意的是，一些庄园富农的粮食播种量和储存量不及中农。这类庄园包括斯帕斯基庄园、彼得罗夫斯基庄园、阿尔汉格尔斯基庄园、康斯坦丁诺夫斯基庄园和舒金斯基庄园。就这些庄园来看，中农和富农在农业生产方面没有实质性的区别。绝大多数富农在从事农业生产时，主要依靠的是家庭劳动力。富农的生产与中农的区别在于，前者有更多的产品进入市场，且能够获得更多的利润用于购买和租用土地。

　　在副业类型方面，大多数富农从事的副业带有资本企业性质。当然，各庄园有所不同。在 1836 年舍列梅捷夫家族的康斯坦丁诺夫斯基庄园，18 户富农中有 16 户开设作坊、工厂或从事商贸。其中，有 11 户生产金属丝线、2 户生产皮革制品、1 户开设磨坊和染坊、2 户从事商贸。在这 16 户中，有 11 户使用了雇佣劳动力。据统计，一共拥有 18 名家庭劳动力和 69 名雇佣劳动力，而且每户使用的雇佣劳动力数量均超过了家庭劳动力，换言之，这些副业生产活动主要依靠的是雇佣劳动力。具体而言，2 个工业作坊各使用

了 2 名雇佣劳动力（家庭劳动力分别为 1 名），5 个各雇用了 6~7 名劳动力
（家庭劳动力 1~3 名）。一名叫库兹马·阿列克谢耶夫的富农开设了一家拥
有 21 只砂轮的皮革工厂，并雇用了 21 名劳动力[1]。

在舒瓦洛夫家族的阿加菲特斯基庄园的 15 户富农中，有 13 户开设了丝织
和造纸作坊，共拥有 128 张机器。其中，2 户各拥有 3 张，4 户各拥有 4 张，1
户拥有 10 张，1 户拥有 12 张，1 户拥有 14 张，3 户各拥有 15 张，1 户拥有 25
张。在雇佣劳动力方面，相关资料并未明确记录，只是称一共有 30 名家庭劳
动力。或许，甚至那些仅拥有 3~4 张机器的作坊也使用了雇佣劳动力，而那
些更大的企业毫无疑问带有明显的资本主义特点。当然，它们本身也可能是
一些大型企业的分支。例如，关于庄园里工业家伊万·彼得罗夫的资料显示，
他拥有 25 张生产细纱的机器，但他"只是在给其他老板打工"[2]。

在加加林家族的斯帕斯基庄园，富农主要有两个投资方向。首先是去黑土
区的省份租用磨坊。他们只需花费几百卢布，便可以租下磨坊，并且雇用一些
劳动力。例如，在 1823 年，斯帕斯基庄园的富农租用了 33 个磨坊，共花费了
23400 卢布，也就是说，平均每个磨坊仅需要 700 卢布。个别富农还租用了较
大的磨坊。例如，德米特里·叶菲莫夫花费 3000 卢布在克利亚兹马河旁租用
了一个磨坊[3]。尼古拉·伊万诺夫租用了 3 个磨坊（一个在梁赞省，另两个在
坦波夫省），共花费了 6000 卢布[4]。显然，租用磨坊是资本主义企业性质的。

其次，19 世纪 50 年代末，斯帕斯基庄园的富农还广泛开设了细平布工
厂。1856 年，这里的富农共开设了 22 家这样的工厂。其中的 14 家共拥有
185 张机器，3 家各拥有近 10 张（7~9 张），7 家各拥有 10~13 张，还有 4

---

① ЦГИА，ф. 1088，оп. 9，д. 292，л. 10 и сл.，с. Константиновское，двор № 61.

② ЦГИАЛ，ф. 1092，оп. 1，д. 1375，л. 390 и сл.，дер. Бокова，дворы № 6 и 29.

③ ЦГАДА，ф. 1262，оп. 6，д. 20，дер. Леонтьево，двор No 58. Например，в 1848
г. семенцовские крестьяне продали в г. Торжке 95 барок по 550—620 руб. ассигн. за барку
（там же，ф. 1270，оп. 1，д. 5556，л. 2）．

④ Там же，дер. Костомарово，двор No 46. Юсуповых家族的罗曼诺夫 - 鲍里索格列布斯基庄
园的富农大量开设磨坊。1851 年时，34 户富农中有 18 户开设磨坊（там же，ф. 1290，
оп. 3，д. 7503）．

家拥有 13 张以上。由于这类作坊使用的家庭劳动力数量不会超过 2~3 人，因此即使是在小型工厂，主要劳动力类型也是雇佣劳动力。在斯帕斯基庄园，最大的工厂是季莫费·谢苗诺夫开办的（细平布工厂），共拥有 40 张机器，而仅次于他的是由伊万·伊林开设的工厂，后者开设了 2 家工厂，共有 27 张机器①。可以肯定的是，斯帕斯基庄园中有四分之一的富农在莫斯科开设了工厂，并且和家人常住在此。

同斯帕斯基庄园的富农一样，特鲁涅夫斯基庄园的富农也广泛开设作坊或工厂。1841 年，该庄园的 9 户富农中，有 6 户开设了工厂，一些是皮革制造，另一些是醋场②。在 1846 年的斯帕斯基庄园，7 户富农中有 6 户开设了纺织业工厂③。后来，这些工厂成为富农们的主要关注对象，因此，在这一时期，富农已经转型为农民资本家。

在穆辛－普希金家族的谢苗佐夫斯基庄园中，农民广泛从事各类船只的建造。1824 年 10 月，有 45 户富农（共 67 户）为此购买了 63500 卢布的木材，1837 年时，这 45 户富农共建造了 249 艘平底船。每艘平底船的建造成本为几百卢布，且需要大量的劳动力④。因此，在农民群体中，有能力建造平底船的，必然也是大企业家。例如，在 1852 年，14 人共建造了 182 艘平底船，其中，瓦西里·费多罗夫建造了 27 艘，卢卡·格拉西莫夫建了 25 艘，彼得·奥西波夫建了 24 艘⑤。

由此可见，富农在工业和建造业领域中进行企业资本活动并广泛发展也是农副混合型农村的特点之一。当然，其他领域中的企业资本活动也有很大程度的发展，例如商贸业。资料显示，许多庄园的富农从事商贸，加加林家族的马林斯基庄园（科洛马斯基县）就是这方面的一个典例。1816 年时，

---

① ЦГАДА, ф. 1262, оп. 6, д. 150, дер. Костомарово, двор № 38 и дер. Лесньтьево, двор No 13.

② ЦГАДА, ф. 1290, оп. 3, д. 3592. Подворная опись.

③ Там же, д. 3386. Подворная опись.

④ 例如，1848 年，谢苗佐夫斯基庄园的农民在托尔若克以每艘 550~620 纸卢布的价格出售了 95 艘平底船（там же, ф. 1270, оп. 1, д. 5556, л. 2）。

⑤ Там же, д. 6302, л. 6.

该庄园的 43 户富农中，有 29 户从事商贸，商品主要为从草原地区购入的小型牲畜。这些农民的贸易总收入为 21.06 万卢布，即每户 7300 卢布。具体而言，有 5 户的贸易收入为 200～500 卢布，12 户为 1000～1200 卢布，7 户为 3000～5000 卢布，3 户为 1 万卢布，1 户为 5 万卢布，1 户为 8 万卢布。由此可见，其中有两户的贸易收入占总收入的一半，他们是奥西普·扎哈罗夫和叶菲姆·费多罗夫，前者的贸易收入为 5 万卢布，家中拥有 10 匹马和 3 头母牛，后者的贸易收入为 8 万卢布，家中拥有 12 匹马和 2 头母牛[1]。

截至 19 世纪 20 年代末，马林斯基庄园已呈现一定程度的农民分化。1828 年，27 户富农中有 20 户从事商贸。18 户的贸易总收入（另 2 户缺乏数据）为 18.2 万卢布，平均每户为 1.01 万卢布。而贸易收入高于 5000 卢布的农户从 1816 年的 5 户增长至 9 户。

除马林斯基庄园，其他庄园的富农也广泛从事商贸。例如，在 1840 年的基亚索夫斯基庄园，26 户富农中有 13 户从事商贸，其中有一些还成了大商人。资料显示，名叫帕维尔·米哈伊洛夫的农民和他的儿子们在莫斯科开办了三家小酒店，1840 年获利 1500 卢布；瓦西里·彼得罗夫经营贵重商品贸易获利 2000 卢布[2]。此外，许多农民在自己宅园旁边开设了小商店，每逢集市日就能出售大量商品[3]。在该庄园中，一些富农拥有巨量的财产。例如，加夫里拉·哈尔拉姆皮耶夫在 1840 年时的财产为 1 万卢布，他曾花费 2500 卢布来租用磨坊[4]。

在尤苏波夫家族的雅罗斯拉夫斯基庄园中，也有许多农民商人。他们中的大多数人在彼得堡或其他城市开设小商店。而在戈利岑家族的彼得罗夫斯基庄园，大多数富农从事商贸。

因此，在副业领域，一些富农已经成为大资本企业主或商人。此外，富

---

[1] ЦГАДА，ф. 1262，оп. 1，д. 7081，с. Малино，двор № 88，дер. Харина，двор № 14.

[2] ЦГАДА，ф. 1262，оп. 1，д. 6467，с. Киясовка，дворы № 70 и 79.

[3] 1861 年，地主为了自身利益，命管家发布通知，要求开设或租用小商店的农户，凡非集市日均不得开张（там же，д. 7030，л. 10）。

[4] Там же，д. 6467，с. Ситни，двор № 18.

农阶层中也有手工业农民，甚至受雇打工的农民。但富农主要的副业类型是在工业和商贸领域从事企业活动。整体来看，这类农民的经济状况要比从事农业的好很多。在后者所在的群体中，最为常见的副业类型是小商品制造，这种经济模式既保留了自然经济特征，又在工业和商贸业方面带有资本企业性质。

以上便为非黑土区农副混合型农村社会经济的主要发展特点。该部分所用的图表、数据等，均来自 П. Г. 雷恩德久诺斯基、В. А. 费多罗夫和 М. Д. 库尔马切夫等学者对中部工业区农副混合型领地内农民分化问题的研究[1]。

二　副业型农民

在 19 世纪上半叶的非黑土区，特别是中部工业区，有大量的地主农民彻底抛弃了农耕，专事副业活动。

对此，笔者挑选了一些存在大量彻底抛弃农耕活动的农民的农村庄园，以及一些位于工业中心周边的农村（在他们的经济生活中，副业发挥了主导作用）。第一类包括一些著名的工业村庄，例如：帕夫洛夫村、沃尔斯马村、韦利科耶村等，这些村庄的共同特点是几乎不存在农耕活动。第二类包括舍列梅捷夫家族的伊万诺夫斯基庄园，该庄园中的一些村庄位于工业中心周边，这里的农业仅是副业的补充。

在副业型庄园中，各阶层的农民都表现出了明显的商品货币特点。农民所销售的，不是简单的原料产品，而是经过再生产的商品。为了研究副业型农民的经济情况和特点，笔者使用了一些庄园资料。

在雅罗斯拉夫斯基县的韦利科耶村，有两份关于副业型农民的记录，分

---

① П. Г. Рындзюнский. Расслоение крестьянства и классовая борьба в крепостной вотчине в 20 – х годах X ？ X века.《Исторические записки》, 1938, т. 4; В. А. Федоров. Крестьяне подмосковной вотчины в первой половине XIX века（по материалам Богородской вотчины Голицыных）.《Научные доклады Высшей школы. Исторические науки》, 1960, N 4; В М. Д. Курмачева. Социальное расслоение крестьян в ардатовских вотчинах Голицыных в конце XVIII—середине XIX в.《Ежегодник по аграрной истории, 1961》. Рига, 1963.

别写于 1835 年和 1853 年。笔者根据这两份资料，对副业型农民进行了阶层划分。仅受雇打工，且没有任何役畜的为贫农；从事手艺活、小手工业、受雇打工和从事商贸（贸易收入低于 1000 纸卢布）的为中农；从事商贸（贸易收入超过 1000 纸卢布），以及开设作坊或工厂，且主要依靠雇佣劳动力进行生产的为富农。在 19 世纪上半叶，韦利科耶村有一位非常有名的采矿主，名叫雅科夫列夫，1780 年，他以 25 万卢布的价格从 И. И. 马特维耶夫手中购买了一个庄园①，村民皆为代役制。1785 年，该庄园的代役租为每人 4.5 纸卢布，或 4 银卢布②；1835 年时，代役租约为 27 纸卢布，或 7.5 银卢布③；50 年代末时，增至 10 银卢布④。而此时国家、地方和村社的其他捐税额为每人 5 银卢布⑤。

正如前文所述，韦利科耶村并非农业村庄。例如，1835 年，全村 559 户仅有 74 匹耕马，而在 1853 年时，617 户仅有 135 匹。1853 年全村的冬播量仅为 316 俄石。据统计，全村的耕地面积为 1070 俄亩，而在 19 世纪 50 年代时，绝大多数都未耕种。在收入方面，1835 年，全村的农业收入仅占总收入的 6.2%。1835 年，全村从事副业的农户有 490 户，而 1853 年时为 595 户。该村农民主要从事鞋靴、手套、编织物、锻造品、亚麻制品、纱线、粗布和麻布，以及其他纺织品和粮食产品的生产及销售。值得注意的是，韦利科耶村的农民不仅从事商品生产，也进行商贸销售。1835 年，从事商贸的有 119 户，1853 年时增至 165 户。1835 年时的贸易总收入为 23 万纸卢布，或 6.5 万银卢布，而 1853 年时增至 36 万银卢布。由此可见，韦利科耶村实际上成为一个大型贸易村。每年的 2 月至 10 月，村庄会举办大型交易会。例如，1829 年，各类商品销售额为 34.8 万卢布，其中粗布和麻布

① ЦГИА，ф. 51，Товарищество Алапаевских горных заводов наследников С. С. Яковлева，оп. 1，д. 781，лл. 1—1 об.
② Там же，д. 992，л. 3 об.（сумма оброчного оклада）；д. 781，лл. 1—1. об.（количество населения）.
③ Там же，д. 1122，л. 25（оброчный оклад）；д. 786，лл. 1—1 об.（количество населения）.
④ Там же，д. 896，47—48；дд. 791，898.
⑤ Там же，ф. 51，оп. 1，д. 791，л. 1；д. 792，л. 21 об.

占 28 万卢布。1831 年，销售额为 25 万卢布，其中麻布和粗布占 20 万卢布，而马匹和马驹共销售了 713 匹①。此外，交易会上还有许多小商店（1835 年全村共有 105 家）。

在 1835 年的韦利科耶村，贫农的户数所占比例为 43.2%，1853 年时增至 59.1%，也就是说，该阶层农民的户数从全村的三分之一增至一半以上。但是，贫农除基本的生活资料几乎没有任何财产。

中农在 1835 年的户数所占比例为 42.8%，但在 1853 年时降至 25%。此外，中农在其他方面的数据也呈急剧下滑趋势，例如其牲畜所占比例从 43.1% 下降至 21.6%②。然而，1853 年时，中农的冬播量占全村总量的 53.5%。也就是说，当韦利科耶村的村民陷入窘境时，为了维持生存，便会与土地产生更为紧密的联系，而其中最明显的当属中农。

富农在 1835 年时的户数所占比例为 14%，1853 年时增至 15.9%。在财产方面，1835 年，富农财富占全村总财富（牲畜、生活资料、工业和农业经济情况）的 36.9%，1853 年时增至 50.1%。值得注意的是，在 19 世纪 30 年代，富农所掌握的货币已占全村总数的 83.6%。

因此，韦利科耶村的农民分化，以及各阶层农民经济地位的特点为，大多数农民处于被剥削的一极，而小部分掌握大量资源和财富的农民处于另一极。正如资料所反映的，中农被逐渐排挤至经济的边缘。

对于韦利科耶村的贫农而言，他们不仅全部无马，而且没有其他的生产资料。1835 年，242 户中仅有 33 头母牛，1853 年时，365 户中仅有 27 头；进行农业播种的也仅有 19 户。1835 年的农业收入为户均 7.8 卢布。贫农主要的工作是受雇打工。在一些贫农家中，女性会从事"家内制"手工业作为打工的补充。但是，"家内制"手工业也是雇佣性质的，因为他们纺织所需要的亚麻是他人提供的。由此可见，许多贫农无法成为工厂主，在很大程度上是因为缺乏男性劳动力，也正因如此，才有了"家内制"手工业。

---

① Там же, ф. 51, оп. 1, д. 782, лл. 2; д. 792, л. 21 об.
② 1853 年，在确定各阶层的基础设施和牲畜所占总财产的比例时，未将禽类、粮食、干草、蜂蜜、宅园、农具和衣物算入，因为当年未计算这几类的财产价值。

　　1835 年，贫农的农业收入为 7.8 卢布，而"家内制"手工业的收入为 118 卢布，共计户均 158 纸卢布，或人均（男性）75 纸卢布。其中，农民需要拿出 36 卢布（占总收入的 22.2%）用于缴纳代役租。而且，贫农还背负着巨大的欠款（户均 89.1 卢布）。这些欠债既有村庄外的，也有村庄内的。此外，一些贫农拥有闲置的小商店和铁铺，这意味着，可能在此之前，这些农民属于其他阶层。

　　在韦利科耶村，农奴主使用着自己的劳动力，而对贫农而言，受雇打工就是唯一的收入来源，而这就是该村社会经济的面貌。

　　中农的财产和经济状况要好于贫农。1835 年时中农的户均收入为 372 纸卢布，人均（男性）124 纸卢布。同时，绝大多数中农阶层不从事农耕。1835 年时，239 户中农仅有 30 匹马，1853 年时，154 户有 60 匹。1853 年进行冬播的仅有 45 户。

　　中农的主要收入来源是副业。1835 年时中农的农业收入为 25.8 卢布，家庭手工业的收入为 47 卢布，而其他副业的收入为 299 卢布。中农的副业有三种类型，分别为：受雇打工、手艺活和小商品生产、商贸。在韦利科耶村，最常见的是手艺活和小商品生产。1853 年时，有 152 户的 308 名男性从事副业（据统计，中农共 154 户，成年男性有 280 人，也就是说，其中还有许多童工）。其中，受雇打工的有 47 人，从事手艺活和小商品生产的有 171 人，从事商贸的有 90 人。在小商品生产方面，最主要的产品是鞋靴（1853 年时，从事该产品生产的有 70 人），其次是手套缝纫（约有 40 人）、锻造（20 人以上）、皮具制造等。而中农从事的受雇打工，大多与商贸有关，但就整体而言，中农所从事的商贸活动仅是小商品生产的补充，因为商贸规模均不大。例如，1835 年，有一户中农的贸易收入为 1132 纸卢布，或 317 银卢布。1853 年时，从事商贸的农户增至 80 人，但户均贸易收入并未有明显增长，仅为 411 银卢布。尽管如此，中农商人也是最富裕的小手工业者，他们在进行商贸的同时，也会试图通过这种方式来增加自己的财富。

　　因此，就韦利科耶村的中农阶层而言，从事手艺活和小商品生产的农民处于被剥削的一极，而从事高利贷和商贸的农民则处于剥削的一极①。

相比于中农，富农的财富更为巨大。1835 年时，富农的户均收入为 800 纸卢布，人均（男性）为 222 纸卢布。富农主要从事企业活动，当然，他们也会从事商贸。资料反映，韦利科耶村所有的富农均从事商贸，且在一定程度上结合了工业生产。1835 年，富农的户均农业输入仅为 49 卢布，家庭手工业收入仅为 66 卢布，而工商业收入为 685 卢布。

富农从事的商贸规模较大。例如，1835 年，富农的户均贸易收入为 2225 纸卢布，或 630 银卢布。1853 年时，户均贸易收入增至 3324 银卢布。1835 年时，贸易收入的一半（8.35 万卢布）来自私人资本交易。同时，富农还在村中开设了一些小商店，1835 年时有 32 家，1853 年则增至 38 家。

许多农民将商贸和工业结合在一起，这一行为有两方面的特点，首先，其实质是小商品生产（1853 年时有 23 人从事）；其次，富农在进行生产时已经开始使用雇佣劳动力。例如，1853 年时，7 户开设风力磨坊，5 户开设烧砖工厂，10 户开设皮靴和纺织工厂，也就是说，有四分之一的富农在从事工业。

那些经济实力最雄厚的农民发展得最快。例如，1835 年，12 户最大的商人的贸易收入为 9 万纸卢布（2.5 万银卢布），1853 年时，这 12 户的贸易收入增至 15 万银卢布。1835 年时，全村最大的亚麻商人和工厂主是伊万·谢尔盖耶维奇·阿汉尼。他的收入为 2360 卢布，持有的现金为 1 万卢布②。此外，还有其他较大的富农，例如，米哈伊尔·亚历山德罗维奇·克拉什尼科夫，他的粮食和亚麻贸易收入为 1.5 万卢布，同时在村中开设了两家商店，持有的现金为 1 万卢布。克拉什尼科夫家中只有两名男性③，1853 年时，他成为最大的企业家，其财产（建筑房屋、牲畜、各类器材设施）共计 3322 卢布，每次去阿尔汉格尔斯克时，他会用亚麻换取麻布、葡萄酒等

---

① 1835 年，中农的户均收入为 372 卢布，代役租缴纳额为 78.5 卢布（占总收入的 21.1%）。除此之外，每户有 248 卢布的债务，其中 147 卢布的债务来自高利贷者和商人。

② ЦГИА，ф. 51，оп. 1，д. 786，двор № 108。

③ Там же，двор № 107。

价值 3.1 万卢布的商品①。阿列克谢·瓦西里耶维奇·卡拉罗夫的财产价值
2012 卢布，每次去阿尔汉格尔斯克时，他会出售 1 万卢布的亚麻，并购买
8000 卢布的麻布和纱线②。

由此可见，韦利科耶村的富农拥有大量的剩余产品，且能够将其投入企
业生产中。在这一过程中，富农分化成企业家和大商人。同时，他们成为村
庄经济的控制者，而贫农和中农在经济上不得不依附于他们。对此，有资料
证明，该村的中农和贫农欠有富农 3.7 万银卢布的债务。

另一个典型的副业型农村是舍列梅捷夫家族的伊万诺夫斯基庄园。关于
伊万诺夫斯基庄园的历史，过去已经有许多学者进行了研究，并且该庄园留
有大量的文献资料。但是，这些研究大多集中于分析农奴制下俄国纺织工业
的发展问题。因此，笔者将运用这些资料研究该庄园的农民分化。在此之
前，A. M. 拉兹甘曾对伊万诺夫斯基庄园在 18 世纪下半叶的农民分化问题
进行了研究③。而笔者所要分析的，仅仅是其中的一个方面，即伊万诺夫斯
基庄园农民的阶层划分，以及其主要的经济活动。

1836 年，伊万诺夫斯基庄园进行了户口普查。对此，在该领地的资料
中，笔者找到两份文献。实际上，资料中应有三份，其中的一份现已遗失。
但在这两份文献中，记录了全庄园三分之二农民的状况，根据这些资料，笔
者将分析其阶层构成和经济活动。

对伊万诺夫斯基庄园的农民进行阶层划分，主要的依据是其副业活动的
特点。无马或一马农户、母牛数量少于 1 头、主要的副业形式是受雇打工的
为贫农。拥有 1 匹马和至少 2 头母牛的，或拥有 2~3 匹马，且从事手工业
和小型贸易，持有现金不超过 300 纸卢布的为中农。拥有 4 匹马及以上，从
事工商业，且资本超过 300 纸卢布的为富农。

---

① Там же，д. 789，двор № 100.

② Там же，двор № 332.

③ А. М. Разгон. К истории разложения крестьянства во второй половине XVIII в.《Вопросы
истории》，1955，№ 9.

1800 年，伊万诺夫村的人均耕地面积为 1.6 俄亩，1858 年为 1.5 俄亩①。在分布上，庄园内一半乡镇的农民拥有绝大多数的耕地。该庄园所有农民都是代役制的。在 19 世纪 10 年代，人均代役租为 11 纸卢布，1812 年增至 14 纸卢布②，相当于 3.6 银卢布；1836 年时，代役租增至 17 纸卢布（4.8 银卢布）③。截至 50 年代末，伊万诺夫村的代役租为每个赋税单位 12.74 银卢布，而乡镇的为 12 银卢布④。由此可见，1812～1858 年，该庄园的代役租增长了 66%。而伊万诺夫村和其他乡镇的其他捐税（国家、村社和辅助费）分别为每个赋税单位 10.71 银卢布和 10.07 银卢布。尽管其他捐税低于代役租，但农民依旧在这方面欠有大笔债务。例如，在 1834～1844 年，代役租应缴额为 83.9 万纸卢布，实际收纳额为 54.72 万纸卢布，也就是说，农民欠有 35% 的租金⑤。

实际上，伊万诺夫村的耕地面积并不大。根据农户普查，在 1836 年时，村内 669 户中只有 56 户进行了播种。与此相反，乡镇内的耕地面积相对较大。629 户中有 398 户进行了播种。在牲畜数量方面，1836 年时，一半村民（669 户）拥有 157 匹马和 224 头母牛，而一半的乡镇居民（629 户）拥有 427 匹马和 584 头母牛（见表 5－6）。

表 5－6　1836 年 12 月舍列梅捷夫家族的伊万诺夫斯基庄园农民分化情况

群体		贫农			中农			富农			合计	
		共计	占比（%）	户均	共计	占比（%）	户均	共计	占比（%）	户均	共计	户均
乡村部分												
户数（户）		540	80.7	—	65	9.7	—	64	9.6	—	669	—
人口（人）	男	970	76.7	1.8	148	11.7	2.3	147	11.6	2.3	1265	1.9
	女	1258	77.7	2.3	164	10.1	2.5	198	12.2	3.1	1620	2.4

---

① ЦГИА，ф. 1087，оп. 3，д. 887，лл. 8 об.—9；оп. 5，д. 465，л. 9.

② Там же，оп. 3，д. 932，лл. 9 об.—10.

③ Там же，д. 976，лл 14 об.—15.

④ Там же，оп. 5，д. 465，лл. 156，159 об.

⑤ ЦГАДА，ф. 1287，оп. 5，д. 6827，лл. 5 об.—6.

续表

群体		贫农			中农			富农			合计	
		共计	占比(%)	户均	共计	占比(%)	户均	共计	占比(%)	户均	共计	户均
劳动力(人)	男	530	76	1	84	12.1	1.3	83	11.9	1.3	697	1
	女	706	76.4	1.3	102	11	1.6	117	12.6	1.8	925	1.4
赋税单位		436	66.1	0.8	74	11.2	1.1	150	22.7	2.3	660	1
马匹(匹)		29	18.5	0.1	26	16.5	0.4	102	65	1.6	157	0.2
母牛(头)		143	63.8	0.3	36	16.1	0.6	45	20.1	0.7	224	0.3
小母牛(头)		3	27.2	—	4	36.4	0.1	4	36.4	0.1	11	—
绵羊(只)		1	16.7	—	5	83.3	0.1	—	—	—	6	—
猪(头)		—	—	—	4	100	0.1	—	—	—	4	—
折算畜牛(头)		175	44.5	0.3	67	17.1	1	151	38.4	2.4	393	0.6
家禽(只)		622	60.1	1.2	121	11.7	1.9	292	22.2	4.6	1035	1.5
石质房屋(座)		2	4.9	—	4	9.8	0.1	35	85.3	0.5	41	0.1
农业农户(户)		25	44.6	—	11	19.7	—	20	35.7	—	56	—
副业农户(户)		422	77.5	—	59	10.8	—	64	11.7	—	545	—
副业人口(人)		468	75.9	0.9	80	12.9	1.2	69	11.2	1.1	617	0.9
其中												
外出打工(人)		468	95.3	0.9	23	4.7	0.4	—	—	—	491	0.7
前往伊万诺夫村工厂打工人数(人)		440	95.4	0.8	21	4.6	0.3	—	—	—	461	0.7
家庭手工业(人)		—	—	—	46	85.2	0.7	8	14.8	0.1	54	0.1
工厂主(人)		—	—	—	—	—	—	57	100	0.9	57	0.1
商人(人)		—	—	—	11	73.3	0.2	4	26.7	0.1	15	—
现有资本(纸卢布)		100	0.1	0.2	2800	2.4	43.1	114500	97.5	1789.1	117400	175.5
乡镇部分												
户数(户)		400	63.6	—	203	32.3	—	26	4.1	—	629	—
人口(人)	男	819	56.4	2	556	38.2	2.7	78	5.4	3	1453	2.3
	女	900	55.2	2.3	647	39.7	3.2	83	5.1	3.2	1630	2.6
劳动力(人)	男	418	52.1	1	348	43.4	1.7	36	4.5	1.5	802	1.3
	女	464	53.2	1.2	366	41.9	1.8	43	4.9	1.7	873	1.4
赋税单位		464	53.2	1.2	366	41.9	1.8	43	4.9	1.7	873	1.4
马匹(匹)		296	41.2	0.7	362	50.4	1.8	60	8.4	2.3	718	1.1

续表

群体	贫农			中农			富农			合计	
	共计	占比(%)	户均	共计	占比(%)	户均	共计	占比(%)	户均	共计	户均
马驹(匹)	2	20	—	3	30	—	5	50	0.2	10	—
母牛(头)	197	33.7	0.5	335	57.4	1.7	52	8.9	2	584	0.9
小母牛(头)	35	36.8	0.1	56	59	0.3	4	4.2	0.2	95	0.2
绵羊(只)	22	22.4	0.1	57	58.2	0.3	19	19.4	0.7	98	0.2
折算畜牛(头)	396	35.2	1	616	54.7	3	114	10.1	4.4	1126	1.8
家禽(只)	1228	46.8	3.1	1161	44.2	5.7	237	9	9.1	2626	4.2
农业农户(户)	189	47.5	—	188	47.2	—	21	5.3	—	398	—
副业农户(户)	312	58.4	—	196	36.7	—	26	4.9	—	534	—
副业人口(男性)(人)	352	52.1	0.9	298	44.2	1.5	25	3.7	1	675	1.1
其中											
外出打工(人)	352	77.9	0.9	100	22.1	0.5	—	—	—	452	0.7
前往伊万诺夫村工厂打工人数(人)	136	74.3	0.3	47	25.7	0.2				183	0.3
"家内制"手工业(人)	202	81.8	0.5	45	18.2	0.2	—	—	—	247	0.4
家庭手工业(人)	—	—	—	198	99	1	2	1	0.1	200	0.3
家庭手工业者中纺织细平布的农户(户)	—	—	—	164	98.8	0.8	2	1.2	0.1	166	0.3
工厂主(人)	—	—	—	—	—	—	22	100	0.8	22	—
商人(人)	—	—	—	11	91.7	0.1	1	8.3	—	12	—
现有资本(纸卢布)	150	0.3	0.4	7780	13.6	38.3	49200	86.1	1892.3	57130	90.8

资料来源：ЦГАДА，ф.1287，оп.5，дд.6078—6079。

伊万诺夫村村民的主要工作是副业，具体来说是棉花生产业。1858 年的庄园记录中写道："伊万诺夫村是全俄罗斯最好的贸易和工厂生产地区之一……伊万诺夫村生产的粮食和工业品不仅面向庄园内的乡村居民，而且面向从舒伊斯基县和其他省份赶来的外地人。"在伊万诺夫村，除了本地的农民，还有超过 1.2 万名外地人。19 世纪 50 年代末，舍列梅捷夫家族的农民开设了 76 家工厂或作坊。同时，村内还有超过 300 家小商店。每逢集市日，就会从外地赶来 1.2 万人，据资料记载，村民的工商业收入共计 1500 万银卢布①。

伊万诺夫村中人口最多的是贫农。据 1836 年的农户普查显示，贫农占村内一半农户的 80.7%，一半男性人口的 76.7%，而在乡内相应的比例分别为 63.6% 和 56.4%（见表 5 - 6）。实际上，这些农民大多抛弃了农耕。540 户贫农仅拥有 29 匹马和 143 头母牛，而进行播种的也只有 25 户。在乡内，有相对多的农民从事农耕，400 户贫农拥有 160 匹马和 197 头母牛，进行播种的有 189 户。

贫农的主要工作是副业。据资料显示，在村内，有 422 户中的 468 名男性从事副业（村内总户数和总男性劳动力人口分别为 530 户和 540 人）。在乡内（一半），有 312 户中的 352 名男性从事副业（乡内总户数和总男性劳动力人口的一半分别为 400 户和 418 人）。显然，农户普查中只记录了那些有确定工作的副业农民。因此可以肯定，还有许多没有被登记的副业农民。在资料中，所有从事副业的贫农均为受雇打工者，主要的工作地点是伊万诺夫村内的工厂或作坊。例如，村内（一半）有 468 户贫农（440 人）在工厂打工，而村内（一半）则有 352 户贫农（338 人）。他们生产的产品主要是印花布和纱线纺织。而在乡内（一半），贫农大多从事"家内制"手工业，即用"他人提供的细平布"在家进行纺织，在 338 名从事副业的贫农中，从事"家内制"手工业生产的有 202 人。由此可见，伊万诺夫斯基庄园内的贫农，已完全脱离了农业雇佣劳动，而这些现象早在 19 世纪 30 年代中期就已经出现。

伊万诺夫村内中农的人口并不多。在村内（一半）的户数和男性人口所占比例分别为 9.7% 和 11.7%，而乡内（一半）相应的比例分别为 32.3% 和 38.2%。同贫农一样，中农几乎抛弃了农耕。65 户中农里进行农业播种的仅 11 户，而乡内（一半）的情况有所不同，203 户中有 188 户进行了播种，所占比例为 92.6%（贫农的占比为 47.3%）。

---

① ЦГИА，ф. 1088，оп. 5，д. 465，лл. 6—8。

尽管还有相当一部分的中农在从事农业，但不可否认的是，农业无法为中农提供其所有的生产和生活资料。因此，大多数中农也在从事副业。

在伊万诺夫村（一半），有 59 户中农（共 65 户）从事副业，人数为 80 人（共 84 名男性劳动力）。在乡内（一半），有 196 户中农（共 208 户）从事副业，人数为 298 人（共 348 名男性劳动力）。中农从事的副业大多是手艺活和家庭手工业，以及小型贸易。在 80 名从事副业的村民中，有 23 人为受雇打工（21 人是在村内的工厂打工），其余从事的均为手艺活、家庭手工业和小型贸易。其中，11 人从事小型贸易、9 人开设旅店、13 人开设烧砖窑、8 人开设鞋铺，此外还有人担任锻工、细木工、印花工等（家庭作坊）。17 户中农持有的现金为 2800 纸卢布，户均为 150 卢布，其中大多为小商人，每逢集市日，他们便会出售食物和其他商品。

在乡内（一半），有 298 人从事副业，其中 100 人为受雇打工（其中 47 人在伊万诺夫村的工厂打工，45 人从事的是家庭雇佣劳动），其余 198 人则是独立从事副业，他们大多开设"家庭作坊"。具体而言，进行纺织生产的有 164 人，其中还有 11 人从事小型商贸或衣物裁制等手艺活。据资料显示，71 户中农所持有的现金为 7780 纸卢布，户均 110 卢布。由此可见，中农的生产和生活资料来自小农业和小副业生产，因此中农也始终处于极度不稳定的经济状态。

同中农一样，伊万诺夫斯基庄园的富农人口也相对较少。村内（一半）的户数和男性人口所占比例分别为 9.6% 和 11.6%，而乡内（一半）的分别为 4.1% 和 5.4%。尽管人口较少，但这一阶层却是农民独立生产活动的主导者。在农业方面，村内（一半）有 31.2% 的富农进行了播种，而乡内（一半）则有 80.8%。相比之下，富农的农业水平是三个阶层中最高的。然而，其目的在于满足自身的需求。富农主要进行工商业活动。1836 年的农户普查显示，村内（一半）有 57 人开设工厂或作坊，1 人从事商贸，其中 48 户所持有的现金为 114500 卢布，户均 2385 卢布；而乡内（一半）26 户所持现金为 49200 卢布，户均 1892 卢布。但是，在富农阶层中，所持现金的规模波动极大，具体为 500～10000 卢布。据当时的资料显示，最富的农户有瓦西里·阿列克谢耶维奇·尼吉丁、彼得·费多托维奇·格拉乔夫和米龙·叶夫多季莫维奇·巴边科夫，每户所持现金为 1 万卢布。在乡内（一半），最富的是雅科夫·叶菲莫奇·扎哈罗夫，所持现金为 8000 卢布①。

村内（一半）富农所从事的最常见的副业形式是开设印花工厂，而乡内（一半）主要是纺织工厂。所有工厂的生产均主要依靠雇佣劳动。对此，1836 年的农户普查对工厂的规模进行了明确记载。但是，领地办公室的文件中记录了一些有关农民工厂主和商人的情况。例如，1841 年的文件称，庄园内工厂主和商人的收入共计超过 1000 卢布（见表 5 - 7）。

表 5 - 7 1841 年伊万诺夫斯基庄园工厂主和商人的收入情况

单位：纸卢布，人

交易收入	工厂主人数	交易收入总额	商人人数	交易收入总额
1000 ~ 3000	36	5 万	9	1.2 万
3000 ~ 5000	12	4.45 万	2	0.6 万
5000 ~ 10000	16	9.2 万	3	1.7 万
10000 以上	38	98.4 万	3	4.2 万
合计	102	117.05 万	17	7.7 万

资料来源：ЦГИА，ф. 1088，оп. 3，д. 987，лл. 16—27。

在分析文件中的数据前，需要对比伊万诺夫斯基庄园农民的企业活动与韦利科耶村的村民在主要从事领域方面的区别。与工商结合的农民相比，仅从事贸易的农民无论是在人数还是在收入上都要少得多。在 17 名农民商人中，只有 3 人进行了大额交易。其中，收入最高的是谢拉菲姆·甘杜林，他在 1841 年出售了价值 2 万卢布的印花布②。

农民工厂主的交易额表明，伊万诺夫斯基庄园的农民生产集中度很高。在 102 户开设工厂或作坊的富农中，30 户的生产收入就占了总收入的 84%。同时，其中的 12 名工厂主通过销售工业品所获得的收入超过 30 万卢布，而

---

① ЦГАДА，ф. 1287，оп，5，д. 6078，с. Иваново，дворы № 130，136，326；д. 6079，дер. Рылиха，двор № 24.

② ЦГИА，ф. 1088，оп. 3，двор № 112.

这 30 人的收入（53 万卢布）占总数（98.4 万卢布）的一半以上。在当时，最大的工厂主是瓦西里·阿列克谢耶维奇·纳帕尔科夫和雅科夫·叶菲莫维奇·扎哈罗夫，每人的贸易收入为 7 万卢布。仅次于这两人的是普拉斯科维娅·布特利莫娃和费多尔·波塔波维奇·拉京，每人的贸易收入为 6 万卢布[①]。同时，据资料显示，只有 3 名工厂主没有获得自由，依旧保留着农奴身份。显然，虽然文献中未有详细记载，但毫无疑问的是，在 19 世纪上半叶，许多农民工厂主获得了自由。

正如前文所述，伊万诺夫斯基庄园的富农主要通过使用雇佣劳动力来进行工业生产。对此，1849 年的一份文件有相应的记载（见表 5－8）。

表 5－8　1849 年伊万诺夫斯基庄园农民的雇佣劳动力数量及相应工厂主的收入

单位：银卢布，人

工厂主类型	人数	收入	雇佣劳动力			
			本庄园农民	外地农民	合计	平均
无雇佣	5	7650	—	—	—	—
有雇佣						
3～5 人	22	4.525 万	65	14	79	3.6
6～10 人	13	4.35 万	86	14	100	7.7
11～15 人	3	1.8 万	35	4	39	13
16 人以上	8	9.6 万	142	29	171	21.4
合计	51	21.04 万	328	61	389	7.6

据这份文件显示，在 51 名工厂主中，只有 5 人没有使用雇佣劳动力，换言之，这 5 人是家庭手工业者。22 名工厂主使用了 3～5 名雇佣劳动力。正如 1836 年的记录所示，富农所使用的家庭劳动力至多不超过 2 名。而这意味着，雇佣劳动力在富农经济中发挥了主要作用。尽管大型工厂的数量较少（仅 8 个），但它们的交易收入（9.6 万卢布）却几乎占工厂总收入（21.04 万卢布）的一半。在雇佣劳动力数量方面，最多的是康斯坦丁·德

① Там же, дворы № 19, 22, 75, 76.

米特里耶维奇·布尔科夫开办的工厂，雇佣劳动力数量为 30 人，当年的交易收入为 2 万卢布，其次是瓦西里·阿列克谢耶夫斯基·纳帕尔科夫和雅科夫·库兹米奇·布特里莫夫，前者雇用了 22 人，后者雇用了 21 人①。

除韦利科耶村和伊万诺夫斯基庄园，别斯沃德庄园也是一个典型的副业型庄园。该庄园位于下诺夫哥罗德省，隶属于尤苏波夫家族。别斯沃德庄园由两个大村庄（Слобода）组成，分别是下村和上村。下村坐落于伏尔加河畔，村民只从事副业；而上村情况略有不同，副业是该村村民的主要经济活动，但在一定程度上仍保留了农耕。

在 19 世纪初（根据 1801 年的资料），别斯沃德庄园有 308 户农民，其中 5 户为独身农民，纳税人口共 862 人。上村的男性人口为 459 人，人均耕地和草场面积分别为 1.7 俄亩和 0.9 俄亩。除了份地，该村农民共有 224 俄亩的私有购买土地②。下村的男性人口为 403 人，村民没有耕地，人均草场份地面积为 0.9 俄亩③。50 年代末时，上村的人均耕地面积增至 2.1 俄亩，而草场面积仍为 0.9 俄亩④。

别斯沃德庄园是一个代役制庄园。1801 年时，代役租为人均 7 纸卢布，或 4.6 银卢布；1810~1815 年，代役租为人均 12 纸卢布，或 3 银卢布（根据 1811 年的汇率）；1815 年时，增至 15 纸卢布，或 3.6 银卢布；截至 1820 年，已增至 24 纸卢布，或 6.4 银卢布⑤；而在 1820 年，增至 26 纸卢布，或 7~7.5 银卢布；之后直至 1861 年改革，代役租再无变化⑥。

农民虽然能基本缴全代役租，但仍不可避免地出现了欠款者，而他们会被派到阿斯特拉罕渔场做工⑦。

---

① ЦГИА，ф. 1088，оп. 3，д. 1029，двор № 1，2，4.
② ЦГИА，ф. 1290，оп. 6，д. 1959，лл. 69—71.
③ Там же，лл，75—75 об.
④ Там же，оп. 3，д. 4430，л. 5.
⑤ Там же，оп. 6，д. 1959，лл. 70 об.—75 об.；д. 1708，лл. 1—2；д. 1016，л. 8；д. 2098，лл. 1—3.
⑥ Там же，д. 2079，л. 21；д. 2771，л. 1 об.；д. 29954，л. 1 об.；д. 3121，л. 2 об.
⑦ 例如，在 1840 年，在阿斯特拉罕有 18 个捕鱼工，1850 年时则有 34 个（Там же，д. 2762，л. 25；д. 2948，лл. 34—35）。

上村农民在农业生产方面的水平并不高。据 1801 年的资料显示，农民在赋税单位上的播种量仅为 4 俄石，而在丰年时，收成是播种量的三倍。全村赋税单位共有 147 个，人口共 1037 人，人均收成为 0.9 俄石[①]，且截至 19 世纪下半叶，人均收成始终保持不变。1851 年，庄园管家向莫斯科寄去一份文件，其中称上村的农民"当季（冬季）耕作时，耕地面积少，且缺乏种子，但那些拥有购买土地的农民除外"[②]。

在 19 世纪上半叶，庄园农民的牲畜数量逐渐下滑。例如，1801 年，上村人均拥有 1.4 头牲畜（按畜牛折算），下村为 0.6 头[③]。1851 年时（据农户普查报告），上村的人均量降至 0.8 头，而下村的降至 0.4 头。

正如前文所述，副业是上村村民的主业，而下村只从事副业。主要的副业形式是铁制和铜制铁丝、其他金属制品（筛子、链条、锁链、渔具等）的生产。早在 19 世纪初，庄园农民的金属丝产量就已高达 5000 普特[④]。此外，该庄园的农民还从事商贸、航运和渔业。当然，该庄园之所以副业占据主导地位，是因为农民经济商品化程度较高，且农民的经济活动在很大程度上已经脱离了农奴制份地的束缚。

1851 年，别斯沃德庄园进行了农户普查。同之前一样，笔者也根据这些数据对该庄园农民进行了阶层划分（见表 5-9）。该庄园贫农的户数所占比例为 52.4%，男性人口所占比例为 39.4%。在下村，无论是贫农、中农，还是富农，均不从事农业生产。村内 106 户中，只有 8 匹马和 27 头母牛。同时，尽管上村的农民保留了一定的农耕，但贫农的农业生产水平也十分低下。1851 年，上村的人均收成仅为 1.4 俄石，103 户中仅有 27 匹马和 39 头母牛，一半的农民没有任何役畜。面对这种情况，许多贫农不得不出租自己的土地，或者向同村农民求助。据统计，有 20 户出租了自己的份地。在这些农民中，存在一定数量的独身农民，他们没有土地，且无法缴纳赋税。因此，贫农完全抛弃了农耕。

---

① Там же, д. 1959, л. 71.

② Там же, д. 2970, л. 9.

③ Там же, д. 1959, лл. 70 об., 74.

④ ЦГАДА, ф. 1290, оп, 6, д. 1959, л. 75.

表 5-9　1851 年尤苏波夫家族的别斯沃德村（上村和下村）农民分化情况

		贫农			中农			富农			整体	
		共计	占比(%)	户均	共计	占比(%)	户均	共计	占比(%)	户均	共计	户均
农户(户)		209	52.4	—	131	32.8	—	59	14.8	—	399	—
人口(人)	男	372	39.4	1.8	374	39.5	2.9	199	21.1	3.4	945	2.4
	女	511	44.6	2.4	407	35.5	3.1	228	19.9	3.9	1146	2.9
劳动力(人)	男	204	39.1	1	207	39.6	1.6	111	21.3	1.9	522	1.3
	女	309	44.6	1.5	250	36.1	1.9	134	19.3	2.3	693	1.7
赋税单位		270	33.5	1.3	325	40.4	2.5	210	26.1	3.6	805	2
马匹(匹)		35	18.1	0.2	98	50.8	0.7	60	31.1	1	193	0.5
马驹(匹)		1	16.7	—	2	33.3	—	3	50	0.1	6	—
母牛(头)		66	28.9	0.3	94	41.3	0.7	68	29.8	1.2	228	0.6
小母牛(头)		23	20.7	0.1	56	50.5	0.4	32	28.8	0.5	111	0.3
绵羊(只)		3	2.7	—	32	28.6	0.2	77	68.7	1.3	112	0.3
牲畜总数(折算畜牛)(头)		125	22.8	0.6	253	46.1	1.9	171	31.1	2.9	549	1.4
家禽(只)		591	33.9	2.8	710	40.7	5.4	442	25.4	7.5	1743	4.4
干草(车)		636	29.7	3	893	41.6	6.8	615	28.7	10.4	2144	5.4
购买土地的农户数量(人)		11	17.2	0.1	33	51.5	0.3	20	31.3	0.3	64	0.2
购买土地(俄亩)		14	10.1	—	45	32.6	—	79	57.3	—	138	—
副业农户(户)		139	45	—	113	36.6	—	57	18.4	—	309	—
副业人口(男性)(人)	受雇打工	155	64.9	0.7	61	27.1	0.5	18	8	0.3	225	0.6
	家庭手工业和手艺活	—	—	—	64	83.9	0.5	14	16.1	0.2	87	0.2
	工业和商业	—	—	—	15	22.7	0.1	51	77.3	0.9	66	0.2

资料来源：ЦГАДА, ф. 1290, оп. 3, д. Подворная опись Верхней слободы；д. 4403—опись Нижней слободы.

　　贫农主要的副业形式是受雇打工。据农户普查资料显示，204 名贫农男性劳动力中有 155 人受雇打工，主要的工作地点是同庄园工厂主的工厂和作坊，此外，还有一些人担任纤夫，或是在阿斯特拉罕渔场当渔夫。总之，贫农从事的工作类型较为多样。

　　中农在别斯沃德庄园的户数所占比例为 32.8%，人数所占比例为 39.5%，所拥有的牲畜所占比例为 46.1%。在农业生产水平和规模方面，上村的中农要胜于贫农，人均总收成为 2.8 俄石，而净收成为 2 俄石。然而，中农的主要收入来源是副业。全庄园的 131 户中农里，从事副业的有 113 户，人数为 140 名男性劳动力。其中，61 人为受雇打工（担任工厂或作坊的工人、河道纤夫），64 人从事家庭手工业，主要产品为筛子和小型金属制品，而剩余的 15 人从事小型贸易。由此可见，受雇打工在中农阶层的副业经济中也有着十分重要的地位。

　　富农在别斯沃德庄园的户数所占比例为 14.8%，男性人口所占比例为 21.1%。在上村，由于所有富农均在一定程度上从事农业，因此在三个阶层中，富农的农业生产水平最高。1851 年，人均总收成为 5.2 俄石，净收成为 3.5 俄石。同时，耕地总面积为 74 俄亩，户均 4 俄亩，仅有 1 户富农没有购买土地。能够肯定的是，富农还从贫农手中租用了大片份地。资料显示，富农内部的购买土地面积有所差异，其中 7 户富农的户均面积超过了 6 俄亩，人均总收成为 9.3 俄石，净收成为 6 俄石。显然，这几户富农的农业产品主要用来销售。

　　在下村，副业是农民的唯一产业，而上村居民还辅以农业。全村的 59 户富农中，从事副业的有 57 户，人数为 83 名男性劳动力（共 111 名男性劳动力）。其中，18 人受雇打工，14 人从事家庭手工业，51 人开办工厂、作坊，或从事商贸。由此可见，别斯沃德庄园富农最主要的副业是企业活动。在生产方面，较为常见的富农产品为铁丝等金属制品。从事此类生产的有 14 户（上村 11 户，下村 3 户）。在下村，一些农民（10 人）还开设了大车店。此外，上村农民开设有磨坊，而一些下村农民还会在伏尔加河流域从事航运业。富农企业活动的特点体现在其商贸领域。据统计，从事商贸的富农共有 26 户（下村 23 户，而该村富农共有 38 户），主要的贸易品是铁制品、木材和鱼类，而他们的活动范围是在伏尔加河下游的城市。

韦利科耶村、伊万诺夫斯基庄园和别斯沃德庄园资料清晰地显示了 19世纪上半叶农奴制副业型农村社会经济的主要发展特点。副业型农村的特点在于鲜明的农民阶层分化，对贫农而言，出卖劳动力是他们唯一的经济来源，与此相反的是，富农中的企业资本家和大商人虽然人口较少，但与中农和贫农相比，其经济实力十分雄厚。此外，另一个重要的特点在于，该类庄园中绝大多数农民几乎彻底抛弃了农耕，换言之，他们生产活动基本上摆脱了农奴制份地的束缚。

当然，这些特点也存在于其他副业型庄园。例如，下诺夫哥罗德省省长穆拉维约夫在评价戈尔巴托夫斯基县的副业时，首先便提到了舍列梅捷夫家族的两个著名庄园——帕夫洛夫斯基庄园和沃尔斯马斯基庄园，他在 1858年的文件中写道："除了那些富裕的工厂主，有近 2 万人为挣钱糊口而辛劳工作。尽管他们看起来十分满意，且穿得整洁，但实际上非常贫穷。这些工人每周仅能挣到 10 纸卢布。而他们还需要用这笔钱来买其他东西。然而，他们生产的印花布不仅质量较差，且欠缺鲜艳的颜色。另一些从事家庭手工业或是'家内制'手工业的农民将自己的产品拿到集市上销售，向奥菲利亚提供贷款，而后者将收购的印花布带到下诺夫哥罗德省的展销会上销售。因此，戈尔巴托夫斯基县工业的发展所带来的财富并不平均。一小部分给工厂中工人支付薪酬，而资本家挣得的丰厚利润，对于那些工人而言，尽管他们十分努力地工作，但时常无法满足自己的生活需求。"[①]

在位于奥卡河和伏尔加河流域的许多较大规模的副业型或商贸型农村（杰季诺沃、别落穆特、雷斯科沃等），农民几乎彻底抛弃了农耕。在这些农村，雇佣农民与企业资本和商人农民之间的对立反映了明显的阶层分化。托尔斯泰家族的杰季诺沃村（扎赖斯克县）的村民于 1834 年递交了一份申诉书，其中写道："杰季诺沃村的村民现已分化成三个阶层。第一个是资本

---

① ЦГИА, ф. 1281, оп. 6, 1859, д. 71, лл. 218 об. —219.

家，他们销售各类产品，能够缴纳各类捐税，且不亲自从事生产，或为领主做工。第二类人口最多，这类农民亲自从事生产，或者受雇打工，门店能够从中获取一定报酬。第三类是贫苦农民，他们没有住房，并且所有人都没有私有副业资料，因此他们既无法为家庭挣得必要的生活资料，也无法向地主缴纳捐税。"[1]

由此可见，各副业型农村庄园在社会经济发展方面的特点是基本一致的。

综上所述，农副混合型、副业型与农业型农村庄园在社会经济发展趋势方面有诸多不同之处。一方面，在农副混合型和副业型庄园，农民在很大程度上已经摆脱了农奴制份地的束缚，而这正是副业成为农民经济主导的必要前提；另一方面，占主导的非农业活动将农民经济与市场连接起来。许多农副混合型和副业型农民销售的商品不是简单的原料产品，而是投入劳动力等其他生产资料，且经过再加工的商品。而不可避免的市场因素对农民经济发展中本固有的商品生产产生了决定性的影响。由此可见，农副混合型和副业型农民在很大程度上脱离了带有规律性特点的封建农奴制经济的束缚。

笔者认为，从 19 世纪初到农奴制改革期间，特别是在 19 世纪 50 年代末，农副混合型和副业型农村的社会经济特点是由村中边缘阶层——贫农，以及人口虽少，但经济实力相对雄厚的富农所决定的。在大多数情况下，中农的人数较少。在人口变化方面，在整个 19 世纪上半叶，该类农村的中农人口下降速度极快。同时，农村边缘阶层间的经济结构不仅在经济生产方面，而且社会领域存在差异。贫农在很大程度上，甚至是几乎完全成为农业雇佣劳动力，对于他们而言，出卖劳动力是他们最为主要，或是唯一的经济来源。在富农阶层中，有企业工厂主和大商人两类，他们主要依靠雇佣劳动力来进行生产，其中使用雇佣劳动力最多的是企业工厂主。

农副混合型庄园有一个十分明显的特征，即农民在农业领域的分化并不

---

[1]　И. Д. Ковальченко. Крестьяне и крепостное хозяйство Рязанской и Тамбовской губерний, стр. 229.

像在工业领域那样显著。农副业最典型的结合方式首先是自给自足的小农经济与副业结合，其次是基于剥削雇佣劳动力的工业和商贸，以及小商品生产和商品化的农业。

19 世纪上半叶的农副混合型和副业型农村在社会经济发展过程方面的特点十分明显。这一过程并未导致像农业型农村特别是代役制农村那样农民经济水平的快速下滑，以及生活状况的急剧恶化等情况。尽管由于这两类农村的农民越来越多地从事副业活动，牲畜数量逐渐减少，但据多个农村的农户普查资料显示，他们的经济水平和生活状况并未出现急剧恶化的现象。

第六章
19世纪上半叶俄国农奴制农村资本主义
起源与封建关系瓦解的特点与规律

分析各庄园内不同阶层农民状况和经济结构，意味着需要揭示当时俄国农奴制农村各种社会经济发展类型。然而，对于研究人员来说，庄园的意义并不在于其本身，而在于它们所反映的农奴制农村社会经济发展的规律和特点。因此，有必要分析在相对较小的庄园，何种发展趋势是典型的。对此，首先需要将局部分析与整体资料研究相对比；其次，针对一些已有前人研究的庄园，笔者根据其已确定的指标，探究农民在经济状况和活动方面的特点。

一 俄国农奴的剥削形式和份地

众所周知，农民进行经济活动的重要前提是规模足够的份地。

如表 6-1 所示，在 19 世纪上半叶，农民份地规模的主要变化趋势是不断减少，当然，减少的幅度各不相同。例如，在 32 个有份地资料的庄园中，有 6 个有所增加，8 个没有变化，18 个不断减少。同时，份地减少不仅反映在人均方面，而且体现在份地的绝对规模上。份地耕地规模的变化可以通过《经济附注》和《地主庄园资料》来分析。对此，笔者首先将分析劳役制农民的份地耕地，因为在劳役制农村，份地规模不仅取决于人口的变化，而且与地主自营地的规模有关。在表 6-1 中，笔者罗列了从 18 世纪末至 19 世纪 50 年代中部黑土区 18 个县，以及非黑土区 13 个县的农民份地资料。

表 6 – 1　劳役制农民的份地耕地

省县	每俄亩份地上男性人数（人）		截至 19 世纪 50 年代份地的变动量（%）	19 世纪 50 年代份地	
	18 世纪末	19 世纪 50 年代		工地面积（俄亩）	对比 18 世纪末的变动幅度（%）
梁赞省					
卡西莫夫县	1.67	2.4	—	2.4	143.7
梁赞县	3.84	2.4		2.83	73.7
萨波日科夫县	3.26	2.1	18	2.48	76.1
斯科平县	3.38	2.3		2.71	80.2
图拉省					
卡希尔县	2.1	2.13		2.13	101.4
叶皮凡斯基县	3	1.92	—	1.92	64
耶夫列莫夫县	3.8	2.47		2.47	65
奥廖尔省					
奥廖尔县	2	2.16		2.16	108
特鲁布切夫斯基县	2.2	2.79	—	2.79	126.8
克罗梅县	4.1	2.13		2.13	52
坦波夫省					
捷姆尼科夫县	2.26	1.9		1.9	84.1
沙茨基县	2.28	2.2		2.2	96.5
斯帕斯基县	2.67	2.2		2.2	82.4
坦波夫县	3.57	1.9		1.9	53.2
乌斯曼县	2.75	1.7		1.7	61.8
库尔斯克省					
希格雷县	2.8	2.29	8	2.47	88.2
科罗恰县	2.5	2.08		2.25	90
沃罗涅日省					
泽姆良斯基县	3.3	2.24	14	2.55	77.3
科斯特罗马省					
科斯特罗马县	3	2.38		2.62	87.3
涅列赫塔县	3.1	2.49	10	2.74	88.4
基涅什马县	2.3	2.7	—	2.7	117.4

续表

省县	每俄亩份地上男性人数（人）		截至 19 世纪 50 年代份地的变动量（%）	19 世纪 50 年代份地	
	18 世纪末	19 世纪 50 年代		土地面积（俄亩）	对比 18 世纪末的变动幅度（%）
莫斯科省					
德米特罗夫县	1.4	1.52	—	1.52	108.6
克林县	2.5	1.8	15	2.07	82.8
斯摩棱斯克省					
格扎茨克县	3.8	2.54	—	2.52	66.8
维亚泽姆斯基	3.4	2.28		2.28	67.1
斯摩棱斯克县	3	2.14		2.14	71.3
卡卢加省					
博罗夫斯克县	2.1	1.93		1.93	91.9
小雅罗斯拉韦茨县	2.2	2.45		2.45	111.4
塔鲁萨县	2	2.06		2.06	103
莫萨利斯克县	2.2	2.78		2.78	126.4
下诺夫哥罗德省					
谢尔加奇县	2.8	2.4	—	2.4	85.7

注：在这些庄园中，不仅有劳役制农民，还有代役制和混合制农民，劳役制农民的人数决定了赋税单位的数量，而份地耕地的所占比例则与人均份地规模相关。

资料来源：Л. В. Милов. Исследование об 《Экономических примечаниях》 к Генеральному межеванию. Изд – во МГУ，1965，гл. V；И. Д. Коваль ченко. Крестьяне и крепостное хозяйство Рязанской и Тамбовской губерний в первой половине XIX в. Изд – во МГУ，1959，стр. 73；《Сведения о помещичьих имениях》.《Приложения к Трудам Редакционных комиссий》，т. 1—IV，СПб. ，1860。

在 18 世纪末的中部黑土区省份（资料主要是 70~80 年代的），各县农民份地耕地的规模有所不同。整体来看，南方各县的农民份地大于毗邻非黑土区的，各县份地的分布情况也是如此。人均份地大于 3 俄亩的有 8 个县，2.5~3 俄亩的有 4 个县，2~2.5 俄亩的有 5 个县。因此，大多数农民的份地规模在 2.5 俄亩以上（共 12 个县）。份地规模低于 2 俄亩的仅有卡西莫夫县。

截至 19 世纪中叶，有 14 个县的份地有所减少，4 个有所增加。因此，中部黑土区份地的主要变化趋势是不断减少。实际上，18 世纪末份地增加的县，其份地规模是最小的（卡西莫夫、卡希尔、奥尔洛夫、特鲁布切夫斯基县）。而份地减少最多的县，在 18 世纪末时，人均份地大于 3 俄亩（克罗梅、坦波夫、叶夫列莫、梁赞、泽姆良斯基县等）。

这样一来，截至 19 世纪中叶，这两类县区的份地规模已基本相同。此时，大多数县（14 个）的人均份地规模为 1.9~2.5 俄亩。仅有 3 个县（梁赞、斯科平和特鲁布切夫斯基县）大于 2.5 俄亩，1 个小于 1.9 俄亩（乌斯曼县为 1.7 俄亩）。

在 18 世纪末的非黑土区，各省县劳役制农民的份地耕地规模也各不相同。规模最大的是斯摩棱斯克省（人均 3 俄亩以上），最小的是德米特罗夫县（仅为 1.4 俄亩）。

截至 19 世纪中叶，中部工业区共有 5 个县的份地有所增加，而这 5 个县在 18 世纪末时，份地规模是该地区最小的。此外，8 个县的份地有所减少。下降幅度最大的是斯摩棱斯克省[①]，换言之，这些份地减少的省县在 18 世纪末时是该地区份地规模最大的，并且是劳役制剥削最为盛行的。因此，在 19 世纪中叶时，各县份地规模已基本相同。在 13 个县中，有 8 个的人均份地规模为 2.2~2.7 俄亩，其余的大多都略低于这个区间（德米特罗夫县除外）。

由此可以断定，首先，无论是黑土区还是非黑土区，大多数劳役制农民的份地规模在不断减少；其次，截至 19 世纪中叶，各县人均份地规模已基本相同。

在 19 世纪中叶，黑土区的人均份地规模为 2~2.5 俄亩，而非黑土区的为 2.2~2.7 俄亩，而这反映大多数农民的份地规模处于一个特定范围内。

---

① Г. Т. 里亚布科夫收集了有关 1781~1858 年斯摩棱斯克省各类农民份地耕地减少的资料，该学者还按庄园和地区编了《经济附注》和《地主庄园资料》。在这一期间，人均份地耕地减少的有 12 个县（全省的份地从 4.293 俄亩下降至 2.69 俄亩，即下降了 37%），而绝对份地减少的有 11 个县（全省下降 25.4%）。农民份地的绝对和相对规模的锐减在其他庄园中也有发生。参见 Г. Т. Рябков. Сокрашщение пашни в наделах помещичьих крестьян Смоленской губернии в конце XVIII—первой половине XIX в.《Ежегодник по аграрной истории Восточной Европы. 1963》. Вильнюс, 1965, стр. 448—451。

份地规模处于该范围内，则意味着农民能够满足最基本的生产和生活需求。

那么，在 18 世纪末和 19 世纪上半叶，究竟何种规模的份地耕地能够在最低限度上满足农民的基本生产，时人对这个问题进行了分析。当然，这一问题也吸引了许多当代学者①。Л. В. 米洛夫对此进行了总结并认为，非黑土区的最低限度必要份地耕地为男性人均 2.4 俄亩，而黑土区的为 2 俄亩②。同时代人认为，在不考虑种子数量的情况下，农民在粮食和生产方面的需求为人均 3 俄石的谷物③。为此，每 2 俄亩的份地就需要一名男性劳动力。例如，在大多数情况下，一户拥有 3 名男性，且采用三区轮作制的家庭，其春播和冬播量需求均为 2 俄亩。但实际上，黑麦冬播量在当时仅有 8 ~ 12 俄石，如果每俄亩播种 10 俄石，那么收成则为播种量的四倍，这样一来，中部地区的平均水平为总收成 40 俄石、净收成 5 俄石。如果春季作物全部为燕麦，每俄亩播种 3 俄石，那么丰年时，净收成为 12 俄石。因此，各类春季作物的总收成为 17 俄石，同时，在男女人数相同的情况下，人均收成为 2.8 俄石。显然，对于黑土区的农民而言，男性人均 2 俄亩的耕地份地是最低保障，而在非黑土区，这一标准则应更高一些。这样一来，如果人均份地耕地低于 2 ~ 2.5 俄亩这一最低标准，农民经济的基础将会被动摇。

那么，上述省县的资料在多大程度上能够反映该地区劳役制农民的耕地情况呢？对此，可以通过能够反映农民耕地平均区间（或是使用数学法，即"置信区间"）的资料来确定。

为了根据资料确定平均值的"置信区间"，或统计研究中的其他数据，有必要检查这些数据是否具有代表性。对此，可以采用不同的方式。

---

① Ю. Янсон 《Опыт статистического исследования о наделах и платежах》. СПб. , 1877, стр. 25 ; Н. Л. Рубинштейн 《Сельское хозяйство России во второй половине XVIII в. 》. М. , Соцэкгиз, 1958, стр. 238—239.

② Л. В. Милов. Исследование об 《Экономических примечаниях》 к ге - неральному межеванию （К истории русского крестьянства и сельского хозяйства второй половины XVIII в. ）. Изд - во МГУ, 1965, стр. 268.

③ П. Кеппен. О потреблении хлеба в России. СПб. , 1839, стр. 43В М. Хозико в. Статистический очерк Тамбовской губернии. 《Журн. М - ва госуд. имуществ. 》, 1849, № 8, стр. 158.

　　首先，需要确定统计研究中的"意外数据"。研究报告的来源和发展变化能够解决这个问题。例如，在分析和汇编资料的过程中，会出现许多意外情况。此外，同时代人在收集资料时，更易受到意外因素的影响。因此，许多保留至今的资料是当时资料中带有意外性特点的一部分。

　　其次，需要揭示何种资料能够确保笔者完整地把握整个研究。例如，位于中部黑土区和中部非黑土区的省份都需要收集几个县的农民份地资料。

　　最后，能够正确反映研究内容主要特点的是重要且具有代表性的资料。例如，农民土地、牲畜等数量情况，同时，在一定时期和地区内，且农业发展条件大致相同的情况下，这些数据在大多数农民间存在一定幅度的"波动"。而这意味着，农民在土地和牲畜方面的差异通常是一种偶然现象。这样一来，所谓的"波动"便可以称为特殊情况。由于这些情况属于特殊，无法判断其整体面貌，因此需要有部分数据能够反映其规律性，而非特殊性。在这种情况下，需要挑选能够体现研究均衡性的样本，并以此分析各县、庄园和村镇农民间土地、牲畜等数量情况差异的特殊情况。如果这些差异是特殊情况，那么样本所反映的主要特征则为整体性的。

　　能够最为直接地检验样本数据间差异的方法是"符号检验法"。通过罗列 18 世纪末非黑土区各省县劳役制农民间份地耕地数量的差异（见表 6-1），并根据样本中所需要的数据（份地耕地）将其绘制成表 6-2。每一个样本的差异为正（＋）或为负（－）。在合计中，将这些差值相加（有一个样本的差异为零）。这种方法的原理在于，如果样本数据间的差异是特殊的，那么差异值既可能为正值，也可能为负值，两者概率相同。而这意味着正负总值也是如此。为了检验该假设，笔者导出了随机变量的分布，并计算了表格中加号数值的临界值①。因此，在设定的误差内（α＝0.05），当加减总值未超过临界范围时，则意味着各样本间的差异为特殊现象。如表 6-2

---

　　① Б. Л. ван дер Варден. Математнческая статнстика. Пер. с немецкого. М. , 1960. Приложение, табл. 9.

所示，样本的临界范围为 3～10，而实际临界值为 6，换言之，样本间的差异在很大程度上为特殊情况。

表 6－2　符号检验法检查样本特殊性

单位：俄亩

县区	18 世纪末份地耕地面积	符号差异
科斯特罗马	3	
涅列赫塔	3.1	－
基涅什马	2.3	＋
德米特罗夫	1.4	＋
克林	2.5	－
格扎茨克	3.8	－
维亚泽姆斯基	3.4	＋
斯摩棱斯克	3	＋
博罗夫斯克	2.1	＋
小雅罗斯拉韦茨	2.2	－
塔鲁萨	2	＋
莫萨利斯克	2.2	－
谢尔加奇	2.8	－
样本中的正数		6
正数的临界范围($\alpha = 0.05$)		3～10

注：这些校正值是根据那些份地规模有所减少和《地主庄园资料》中有相关记录，以及条例文书中校正值超过 5% 的县区分别计算得出的。

农民份地样本资料的分析结果表明，样本间的差异均为特殊情况。

需要注意的是，数学法使用的必要条件是"分布均匀的"样本数据。在检验分布是否"均匀"方面，最为直观的方法是建构"频率分布直方图"（见图 6－1）。该图的 x 轴表示人均份地规模，间隔为 0.5 俄亩，而 y 轴表示所选样本出现的频率。

图 6－1 显示，人均份地规模为 1～1.5 俄亩、1.5～2 俄亩和 3.5～4 俄亩的样本均只有 1 个，3～3.5 俄亩的样本有 2 个，2.5～3 俄亩的有 3 个，2～2.5 俄亩的有 5 个。

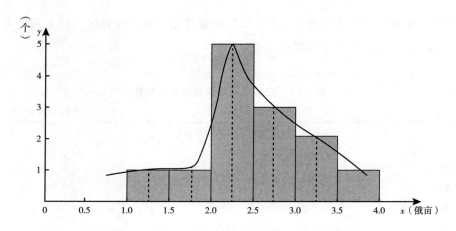

图 6 – 1　18 世纪末非黑土省各县耕地频率分布

如果样本分布较为均匀，那么较大和较小间隔的频率数量将减少（在 2～2.5 俄亩的情况下），而在频率分布直方图上反映间隔出现频率的直方面积也会大致相同。直方图中的曲线名为"分布曲线"，当样本分布均匀时，曲线的倾斜度也会相应降低。然而，样本分布仅是趋近于均匀，而非完全，因为较大和较小间隔的频率虽然在降低，但并未相等。同时，反映农民份地规模的其他三个样本的分布也是近似均匀的。

因此，通过现有的样本数据，可以确定上述两个地区各自反映份地规模的置信区间的平均值。

通过这种方法，能够掌握准确的平均值，或者其波动范围。第二种方法与此相反，即判断间隔的范围。换言之，在综合统计的前提下，计算出平均值的误差值，并确定相应样本的误差概率。

在研究 19 世纪上半叶农奴制农村发展趋势时，笔者采用了第一种方法处理之前收集到的相关数据。在此之前，关于封建关系瓦解和资本主义起源的问题研究程度不深，且很多问题存在争议，而在本次研究中，首要目标是：通过第一种方法的统计分析得出可靠度较高的结果。基于概率为 0.95（95%）的样本，计算出农民在土地、牲畜等其他方面的置信区间平均值。

置信区间的计算则通过公式：

$$\bar{x} - t_\alpha(f)\,\frac{S}{\sqrt{n}} < \mu < \bar{x} + t_\alpha(f)\,\frac{S}{\sqrt{n}}$$

μ 代表整个研究样本的平均值；$\bar{x} - \dfrac{1}{n}\displaystyle\sum_{i=1}^{n} x_i$ 代表样本的平均算术值；x_i

代表样本序号（$i = 1, 2, \cdots, n$）；$\displaystyle\sum_{i=0}^{n}$ 代表样本 1 至 n 的总和。$S =$

$\sqrt{\dfrac{1}{n-1}\displaystyle\sum_{i=1}^{n}(x_i - \bar{x})^2}$ 代表校正后的样本标准偏差；$\displaystyle\sum_{i=1}^{n}(x_i - \bar{x})^2$ 代表样本的

方差；$t_\alpha(f)$ 代表学生式分布（t 分布），在 $f = n - 1$ 的情况下，自由幂与
误差值有关（α）[1]。

在计算整体样本时，间隔越小，得出的平均值越准确。同时，间隔的概
率值与样本数量有关。关于这一点，能够从公式中看出。随着 n 的增加，t_α

$(f)\,\dfrac{S}{\sqrt{n}}$ 的值则会递减，而区间也会缩小。而概率值越高，$t_\alpha(f)$ 的值也会

增加。因此，当得出置信区间较大时，可以通过增加计算次数，或降低计算
结果可靠性的方式来获得更小的区间。

表 6 – 1 中，在概率为 0.95（95%）的情况下，笔者计算了各地区劳役
制农民份地的置信区间平均值。在 18 世纪末的中部黑土区，劳役制农民人
均份地耕地面积为 2.5 ~ 3.3 俄亩，19 世纪 50 年代时，降至 2.1 ~ 2.5 俄亩；
而在中部非黑土区和斯摩棱斯克省，相应时期的人均份地耕地面积为 2.2 ~
3 俄亩和 2.1 ~ 2.5 俄亩。

一方面，自 18 世纪末至 19 世纪中叶，两个地区的平均份地耕地规模不
断缩小。在这一时期，中部黑土区的缩小了 16% ~ 24%，而中部工业区和
斯摩棱斯克省的缩小了 9% ~ 17%。另一方面，若只需满足农民最低限度的
生产和生活，那么这两个地区的人均份地耕地规模为 2 ~ 2.5 俄亩。

显然，当大多数农民的平均份地规模临近 2 ~ 2.5 俄亩这一最低标准时，

---

[1]　目前有关计算置信区间和其他数据的研究均使用 Я. 杨科的《数理统计表格一览》（M.，
　　Госстатиздат，1961）中罗列的表格。t 分布的临界值参考表 2 – 4。

那么实际上还有许多农民是低于这一标准的。有关 19 世纪中叶各庄园农民在生产资料上的差异，可以参阅《地主庄园资料》。通过这部资料，不仅能够查阅到各阶层农民的人口，而且证明，份地远远无法满足他们最低限度的需求。由于人均份地规模为 2 ~ 2.5 俄亩的农民最少，因此，所有份地小于 1.5 俄亩的农民均可归为此类。根据《地主庄园资料》，笔者将 22 个省的农民按不同规模的份地（小于 0.5 俄亩；0.51 ~ 1 俄亩；1.01 ~ 1.5 俄亩）进行了分类（见表 6 - 3）。这次统计涵盖了《地主庄园资料》中提到的各类农民（劳役、代役和混合制）。然而，表 6 - 3 中所划分出的份地规模均是代役和混合制农民的，因为在当时的环境下，地主不可能采用纯劳役制剥削。

表 6 - 3　大型庄园拥有耕地份地低于 1.5 俄亩的农民人口

省份	《地主庄园资料》中的全部人口数（人）	耕地份地面积（人均）（俄亩）				占比（%）
		少于 0.5	0.51 ~ 1	1.01 ~ 1.5	合计	
西北地区						
彼得堡	50302	980	3954	10448	15382	30.6
诺夫哥罗德	98660	372	5582	17313	23267	23.6
普斯科夫	120325	—	113	5464	5577	4.6
地区情况	269287	1352	9649	33225	44226	16.4
斯摩棱斯克	192775	395	1570	8936	10901	5.7
中部非黑土区						
莫斯科	186520	6777	34081	42858	83716	44.9
弗拉基米尔	159044	3036	5141	20077	28254	17.8
下诺夫哥罗德	237063	8193	2705	20941	31839	13.4
科斯特罗马	161266	330	2090	5983	8403	5.2
雅罗斯拉夫尔	157899	—	4042	17797	21839	13.8
特维尔	205581	526	4635	23843	29004	14.1
卡卢加	174415	1607	838	13973	16418	9.4
地区情况	1281788	20469	53532	145472	219473	17.1
中部黑土区						
图拉	233577	699	385	12487	13571	5.8
梁赞	203992	8012	6287	21883	36182	17.7
奥廖尔	236245	3608	3613	11542	18763	7.9

续表

省份	《地主庄园资料》中的全部人口数（人）	耕地份地面积（人均）（俄亩）				占比（%）
		少于0.5	0.51～1	1.01～1.5	合计	
中部黑土区						
坦波夫	266014	1099	6028	22264	29391	11
库尔斯克	243290	171	8258	28457	36886	15.2
沃罗涅日	217356	336	1786	3467	5589	2.6
地区情况	1400474	13925	26357	100100	140382	10
伏尔加河中游地区						
喀山	77183	968	348	1169	2485	3.2
奔萨	213426	—	4689	7739	12428	5.8
辛比尔斯克	167596	184	1117	7679	8980	5.4
地区情况	458206	1152	6154	16587	23893	5.2
伏尔加河下游地区						
萨拉托夫	232774	155	649	3642	4446	1.9
萨马拉	89383	195	—	2209	2404	2.7
地区情况	322157	350	649	5851	6850	2.1
合计	3924686	37643	97911	310171	445725	11.4

正如预想，中部工业区和西北地区人均份地耕地面积小于1.5俄亩的农民人数最多，前者的所占比例为17.1%，后者的为16.4%。其中，少地农民所占比例最高的省份是莫斯科省（44.9%）和彼得堡省（30.6%）。在中部黑土区，人均份地耕地面积小于1.5俄亩的农民所占比例为10%，占比最高的省份是梁赞省（17.7%）和库尔斯克省（15.2%）。在伏尔加河流域，特别是在下游地区，少地农民的所占比例最低。

因此，在19世纪中叶，一些非黑土区和黑土区的省份（前者较多）有大量的少地农民。这类农民的绝大多数无法依靠份地来满足最基本的生产和生活需求。在19世纪上半叶，这类农民的人数剧增。例如，据 Г. Т. 里亚布科夫的统计，在1781年的斯摩棱斯克省，人均份地面积小于2俄亩的农民所占比例为4.1%，其中小于1俄亩的农民所占比例为0.5%，而截至1858年时，这两类农民的所占比例分别增至19.8%和1.1%[1]。

---

① Г. Т. Рябков. Ук. соч. , стр. 452—453. Дифференц наделах крестьян в конце ХVIII В. пелому ряду уездов приведены в указанной работе Л. В. Милова（см. гл. V）.

在保障农民最基本的生产资料（土地）方面，除封建式的"帮扶"，农奴制村庄还存在其他形式的土地所有和使用制度，例如购买和租用土地。最先对农奴购买土地所有制进行分析的是 B. H. 卡申①。卡申收集了大量的资料，并得出一系列的结论。在他看来，购买型的农奴土地只不过是农村资本主义近代化过程的一个结果，并且他认为这是资本主义所固有的现象。正如后来的学者 H. M. 德鲁日宁和 Б. Г. 利特瓦克所指出的②，购买型的土地并不是资本主义化的企业行为，而且这种新产生的土地所有制使农奴制进一步复杂化。后来，在 1861 年的改革中，大多数的购买土地被重新分配给地主。

在农奴制时代，向地主购买土地的行为在中部工业区和西北地区极为普遍。除了上述的资料，笔者还收集了其他的文献。例如，在 H. M. 德鲁日宁整理的文献中，这两个地区共有 104446.6 俄亩的购买土地，而农民占有 62868.5 俄亩，占总数的 60.2%③。值得注意的是，在 1861 年改革前，这两个地区的贵族土地在规模方面明显萎缩。

分析购买土地在农民经济中所发挥的作用时，需要考虑到在大多数情况下，这部分土地为农民收购，并改善了他们的份地占有情况。特维尔省就是这样的一个例子。据《地主庄园资料》显示，该省共 71 个庄园（提到了 61 个庄园的份地规模），其中，38 个的人均份地耕地面积大于 4 俄亩，换言之，这些庄园的农民份地情况本身较为良好④。整体来看，购买土地的数量也十分巨大。例如，在上述 15 个庄园中，购买土地占份地的三分之一。

农民购买土地的一个理由是扩大自身的经济规模，以及发展商品农业。但是，这只是农民购买土地诸多理由中的一个，甚至在大多数情况下并非主

---

① В. Н. Кашин. Крепостные крестьяне – землевладельцы накануне реформы. Л. , 1935.

② Н. М. Дружинин. Купчие земли крепостных крестьян. Сб. 《 Вопросы социально – экономической истории и источниковедения периода в России》. М. , Изд – во АН СССР, 1961；Б. Г. Литвак. О земельной собственности крепостных. 《 Материалы по истории сельского хозяйства и крестьянства СССР》, сб. V. М. , Цзд – во АН СССР, 1962.

③ Н. М. Дружинин. Ук. соч. , стр. 183.

④ 《 Приложеннек Трудам Редакционных комнссий. Сведения о помещынн нменнях 》, т. I. СПб. , 1860.

要的。笔者认为，农民购买土地的一个重要原因是他们试图摆脱农奴制份地和相应的剥削。在 1852 年的舍列梅捷夫家族的耶夫列夫庄园，富农们使用了新的生产形式，用庄园管理人员的话说，是因为他们"绝大多数都有私有荒地，他们不使用役畜也能够耕种这部分土地，并因此获得了大量的剩余产品"。庄园总办公室预测，如果这些农民不租用赋税单位土地的话，那么"将同阿列克谢耶夫庄园一样，农民自行购买的土地将变成没有任何收益的纯农业用地"，"而他们将艰辛地使用那些私有的购买土地"。尽管如此，据庄园管理人员的说法，在村社大会上，富农依旧"试图将更多的税务强加给那些独身和较为年轻的农民身上"。最后，相关税务由庄园委员会裁定①。

当然，摆脱赋税单位所必需缴纳的税款并非农民大量购买土地的唯一原因。在 1807 年 9 月，舍列梅捷夫签署了一份文件，要求各庄园丈量农民的购买土地。其目的是从购买金中获得 10% 的利润，以补偿自己所受到的损失，但对于农民而言，"只要能在自己的私有土地上获取足够的资料，那么绝不会反对地主自营地增收税款的行为"②。由此可见，购买土地是农民使自身经济生产摆脱农奴制份地的方式之一。显然，这需要一种相对独立的农民经济，即商品货币关系发展程度较高的经济体系。

除了购买土地，租赁土地的现象也十分普遍。租赁土地的种类较多，但最大的特点在于，尽管有针对贫农出租份地的诸多限制，但租赁行为在 19 世纪上半叶依旧不断地发展。

因此，即便是在 19 世纪 50 年代，俄国各农民阶层缓慢的分化也并未阻碍农奴制农村新形式的土地所有和使用制的发展。

通过分析 19 世纪上半叶农民份地所有制主要变化，以及土地占有情况，笔者得出了一些结论。首先是劳役制农民份地情况不断恶化的问题。农民份地规模不断缩小的原因有很多，例如："割地"行为、土地面积不变但人口不断增加、增划的土地的面积无法满足不断增加的人口等。笔者认为，在诸

---

① ЦГИА. ф. 1088, оп. 16, д. 642, лл. 2—2 об., 11 об., 13, 16—16 об., 20—21.
② Там же, ф. 1088, оп. 3, д. 908, лл. 2—2 об.

多原因中，地主自营地的扩大是最为主要的。对此，笔者将在后文阐述。在农民份地土地拥有情况不断恶化的环境下，在农奴制改革前，大多数劳役制农民的份地面积仅为最低标准。这意味着，首先，由于缺乏必要规模的份地，农民经济无法在封建农奴制的基础上取得进一步的发展；其次，在农村中，农民阶层分化已出现了相当程度的分化，而份地甚至无法满足他们最基本的生产和生活资料需要，因此农奴制剥削在很大程度上缺乏经济基础。这一趋势极大地动摇了封建农奴制的基础，而这也标志着，该制度走向覆灭。

在封建制度下，份地是农民进行经济活动的必要前提。然而，在农奴制下，农民经济和生活能否改善的决定性因素是封建地租是否会以各种形式不断增长。对此，卡尔·马克思曾指出："就劳动地租来看，这一点是不言而喻的：假定其他一切条件不变，直接生产者能在多大程度上改善自己的状况，使自己富裕起来，并生产出一个超过必要生存资料的余额，或者，如果我们愿意预先使用资本主义的表达方法，那就是他是否能够或在多大程度上能够为自己提供一个利润，即超过他自己所能生产的工资的一个余额，这完全取决于剩余劳动或劳役劳动的相对量。"[1] 在货币地租的前提下，剩余产品和利润的规模"只有当那种体现为货币地主的剩余劳动完成以后，出现利用自己的或者别人的剩余劳动的可能性时，才能发展起来"[2]。那么，在 19 世纪上半叶，俄国劳役和代役制剥削的强度如何，以及在这一时期，剥削制度又发生了什么样的变化？对此，首先需要对劳役制农民进行分析，因为该类农民是农奴制农村中的主体。

在分析劳役制剥削强度时，一项十分重要的指标是农民进行自耕和服劳役的劳动时间。当所谓的"制度水平"取得广泛发展时，有必要考虑到劳役强度增加所导致农民劳动时间的延长。然而，在现有的文献中，缺乏有关农民服劳役的时间，以及其强度的资料。

另一项能够反映劳役制农民剥削强度的指标是农民耕地和地主自营地，以及每个赋税单位人均耕地的绝对面积。这部分资料能够反映农民服劳役的

---

[1]　К. Маркс и Ф. Энгельс. Соч. 25，ч. 2，стр. 356.

[2]　К. Маркс и Ф. Энгельс. Соч. 25，ч. 2，стр. 362.

时间分配情况。

有关18世纪末农民耕地和地主自营地的资料，笔者使用的是《经济附注》，而19世纪40~50年代的是关于地主和地主农民播种情况的各省省长报告。对于18世纪末的资料（主要是从80年代开始），笔者收集了中部黑土区18个县，以及中部非黑土区和斯摩棱斯克省13个县的文献（见表6-4）。

表6-4　18世纪末地主自营地规模

单位：俄亩，%

省县	人均总耕地	地主自营地	
		人均	占比
梁赞省			
卡西莫夫县	2.2	0.6	27.3
梁赞县	4.7	0.8	17
萨波日科夫县	5	1.7	34
斯科平县	4.6	1.2	26.1
图拉省			
卡希尔县	3.7	1.6	44
叶皮凡斯基县	4.5	1.5	33
耶夫列莫夫县	5.6	1.8	30
奥廖尔省			
奥廖尔县	2.8	0.8	28
特鲁布切夫斯基县	2.3	1	32
克罗梅县	4.9	0.8	16
坦波夫省			
捷姆尼科夫县	2.7	0.5	18.5
沙茨基县	3.7	1.4	37.8
斯帕斯基县	3.4	0.7	20.6
坦波夫县	4.6	1.1	23.9
乌斯曼县	4.1	1.4	34.1
库尔斯克省			
希格雷县	5.5	1.9	34.5
科罗恰县	4.8	1.6	30
沃罗涅日省			
泽姆良斯基县	5.5	2.2	40
中部黑土区平均值	3.6~4.6	1.2~1.3	26~36
科斯特罗马省			
科斯特罗马县	3.8	0.8	22
涅列赫塔县	3.3	1	24
基涅什马县	3.7	0.6	15

续表

省县	人均总耕地	地主自营地	
		人均	占比
莫斯科省			
德米特罗夫县	2.8	1.4	50
克林县	3.6	1.1	30
斯摩棱斯克省			
格扎茨克县	4.5	1.7	20
维亚泽姆斯基	4.6	1.2	26
斯摩棱斯克县	4.3	1.3	30
卡卢加省			
博罗夫斯克县	2.9	0.8	28
小雅罗斯拉韦茨县	3.1	1.1	35
塔鲁萨县	3	0.8	27
莫萨利斯克县	3.3	1.1	33.9
下诺夫哥罗德省			
谢尔加奇县	3.5	0.7	20
非黑土区平均值	3.5~3.7	0.95~0.99	26~28

注：各地区地主自营地和耕地总面积的置信区间误差值为 0.05（5%）。

资料来源：地主自营地和耕地总面积的资料来自《经济附注》（见表 6-1）。

在中部黑土区，各县地主耕地的所占比例都很高，特别是那些临近中部工业区的县（图拉省的县），以及坐落在水路干线周边的县（萨波日科夫县和沙茨基县）。这些县的人均地主自营地规模为 1.4~2.2 俄亩，而其余县均不大于 1 俄亩。在非黑土区的农业县，如莫斯科省的德米特罗夫县和克林县，以及临近的卡卢加省的莫萨利斯克县和小雅罗斯拉韦茨县，地主经济也取得了广泛发展。同时，在副业发展程度最高的地区（基涅什马县），地主自营地绝对面积的占比反而是最小的。

在研究过程中，笔者计算了每个地区总耕地和地主自营地的人均水平。这部分资料可以用来比对 1861 年改革前夕地主和农民的播种情况，从而揭示 19 世纪上半叶所发生的变化（见表 6-5）。经过统计，地主的播种量在这一时期有极大地增加。例如，在中部黑土区的各县中，地主播种量所占比例从 18 世纪末的 26%~36%，增至 19 世纪 50 年代的 54.7%。而在中部非黑土区和斯摩棱斯克省的各县中，地主播种量所占比例从 26%～28% 增至 45.3%，换言之，与 18 世纪末最高水平的播种量所占比例相比，增加了 62%。在 19 世纪上半叶，地主自营地的农业产值所占比例呈不断上升趋势，而这意味着，地主自营地的人均面积在不断扩大，同时，对劳役制农民不断增加的剥削强度也证明了这一点。由此可见，剥削强度不仅在欧俄中部地区有所增加，在其他地区也是如此。然而，农业产量本就不高的乌拉尔山前地区（采矿地区）和西北地区除外，这两个地区的地主播种量所占比例为 50% 左右。

表 6-5　19 世纪 50 年代劳役制农民和地主的播种情况

单位：万俄石，%

地区	播种量		播种量占比	
	地主	劳役制农民	地主	劳役制农民
西北地区	31	75.5	29.1	70.9
斯摩棱斯克省	65.6	92.8	41.4	58.6
中部非黑土区	186.4	212.1	46.8	53.2
中部黑土区	422.8	349.5	54.7	45.3
伏尔加河中游	102	103.7	49.6	50.4
伏尔加河下游与扎沃尔日	65.2	73.6	47	53
西部地区	201.2	273.5	42.4	57.6
西南地区	173.5	178.6	49.3	50.7
左岸乌克兰	132.1	131.3	50.2	49.8
南部草原	50.5	33.9	59.8	40.2
乌拉尔山前地区	10.3	67.7	13.2	86.8
北部地区	4.4	3.6	55	45

注：相关资料来自各省省长的报告。因为在这些报告中，记录了劳役制和代役制农民的播种情况，以及劳役制农民播种量与其人数的比例（见第二章）。对于这些劳役制农民占主体的地区而言，上述统计足以揭示地主和劳役制农民的播种量情况。而这些地区代役制农民播种量情况的统计值并不十分准确，因为代役制农民的播种量远小于劳役制农民的。

与地主自营地面积扩大紧密相关的现象是"期限制度"的广泛扩散。期限制度的主要目的是提高劳役的剥削强度。在地主耕地不断增加的环境下，期限制度旨在提高剥削强度，以及使增加农民产量的制度得以迅速推广。一种观点认为，期限制度中包含了许多刺激农民劳动的因素（例如，额外支付，使农民获得优先租赁各种土地的权利）。在此之前，Л. В. 米洛夫已经对这套制度进行了分析，他研究了 18 世纪中叶农民在修道院服劳役的时间，并对照了 19 世纪中叶的情况。在欧俄中部地区，农民的劳动时间均用于各类农业活动，在临时劳役占农业活动主体的情况下，按照期限的相关规定，19 世纪中叶时农民的劳役时间是 18 世纪中叶的一半①。

然而，农民劳动强度的提高未使其摆脱日益增加的劳役，农民依旧需要花费绝大部分的时间来服劳役。一些庄园的资料反映，在 20~50 年代，三圃制下的地主自营地的人均面积为 1.5~2 俄亩，同时，根据期限制度的相关规定，农民每周需要服 4 天劳役。

为了确保提高剥削农民的强度，地主庄园还采用了"农奴月粮"制度。依照这一制度，农民经济和其所有劳动时间均被地主所掌控，这样一来，地主能够从农民劳动中获取最大限度的利益。而对于农民而言，"农奴月粮"仅能够支撑其劳动，以及满足最低限度的生活需要。苏联史学家认为，这一制度是奴隶制的再版。实际上，这摧毁了封建生产方式的根基，即直接生产被废除。但正是由于这种情况，"农奴月粮"制度并没有在欧俄中部地区得到广泛发展②。另外，"农奴月粮"制度不仅是剥削农民的手段，而且在客观上是支撑破产农民的方式之一。在这一制度下，破产农民通过服劳役能够重建经济，或者间接地获得最低限度的生活资料。

正如上文所述，在 18 世纪末和 19 世纪上半叶，对农民的剥削不断增加，地主自营地在其中所发挥的作用在于，不仅增加剥削强度，而且缩减份地的规模。那么，地主自营地的扩张在多大程度上挤压了份地，关于这部分的资料目前十分缺乏，因此难以分析。但是，可以通过另一种间接的方法，即计算出农民和地主耕地的总面积，以及当时条件下能用于生产的耕地面积

---

① Л. В. Милов. Из истории производительности труда в земледелин Росснн в середине XVIII в. 《Тезисы докладов и сообщений шестой сессии симпознума по аграрной истории Восточной Европы в гор. Вильнюсе》. Вильнюс，1963，стр. 130—134.

② И. И. Игнатович. Месячина в России в первой половине XIX века. 《Историк – марксист》，1927，кн. 3.

最高值，并将两者进行对比。

　　据19世纪上半叶黑土区劳役制和混合制庄园的资料显示，上述庄园的人均（男性）耕地和地主自营地规模均不超过5俄亩，其中，大多数庄园不超过4.5俄亩。可以断定，如要满足中部黑土区农民的生产需求，人均（男性）耕地规模应为4.5～5俄亩。在土地更为贫瘠的非黑土区，农民的负担相对较大，地主在农业方面对其的剥削更为残酷，而该地区在这一时期的耕地面积为3.5～4俄亩。

　　在18世纪末（见表6-4）的中部黑土区，18个县中，有4个的人均耕地（地主和农民）面积大于5俄亩，6个为4.5～4.9俄亩，而在同一时期的非黑土区，13个县中，有3个大于4俄亩（均位于斯摩棱斯克省），4个为3.5～3.8俄亩。因此，在18世纪末的大多数县区，农民尽可能多地耕种土地（人均耕地接近平均区间）。这意味着地主自营地规模会不断扩大，而这主要源于地主和农民耕地面积的变化。如果考虑到18世纪末中部黑土区的人均耕地面积约为4俄亩，即接近于临界区间，而非黑土区的则位于平均区间内（3.5～3.7俄亩），那么能够断定，对于大多数农民而言，地主自营地的扩大在某种程度上与份地缩减有关[①]。

---

　　① 在这方面，有必要反驳一个观点，即地主自营地面积的增加导致农民份地规模的缩减。Б. Г. 利特瓦克通过份地中部黑土区4个县区和一些庄园的数据得出结论，然而这些数据"不足以支撑19世纪上半叶农民使用的土地逐渐缩减"这样的结论（Б. Г. Литвак. Об изменениях земельного надела помещичьих крестьян в первой половине XIX в.《Ежегодник по аграрной истории Восточной Европы. 1963》. Вильнюс，1965，стр. 533）。第一，对于概括性的结论而言，利特瓦克所使用的数据过于分散。第二，也是最主要的，他所使用的图表不足以得出这样明确的结论。例如，在加加林家族的4个有地主自营地和农民份地变化数据的庄园中，2个（波克洛夫庄园和彼得罗夫庄园）的份地逐渐缩减，而此时正值耕地总面积大规模增加。因此，利特瓦克的研究不足以说明地主自营地究竟对人均份地的变化产生了多大的影响。此外，还有一系列反映这些庄园截至农奴制时代末期份地缩减面积的数据。利特瓦克所研究的4个县区中，有2个（沙茨基县和别廖夫县）的劳役制和混合制农民的绝对份地面积有所减少。如果不考虑份地缩减规模不大的沙茨基县，那么农民份地的变化呈现两个趋势，而不是农民土地的总面积没有任何减少。第三，在农民份地变化方面，所有的研究和分析均证明，地主"不需要让农民土地的规模缩减"以及"彻底铲除他们的经济基础"（Б. Г. Литвак. Об изменениях земельного надела помещичьих крестьян в первой половине XIX в.《Ежегодник по аграрной истории Восточной Европы. 1963》. Вильнюс，1965，стр. 534）。但是，封建农奴制度运行的逻辑并不会因地主的意愿而发生改变，它越来越无法为农民经济的正常发展提供条件，而此时，支撑这个制度的根基已十分腐朽。

因此，在 19 世纪上半叶，劳役制农民所受的剥削日益加剧。地主自营地的平均规模证明了这一点，因为这一数字与劳役制农村中占人口主体的中农的人均地主自营地面积相等或接近。例如，在 30～50 年代黑土区的 10 个大型劳役制庄园中，无马和一马农户的人均地主自营地面积为 1.4 俄亩，2～4 匹马的农户为 1.8 俄亩，5 匹及以上的农民为 1.9 俄亩。地主自营地总面积的人均耕种量为 1.8 俄亩，即接近于中农的人均耕种水平。

由此可见，各阶层耕种地主自营地的平均面积差异不大，这说明各阶层农民的经济水平与所需承担的捐税义务之间的比例并不相称。而不相称的程度能够通过对比赋税单位和马匹情况来得出结论。贫农的马匹数量所占比例为 7%，赋税单位所占比例为 15%，中农相应的分别为 64.7% 和 64.2%，而富农分别为 28.3% 和 20.8%。考虑到农民还拥有其他役畜，以及从事副业等情况，各阶层间经济水平和捐税义务不相称的程度会变得更大。因此，地主自营地的平均耕种面积虽然反映了剥削的日趋加剧，但掩盖了贫农所受到的压迫和富农占据的优势地位。

与劳役制农民相比，分析同一时期代役制农民所受的剥削强度更为复杂。这是因为在研究代役制农村时，不仅需要注意捐税，也就是他们所必需缴纳的代役租，而且要分析各类捐税占其总收入的比例。由于缺乏必要的数据，确定农民的总收入是极为困难的。直到现在，关于代役制农民所受剥削强度的研究，依旧局限于分析一些反映捐税规模和欠款增加的文献，以及农民的申诉书。因此，迄今为止，诸多学者对有关"各类捐税的增长是否导致农民所受的剥削也不断加剧的问题"依旧争论不休。此外，在 19 世纪上半叶，农民分化进一步加深，关于农民代役租规模和收入的平均值计算也是众说纷纭，因为代役租平均规模的扩大在很大程度上是受到了农民群体中富裕阶层的影响[①]。

[①] 例如，П. Г. 雷恩德久诺斯基认为，在 19 世纪时（1861 年改革前——作者注），代役租的"平均值"在很大程度上已经失去了其"科学意义"，在农民分化的环境下，较大份额的代役租是由"资产阶级化"的农民所缴纳的（П. Г. Рындзюнский. Вопросы изучения мелкотоварного уклада в России XIX в.《История СССР》，1963，№ 4，стр. 100）。

因此，在进行研究时，需要对 19 世纪上半叶反映代役租和收入平均值的数据进行甄别。对此，需要关注列宁的研究成果，首先是对比地方统计资料中农民收入和捐税数据的部分；其次是对民粹主义经济学家所使用的"平均值"指标的批判部分。在分析沃罗涅日省农民的收入和捐税问题时，列宁写道："一个农民家庭的平均收入总额（根据 66 份典型户家庭收入资料）是 491 卢布 44 戈比，支出总额是 443 卢布，纯收入是 48 卢布 44 戈比。每户'平均'担负的各种赋税总额是 34 卢布 35 戈比。"后来，列宁又指出："但是在这里，平均数字也掩盖着农民的贫困，大大美化了农民的实际情况。关于各种赋税在经济实力不同的各类农户间的分摊情况的资料表明，无马农户和有 1 匹马的农户（占俄国农户总数的 3/5）交纳的各种赋税不仅大大超过货币纯收入，而且也大大超过纯收入的总额。"

赋税分摊的不平均现象也很严重：富裕农民所缴纳的赋税，按其收入的比例计算，要少 1/2 ~ 2/3。为什么会有这种不平均现象呢？因为农民是按土地分摊大部分赋税的。对于农民来说，税额和份地数量已合为"人口"一个概念了……除了最高一类农民因有大的工业作坊而特别课税，我们看到赋税的分摊大致是平均的。份地的所占比例大体上与捐税的所占比例一致。后来，列宁指出，在农民分化程度较高的情况下，"由于捐税比例与份地相关，所以这不可避免地导致征税比例不断失衡"[1]。

由此可见，第一，列宁考虑到了关于农民收入和捐税的"平均值"问题，并发现其研究价值；第二，列宁强调，与收入相比，对农民的征税极不平衡，也就是说，经济水平降低的农民受到了更为残酷的剥削，而富农则相反；第三，需要注意征税的份地—人头因素，通过分析这 10 个庄园，能够得出结论，这一因素必然会弱化阶层间的征税差异。

那么，1861 年改革前农奴制农村征税情况又如何呢？对此，将会使用前文提到的反映各阶层农民代役租规模，以及代役租与人口和经济水平的比例的资料。这些资料包括 29 个代役制庄园（7 个位于黑土区，22 个位于非

---

①　В. И. Ленин. Полн. собр. соч. , т. 17, стр. 97—99.

黑土区），其中有 13 个（均位于中部工业区）庄园的农民的主要收入来源是副业，农业则是次要的。在这 29 个庄园中，18 个有两份及以上数量的农户普查资料（42 个庄园共计 74 份）。此外，还有 3 个副业型庄园的资料。在 19 世纪上半叶的俄国地主农村，占主体的农民类型是务农农民。因此，在解决这个问题时，有必要使用能够反映地主农民代役租和收入规模，特别是能够反映这类农民"平均性"的数据。

农业型和农副混合型庄园的数据表明，贫农缴纳的代役租所占比例低于其人口所占比例，中农在这两方面的比例大体相近，而富农的代役租所占比例高于人口所占比例。这说明在计算代役租规模时，不仅需要考虑特定农户中需要缴税的人口，而且需要注意其富裕程度。尽管如此，对于研究而言，还有其他需要考虑的方面。其中，各阶层农民缴纳的代役租在数量上差异不明显便是一个值得关注的问题。此外，在上述的一些庄园中，贫农缴纳的代役租高于中农，而中农的又高于富农。如果不考虑该类贫农缴税情况（这样的缴税情况在上述 42 个庄园中仅有 6 个），那么富农这样的情况也同属少数。同时，在上述庄园中的 13 个农业型和 4 个农副混合型庄园中，农民的人均代役租规模相等或略低于中农的。

征税和经济能力不平衡的另一个指标是，相应阶层的代役租和牲畜数量之间的比例。在所有农业型庄园中（其中有一个是特例），贫农的代役租所占比例高于其牲畜所占比例，在大多数庄园中，中农的代役租所占比例高于其牲畜所占比例，而除了两个庄园，其余庄园的富农的代役租所占比例均低于牲畜所占比例。如果考虑到代役制农村中各阶层的收入差距大于劳役制农村的，那么可以肯定，前者征税和经济能力间的不平衡性更为明显。

因此，在代役制农村，各农民阶层间代役租规模与富裕程度的比例严重失衡。在剥削程度方面，贫农重于中农，而中农重于富农。代役租规模和富裕程度的失衡推动了富农，特别是该阶层中的农民企业家掩盖自己实际的收入，而捐税分配方面的事宜也时常被村中的富人所掌控，因此，他们作为村中事务的管理人员，必然不愿增加自己代役租的缴纳份额。同时，封建地租的性质也使得这一比例进一步失衡。

　　封建剥削的经济资料基础是农民的份地。在俄国的农奴制农村，对于那些没有赋税单位的农民而言，他们经常被授予份地。无论经济情况如何，农民是不会离开赋税单位和份地的。对此，有必要分析家庭劳动力情况，即人均赋税单位数量。结果显示，富农赋税单位的人均纳税额高于其他阶层的，但这方面的差距与各阶层间经济生产力和经济收入间的差异远不能相称。

　　最后，在副业型农民方面，一些农民能够按时缴纳代役租。但是，仍有两方面的问题值得注意，首先，副业是该类农民唯一的收入来源；其次，这类农民代役租所占总收入的比例低于其他富农的。对此，韦利科耶村在1835年的农户普查中有相关记载，其中不仅记录了各阶层赋税单位的比例，而且有农民的收入情况。整体来看，富农的人均（男性）收入为62.8银卢布，代役租为13银卢布，也就是说，代役租是其收入的20.7%。在每户代役租缴纳额超过55银卢布的该类农户中，人均收入为81.2银卢布，而代役租为16.8银卢布，占收入的比例为20.7%。代役租缴纳额最高的是大商人米哈伊尔·克拉什尼科夫，该户共缴纳109.8银卢布。尽管该户的人均代役租缴纳额为36.6银卢布，但其人均收入为193银卢布，代役租的占比仅为18.4%，但实际上，这一比例要更低，因为他可能还有其他方面的收入[1]。在1836年的伊万诺夫村，富农的人均代役租（一半）为7.4银卢布。5户赋税单位超过5个的农户所需缴纳的代役租为人均9.7银卢布。但是，据统计来看，这5户所拥有的资产（3.7万纸卢布）占富农总资产（64户共计11.74万纸卢布）的三分之一[2]。

　　因此，欧俄中部地区农村中各阶层农民的经济水平与代役租缴纳份额间的失衡，以及农民分化程度证明，代役租税款仅占富农收入的一小部分。同时，富农的收入越高，代役租和收入的失衡度就越大。尽管地主也想从富农的收入中获利，但往往无法通过直接提高富农代役租的方式来实现，因此他们不得不采用其他方法。

　　对于农民而言，剩余产品最常见的用途是被当作逃避兵役的赎金。同

---

① ЦГИА. ф. 51, оп. 1, д. 786, двор № 107.
② ЦГАДА. ф. 1287, оп. 5, д. 6078, дворы № 130, 136, 158, 217, 326.

时，农民不遗余力地试图从其他繁重的捐税中脱身。一份能够逃避兵役20～25 年的兵役券，在 19 世纪上半叶的价格为 2000 纸卢布。因此，只有富农阶层中最富裕的农户才有能力购买兵役券。对于地主来说，农民不去服兵役对自己也是有利的，因为在通常情况下，服兵役的农民大多是拖欠税款者，或"品行不端"者。据统计现象，农民为逃避兵役所缴的税款金额十分巨大。例如，在舍列梅捷夫家族的沃兹克列先斯基庄园（科斯特罗马省涅列赫塔县）和罗曼诺夫－鲍里索格列布斯基庄园（雅罗斯拉夫尔省），从 18 世纪 80 年代至 1827 年，农民共缴纳了 101988 纸卢布。在 1800～1855 年的小图德庄园，这笔税款共计 101134 纸卢布；1800～1853 年加加林家族的马努罗夫庄园的农民共缴纳了 32649 纸卢布。此外，上述庄园均有农民为逃避兵役而缴纳税款的情况。

农民工厂主和商人为地主还缴纳了一笔额外的税款，这类税款在当时也普遍存在。例如，据舍列梅捷夫家族的统计报告显示，这类农民每年所缴纳税款约占其总收入或工商业经营总额的 1%①。农民处理剩余产品的方式之一是将其出售给磨坊等工业企业。对于富农而言，剩余产品有一项十分重要的作用，即赎免兵役。但该方面的花费至少需要几千纸卢布，因此仅有一部分极为富裕的农民才有能力赎买。同时，女性出嫁索要的礼金也是为达到赎买兵役的目的②。此外，一些地主特别是小地主，时常以贷款或"帮扶"为借口，向富农征取苛捐杂税。有时，征税甚至演变成强取豪夺。

除了缴纳代役租，各类生活和生产资料的储备对富农而言还有其他的作用。虽然"资产阶级化"的农民所缴纳代役租的一大部分并未证实具体的税源，但显然，这与他们生活和生产资料的储备紧密相关。甚至在这类农民资本家集中地——韦利科耶村和伊万诺夫村，富农所缴纳的代役租在 19 世

---

① ЦГИА. ф. 1088, оп. 3, дд. 915—919, 940—942, 994—997 и др.
② 例如，在 1809～1816 年的舍列梅捷夫家族的庄园，66 名女性出嫁的嫁妆共计 6.59 万卢布，其中伊万诺夫村的工场主米哈伊尔·亚玛诺夫斯基为女儿支付了 1 万卢布，叶尔莫莱·甘杜林为外甥女支付了 7000 卢布，商人费多尔·彼特里诺夫为女儿支付了 6000 卢布（там же, д. 914, лл. 1—4）。

纪 30 年代时可达全村总额的三分之一〔1835 年约占韦利科耶全村的
31.9%；1836 年约占伊万诺夫村（一半）的 22.7%〕。

　　由此可见，富农所缴纳的代役租与其收入完全不成正比，实际上，在农
奴制农村，有着极高收入的农民极少。代役租的平均值是由人口占多数的阶
层所决定的。正如数据所示，在代役制的农业型农民中，也就是绝大多数代
役制农民，中农占农民总人口的一半以上。因为在农业型农村，代役租的平
均值与中农的相等或相近。在许多农副混合型农村，中农虽然没有占总人口
的一半以上，但也占据着绝对优势。因此，该类农村的代役租平均值情况与
农业型的相似。而在贫农较多的庄园里，代役租平均值与该阶层的相等或相
近。值得注意的是，代役租的平均值由中农标准逐渐向富农标准演变。但首
先，这种变化并不明显（人均 6 ~ 8 卢布的代役租上涨了 0.1 ~ 0.3 卢布）；
其次，在许多庄园里，富农的人均代役租水平甚至比中农的还低。

　　由于在缴纳代役租方面，中农缴纳的要么占一半以上，要么则是占一大
部分，因此，在 19 世纪上半叶，人均代役租与中农的基本相近。例如，在
1844 ~ 1860 年中部工业区和斯摩棱斯克省的 23 个代役制农业型和农副混合
型庄园里，农民分化的程度达到最高水平，贫农的人均代役租为 5.9 银卢
布，中农为 7.1 银卢布，富农为 7.5 银卢布[①]。而这些庄园人均代役租的平
均值为 7.1 银卢布，与中农的相等。

　　此外，值得注意的是，在许多情况下，为了反映代役租平均值的变化
发展，所用的文献应满足一些具体要求。首先，"平均值"应是通过同一
个变化趋势中的数据计算出来的，即数据所反映的应是各阶层农民的代役
租增加或减少的规模；其次，各阶层代役租增加或减少的幅度应大致接
近。包含 2 份及以上记录的庄园文献证明，从 18 世纪末至 19 世纪中叶，
各阶层农民的代役租均呈上升趋势，且它们之间在增长幅度上并无实质性
的差异。这意味着，在 19 世纪上半叶，某个特定阶层的代役租与其总数
的平均值之间存在关联的事实并未改变。

———————————

① 　对于这些保留有多份农户普查资料的庄园，笔者使用的是其中所记载的最后数据。

　　遗憾的是，笔者并未找到足够统计农民收入平均值的资料。在表 6－6 中，笔者罗列了位于中部工业区的 5 个代役制农村的各阶层农业型和副业型农民的收入。在所有庄园中，中农的收入高于贫农，但低于富农。实际上，各阶层农民在收入上的差异更大，因为牲畜和蔬菜方面的收入并未包含在内，农民通过经营这些领域也可获得一笔可观的收入；同时，与农户普查中的数据相比，富农的副业，特别是企业活动，所带来的实际利润更高。同时代人对农民的平均收入问题进行过一些研究，结论是与中农的相等或相近。此外，还有一项指标与中农的相近，即代役租所占农民收入的比例。

表 6－6　各农民阶层的代役租和收入

单位：银卢布，%

庄园	男性人均收入			代役租	
	农业	副业	共计	租役金额	占收入的比例
1840 年加加林家族的马努罗夫庄园（梁赞县）					
贫农	12.7	2.4	15.1	5.8	38.4
中农	25.3	7.5	32.8	7.3	22.3
富农	31	15.5	36.5	7.4	20.3
平均	24.9	8.3	33.2	7.1	21.4
1840 年加加林家族的基亚索夫斯基庄园（谢尔普霍沃县）					
贫农	12	9.2	21.2	5.8	27.4
中农	15.8	13.9	29.7	5.5	18.5
富农	21.4	25.8	47.2	5.6	11.8
平均	15.2	14.2	29.4	5.5	18.7
1840 年加加林家族的斯帕斯基庄园（科洛姆纳县）					
贫农	16.5	16.7	33.2	6.6	19.9
中农	22.3	19.9	42.2	7.1	16.8
富农	21.1	33.6	54.7	7	12.8
平均	19.7	21.1	40.8	6.9	16.9
1840 年舍列梅捷夫家族的康斯坦丁诺夫斯基庄园（布龙尼齐县）					
贫农	14.4	13.4	27.8	3.1	11.1
中农	17.7	16.6	34.3	3.5	10.2
富农	20	20.5	40.5	4	9.9
平均	16.6	15.8	32.4	3.4	10.5

续表

庄园	男性人均收入			代役租	
	农业	副业	共计	租役金额	占收入的比例
雅科夫列夫家族的大谢利斯基庄园(雅罗斯拉夫尔县)					
贫农	—	—	21.5	4.8	22.3
中农	—	—	34.9	7.5	21.5
富农	—	—	62.8	13	20.7
平均	—	—	35.6	7.6	21.3

注：大谢利斯基庄园农民农业和副业的收入在农户普查中有记载。其余庄园的农户普查有副业收入。农业收入是根据收成数量（康斯坦丁诺夫斯基庄园），或者春播和冬播量（其余庄园）来计算的。燕麦和黑麦的数据参见 А. Н. Егунов. О ценах на хлеб в России. М., 1855, табл. I и V。在这些农作物的净收成方面，丰年时贫农的收成是播种量的 3 倍，中农和富农的则是 3.5 倍。

通过上述庄园的资料，远无法计算出富农准确的收入，以及代役租分别占最贫困和最富庶农民收入的比例。例如，在基亚索夫斯基庄园，贫农所缴纳代役租所占收入的比例是富农的两倍，但另一种说法认为，据代役租和收入的资料反映，农民收入水平与代役租缴纳规模之间的不平衡程度更高。

因此，对农民代役租和收入的研究揭示了当时大多数农民所受到的剥削。

在《经济附注》和编纂委员会的文件等资料中，记载了有关 18 世纪末和 19 世纪上半叶的代役租规模。笔者挑选了位于非黑土区的 16 个县和中部黑土区的 17 个县作为研究样本（见表 6-7）。在 18 世纪 70~80 年代的非黑土区，代役租水平最高的是在副业型地区（科斯特罗马县和梁赞省）。在 70 年代的农业型地区，代役租不超过 2 银卢布（诺夫哥罗德省、斯摩棱斯克省、莫斯科省和卡卢加省），而在 80 年代时，增至 3 银卢布（下诺夫哥罗德省）。而在中部黑土区，记录最早从 80 年代开始。整体来看，中部黑土区在 80 年代的代役租水平高于非黑土区的。例如，在 7 个位于非黑土区的县（资料始于 80 年代），代役租高于 5 银卢布的仅有叶戈里耶夫斯克县。在中部黑土区，这样的县有 8 个。这意味着，在 18 世纪 70~80 年代，封建货币地租已成为主流，总体来看，农民经济的基础是农奴制份地。在这一条件下，位于黑土区的省份相对富裕，代役租的水平也更高。然而，在 18 世纪末，黑土区的一些县出现了在副业活动方面征收更多代役租的趋势，而代役租的主体也开始由农业向副业转移①。

表 6-7 18 世纪末与 19 世纪 50 年代的代役租情况

单位：银卢布，%

地区省县		男性人均		修正值
		18 世纪末	19 世纪中叶	
非黑土区	诺夫哥罗德省			
	瓦尔代县	2.2	9.1	413.6
	斯摩棱斯克省			
	瑟乔夫卡县	2.2	9.7	440.9
	格扎茨克县	2	9.3	415
	尤赫诺夫县	7.9	7.9	395
	科斯特罗马省			
	韦特卢加县	3.3	12.5	378.8
	科斯特罗马县	4	11	275
	涅列赫塔县	3	11	366.7
	莫斯科省			
	德米特罗夫县	2	9.8	490
	克林县	2	10.9	436
	卡卢加省			
	博罗夫斯克县	2.5	12.5	500
	塔鲁萨县	2.6	13.6	523.1
	莫萨利斯克县	2.5	12.8	512
	下诺夫哥罗德省			
	谢苗诺夫县	3	8.5	283.3
	谢尔加奇县	3	9.4	313.3
	梁赞省			
	叶戈里耶夫斯克县	7	13.7	195.7
	卡西莫夫县	3.9	7.5	192.3
	平均值	3	10.5	350

① Л. В. Милов. Об изучении роста оброка, стр. 107—113.

续表

地区省县		男性人均		修正值
		18 世纪末	19 世纪中叶	
黑土区	梁赞省			
	斯帕斯基县	5.1	12.4	243.1
	梁赞县	—	13.7	268.6
	米哈伊洛夫斯克县	2.6	15.4	592.3
	里亚日斯克县	5.1	10.4	203.9
	图拉省			
	叶皮凡斯基县	2.9	8.7	300
	耶夫列莫夫县	5	8.8	176
	奥廖尔省			
	奥廖尔县	4.5	8.9	197.8
	克罗梅县	3.6	12.7	325.8
	特鲁布切夫斯基县	5.7	5.8	101.8
	谢夫斯克县	4.1	8.9	217.1
	坦波夫省			
	捷姆尼科夫县	3.2	7.3	228.1
	沙茨基县	5.3	8.3	156.6
	斯帕斯基县	7.3	6.8	93.2
	莫尔尚斯基县	6.8	8.8	129.4
	科兹沃夫卡县	2.4	7.5	312.5
	坦波夫县	7.3	6.6	90.4
	沃罗涅日省			
	奥斯特罗戈日斯克县	2	12.2	610
	平均值	4.4	9.5	216

注：《经济附注》统计了 18 世纪末代役租的规模（参见 Л. В. Милов. Об изучении роста оброка в России во второй половине XVIII века.《Научные доклады высшей школы. Исторические науки》，1961，№ 1；И. Д. Ковальченко. Крестьяне и крепостное хозяйство Рязанской и Тамбовской губерний，стр. 179）。诺夫哥罗德省、斯摩棱斯克省、莫斯科省和卡卢加省的资料始于 18 世纪 70 年代，其余省份的始于 80 年代。在当时，《通用货币》计算了代役租的规模，换言之，最终是以银卢布结算的，因为自 1787 年起，纸卢布贬值幅度明显加大。每个赋税单位上的男性人均产量是根据每个县的赋税单位上的人数资料重新计算的（там же，стр. 1277）。在科斯特罗马省的各县，每块赋税单位有 2 个男性劳动力。

资料来源：19 世纪中叶代役租的资料来自中央统计局地方处（А. Скребицкий Крестьянское дело в царствование Александра II，т. II，стр. 1227）。

后来，这一趋势表现为代役租水平不断提高。例如，据科斯特罗马省、下诺夫哥罗德省等位于非黑土区省县的资料（所有反映 18 世纪末代役租规模的省长报告均始于 19 世纪 80 年代）显示，非黑土区代役租增长的幅度高于黑土区的。例如，截至 19 世纪中叶，科斯特罗马省和下诺夫哥罗德省各县的代役租比 18 世纪末的增长了 2.8 ~ 3.8 倍，而在黑土区的 17 个样本县中，代役租增长超过 2.5 倍的仅有 6 个。此外，除了科斯特罗马省的县，其余县在 18 世纪末时，人均代役租均低于 3 银卢布。

后来，非黑土区的代役租快速增加，以至于超过了黑土区。在 19 世纪 50 年代非黑土区的 16 个样本县中，人均代役租超过 9 银卢布的有 13 个，而在黑土区的 17 个样本县中，这样的县仅 6 个，其中 4 个位于梁赞省，这说明中部黑土区的工业发展较快。

22 省地主农民的平均代役租水平数据显示，在 19 世纪中叶，工业发展较快地区的代役租水平已超过了其他地区（见表 6 - 8）。在表 6 - 8 中，位于西北和中部工业区的各省的人均代役租在 50 年代时均超过 10 银卢布，而中部黑土区和伏尔加河流域的 11 个省中，超过 10 银卢布的仅有 2 个（沃罗涅日省和辛比尔斯克省）。

表 6 - 8　19 世纪 50 年代末的代役租水平

单位：银卢布

省份	男性人均代役租	省份	男性人均代役租
非黑土区		黑土区	
彼得堡省	12.6	图拉省	9.6
诺夫哥罗德省	10.6	梁赞省	9.3
普斯科夫省	11.1	奥廖尔省	8.4
斯摩棱斯克省	10.5	坦波夫省	8
莫斯科省	10.8	库尔斯克省	9.1
弗拉基米尔省	11.3	沃罗涅日省	11.2
下诺夫哥罗德省	10.3	喀山省	9.6
科斯特罗马省	11.5	奔萨省	8
雅罗斯拉夫尔省	13.6	辛比尔斯克省	11.1

续表

省份	男性人均代役租	省份	男性人均代役租
非黑土区		黑土区	
特维尔省	13.1	萨拉托夫省	8.7
卡卢加省	11.8	萨马拉省	9.4
平均值	11.6	平均值	9.3

资料来源：А. Скребицуий. Ук. соч.，т. Ⅲ，стр. 1227 и сл.

非黑土区省份人均代役租的平均值为 11.6 银卢布，而黑土区的为 9.3 银卢布。

表 6−7 中各县的数据反映了从 18 世纪 70～80 年代至 19 世纪 50 年代代役租增长的幅度。非黑土区 16 县人均代役租的平均值从 3 银卢布增至 10.5 银卢布，增长了 3.5 倍，而黑土区 17 县的从 4.4 银卢布增至 9.5 银卢布，增长了 2.2 倍。在文献方面，诺夫哥罗德省、斯摩棱斯克省、莫斯科省和卡卢加省的始于 18 世纪 70 年代，其余省份始于 80 年代。

除工业和副业发展速度，代役租的增长情况还受当时（18 世纪末）其本身规模的影响。例如，代役租越高的省县，其增长幅度越低，而在另一些省县（特鲁布切夫斯基县[1]、斯帕斯基县和坦波夫县），代役租不仅并未增加，反而有所减少。然而，这样的县属于特例，总体来看，在 19 世纪上半叶，代役租有较大幅度的增加。

那么代役租增长与农民收入能力有着怎样的关系呢，换言之，代役租的增长在多大程度上导致农民所受剥削强度的提升。在农奴制时代，无论是省县一级，还是村镇一级，均未留下任何关于地主农村中农民收入的资料，因此笔者只能通过统计的方法，大致计算出其近似值。在此之前，笔者同 Л. В. 米洛夫一道，计算过四个省（莫斯科省、特维尔省、奥廖尔省和梁赞省）的数据[2]。统

---

[1] 此处"特鲁布切夫斯基县"应该是对"代役租越高的省县，其增长幅度越低"的举例，这里应为作者失误。——译者注

[2] 所使用的方法和文献与论文《Об интенсивности эксплуатации оброчных крестьян Центральной России в конце XVIII—первой половине XIX века》（《История СССР》，1966，№ 4）相似，这篇论文基于 1962 年于明斯克举办的东欧农业史学术会议的讨论成果。

计结果，以及代役租和收入增长的关系见表 6 – 9。需要注意的是，计算农民收入时所使用的数据仅包括农业和副业收入，换言之，数据并不完整，仅有相对性的意义。通过这些数据，首先能够判定从 18 世纪末至 19 世纪中叶代役制农民所受剥削的强度变化；其次，这些数据仅能较为客观地分析大多数农民，但无法揭示各类农民的情况。

表 6 – 9　18 世纪末和 19 世纪中叶地主农民的代役租和收入

	莫斯科省			特维尔省			奥廖尔省			梁赞省		
	18 世纪末	19 世纪中叶	修正值(%)	18 世纪末	19 世纪中叶	修正值(%)	18 世纪末	19 世纪中叶	修正值(%)	18 世纪末	19 世纪中叶	修正值(%)
谷物和马铃薯的男性人均产量（俄石）	5.44	6.05	11.2	7.07	9.23	30.6	10.86	11.44	5.3	10.11	10.9	7.8
黑麦价格（银卢布/俄石）	3.56	3.8	6.7	4	4.5	12.5	1.82	2.39	31.3	2	2.58	29
燕麦价格（银卢布/俄石）	1.98	2.59	30.8	2.09	2.22	6.2	1.25	1.7	36	1.49	1.82	22.1
人均农业收入（银卢布）	15	17.5	16.7	22	30.5	38.6	20	29	45	20.2	23.5	16.3
副业劳动力收入（银卢布）	32	66	106.3	14	30	114.3	7	15	114.3	15	30	100
每 1000 人中从事副业的人数（人）	23.5	66.8	184.3	27.9	48.9	75.2	16	24.5	53.1	15.3	44.7	192.2
男性人均副业收入（银卢布）	8	21.8	172.5	2.8	9.9	253.6	1.1	3.8	236.4	2.7	9	233.7
农副业总收入（银卢布）	23	39	69.6	25	40.5	62	21	33	57.3	23	32	39.1
人均代役租（银卢布）	4.8	11.4	137.5	4.5	13.1	191.1	4	12.5	212.5	4.5	11.8	162.2
按黑麦折算后的人均代役租（银卢布）	1.35	3	122.2	1.1	2.91	164.6	2.19	5.23	138.8	2.25	4.57	103.1
代役租占总收入的比例（%）	20.9	29.2	40	18	32.3	79.4	19.1	37.9	98.4	19.6	36.3	85.2

在 18 世纪末和 19 世纪中叶的上述省份中，农民净收入的主要来源是农耕。但是，19 世纪中叶的莫斯科省是个特例。通过农民的农耕收入，能够确定农业生产水平（人均谷物和马铃薯产量）和农产品的价格。与 18 世纪末相比，19 世纪中叶各省的农业生产水平均有一定程度的提高。然而，特维尔省是个特例，因为该省的农业生产水平提高幅度并不大，以至于不足以对农民收入产生影响。在农产品价格（燕麦和黑麦）方面，截至 19 世纪中叶，已有明显的提升。对此，需要注意两点，首先，与粮食消费区（莫斯科省和特维尔省）相比，粮食产区（奥廖尔省和梁赞省）价格的增长幅度更大。这样一来，消费区和产区在价格方面的差异便逐渐缩小，在农业商品化和商品货币关系逐步发展的环境下，这种现象是完全正常的。其次，与当时原本的价格相比，各省上涨的绝对幅度并不大。例如，在价格上涨幅度最大的奥廖尔省，黑麦实际上涨 31%，燕麦上涨 36%。一方面，粮食价格在较长时期内的稳定状况导致银卢布并未像纸卢布那样出现大幅度贬值的情况，同时在这一时期，商品粮与其需求间的不平衡程度也有所下降。另一方面，在 18 世纪末，粮食的价格与其生产成本相近。与农业生产水平相比，粮食价格的上涨在更大程度上影响了农民的农业收入，但这仍无法为农民收入带来根本性的转变。例如，在农民农业收入提升较大的奥廖尔省和特维尔省，分别提升了 45% 和 39%，而莫斯科省和梁赞省的提升了 16% ~17%。

在 18 世纪末和 19 世纪中叶，莫斯科省农民的副业收入在各省中是最高的，分别为 32 银卢布和 66 银卢布。最常见的副业形式是赴各类工厂打工。工业，特别是纺织业，所支付的工资要比其他非农业的高。在同一时期，特维尔省和梁赞省的农民副业收入仅是莫斯科省的二分之一（18 世纪末为 14 ~15 银卢布，19 世纪中叶为 30 银卢布）。这完全符合农民副业的特点。在这两省中，最主要的农民副业形式是航运业和木制产品制造业，以及各类"粗活"。在 18 世纪末的奥廖尔省，一个从事打工的劳动力的工资为 7 银卢布，19 世纪中叶时为 15 银卢布。这说明，奥廖尔省的副业发展程度较低，且带有鲜明的季节性。

整体来看，与 18 世纪末的副业收入相比，各省在 19 世纪中叶的收入增加了

2 倍，这说明该类收入增长的决定因素不是当地条件，而是雇佣劳动力市场。

从 18 世纪末至 19 世纪中叶，从事副业的地主农民人数有大幅度的增加。增长幅度最大的是莫斯科省和梁赞省（分别为 184% 和 192%），最小的是奥廖尔省（53%），这些情况完全符合上述省份的经济发展特点。

各省农民的人均副业收入也有较大幅度增加（莫斯科省的增加了172.5%，特维尔省的增加了 253.6%，奥廖尔省的增加了 236.4%，梁赞省的增加了 233.7%），同时，副业收入所占总收入的比例也在不断增加。

截至 19 世纪中叶，各省农民农业和副业的总收入在不断增加。而在同一"经济地区"内，各省间收入的增长幅度大体相近，例如，莫斯科省和特维尔省的农民收入分别增长了 69.6% 和 62%，奥廖尔省和梁赞省的分别增长了 57.3% 和 39.1%。可以肯定的是，各"经济地区"内农民收入的增长幅度和规模是由该地区社会经济发展条件决定的，这反映在农民收入的绝对规模方面。18 世纪末，莫斯科省和特维尔省的农民总收入分别为 23 银卢布和 25 银卢布，奥廖尔省和梁赞省的分别为 21 银卢布和 23 银卢布；而在19 世纪中叶，前两者分别为 39 银卢布和 40.5 银卢布，后两者分别为 33 银卢布和 32 银卢布。与 18 世纪末相比，19 世纪中叶各地区间农民收入上的差异进一步增加，而这是工业区农民收入快速增加所导致的。在 18 世纪末，代役租大致是农民农副业总收入的五分之一（莫斯科省为 20.9%，特维尔省为 18%，奥廖尔省为 19.1%，梁赞省为 19.6%）。截至 19 世纪中叶，各省代役租已有较大幅度的增加。同时，代役租的增长幅度甚至超过了农民收入的增长幅度，例如，莫斯科省代役租增长了 97.8%，特维尔省增长了208.2%，奥廖尔省增长了 207.8%，梁赞省增长了 314.8%。显然，这一时期代役租的增加与农业生产力的提升有关。这意味着，代役租的上涨与粮食价格（按代役租折算）之间存在一定的关系。若将代役租转换为黑麦价格的话，那么便能证明 19 世纪中叶的代役租是高于 18 世纪末的，具体而言，莫斯科省增长了 122.2%、特维尔省增长了 164.6%、奥廖尔省增长了 138.8%、梁赞省增长了 103.1%。

这样一来，在 19 世纪上半叶，代役制农民所受的剥削强度明显提升。

与之前相比，代役租所占总收入的比重更大。截至 19 世纪中叶，莫斯科省代役租所占收入的比重为 40%，特维尔省为 79.4%，梁赞省为 85.2%，奥廖尔省为 98.4%。直到 1861 年改革前夕，代役租无论是增长量，还是增长幅度均在持续提升。但在代役制农民所受的剥削强度方面，黑土区增长得最快。例如，梁赞省和奥廖尔省的增长幅度明显高于莫斯科省和特维尔省。

显然，代役制农民所受的剥削强度受制于农业水平。但是，并不能据此得出结论，称 19 世纪中叶农业水平低下。对于此类问题，需要专门的论据，因为在 19 世纪中叶，农民收入的绝对水平虽然高于 18 世纪末的，但代役租所占收入的比重远比后者高很多。例如，18 世纪末和 19 世纪中叶，莫斯科省农民在缴纳代役租后，所剩余的钱款分别为人均 18.2 银卢布和 27.6 银卢布，特维尔省的分别为 20.5 银卢布和 27.4 银卢布，奥廖尔省的分别为 17 银卢布和 20.5 银卢布，梁赞省的分别为 18.5 银卢布和 20.2 银卢布。在剥削强度明显提升的环境下，代役租缴纳后的绝对剩余收入有所增加。但实际上，除了代役租，农民还需缴纳其他捐税（国家、地方和村社的各类税务），而这些捐税也有较大幅度的提升。在几乎所有省份中（莫斯科省除外），捐税情况大致如此。因此，可以肯定的是，截至 19 世纪中叶，大多数代役制农民生活条件的恶化不仅是相对的，而且是绝对的。那么，关于农民经济水平的资料在多大程度上能够证明这个结论呢？

在 19 世纪上半叶，不仅劳役制农民所受剥削强度增加，代役制农民也是如此。这样一来，各阶层农民在所受剥削强度方面存在差异，同时，在时间上呈现不平衡的趋势。据个别庄园的资料显示，中农和贫农所受的剥削强度要比富农高得多，而这是富农的收入情况所导致的，特别是其中从事企业活动，以及由使用家庭劳动力过渡到剥削外来劳动力的富农，因此，这类农民的经济收入能力远远超过其所需缴纳的代役租。

若以年代来看，在 19 世纪 30 年代之前，各庄园的剥削强度增长幅度最大。在此之后，劳役制耕地和代役租要么没有变化，要么则是仅有微弱的增加。由此可见，截至 30 年代末，当剥削强度即将摧毁农民经济时，其本身的强度开始逐渐降低。这说明，在研究 50 年代农奴制下农民的经济水平时，不仅需要注意各类捐税增长的幅度，还要关注其具体规模。

在 19 世纪上半叶，特别是 50 年代，农民用来支付代役租等捐税的经济来源大多是各类非农业活动。实际上，非农业活动所需要的生产资料和劳动力在较大程度上脱离了封建农奴份地，其再生产主要是通过市场，因为后者的经济机制中不存在封建地租。对此，需要注意的是，在许多地区，少地农民的数量较之前有较大规模的增加，同时，不少农民的经济基础由份地转向了购入型和租用型耕地。然而，这不仅没有动摇农奴制剥削的根基，相反，还导致了其强度进一步增加。这意味着，剥削的基础已转变为非封建形式的农民经济活动。

那么，剥削基础发生转变的根源是什么，这种现象是否可能使地主直接寄生于新的经济关系中。众所周知，在农奴制的框架下，封建生产力不仅要求农民与份地相绑定，更是要求农民依附于地主，而地主正是通过这种方式垄断对农民劳动力的剥削权。简言之，农奴制使农民成为封建主的私有财产，这是在任何领域中剥削农民劳动力的基础。由于封建剥削的纯经济基础有限，其支柱性作用愈发重要。农奴地主和国家统治阶层在几百年的时间里，通过改进和强化超经济强制来不断地巩固农奴制结构。因此，关于 19世纪上半叶副业发展下滑，以及农民对地主依附程度降低的说法是毫无根据的。在 19 世纪上半叶，农奴依附力大幅增加，而这导致农民所受的剥削强度明显增强，当然，对此也能找到许多反映农民起义抗争的文献。

二　农民的经济和地位状况

众所周知，土地和剥削强度是农民生产活动的主要条件。那么，在 19世纪上半叶，俄国农奴的经济和地位状况如何呢？对此，需要与前文中的一些庄园资料，以及其他文献相结合。

笔者收集了 36 个有 2 份及以上农户普查，且间隔为 7～10 年的庄园文件，其中有 30 个各类牲畜数量，以及折合畜牛后人均牲畜数量有所减少，5个有所增加，1 个没有变化。那么，在 19 世纪 50 年代的农奴制农村中，农民经济所表现出的特点是否为其水平不断降低？对此，需要揭示俄国封建农奴制经济危机，以及解体的特点与本质。因此，必须深入分析这些数据所呈现的规律，以及农民经济和地位情况的特点。之后，还需考虑能够反映农民经济和地位情况的数据资料（最具价值的是农户普查）。这意味着，在收集资料数据的同时，有必要寻找更适合的研究方法。对此，笔者决定借助概率理论模型和数理统计的研究方法。这种方法在研究各类农民经济水平变化的过程中，既能研究那些保留多份农户普查的庄园，也能分析仅保有一份的庄园。该方法的作用十分重要，因为与其他普通方法相比，该方法能够在研究动态变化过程中使用更多的数据。

在第三章至第五章中，笔者使用了农民的牲畜数量资料，并以此分别确定了黑土区和非黑土区各阶层农民，以及非黑土区农副混合型农民的牲畜情况平均值。鉴于笔者所分析的问题涉及两个时期：1800～1830年和1831～1860年（农副混合型农村有所不同，根据其农户普查，时期划分为：1800～1840年和1841～1861年）。黑土区农业型农村在1800～1830年的农户普查有32份，1831～1860年的有45份，而非黑土区的分别有35和48份。农副混合型在1800～1840年的农户普查有26份，1841～1860年的有26份。因此，在分析农民牲畜变化情况方面，笔者共收集了200多份文献。这些资料在一定程度上涉及了各地区的情况。除喀山省，这些农户普查涵盖了每一个省份。

在概率为0.95（95%）的条件下，笔者计算了每一地区农民的马匹和其他牲畜（按畜牛折算）的情况（见表6-10）。

表6-10　农奴牲畜情况

农民阶层	男性人均马匹数量（匹）		修正值（%）	其他牲畜的男性人均数量（头）		修正值（%）
	1800～1830年	1831～1860年		1800～1830年	1831～1860年	
中部黑土区与伏尔加河流域的农业型农民						
贫农	0.27～0.53	0.27～0.33	0～38	0.58～0.62	0.28～0.43	31～50
中农	0.75～0.85	0.66～0.74	12～13	0.85～1.15	0.81～0.99	5～14
富农	0.91～1.09	0.92～1.08	—	1.05～1.35	1.05～1.35	—
平均	0.83～0.97	0.74～0.87	10～11	0.77～1.03	0.82～0.97	0～6

农民阶层	男性人均马匹数量（匹）		修正值（%）	其他牲畜的男性人均数量（头）		修正值（%）
	1800～1830 年	1831～1860 年		1800～1830 年	1831～1860 年	
中部工业区、西北地区和斯摩棱斯克省的农业型农民						
贫农	0.35～0.45	0.26～0.34	24～26	0.6～0.8	0.51～0.69	14～15
中农	0.54～0.66	0.56～0.64	—	1.01～1.19	0.79～1.01	15～22
富农	0.71～0.89	0.65～0.75	16～17	1.24～1.56	1.13～1.47	6～9
平均	0.55～0.66	0.46～0.54	15～18	1.08～1.32	0.99～1.21	8～8
中部工业区和西北地区的农副混合型农民						
农民阶层	1800～1840 年	1841～1860 年	修正值（%）	1800～1840 年	1841～1860 年	修正值（%）
贫农	0.23～0.37	0.21～0.29	9～20	0.39～0.41	0.46～0.54	18～32
中农	0.35～0.45	0.35～0.45	—	0.52～0.68	0.57～0.83	10～22
富农	0.43～0.57	0.41～0.59	0～5	0.66～1.14	0.62～0.98	6～14
平均	0.36～0.44	0.29～0.37	16～19	0.52～0.68	0.52～0.72	0～6

注：用来计算牲畜数量平均置信区间的公式如前文所述。样本在地域方面分布基本均匀，且能够准确地反映研究所需的主要数据（各庄园在牲畜数量方面的差异可归类为"偶然"）。

在反映各类农民农业生产力状况变化特点的数据方面，黑土区农业型（主要是劳役制农民）贫农和中农在 1831～1860 年的马匹拥有量情况不断恶化。特别是在经济水平上，贫农的马匹数量缩减了 38%，而中农的缩减了 12%～13%，富农的马匹数量情况没有变化。此外，贫农乳畜数量缩减幅度比马匹更大（31%～50%），而中农在这一方面也有极大程度的缩减，同样，富农在乳畜数量上没有变化。因此，黑土区各阶层农民经济水平和地位的变化是不平衡的。

在非黑土区的农业型农民（主要是代役制农民）中，边缘阶层的马匹数量情况不断恶化，特别是贫农，其缩减幅度为 24%～26%，而富农仅为 16%～17%。中农的马匹数量情况没有变化。在乳畜方面，各阶层的情况均有所恶化，但它们之间存在一定差异，恶化程度最高的是中农（缩减 15%～22%），其次是贫农（缩减 14%～15%），最后是富农（缩减 6%～9%）。

中农在力畜拥有量方面的变化较为稳定，这说明与劳役制农民占多数的地区相比，非黑土区农业型农村中大多数农民较为富裕。边缘阶层马匹数量减少，而且与力畜相比，这些农民乳畜更大幅度地缩减导致农民的副业活动出现变化，其主要表现为在非黑土区的农业型代役制农村中，副业取得了广泛发展。

非黑土区的农副混合型村庄在很大程度上也出现了上述情况。尽管各阶层力畜数量的平均值并未变化，但边缘阶层的情况有所恶化（贫农的力畜数量缩减了 9% ~ 20%，而富农的最高缩减了 5%）。在乳畜方面，贫农的数量增加了 18% ~ 32%，中农增加了 10% ~ 22%，而富农减少了 6% ~ 14%。由此可见，尽管贫农在农业生产水平上下降幅度最大（原因是马匹数量情况大幅度下降），但乳畜数量情况明显提升。该阶层农民主要的生产和生活资料来源是出卖劳动力。这意味着，在剥削强度明显增加的情况下，广大农民被卷入了资本主义生产，而这是农民维持同其前辈相同经济水平，甚至超越的有利因素。正如前文所述，农副混合型农村的富农在乳畜数量方面有所下降，这是因为他们将较多的经济资源投向了工商活动。

显然，有关农民经济和地位庄园的数据所反映的情况十分复杂。一方面，这些数据反映了 19 世纪上半叶俄国农奴制农村在社会经济发展方面的各种趋势；另一方面，揭示了 19 世纪 50 年代，农民的乳畜和力畜数量不断下降，换言之，这一时期的大多数农民的农业生产力和经济水平的状况不断恶化。同时，各类庄园，以及农业型农村中农民马匹数量情况不断恶化的事实也证明了这一点。

另一项体现农民经济和地位的指标是农业发展特点，其中主要是地主农民的生产活动。遗憾的是，反映这些情况的数据仅有 40 ~ 50 年代的，即欧俄 34 省（乌拉尔山前地区除外）的省长对地主农民粮食播种量和收成的汇报①。

表 6 - 11 反映了 1861 年改革前地主农民在农业生产方面的不同趋势。在 19 世纪 50 年代的西北、西部、西南、中部黑土区和斯摩棱斯克省，农业

---

① 在统计人均净产量时，笔者所使用的样本省份至少在每个年代里（40 年代和 50 年代）有 6 年的数据。

水平较 40 年代的有所下降。同时，各地区农业水平下降不仅体现在相对规模上，更表现在绝对规模方面。在这些地区，只有地主经济和农民所受的剥削程度增长最快。如果说在西北地区，地主农民农业水平下降会推动其大量从事非农业活动，那么在其他地区，这一现象的首要后果就是农民经济状况不断恶化。这些地区净收成的逐渐缩减也印证了这一点[①]。而在其他地区，50 年代的农业水平相较于 40 年代没有变化。这些地区包括中部工业区、伏尔加河中游和左岸乌克兰地区。其中，在后两个地区占主体的农民类型是国有农民，显然，相比于经济分化程度较高的地主农民，国有农民更加富裕。需要特别注意的是中部工业区，尽管该地区大多数农民从事非农业活动，但其农业生产水平并未降低。这说明，社会经济条件对农民经济的发展起决定性作用。

表 6 - 11　地主农民农业水平变化情况（人均净产量）

单位：俄石，%

地区	1842～1850 年			1851～1860 年			1851～1860 年与 1842～1850 年之比
	谷物粮食	马铃薯	共计	谷物粮食	马铃薯	共计	
西北地区（不含普斯科夫省）	1.79	0.37	1.91	1.67	0.38	1.8	94.2
斯摩棱斯克省	2.52	0.23	2.6	2.2	0.2	2.27	87.3
中部非黑土区（不含特维尔省）	2.4	0.14	2.45	2.44	0.25	2.52	102.9
中部黑土区	3	0.19	3.06	2.5	0.17	2.56	83.7
伏尔加河中游	3.23	0.05	3.25	3.2	0.06	3.22	99.1
西部地区（不含莫吉廖夫省）	1.85	0.75	2.1	1.62	0.46	1.77	84.3
西南地区	2.27	0.31	2.37	1.68	0.24	1.76	74.3
左岸乌克兰地区	1.67	0.16	1.72	1.68	0.19	1.74	101.1
叶卡捷琳诺斯拉夫省	1.05	0.02	1.06	2.32	0.04	2.33	219.8

---

① 　И. Д. Ковальченко. К вопросу о состоянии хозяйства и положения помещичьих крестьян, стр. 81.

续表

地区	1842~1850年			1851~1860年			1851~1860年与1842~1850年之比
	谷物粮食	马铃薯	共计	谷物粮食	马铃薯	共计	
乌拉尔山前地区（奥伦堡省）	2.6	0.16	2.65	3.33	0.13	3.37	127.2
北部地区（不含阿尔汉格尔斯克省）	2.17	0.07	2.19	2.41	0.09	2.44	111.4
欧俄34省	2.42	0.26	2.5	2.2	0.23	2.28	91.2

注："共计"栏，马铃薯按3∶1的比例折算为谷物粮食。

资料来源：各省省长汇报中关于地主农民粮食播种量和收成的部分（19世纪40年代和50年代的平均播种和收成参见 И. Д. Ковальченко. К вопросу о состоянии хозяйства и положении помещичьих крестьян Европейской России в 40—50 – х годах XIX в.《Научные доклады Высшей школы. Исторические науки》. 1959，2，стр. 95—96）。关于第九次和第十次人口普查的人口数据由 В. М. 卡布赞和 Н. М. 谢普科娃整理（参见 В. М. Кабузан, Н. М. Шепукова. Ук. соч）。

　　最后，在南部草原、乌拉尔山前和北部地区，19世纪50年代的农业水平较40年代的有较大幅度的提升。与传统的农奴制地区相比，这些地区的农奴制村庄在发展方面的条件更为优越。然而，整体来看，欧俄地区在50年代的农业水平较40年代有所下降，这不仅表现在农奴经济上，还体现在地主耕地①的产量方面。后者取决于农民经济以及气候条件。在笔者收集的文献中，并没有反映40~50年代气候的资料。但可以肯定，相较于40年代，50年代的气候条件并没有明显恶化，因为40年代和50年代低产年和高产年的比率证明了这一点。根据省长汇报，笔者将21省的低产年和高产年的数量情况汇总成表6-12。在划分方面，冬播和春播的产量低于其播种量的2.5倍即低产，其中低于2倍的为歉收，而当产量是播种量的4倍（黑土区）和3倍（非黑土区）时即丰收，其中高于4.5倍（黑土区）和3.5倍（非黑土区）的为高产。

---

① И. Д. Ковальченко. К вопросу о состоянии помещнчего хозяйства перед отменой крепостного права в России.《Ежегодник по аграрной историн стран Восточной Европы. 1959》. М.，Изд – во АН СССР，1961.

表 6 - 12 19 世纪 40 ~ 50 年代的丰年和荒年情况

单位：个

地区		1841 ~ 1850 年				1851 ~ 1860 年			
		低于2.5倍	其中低于2倍	高于4倍	其中高于4.5倍	低于2.5倍	其中低于2倍	高于4倍	其中高于4.5倍
中部黑土区	图拉省	3	1	4	—	1	—	—	—
	梁赞省	2	—	3	2	1	1	1	1
	奥廖尔省	1	—	3	1	3	1	1	—
	坦波夫省	2	1	5	2	3	—	2	1
	库尔斯克省	2	1	4	3	4	—	2	1
	沃罗涅日省	2	1	4	2	2	—	2	2
	共计	12	4	23	10	14	2	8	5
伏尔加河流域	喀山省	3	1	2	—	1		1	—
	奔萨省	3	2	4	2	3	1	4	2
	辛比尔斯克省	2	1	3	1	1	1	4	1
	萨拉托夫省	3	3	4	3	2	1	4	2
	共计	11	7	13	6	7	4	13	5
				高于3倍	其中高于3.5倍			高于3倍	其中高于3.5倍
中部工业区	莫斯科省	3	1	4	—	6	2	—	—
	弗拉基米尔省	4	1	3	—	2	—	3	—
	下诺夫哥罗德省	2	2	6	3	1	—	6	3
	科斯特罗马省	1	1	2	—	1	—	2	—
	雅罗斯拉夫尔省	3	1	2	—	1	—	—	—
	特维尔省	5	1	1	—	3	—	—	—
	卡卢加省	3	—	1	—	9	1	1	—
	共计	21	7	19	3	23	3	12	3
西北地区	彼得堡省	1	—	4	—	2	—	4	1
	诺夫哥罗德省	2	—	3	—	2	—	—	—
	普斯科夫省	4	2	2	1	2	1	1	—
	斯摩棱斯克省	4	1	1	—	5	1	—	—
	共计	11	3	10	1	11	2	5	1

据表6-12所示，4个地区19世纪50年代的低产年相比40年代并无明显变化（伏尔加河流域甚至还有减少），歉收年有所减少（黑土区从11个减少至6个，非黑土区从10个减少至5个）。由于导致歉收年的主因是气候条件，可以断定，相比40年代，50年代的气候不仅没有恶化，反而有所好转。同时，伏尔加河流域、中部工业区和西北地区在50年代的高产年数量与40年代相比也没有明显变化。与歉收年一样，高产年的主因是气候条件，因此可以断定，这些地区在50年代的气候条件也并未恶化。中部黑土区高产年数量减少可能并非气候条件恶化这一个原因。因此，上述地区50年代高产年数量的减少，以及农业总水平相应的变化，是平年（黑土区为2.5～4倍；非黑土区为2.5～3倍）数量增加所致。50年代丰年数量比40年代少也说明了这一点（中部黑土区从23个减至8个，中部工业区从19个减至12个，西北地区从10个减至5个）。需要注意的是，50年代伏尔加河流域农业总水平并未降低。因此，上述地区产量变化情况说明，农业水平下降的主要原因是农民经济的恶化。

人口变化是反映各个时期社会经济发展和民众生活水平的重要指标之一。在19世纪上半叶，农奴无论是占全国人口，还是占农民总人口的比例均呈不断下降趋势，而在30～50年代，农奴制农村的人口不再增加，许多地区的绝对人口数甚至逐年减少。

例如，在1795～1857年，欧俄地区地主农民所占农民总人口的比例从62.1%减至48.2%。而地主农民的实际人口也在不断变化，在1795～1857年，地主农民的男性人口从975.49万人增至1122.73万人，而在1833～1857年，人口减至1106.66万人，也就是说，净增加了16.07万人。由于第十次人口普查并没有之前几次那么准确，因此，或许50年代末地主农民的绝对数量并未缩减，但实际上，就全国而言，当时农奴制农村的人口均呈不断下降趋势。当然，其中也包括一些人口有所增加的农村。为了研究农奴制农村人口变化，笔者收集了1795～1811年、1815～1833年和1833～1857年的人口数据（见表6-13）。

表 6 – 13　1795 ~ 1857 年农奴人口平均增长率

单位：%

地区	1795 ~ 1811 年	1815 ~ 1833 年	1833 ~ 1857 年
西北地区	0.34	0.8	– 0.47
斯摩棱斯克省	0.34	0.81	– 0.14
中部非黑土区	0.42	0.39	– 0.07
中部黑土区	0.96	0.75	0.01
伏尔加河中游	0.79	0.93	0.02
伏尔加河下游与扎沃尔日地区	1.33	1.32	0.22
欧俄地区	0.82	0.69	– 0.06

　　表 6 – 13 的数据表明，在 19 世纪 50 年代，农奴制农村在社会经济发展方面取得了一定进展。然而，在人口方面为何会出现上述现象？历史学家至今未达成共识。一些专家认为，地主农民人口增加幅度降低的主要原因是农奴制剥削压迫的加强，农民经济条件逐渐恶化，最终导致人口自然增长量下降。另一些专家认为，农民转变为其他阶级、外逃，以及副业活动在较长时间段内对人口所产生的消极作用是这一现象出现的主因。所以，"农奴人口的减少，与其说是衰退的信号，倒不如将其看作农民摆脱农奴制枷锁、社会不断发展的标志"①。显然，农奴制农村人口增长量的放缓与降低的原因，同该现象所带来的意义之间是存在本质差异的。

　　在分析农奴制农村人口变化特点时，不能忽视前文提到的打工人口所占总人口比例不断上升的现象。在表 6 – 14 中，笔者计算了三个地区每 100 名农民中平均打工人数。在年龄方面，打工农民在 17 ~ 60 岁。通过农户普查，笔者计算了农民力畜和乳畜数量的置信区间。

---

① П. Г. Рындзюнский. О мелкотоварном укладе в России XIX в.《История СССР》, 1961, № 2, стр. 54—55; его же. Вопросы изучення мелкотоварного уклада в России XIX в. Там же, 1963, № 4, стр. 103—110.

表 6 – 14　农奴制农村男性居民中打工人口比例

单位：人，%

阶层		每 100 名男性农民中打工人口		1830 ~ 1860 年相比 1800 ~ 1830 年的 增长幅度
		1800 ~ 1830 年	1831 ~ 1860 年	
黑土区农业型农民	贫农	38 ~ 50	45 ~ 55	10 ~ 18
	中农	46 ~ 50	50 ~ 54	8 ~ 9
	富农	48 ~ 52	49 ~ 53	2
总体		48 ~ 50	49 ~ 55	2 ~ 10
非黑土区农业型农民	贫农	48 ~ 53	49 ~ 57	2 ~ 8
	中农	50 ~ 54	52 ~ 56	4
	富农	51 ~ 55	52 ~ 56	2
总体		50 ~ 54	52 ~ 56	4
中部工业区与西北地区农副混合型农民		1800 ~ 1840 年	1841 ~ 1860 年	1841 ~ 1860 年相比 1800 ~ 1840 年的 增长幅度
	贫农	48 ~ 53	48 ~ 52	—
	中农	51 ~ 55	56 ~ 62	10 ~ 13
	富农	50 ~ 56	52 ~ 56	0 ~ 4
总体		51 ~ 53	51 ~ 55	0 ~ 4

　　无论是黑土区，还是非黑土区，1831 ~ 1860 年各阶层农民中的打工人口所占比例均比 1800 ~ 1830 年的高。其中，黑土区贫农和中农阶层中的打工人口所占比例上升幅度最大，前者上升了 10% ~ 18%，后者上升了 8% ~ 9%。而在非黑土区，有明显增长的仅有贫农（上升了 2% ~ 8%）。在农副混合型农村，打工人口所占比例上升的仅有中农（上升了 10% ~ 13%）。但是，如果仅分析成年劳动力中打工人口的比例，且在其余条件相同的情况下，打工人口绝不会与经济发展以及农民经济水平变化的趋势相一致。在非黑土区，打工人口的低增长率意味着农业型农民的经济状况较为良好，而在大多数环境较好的农副混合型农村中，边缘阶层的打工人口所占比例也十分稳定。这说明，对大多数农民而言，生活条件是导致农奴制农村中打工人口变化的重要因素。当然，对于决定农奴人口变化特点的诸多因素究竟发挥了

何种作用，笔者上述的观点并未对此解释。对此，笔者需要专门分析。

因此，农民力畜和乳畜数量的变化和农业结构以及农奴制农村人口的变化揭示了农民经济和地位发展过程中的各类趋势。它们之间的差异主要表现在两个方面。首先是与农民经济生产能力，以及其经济水平和规模相关；其次是与农民经济活动和所受到的剥削类型有关。

无论是农业型，还是代役制农村中的副业型和农副混合型富农，主要发展趋势是农业水平和地位十分稳定，甚至还有提升。而对于劳役制和一些代役制的贫农和中农而言，19 世纪 50 年代的发展趋势是农业水平下降，经济状况不断恶化。若综合来看，1861 年改革前夕的总体趋势是农业领域的经济生产水平下降，且大多数农民的物质条件不断恶化。

在前文中，笔者揭示了农民经济发展的主要条件（份地和剥削强度），以及生产水平的变化趋势。那么，这些趋势在多大程度上受制于农民经济条件，以及剥削强度呢？

通常，在封建制度下，农民经济的发展及其本身的地位是由封建地租的规模来决定的，任何经济状况不断恶化的阶层，其受到的剥削强度和封建地租规模均呈不断加大趋势。但是，封建地租对农民经济发展的决定性作用仅能表现出一般性的规律，即在总体上是正确的。这意味着，需要根据特定的情况来确定农民经济水平和地位与剥削强度的关系。由于传统研究中因果关系分析方法的缺失，研究人员的研究结果总是出现错误。既然常规方法无法准确揭示各种因素在特定环境中的作用，特别是在确定农奴制剥削对农民经济水平和地位的影响程度方面，那么，在研究这些问题时，需要借助数理统计法。

在各类环境中所存在的相互关系，大体可以分为两类：功能性的和随机性的。当一种定量对应于一种环境的任何特定定量时，功能性关系便发挥作用。在这种情况下，阶乘的相同数量变化始终导致结果的相同变化。随机性（有时也被称为"概率"和"统计"）也包含这样的关系：由于受许多无法准确计算的因素影响，一个因素的数量变化，可能导致在不同环境下，受其影响的变量环境发生各类变化。因此，只能根据一项或多项分析结果来大致判断可能发生的变化。

专用于数学统计的概率关系分析相关部分，包括概率论、方差和因子分析等。在揭示各类因素之间关系方面，使用最为广泛的是"相关系数"。它能够表明各数据间关系的相关程度。相关系数的值在正值和负值间波动。相关系数越接近于临界值，各项数据间相关性越高。当相关系数等于临界值（无论是正值还是负值）时，意味着各因素间存在较密切的线性关系。如果系数等于零，那么则说明这些因素之间没有线性关系，但这并不能证明它们之间完全没有相关性。因为各因素之间可能存在非线性关系。正值数据表示他们之间呈正相关，反之则为负相关。

因此，相关系数可以用来确定各因素间是否存在线性关系。如果各因素之间的线性关系不明显，那么因果相关性分析将会发挥重大作用。由于某些因素之间存在明显的关系，而另一些之间则没有关系，因此相关系数可以用来解决各因素在特定环境中的相对作用问题。此外，实际相关系数（ρ）即在研究总体中，表征互联的系数不仅能够判断各数据间的相关性，而且能够揭示一个因素对另一个因素的影响程度。相关系数的平方表明了特征数据方差的哪一部分与影响特征的因素有关。但是，这意味着其他因素的影响保持不变。因此，仅在可以忽略其他因素的影响，或者可以确定其发挥的作用独立于其他因素的原因的情况下，对相关系数进行分析才具有说服力。这样一来，在分析一个因素对另一个因素的影响程度上，相关系数所发挥的作用便大打折扣。

实际上，相关系数是基于样本数据来进行计算的，因此又被称为"样本相关系数"（r），这是对实际相关系数的估计值。一些标准可以用来确定样本相关系数在哪些值上具有实际相关系数的特征。

样本相关系数的计算公式为：

$$r = \frac{\sum_{i=1}^{n}(y_i - \bar{y})(x_i - \bar{x})}{\sqrt{\sum_{i=1}^{n}(y_i - \bar{y})^2 \sum_{i=1}^{n}(x_i - \bar{x})^2}}$$

公式中 y_i 表示特征数据；x_i 表示因素数据；n 表示数据编号（$i = 1$, 2, $\cdots$, n）。

在判断样本相关系数时，需要以学生式分布标准为基础，使用计算公式：

$$t = \frac{r}{\sqrt{1-r^2}} \cdot \sqrt{n-2}$$

如果根据该公式计算出的绝对值 t 超过 $t_\alpha(f)$，即在 $f = n-2$，且误差值为（α）的情况下，t 接近临界值，那么样本相关系数在上述概率下的数值将会较大，换言之，各数据间存在关联性。如果 $|t| < t_\alpha(f)$，那么意味着线性关系不明显。因此，相关系数能够较为准确地判断各因素之间的关联性程度。

但是，在对各类环境进行研究的过程中，需要注意不同因素对特征数据所产生的影响。所以，有必要寻找一个能够进行更为深入研究的方法。该方法的理论基于一个实际且明显的事实，即如果某些因素之间存在关系，则应该按个体变量与其平均值（算数平均值）的差值来表示。这种数理分析法能够揭示数据间的关联性。

在分析一个因素对另一个因素的影响程度时，最有效的方法是使用最小二乘法计算多重回归系数或多重关系方程的系数。在这种情况下，有效特征及其影响因素将以变量线性函数表示。例如，人口增长率（y）与农业水平（x_1）和工业发展程度（x_2）的关系可以写作：$y = a_0 + a_1 x_1 + a_2 x_2$。

该方程中 y、x_1 和 x_2 分别指有效特征及其影响因素的值。a_1 和 a_2 则为回归系数，它们代表有效特征系数（y）在其影响因素变动时的波动值。但是，选定的因素（其数量可能不同）不一定都会对笔者研究的对象（y）有实际影响。由此可见，系数 a_0 将会把未纳入考虑的因素也计算在内。

回归系数值根据数据 y、x_1 和 x_2，并通过最小二乘法来确定线性方程。因此，该类双因素方程可以写作：

$$\left\{ \begin{array}{l} n\,a_0 + \sum x_1 a_1 + \sum x_2 a_2 = \sum y \\ \sum x_1 a_0 + \sum x_1^2 a_1 + \sum x_1 x_2 a_2 = \sum y x_1 \\ \sum x_2 a_0 + \sum x_1 x_2 a_1 + \sum x_2^2 a_2 = \sum y x_2 \end{array} \right\}$$

通过线性代数能够在此方程或类似方程组提供系数a_0、a_1、a_2。需要注意的是，在求解此类方程组时，不必计算相应数据的值，而是求每项特征系数算数平均值偏差的绝对值，即线性偏差。这是由于笔者的研究对象会以各种形式表达。例如，人口增长率（y）以百分比的形式出现，农业水平x_1以人均谷物粮食和马铃薯产量（俄石）的形式，而工业发展程度（x_2）则是以男性人均收入的形式。

为了消除对研究对象回归系数的偏差，笔者未在计算原始数据时得出直接值，而是使用给定特征系数算数平均值与偏差的绝对值。因此，上述线性关系方程式写作：$(y - \bar{y}) = a_0 + a_1 (x_1 - \overline{x_1}) + a_2 (x_2 - \overline{x_2})$，而相应的线性方程式写作：

$$\left\{ \begin{array}{l} n\,a_0 + \sum (x_1 - \overline{x_1})\,a_1 + \sum (x_2 - \overline{x_2})\,a_2 = \sum (y - \bar{y}), \\ \sum (x_1 - \overline{x_1})\,a_0 + \sum (x_1 - \overline{x_1})^2\,a_1 + \sum (x_1 - \overline{x_1})(x_2 - \overline{x_2}) \\ \sum (x_2 - \overline{x_2})\,a_0 + \sum (x_1 - \overline{x_1})(x_2 - \overline{x_2})\,a_2 + \sum (x_2 - \overline{x_2})^2\,a_2 = \sum (y - \bar{y})(x_2 - \overline{x_2}) \\ a_2 = \sum (y - \bar{y})(x_1 - \overline{x_1}) \end{array} \right\}$$

线性关系方程和回归系数可用于计算数据，以及通过阶乘特征的某些值来获得最终结果。在计算过程中，这一点十分重要，同时，线性关系方程和回归系数也可用于差值，即在阶乘属性值的情况下，根据可用的数据来揭示未知的属性值。尽管这是数理统计方面的概念，但也可用于历史研究领域，因为阶乘数据在相应值方面通常比有效特征数据更多。需要注意的是，历史学家可以通过线性方程式来确定各因素在不同环境中的作用，因为相比于数理统计，历史分析这一环节显得更为困难。

此外，不能仅通过回归系数的大小来判断各种因素的相对作用。在计算时，不必考虑相对因素，而是考虑每个因素绝对比例，即它对结果的总体影响程度。由于计算必须在线性偏差下进行，因此各因素对结果总体影响的指标是回归系数平方与特征系数方程的乘积，即每个因素的总体影响比重为$a^2 \sum (x_i - \overline{x_i})^2$。通过比较各种因素的比重（未注明的因素则视为比重相等），能够确定它们在各类环境中相对作用，从而确定基本因果关系的范围，或者揭示研究对象的作用。

当然，在这种情况下，获得的结论仅适用于研究对象，并且没有绝对值，即不能随意套用至相似但未经计算的研究目标；同理，不同时期和地区也均不适用。此外，在使用线性方程式分析历史发展中的因果相关性时，有诸多前提条件，换言之，这种方法并不通用。

在条件允许的情况下，应突出能够影响研究结果的因素，并在此基础上进行计算，以确保a_0所反映的误差尽可能地缩小，换言之，必须将它们对分析因素的负面影响最小化。在这些因素不显著的情况下，可以使用计算相关系数的方法。需要注意的是，在使用这种方法时，不宜选择大量的因素来进行分析，因为这虽然使计算量大大增加，但并不能确保在研究中突出特殊因素。

此外，有必要确保各因素间彼此相对独立，或者它们之间的关联性较弱。否则，这些因素间的相互作用会影响最终结果，换言之，需要注意各因素的影响程度。因此，在进行研究之前，需要计算相关系数，检验研究对象（各因素）间的相关性。

实际上，特征数据间的关系本质上接近线性。线性相关性指标反映的是阶乘属性发生变化时有效特征属性的均匀变化。通常，各类型的相互关系是呈线性或接近线性的，因为最后的总体结果通常是由许多因素的"累积效应"所决定的，且各因素间的关系并不复杂。同时，严谨的数理统计可以检验各因素间的线性关系程度。在本书的附录中，笔者详细介绍了这些方法的实质。

在下文中，笔者将使用这些方法来分析俄国农奴制农村发展的决定性因素[①]。

这一问题的着眼点在于，农奴制剥削的强化在多大程度上导致了地主农民经济状况的恶化。对此，首先需要解决的是，封建农奴制在钳制农民经济

---

① 关于相关系数分析和线性回归的具体原理，请参阅：И. Г. Венецкого и Г. С. Кильдишева 《Основы математической статистики》. М.，Госстатиздат，1963，VII и Б. Л. Ван дер Вардена《Математическая статистика》（пер. с немецкого）. М.，ИЛ，1960，гл. VII。

发展，也就是封建生产方面，起到了何种作用。

对于这个问题，需要从农业问题着手，因为农业是农奴经济活动的基础。反映农业发展水平以及农民生活和生产需求情况的主要指标是人均粮食净产量。人均粮食净产量并不直接取决于人均播种量和产量是否为高产，因此，有必要判断决定播种量和产量的主要因素是什么，并且需要注意的是，人均粮食净产量的波动取决于剥削强度的变化。

在中部黑土区和伏尔加河流域，最主要的剥削形式是劳役制。因为所谓"农奴制剥削对农业发展的影响程度"，实际上是地主与劳役制农民在播种量方面的比例问题。这一指标能够反映劳役制农民所受剥削的发展趋势。在一些省份的省长汇报中，提及了 19 世纪 40～50 年代两者的具体情况，即包括农业状况在内的各类信息[①]。此外，地主通过向劳役制和代役制农民（男性人口）收缴捐税的方式所获得的收入也可以被当作农民所受剥削的指标[②]。在非黑土区，特别是中部工业地区，大多数农民是代役制的，50 年代的代役租情况能够作为反映他们（男性人口）所受剥削程度的指标。同中部黑土区和伏尔加河流域不同，在分析非黑土区时，需要考虑农民的副业对农业活动的影响程度。对此，需要以 6 个非黑土区省份（斯摩棱斯克省、莫斯科省、弗拉基米尔省、科斯特罗马省、雅罗斯拉夫尔省和卡卢加省）为样本，对其农民打工现象（男性人口中打工者的比例）的资料进行研究。

显然，对地主与农民的播种量情况和后者代役租规模，以及打工现象发展情况的研究，无法解决有关各类因素对农民农业生产影响程度的问题。因此，笔者将使用上文提到的方法。

上述方法的基础是计算线性回归系数，以及确定产量和播种量的相对规模与剥削强度和副业发展程度的关联性（回归方程的原理参见附录）。

对于该问题的分析首先从产量入手（见表 6-15）。在 19 世纪 50 年代，

---

①　需要注意的是，在省长报告中，提到的仅是地主农民的总播种量。播种量所占比例仅为劳役制农民的。此外，资料中提到的播种量和产量规模包括所有地主农民的。

②　捐税的数额由各省的省委员会确定。详见：А. Скребницкий. Крестьянское дело в царствование Александра Ⅱ, т. Ⅲ, стр. 1296—1297。

黑土区和非黑土区地主农民耕地上的粮食产量与他们所缴纳的捐税水平（即黑土区地主与农民在播种量方面的关系，非黑土区代役租的水平）呈线性相关 [系数 $a^2 \sum (x - \bar{x})^2$ 的值分别为 0.14 和 0.48]，换言之，产量最高时，所缴纳捐税的水平也最高。这说明，代役租水平不仅不会决定产量差异，而且恰好相反。在农业生产方面，各类捐税在一定程度上与劳动生产率有关。

表 6-15　19 世纪地主农民的粮食产量与剥削强度和打工现象发展的关系

地区与因素	对粮食产量的影响	
	$a^2 \sum (x - \bar{x})^2$	a_0
中部黑土区和伏尔加河中游地区		
50 年代各省粮食产量与剥削强度的关系	0.14	0.24
40~50 年代粮食产量波动与剥削强度变化的关系	-13.59	9.9
40~50 年代粮食产量波动与地主收入的关系	-106.51	11.8
中部工业区、西北地区和斯摩棱斯克省		
50 年代各省粮食产量与代役租水平的关系	0.48	0.04
50 年代 6 省产量与打工现象发展的关系	-0.013	0.25
40~50 年代 9 省（不含特维尔省和普斯科夫省）产量波动与代役租水平的关系	-71.18	13.36
40~50 年代 6 省产量变化		
与代役租水平的关系	-212.05	18.48
与打工现象发展的关系	-50.88	—

上述 6 省在 19 世纪 50 年代的产量还与打工现象有关。这 6 省农民的主体是代役制农民，换言之，打工者所占比例越高，农业产量越低。毫无疑问，打工现象的发展对农业产量有负面作用，但这一因素所起的作用较弱，其比例 [$a^2 \sum (x - \bar{x})^2 = -0.013$] 低于其他因素的（$a_0 = 0.25$）。

与 19 世纪 40 年代相比，黑土区和非黑土区在 50 年代的产量下降了 8%。在中部黑土区和伏尔加河中游地区，下降的主要原因是地主和农民播种量发生变化，换言之，50 年代的剥削强度有所增加。这一因素的影响比例 [$a^2 \sum (x - \bar{x})^2 = -13.59$] 高于其他因素。然而，产量的下降在更大程度上取决于捐税水平，即地主通过强迫农民服劳役或缴纳代役租的方式所获得的收入〔在 $a_0 = 11.8$ 的情况下，$a^2 \sum (x - \bar{x})^2 = -106.51$〕。非黑土区省份的情况也是如此。代役租规模对产量的影响〔$a^2 \sum (x - \bar{x})^2 = -71.18$〕明显高于其他因素（$a_0 = 13.36$）。由此可见，在19世纪50年代，农民经济水平下降的首要因素是各类捐税，也就是剥削强度。

此外，数理统计还证明，黑土区农民所受的剥削强度不断提升，对劳动生产率产生了极大的负面作用，且黑土区劳役制农村受该因素的影响程度远远高于非黑土区的代役制农村。例如，在黑土区，捐税的影响比例明显高于其他因素〔$a^2 \sum (x - \bar{x})^2 = -106.51$，$a_0 = 11.8$〕，同时，这种现象比非黑土区〔$a^2 \sum (x - \bar{x})^2 = -71.18$，$a_0 = 13.36$〕的更加明显。

最后，非黑土区6省的资料证明，高强度的剥削对产量的消极作用远远大于副业活动等其他因素〔$a_1^2 \sum (x_1 - \bar{x_1})^2 = -212.05$；$a_2^2 \sum (x_2 - \bar{x_2})^2 = -50.88$，$a_0 = 18.48$〕。显然，正如相关系数结果所反映的，捐税规模和打工现象发展程度之间的相关性并不存在。

因此，影响19世纪40~50年代的产量的首要因素是捐税规模，即剥削强度。同时，剥削强度在黑土区所起到的消极作用，远远大于在非黑土区的。

农民播种的相对规模，以及其发展特点是一系列因素导致的。毫无疑问，主要原因有两点：首先是封建地租限制了农民的经济生产能力；其次是农民易耕地的数量情况。大多数农民的易耕地情况是由份地规模决定的。通过现有资料，能够揭示播种量规模及其变化与剥削强度之间的关系（见表6-16），从而判断第二点原因的作用。

表6-16　19世纪地主农民相对播种量与剥削强度和打工现象发展的关系

地区与因素	对粮食产量的影响	
	$a^2 \sum (x - \bar{x})^2$	a_0
中部黑土区和伏尔加河中游地区		
50年代各省粮食产量与剥削强度的关系	-0.0002	0.6
40~50年代粮食产量波动与剥削强度变化的关系	-2.38	1.77
中部工业区、西北地区和斯摩棱斯克省		
50年代各省粮食产量与代役租水平的关系	0.005	0.19

地区与因素	对粮食产量的影响	
	$a^2 \sum (x - \bar{x})^2$	a_0
中部工业区、西北地区和斯摩棱斯克省		
50 年代 6 省产量与打工现象发展的关系	0.007	0.19
40 ~ 50 年代 6 省产量变化		
与代役租水平的关系	184.63	1.71
与打工现象发展的关系	1.38	—

首要问题是,无论是黑土区还是非黑土区,19 世纪 50 年代的播种量是否取决于剥削强度,以及打工现象发展程度 [各地 $a^2 \sum (x - \bar{x})^2$ 的值均远小于 a_0]。在 40 ~ 50 年代的黑土区,农民播种量的相对规模与剥削强度并无实质性的关系,换言之,前者与地主和农民播种量所占比例无关 [在 $a_0 = 11.77$ 的情况下,$a^2 \sum (x - \bar{x})^2 = -2.38$]。这意味着,决定黑土区农民相对播种量的主要因素是农民的土地占有情况。因为大多数省份在 1861 年改革前夕,相对播种量伴随着份地面积的缩减一同下降①。

而在非黑土区,播种量的变化不仅取决于剥削强度,还取决于副业活动。6 省的资料表明,播种面积(在 50 年代,5 个省份的播种面积扩大,只有斯摩棱斯克省有所萎缩)、代役租和打工现象发展程度之间存在线性关系 [$a^2 \sum (x - \bar{x})^2$ 的值为正],换言之,50 年代播种面积扩大最多的省,其代役租水平也最高,打工现象发展也最为普遍。在某种程度上,50 年代的这种现象会导致部分农民从劳役制转变为代役制,并且这与农民的播种量增长有关。在各类农作物中,播种量增加最多的是燕麦,即燕麦是单位面积播种率最高的作物。但显然,在中部工业区,农民经济具备广泛扩大农业生产的能力,并且实际上农业生产也的确有所扩大。可以肯定的是,随着农民份地趋于仅满足生产生活最低标准时,农业生产扩大的基础逐渐转变为租赁和

---

① 在分析人均播种量(俄石)下降的原因时,还应注意各类农作物的比例变化。对于单位面积播种率较高的作物(如燕麦,每俄亩能够播种 3 俄石)而言,其播种量增加会导致播种总面积减小。相反,当播种率较低的作物播种量下降时,会导致播种总面积扩大。

购买的土地。当然，与40年代相比，中部工业区农业生产扩大的代价是产量下降，但农业生产总水平并未出现该趋势。因此，中部工业区地主农民农业生产的相对规模要比黑土区大得多。还需注意的是，尽管农民越来越多地从事副业活动，但这并没有导致农业生产普遍下降。

对决定40~50年代播种量和产量的因素进行分析的结果表明，大多数地主农民的农业生产能力受到封建地租，即剥削强度的限制。这一因素的主导作用体现为农业水平（即人均粮食产量）受制于捐税规模。例如，据18省的资料显示，相比于40年代，50年代地主通过劳役和代役租等方式获取收入的行为对农业水平的影响更大。这一因素影响的比例 $\left[a^2 \sum (x - \bar{x})^2 = -81.16 \right]$ 远远超过其他因素（$a_0 = 10.58$）。一方面，高强度的剥削是导致农民农业生产水平下降的主要因素；另一方面，该因素所起到的作用存在区域差异。在黑土区的劳役制农村，农奴制所起到的消极作用远远大于非黑土区，特别是位于后者的中部工业区的代役制农村。

此外，在一些庄园中，封建剥削对农民经济水平和状况的影响也存在程度上的差异。对此，笔者挑选了9个黑土区的大型劳役制庄园、20个非黑土区的代役制农业型庄园、13个中部工业区的农副混合型代役制庄园作为样本，其中，所有庄园都保留有5份以上的农户普查。反映农民经济水平的指标是牲畜数量（按畜牛折算的男性人均数量），而反映剥削强度的指标是男性人均地主自营地耕种量，或者代役租水平。显然，仅通过牲畜数量和捐税水平是无法准确揭示剥削强度对农民经济水平的影响程度的，因此，还需借助数理统计的方法。在表6-17中，笔者对上述数据进行了计算。

9个劳役制庄园的捐税水平（地主自营地）表明，农民经济水平存在差异。两者的相关性是呈负相关的，即剥削强度越高，农民经济水平越低。同时，相比于其他因素，剥削强度 $\left[a^2 \sum (x - \bar{x})^2 = -2.37 \right]$ 对经济水平的影响更大（$a_0 = 0.56$）。这说明，封建地租是决定农民经济能力的主要因素。但是，这一数据只是基于庄园整体数据得出的，个别样本还需专门讨论。例如，在表6-18中的3个劳役制庄园中，没有出现因捐税的增长而出

表 6 – 17　农民牲畜占有情况与捐税规模的关系

庄园	农户普查数量	农户普查的时间	对牲畜占有情况的影响	
			捐税规模 $a^2 \sum (x - \bar{x})^2$	其他因素 a_0
劳役制农业型庄园				
黑土区 9 个庄园	23	1813 ~ 1856 年	- 2.37	0.56
加加林家族的彼得罗夫斯基庄园（鲍里索格列布斯基县）	5	1813 ~ 1856 年	- 0.023	0.29
加加林家族的布特斯基庄园（坦波夫省斯帕斯基县）	5	1814 ~ 1849 年	- 0.026	0.28
加加林家族的波克罗夫斯基庄园（萨波日科夫县）	7	1813 ~ 1856 年	0.026	0.11
代役制农业型庄园				
非黑土区 20 个庄园	35	1802 ~ 1860 年	3.98	0.16
舍列梅捷耶夫家族的小图德庄园				
热勒夫县部分庄园	5	1802 ~ 1858 年	- 0.006	0.11
奥斯塔什科夫县部分庄园	5	1827 ~ 1858 年	0.035	0.002
加加林家族的马努洛夫斯基庄园（热勒夫县）	9	1813 ~ 1860 年	0.038	0.12
农副混合型庄园				
中部工业区 13 个庄园	34	1817 ~ 1858 年	- 0.34	0.31
加加林家族的斯帕斯基庄园（谢尔普霍沃县）	6	1817 ~ 1858 年	0.16	- 0.03
加加林家族的基亚索夫斯基庄园（克罗梅县）	6	1817 ~ 1858 年	0.006	0.11
加加林家族的索斯诺夫斯基庄园（戈尔巴托夫斯基县）	6	1828 ~ 1860 年	0.001	0.05

　　资料来源：用于计算回归系数的数据来自第三章至第五章的表格。

现牲畜数量下降的现象〔$a^2 \sum (x - \bar{x})^2$ 的值高于 a_0〕。如果说彼得罗夫斯基庄园和布特斯基庄园的剥削强度对农民经济水平的波动影响不大的话（回归系数为负），那么波克罗夫斯基庄园的数据证明，两者存在线性关系

（回归系数为正）。在农民经济水平下降的同时，地主自营地规模缩减。因此，对于上述 3 个庄园而言，农民经济水平的决定因素存在特殊性。

这一特殊性在非黑土区的农业型农村中表现得更为明显。同时，不是个别庄园（小图德庄园奥斯塔什科夫县部分和马努洛夫斯基庄园），而是所有的样本庄园都表现出相同的特点，即代役租水平与农民牲畜情况呈正相关 $\left[a^2 \sum (x - \bar{x})^2 \right.$ 的值为正 $\left.\right]$。这说明，尽管代役租水平不断提高，但实际的剥削并没有明显加强。只有小图德庄园热勒夫县部分的剥削强度达到了临界值，很明显，这对农民经济的发展起到了消极作用。然而，相比于其他因素，剥削强度的作用 $\left[a^2 \sum (x - \bar{x})^2 = -0.006 \right]$ 较小（$a_0 = 0.11$）。此外，在大多数位于非黑土区的农业型代役制农村，封建地租也没有成为农民经济水平的决定性因素。显然，决定因素另有其他。由此可见，非黑土区也出现了同黑土区的个别庄园一样的现象，即剥削强度对农民经济的影响较弱。

13 个农副混合型庄园的数据表明，代役租水平对农民牲畜数量情况起到了消极作用 $\left[a^2 \sum (x - \bar{x})^2 = -0.34, a_0 = 0.31 \right]$。尽管如此，在这类庄园中，剥削强度仍然不是主导因素。据表 6 - 17 中 3 个农副混合型庄园的资料显示，牲畜数量与代役租水平呈正相关 $\left[a^2 \sum (x - \bar{x})^2 \right.$ 的值为正 $\left.\right]$。因此，尽管代役租水平不断提升，但剥削强度并未达到临界值以至于对农民经济水平产生消极影响。需要注意的是，个别农民牲畜占有情况的恶化是其他因素导致的。

显然，就目前的研究而言，关于农民经济与剥削强度关系的问题十分复杂。从整体上看，在 19 世纪上半叶，封建地租等剥削是大多数地主农民经济水平的主导因素。但是，这一因素所起到的决定性作用并非绝对且普遍的。

因此，除了剥削强度，还存在其他因素，其作用非常重要，有时甚至是决定性的。

大多数影响因素（不含剥削强度）对农业生产和农民状况的影响首先体现在土地数量上。在各类捐税依旧保留的情况下，土地状况恶化对农民的农业生产起到了消极作用。在 19 世纪上半叶，农民土地状况的恶化对农业水平和牲畜数量的下降起到了较为重要的作用。

此外，还有其他的重要因素，例如，商品货币关系在农村社会中的进一步发展，以及农民与市场的联系不断加深。若达到较高生产水平，特别是在农村地区，则必要条件为：在经济结构中存在一定数量的物质资源。在封建时代，如果没有大量剩余产品（包括牲畜），脆弱的小农几乎不可能实现较高水平的生产。在自然经济条件下，当小农从外部补充必要资料的途径受限时，储备量会随之不断增加。而商品货币关系和市场联系不断加深的现象会为农民处理储备物提供机会，因为农民通过市场来进行补充的可能性大大提升。

仅在商品货币关系取得广泛发展的情况下，也能够出现上述现象，因为农民可以通过自耕，或者雇用有马农民来耕种，从而获得产品，并在春天购买其他必需的资料。例如，1949 年 5 月加加林家族的索斯诺夫斯基庄园的管理人员通过援引农民自己的话，解释了大多数农民进行上述行为的原因，他写道："一个赋税单位养一匹耕马是无利可图的，因为养活它比耕种土地要花费更多的钱。"管理人员说道，庄园中农民"在农忙时节才购买马匹"的现象已十分普遍[1]。除了索斯诺夫斯基庄园，在舍列梅捷耶夫家族的耶夫列夫斯科耶村，雇用农民耕种份地的情况较为常见。1838 年，尤苏波夫给黑土省庄园的总管寄送了庄园条例，其中特别提到："须严加看管，在没有特殊情况，且没有我们批准的情况下，任何农民都不能出售自己的耕马和耕牛，因为许多农民为了节省草料钱，而在冬季出售牲畜。"[2] 卡卢加省科泽利斯克县的乡村志（1849～1850年）记载："每逢冬季，马匹会被出售，而到了春季，农民又会再次将其买进。"[3] 显然，农民各类牲畜总数的减少直接导致农民牲畜数量下降。

总体来说，上述的两个因素所发挥的作用十分重要，甚至时常成为农民牲畜数量下降的决定性因素。但是，对于农民经济状况问题还需要具体分析，不能将所有的农民经济水平下降问题都归结为剥削强度。

---

① ЦГАДА. ф. 1262，оп. 8，д. 133，лл. 40 об.，55.

② ЦГАДА. ф. 1290，оп. 3，д. 5244，л. 5 об.

③ РГО，разр. XV，д 27，л. 15. См. об этом же В. А. Федоров. Крестьяне подмосковной вотчины в первой половине XIX века. 《Научные доклады Высшей школы. Исторические науки》，1960，№ 4，стр. 107—108.

　　因此，在分析农民经济状况的决定因素时，需要特别注意农奴制农村的人口变化。对此，前人提出了诸多看法。首先，争论的焦点是，究竟是什么因素，导致了农奴制农村人口增长趋势的中止，即人口自然增长率下降或机械性转移（逃离庄园，迁移至其他庄园以逃避兵役等）；其次，另一些焦点是，什么因素对较高的人口增长率产生影响。对此，一些学者认为是剥削加强导致农民境况恶化，而另一些认为人口迁移，即许多农民从事副业活动和长工，因此不得不长期离开家庭。

　　在分析第一个问题时，需要借鉴前人对地主农民因贫困或逃避兵役而迁往其他庄园（也就是机械性转移）的研究成果。遗憾的是，有关这个问题的研究目前才刚刚起步。但尽管如此，仍有一些关于此问题的叙述。П. Г. 雷恩德久诺斯基的最新成果表明[1]，在第七次和第八次人口普查间（1815～1834 年），欧俄地区的男性人口增长了 146.29 万人。另一种说法认为，这一时期人口的相对增长幅度仅为 7.7 万人。这种说法是建立在自然增长率之上的，因为第七次人口普查没有将新加入农奴籍的、逃亡的计算在内，因为当时这类人口数量很少。如果假设，在第八次和第九次人口普查之间，每年的男性农奴人口增长 7.7 万人，那么在这期间（1834～1857 年），共计增长了 177.1 万人，即人口数从 1137.3 万人增长至 1314.4 万人。但实际上，1857 年时，农奴总人口仅 1115.4 万人，换言之，农奴生育情况并不理想。导致这一现象可能有两方面的因素，首先，农奴前往其他庄园或村镇；其次，从自然人口增长率角度计算，农奴人口的相对增长率下降。П. Г. 雷恩德久诺斯基认为，在 1834～1857 年，迁往其他庄园或村镇的男性农奴人口为 27.7 万人，即占上述"不理想"增长幅度的 13.8%。因此，所有类似的计算结果均表明，决定 1834～1857 年农奴人口变化的主要因素是较高的自然（相对）人口增长率下滑。

　　此外，卡卢加省第九次和第十次人口普查数据也证实了这一点。在卡卢

---

[1]　П. Г. Рынзюнский. Вопросы изучения мелкотоварного уклада в России XIX в. 《История СССР》，1963，№ 4，стр. 105.

加省，农民迁移因素在导致人口减少方面比其他省发挥了更大的作用①。由此可见，较长时段的人口机械性转移数据证明了这一因素在不同省份和地区所发挥的作用。

那么，决定农奴人口自然增长率变化主要因素的相对作用又是什么样的呢？这一问题较为复杂。众所周知，自然增长率是将出生率和死亡率结合计算得出的，同时也受多方因素的影响。毫无疑问，生活条件，特别是农民主要生存资料的情况，以及农民在较长时间段内离开家庭从而导致迁移率的增长，这些因素在人口自然增长率变化方面发挥了主要作用。其中一个与农奴生活有关的指标是农业生产水平，即粮食净产量。但是，这一指标无法揭示农奴生活水平的全貌。对于大多数农民而言，他们的主业是农耕，粮食储存和占有情况也是衡量生活水平的重要指标。由于影响地主农民农业生产的主要因素是剥削强度，这样一来，人口自然增长率对粮食净产量的依赖关系，可以转换为剥削强度对前者的影响。

农民在较长时间段内离开家庭的现象作为影响人口自然增长率变化的重要因素，可以通过打工现象发展的资料来展现。这些资料在一定程度上反映了农民省际和村际的迁移，因此，在打工群体中赎身现象十分普遍。但即便确定了人口机械性迁移的增长率，仅通过反映农业生产水平，以及打工现象的发展情况，依旧无法完全判断这些因素的相对作用，况且当下缺乏有关人口机械性迁移的资料。因此，只有使用数理统计的方法，才能对这一问题进行研究。在表 6 - 18 中，笔者计算了人口变化与农业状况的关系值，在农业状况方面，笔者使用了 19 世纪 40 ~ 50 年代的人均净收成和其变化的数据，以及一些反映打工现象的资料（男性人口中打工者的比例）。

----

① 在第九次和第十次人口普查之间，卡卢加省减少了 17997 名男性人口。在这一时期，移居其他村落的有 8876 人，移居其他省份的有 1111 人，迁入卡卢加省的有 1113 人，换言之，机械性迁移人数为 8874 名男性，约占减少总量的 44%。因此，剩下的一多半是人口自然增长率降低导致的 [《Материалы для географин и статистики России》，ч. I（Калужская губ）. СПб.，1864，стр. 406，412，449]。

表 6 - 18　1834 ~ 1858 年农奴人口与农业状况和打工现象发展的关系

地区	关系值	
	土地状况 $a^2 \sum (x - \bar{x})^2$	其他因素 $a_)$
19 世纪 40 ~ 50 年代人口与农业水平的关联度		
17 省	4.32	3.66
中部黑土区和伏尔加河中游地区 9 省	- 26.27	5.08
非黑土区 8 省	122.91	3.4
人口与农业水平变化波动的关联度		
17 省	8.35	3.48
黑土区 9 省	8.4	3.02
非黑土区 8 省	11.72	2.83
7 个非黑土省的人口与下列因素的关联度		
19 世纪 40 ~ 50 年代农业水平的关联度	18.81	2.85
打工现象发展的关联度	- 16.7	—

注：回归方程计算使用的数据参见附录。据回归系数所示，农业生产水平与打工现象发展程度间不存在实质性的关联。非黑土区 7 省分别是斯摩棱斯克省、莫斯科省、弗拉基米尔省、科斯特罗马省、雅罗斯拉夫尔省、特维尔省和卡卢加省。17 省中包括中部黑土区和伏尔加河中游 9 省，上述非黑土区 6 省（不含特维尔省），以及下诺夫哥罗德省和诺夫哥罗德省。

据表 6 - 18 数据所示，1858 年 17 省农民的相对人口直接取决于农民的粮食情况。一些学者认为，40 ~ 50 年代平均农业生产水平越低，1858 年的人口百分比便会比 1834 年的越高。数据显示，与其他因素相比，农业生产水平因素 $[a^2 \sum (x - \bar{x})^2 = 4.32]$ 对人口变化的影响更大（$a_0 = 3.66$）。

但是，数据的地区庞杂性在一定程度上消除了农业水平对人口变化影响的区域特点。在黑土区省份，农奴人口（9 个样本省份中，有 6 个的人口有所增加）与农业水平呈负相关。一些学者认为，农业水平较低的地区，人口增长率反而会更高，换言之，农民相对人口的变化不取决于农业水平。而在非黑土区，情况恰恰相反，人口变化（2 个有所增加，1 个没有变化，5 个有所缩减）直接取决于农民的粮食情况，并且该因素所起的作用是首要的 $[a^2 \sum (x - \bar{x})^2 = 122.91，a_0 = 3.4]$。因此，1834 ~ 1857 年农奴人口的变动取决于同一时期农业水平。

那么，这种关系的细节又是怎样的呢（19 世纪 50 年代人均粮食产量与40 年代的比值）？无论是 17 省，还是上述两个地区的省份，农奴人口波动与农业水平这两个因素间均存在直接相关性 $[a^2 \sum (x - \bar{x})^2$ 的值均为正 $]$。这样一来，与 40 年代相比，50 年代的农业水平越高，1858 年时人口数量也就越多（与 1834 年的相比）。数据显示，那些农业水平提高的省份，人口也往往呈增加趋势，反之，人口则呈下降趋势。因为与其他因素相比，农业水平对人口变动的影响更大 $[a^2 \sum (x - \bar{x})^2$ 远远高于 $a_0]$，可以肯定，农业水平即生活水平对农奴制农村人口变化产生的影响是决定性的。同时，需要注意的是，在非黑土区，农业水平的决定性作用更大（该因素影响的百分比高于黑土区省份的）。此外，还有其他一些对人口变化影响较大的因素。

据 7 个非黑土区省份的资料所示，农民的粮食状况，以及打工现象发展程度对人口变化也产生了相对性的影响。首先，资料反映，这两个因素的作用是截然相反的。因为农业水平越高，越会刺激人口的不断增加（两者直接相关），而打工现象的发展，会阻碍人口数量的增加（两者呈负相关）。其次，第一个因素的影响比例仅略高于第二个 $[a_1^2 \sum (x_1 - \bar{x_1})^2 = 18.81$，$a_2^2 \sum (x_2 - \bar{x_2})^2 = -16.7]$，且两者均远高于其他因素（$a_0 = 2.85$）。这说明，在中部工业区，农民外出打工而长期离开家庭，以及移居等因素对人口的变化产生了重要影响。甚至在个别省份，这些因素起到了决定性的作用。

列宁在对影响农奴制农村人口变动原因和特点进行分析后，与司徒卢威就 19 世纪上半叶农民人口增长问题进行了论战，列宁写道："人口增长缓慢主要是由于对农民劳动的剥削的加重，而剥削的加重又是由于商品生产在地主经济中增长起来……"[①] 同时，其他因素在许多地区也起着重要作用。

在 19 世纪 50 年代，大多数农民经济状况恶化的主要原因是剥削强度已濒临极限（农民几乎无法进一步改善经济状况）。众所周知，"产品地租所达到的程度可以严重威胁劳动条件的再生产，生产资料本身的再生产，使生产的扩大或多或少成为不可能，并且迫使直接生产者只能得到最低限度的维

---

① В. И. Ленин. Полн. т. 1, стр. 482.

持生存的生活资料"①。

剥削加强的主要原因是商品货币关系渗入封建农奴制经济。马克思认为，"如果在一个社会经济形态中占优势的不是产品的交换价值，而是产品的使用价值，剩余劳动就受到或大或小的需求范围的限制，而生产本身的性质就不会造成对剩余劳动的无限制的需求……一旦卷入资本主义生产方式所统治的世界市场，而这个市场又使它们的产品的外销成为首要利益，那么就会在奴隶制、农奴制等等野蛮灾祸之上，再加上一层过度劳动的文明灾祸"②。在商品货币关系的冲击下，自然经济逐渐瓦解，地主们开始将需求和交易价值结合起来。因此，产生了增加商品化产品的份额，以及制定限制封建地租规模的制度。

大多数农民生产和生活资料不断恶化的情况说明，农民经济已经失去在农奴制关系之上继续发展的可能了，而后者也变为社会发展的桎梏。

三　商品货币关系的发展与农民经济
在社会生产中的地位

在上一节中，笔者仅就一个主要方面着手分析了封建农奴制经济的基础和重要组成部分——农民经济。从这个角度出发，能够揭示农民经济发展的条件，以及决定封建农奴制生产能力规律性的因素。这些分析说明，在 19 世纪上半叶，特别是在改革前的十年里，农奴制的桎梏作用越来越明显。这一趋势在农奴制农村社会经济发展中的主要表现为：农民经济的发展能力受限，并且大多数农民的经济状况恶化。

但是，在这一时期，封建农奴制经济并未在任何社会生产中都丧失了发展潜能，农民经济不仅是这一制度的重要组成部分，而且主导了非封建形式社会生产的发展。因此，有必要分析农民经济这一新生产形式的引导者，以及农村中新生产关系的发展程度，即从整体上确定农民经济在社会生产中的

---

① К. Маркс и Ф. Энгельс Соч. , т. 25, ч. 2, стр. 360.

② К. Маркс и Ф. Энгельс Соч. , т. 23, стр. 247.

地位和作用。

　　首先需要关注的是农民经济中生产力的发展，因为这是社会经济发展的基础。显然，在农业生产方面，生产力发展的主要表现并非生产技术的改进，而是在专业化生产基础上，通过改进劳动技能的方式提高劳动生产率。因此，笔者挑选了一些在各类农作物播种和收成方面数据较为充足的样本庄园，以此分析专业化生产在农奴制农村中的发展程度（见表 6 - 19）。

表 6 - 19　农民农业生产与农作物情况

单位：俄石，%

庄园和农民阶层	年份	播种量或收成	合计	所占百分比						
				黑麦	小麦	燕麦	大麦	荞麦等春播作物	黍	豌豆
尤苏波夫家族的拉基蒂扬庄园	1837	播种量	9419	折算小麦						
				43.5	—	26.2		30.3	—	—
舒瓦洛夫家族的什卡夫斯基庄园（奔萨省）	1841	播种量	8080	36.4	0.1	40	0.1	20	0.3	2.7
莫尔德维诺夫家族的纳杰日金斯科耶庄园（萨拉托夫省尼古拉耶耶夫斯基县）										
贫农			48	—	58.3	—	—		41.7	
中农	1842	播种量	141	7.1	54.6	6.3	0.7	—	31.3	
富农			462	11.5	59.5	10.4	1.9		16.3	0.4
合计	—	—	651	9.7	58.4	8.7	1.5		21.3	0.3
戈利岑家族的格里夫斯基庄园（斯摩棱斯克省瑟乔夫卡县）	1805	收成	11074	49.2	1.4	42.3	4.6	1.8	—	0.7
	1844	收成	13552	37.8		56.7	4.2	1.3		
莫尔德维诺夫家族的波克罗夫斯基庄园（彼得堡省卢日斯基县）										
贫农			107	44.8	—	55.2	—	—	—	—
中农	1835	播种量	385	40.3		59.7				
富农			300	37		63				
合计	—	—	782	40.2		59.8				

续表

庄园和农民阶层	年份	播种量或收成	合计	所占百分比						
				黑麦	小麦	燕麦	大麦	荞麦等春播作物	黍	豌豆
舍列梅捷夫家族的叶夫列夫斯基庄园（特维尔省斯塔里察县）										
贫农			386	47.7	—	52.3	—	—	—	—
中农	1836	收成	1090	44.5	—	55.5	—	—	—	—
富农			545	32.1	—	67.9	—	—	—	—
合计	—		2021	41.1	—	58.9	—	—	—	—
加加林家族的基亚索夫斯基庄园（克罗梅县）										
贫农			589	43.8	—	56.2	—	—	—	—
中农	1840	播种量	737	40.5	—	59.5	—	—	—	—
富农			393	34.8	—	65.2	—	—	—	—
合计	—	—	1719	40.4	—	59.6	—	—	—	—
穆辛－普希金家族的鲍里索格列布斯基庄园（雅罗斯拉夫尔省莫洛加县）	1852	播种量	3295	25.3	—	63.8	10.9	—	—	—

资料来源：农户普查和播种量明细表。

　　在非黑土区，主要的农作物是黑麦和燕麦，甚至在一些庄园（波克罗夫斯基庄园、叶夫列夫斯基庄园和基亚索夫斯基庄园）中，农民只耕种这两种农作物。在其他农作物中，播种量最大的是大麦。在黑土区，农作物种类较为多样，但中部黑土区最主要的农作物是黑麦、燕麦和荞麦，而伏尔加河下游地区的是小麦和黍。几乎每个地区常见的农作物都有两三种，而它们占播种和产量的 90% 以上。格里夫斯基庄园的资料显示，这些农作物的产量不断上升。

　　农业生产的专门化是提高劳动生产率和商品生产发展的基础，主要商品粮的产量十分巨大。例如，非黑土区的燕麦，以及伏尔加河流域的小麦，其产量均占当地粮食总产量的一半以上。需要特别注意的是，专业化以及随之产生的商品化农业在各阶层农民中均有发展。在三个阶层中，富农的商品粮占比最高。例如，在纳杰日金斯科耶庄园，富农的小麦产量所占比例最高。而在波克罗夫斯基庄园、叶夫列夫斯基庄园和基亚索夫斯基庄园，富农的燕麦播种和产量所占比例也是最高的。

显然，在 19 世纪 30 ~ 50 年代的农奴制农村，农业生产专门化已达到了较高水平。当然，在其他农业领域中，商品化的程度更高（例如蔬菜种植，粮食技术生产等）。

在畜牧业领域，也出现了较为明显的专门化趋势。例如，在所有经营畜牧业的庄园中（见表 6 – 20），母牛的占比超过 50%，甚至一些庄园的母牛数量占牲畜总量的占比超过了 60%。而就整体来看，在这一时期，母牛占比一般不超过三分之一。中农的母牛占比是贫农的 5 倍，而富农又高于中农。由此可见，在畜牧业领域，富农的经济商品化程度也是最高的。

表 6 – 20　母牛占牲畜总数的比例（牲畜按畜牛折算）

单位：%

庄园	年份	农民阶层			
		贫农	中农	富农	合计
穆辛 – 普希金家族的鲍里索格列布斯基庄园（莫洛加县）	1824	41.5	45.9	50.2	47.7
	1852	48.4	53.5	57.8	55.1
戈利岑家族的马里因斯基庄园（诺夫哥罗德县）	1830	54	61.2	62	60.2
	1851	53.3	59.7	64.6	59.5
加加林家族的格里高利耶夫斯基庄园（佩列亚斯拉夫斯基县）	1825	48.9	54.6	62.6	59.1
	1839	53.8	56.6	59.2	58
德米特里耶夫 – 马莫诺夫家族的阿克谢诺夫斯基庄园（丘赫洛马县）	1838	60	70.6	71.1	69.7
	1855	55.5	62.5	64.8	63
纳雷什金家族的扎格林斯基庄园（佩列亚斯拉夫斯基县）	1828	50	57.4	61.8	60.2
瓦西利奇科夫家族的普斯科夫斯基庄园	1830	56.8	57.2	65.4	62
尤苏波夫家族的阿法纳西耶夫斯基庄园	1839	44.4	56.5	65.4	59
穆辛 – 普希金家族的维索戈尔斯基庄园	1852	42.1	53.4	67.1	54.7

资料来源：农户普查。

　　农民农业生产专门化程度的进一步加深，以及与商品化的关系进一步密切意味着，农村社会经济的取得了重大发展。农业生产的区域专门化开辟了一条最合理地利用农村中自然条件、物质和人力资源的道路，换言之，推动了劳动生产率的提高。通过中部黑土区的样本庄园，笔者分析了这一现象的发展程度：尽管份地规模不断缩小，剥削不断强化，越来越多的农民投身非农业领域，但是在 1861 年改革前夕，这一地区的农业生产水平不仅没有下降，反而在某些方面有所提升。另外，一部分农民的产品转变为商品，换言之，在农村中，形成了小商品生产者阶层，"所有生产力（农民）的特征或多或少地发生改变。他们失去了独立性，原先与社会的隔绝性也逐渐瓦解"，而这些正是自然经济时代的固有特征。

　　农民被卷入统一的社会生产体系会产生两方面的影响。首先，农村的经济取得重大发展。这与农民产品的多少、经济水平的提升或下降和他们的状况改善或恶化都没有关系，在劳动力进一步分化，且与统一的国内市场产生联系的基础上，自给自足的经济状态被卷入了社会生产体系，因此，无论是农村还是社会整体，经济生产水平均不断提高。在这方面，可以形容为，之所以经济生产力能在整个社会层面取得重大发展，是因为原先自给自足的各类小手工业被整合为大工厂。其次，随着农民与社会的隔离性被打破，商品货币关系逐渐渗入农民经济，且后者开始受到商品生产规律性作用的影响。在取得一定发展之后，小商品生产开始转变为资本主义生产。

　　因此，随着自然经济逐渐转向商品货币经济，后者成为新形式的且更为进步的农村社会经济关系发展的基础。在这种经济关系下，农民经济和地主经济之间产生了本质区别。那么，在商品生产的发展方面，农民经济和地主经济间的主要区别是什么？

　　在农奴制时代，地主经济和农民经济中的商品生产是两个截然不同的类型。农民的商品生产类型主要是以家庭劳动力为基础的小商品生产，农民经济中小商品生产的广泛发展不可避免地导致资本主义的诞生，它直接动摇了农奴制的根基，并且逐步地消灭这种制度。地主的商品生产是另外一种类型，它在一定程度上动摇了朴素自然经济的根基，但是，地主的商品生产发展本身不需要改进生产，也不会从内部推动向资本主义生产的转化，更不可能打破农奴制的主导地位。与前一种相反，地主的商品生产是以剥削农民为基础的，它需要保留农奴关系，这导致农奴地租日益增加。此外，由于地主的商品生产的发展不仅在劳役制农民群体中间接地保留了自然经济，而且针对农民出售产品的行为设置了"逆市场化"的机制，因此这实际上阻碍了农民的商品生产的发展。与其他小商品生产者相比，地主有"免费"的剥削对象，即农奴，因此地主通过最低的成本，便可以在市场交易中获得最丰厚的利润。由此可见，地主获得大量利润的方法是，利用商品生产中个体的成本与其市场价格中的差价。因为小商品生产者的成本花费高于地主的，所以前者获得剩余产品的能力受到限制。但显然，相比于地主经济，农民经济更加先进，且更具历史前景。

农民经济的优势性还有其他方面的表现。在农民经济中，高水平劳动生产率的作用十分重要。在农业生产领域，一个重要的指标是产量，也是农业经济中的主要部分。省长的汇报中，记录了19世纪40~50年代农民和地主耕地的粮食产量（见表6-21）。在40年代的19个样本省份中，9个省的农民产量高于地主的，两个省二者相同。在50年代，7个省的农民产量高于地主的，5个省二者相同。因此，在大多数省份，农民的产量占比是大于等于地主的。如果考虑到中农的粮食产量远高于贫农，但低于富农的，那么很显然，各地区农奴制农村农民的产量（其中富农最高）高于地主。

表 6-21 农民和地主冬播和春播农作物产量（人均）

单位：俄石

省份	1842~1850 年		1851~1860 年	
	农民	地主	农民	地主
彼得堡省	2.7	3.1	2.8	2.9
诺夫哥罗德省	2.5	2.8	2.6	2.6
地区平均	2.6	3	2.7	2.7
斯摩棱斯克省	2.5	2.6	2.4	2.3
莫斯科省	2.9	2.8	2.4	2.3
弗拉基米尔省	2.9	2.8	2.7	3.2

续表

省份	1842～1850 年		1851～1860 年	
	农民	地主	农民	地主
下诺夫哥罗德省	3.2	3.3	3.4	3.5
科斯特罗马省	2.9	3	2.8	2.8
雅罗斯拉夫尔省	2.8	2.8	2.8	2.9
卡卢加省	2.7	2.8	2.2	2.3
地区平均	2.9	2.9	2.8	2.7
图拉省	3.9	3.6	3.2	3.2
梁赞省	3.7	3.6	3.3	3.4
奥廖尔省	3.5	3.5	3.1	3
坦波夫省	4.5	4.8	3.8	3.6
库尔斯克省	4.2	4	3.2	3.1
沃罗涅日省	3.5	3.3	3.6	3.6
地区平均	3.8	3.8	3.3	3.3
喀山省	3.9	3.8	3.8	4
奔萨省	3.8	3.1	3.9	3.8
辛比尔斯克省	3.5	3.3	3.7	3.7
地区平均	3.7	3.3	3.8	3.8
萨拉托夫省	3.7	4	—	—
萨马拉省	—	—	4	3.8
沿波罗的海地区(2省)	4.3	4.7	4.6	4.7
西部地区(6省)	2.8	3.1	2.6	2.8
西南地区(2省)	4.3	4.4	3.8	3.8

资料来源：产量数据来自省长报告。参见 И. Д. Ковальченко. К вопросу о состоянии хозяйства и положении крестьян Европейской России в 40—50 - х годах XIX в. 《Научные доклады высшей школы. Исторические науки》, 1959, 2, стр. 80—81; его же. К вопросу о состоянии помещичьего хозяйства перед отменой крепостного права. 《Ежегодник по аграрной истории. 1959》. М., Изд - во АН СССР, 1961, стр. 197—198。

　　资料显示，在非黑土区，农民经济对地主经济的优势最为明显。这是因为该地区农民经济取得了进一步的发展。例如，如果说在 19 世纪 40 年代西北地区和斯摩棱斯克省农民的产量高于地主，而中部工业区二者相等，那么 50 年代时，中部黑土区的农民产量已超过地主，而前两个地区的情况维持

345

不变（这是由于农民产量取得小幅度的增长，且地主产量明显下滑）。在中部黑土区，19 世纪 40～50 年代的情况较为稳定（整体来看各地地主和农民产量相同），而伏尔加河中游地区地主产量提高至农民的水平。

需要注意的是，西部地区（沿波罗的海、立陶宛、白俄罗斯和左岸乌克兰地区）地主和农民的产量关系有所不同。在 40～50 年代，上述地区（50 年代的西南地区除外）的地主产量普遍高于农民的。出现该现象的原因是这些地区地主经济发展趋势与俄罗斯地区的存在差异。

大多数俄国农奴的产量高于地主的现象说明，农民经济的劳动生产率更高。显然，这种现象只有在农民被剥削，即在地主农民占主体的劳役制农村中才会出现。对于大多数地主农民而言，仅有三分之一的时间进行自耕，在农忙时节，留给自己的时间更少，而在代役制农村，很大一部分男性农民没有参与农业生产。为了在这种环境下获得优于地主经济的地位，农民经济不仅需要在总量上，而且需要在劳动生产率方面远高于地主。

尽管笔者没有充足的资料来对比地主经济和农民经济中的劳动生产率，但是收集到了同时代人的结论，且他们的结论绝不会将农民经济理想化。例如，А. И. 科舍廖夫写道：“所有的劳役制农民被迫进行规定以外的劳作，而不是按需劳作，这耗费了他们三分之一至二分之一的劳动时间。”[1] 另一位同时代人 К. Д. 卡韦林说道：“人们服劳役时的劳作效率至少比在自己田地里低两倍。”[2] 此外，还有其他的一些与事实相近的结论，下文将进行简要概述。劳役制农民自耕时间比服劳役的时间少一半，故这一时期播种量规模小于地主。同时，地主的农业水平也因此提高。

由此可见，农民在农业生产中的劳动生产率至少比地主高二分之一。在这方面，有必要注意一点，地主使用农奴劳动，因此其商品生产的成本最低，对前者而言，这些产品不仅廉价，而且获利十分丰厚；相比之下，社会劳动成本高昂，获利较低。这样一来，农民经济中的商品生产便尽可能地迎

---

[1]　А. И. Кошелев. Записки. Берлин，1884，стр. 91.

[2]　К. Д. Кавелин. Соч.，т. II. СП б.，1898，стр. 14—15.

合社会需要。那么，在全国商品粮供应领域，这两类截然不同的发展方面发挥了怎样的现实作用，换言之，这需要揭示市场中农村经济主要商品——农民和地主的粮食之间的关系。

对此，同时代人已有成果，大多数人认为，地主的商品粮在市场中占据绝大多数份额。自那时起，研究农村关系的学者试图以另一种方式回答这个问题。例如，П. И. 利亚先科在信件中提到，在19世纪50年代的国内和国外市场中，农民的商品粮份额不超过10%[①]。在当代历史编纂学中，这种说法占据主流。后来，В. К. 亚聪斯基对这一说法进行了修正，他认为，在边缘地区（维亚特卡—乌拉尔、南部和东南草原地区），商品粮主要是农民提供的，而在粮食生产的核心地区（中部黑土区和伏尔加河中游地区），农民商品粮在市场中的份额要略高于 П. И. 利亚先科的结果（П. И. 利亚先科认为这些地区农民商品粮的份额仅占三分之一）[②]。尽管如此，"地主商品粮在市场中占主导"的结论并未改变。与此同时，关于"地主商品粮份额直至改革前夕仍然占据压倒性地位"说法受到了普遍怀疑。难以想象的是，在农奴制走向瓦解、资本主义兴起、经济快速发展的重要历史阶段里，一个拥有1000万人口，且在农业生产中占据主导地位的阶级（农民阶级），其商品粮份额这一作为农村中资产阶级民主发展先决条件的因素，竟如此之低。因此，"地主商品粮在市场中占据主导地位"的结论在多大程度上符合实际情况，下文中笔者对地主和农民商品粮的关系的探讨将是对这一问题的论证。

以下的统计方法适用于计算欧俄各地地主和农民商品粮的关系。在50年代，47省的地主耕地总产量为4520万俄石[③]。但是，这一时期地主商品粮占总产量的占比至多也未必超过50%，甚至进入帝国主义时代以后，地

---

① П. И. Лященко. Очерки аграрной эволюции России, изд. 4. Л. , 1925, стр. 125.

② В. К. Яцунский. Основные этапы генезиса капитализма в России. 《История СССР》, 1958, № 5, стр. 84—85.

③ 《Ежегодник по аграрной истории. 1959》. М. , Изд - во АН СССР, 1961, стр: 207—227. 缺少比萨拉比亚、顿河和斯塔夫罗波尔地区（这些地区的地主经济并未取得广泛发展）的资料。关于奥廖尔、普斯科夫、莫吉廖夫、特维尔、赫尔松、塔夫里达、萨拉托夫和奥伦堡的粮食收成选用的是19世纪40年代的，因为缺乏50年代的。

主商品粮的占比才增至 47%。

如果地主商品粮所占比例为 50% 的话，那么其数量应为 2260 万俄石。如果数量为 3800 万俄石（参见第二章），那么占比为 59.5%。经推算，其商品粮所占比例为 45% 的情况与实际最为相近，即数量为 2030 万俄石，在商品粮市场中的份额为 53.5%。

整个欧俄的情况便是如此，但两者份额比存在区域差异。中部地区和伏尔加河流域的数据便证明了这一点（见表 6 – 22）。

表 6 – 22　19 世纪 50 年代地主和农民商品粮关系

单位：俄石，%

地区	粮食总产量		商品粮数量		商品粮在市场中的份额		农民商品粮占其总产量的比例
	共计	地主	共计	地主	地主	农民	
中部工业区	2355.7 万	464.9 万	514 万	209.2 万	40.7	59.3	12.7
中部黑土区	4434 万	1309 万	931.1 万	589.1 万	63.3	36.7	10.9
伏尔加河中游	1850.8 万	376.3 万	388.7 万	169.3 万	43.6	56.4	12.4
伏尔加河下游与扎沃尔日	1627.1 万	255.2 万	341.7 万	114.8 万	33.6	66.4	16.5

注：萨拉托夫省地主粮食产量是根据播种量（见附录表 4），以及 19 世纪 40 年代产量来确定的。

中部黑土区和伏尔加河流域的商品粮所占比例为 21%（参见第二章），中部工业区商品粮占总产量的比例为 18%。就整体而言，各地区地主商品粮占其总产量的比例为 45%。农民商品粮的数量几乎就是粮食总产量（不含地主），因为其他类型的务农者产量极低。表 6 – 22 证明，这些地区的地主商品粮远远超过农民的情况仅出现在中部黑土区，而在其他地区，农民的商品粮份额均占主导地位。根据农业生产的社会结构，笔者认为，在 19 世纪 50 年代的南部草原、乌拉尔山前和北部地区，市场中绝大多数的商品粮是农民提供的。

因此，需要注意两个方面。首先，在不考虑个别地区农业发展水平的情况下，"农民和地主商品粮在市场中份额关系"的结论并非绝对的。因为两者间的关系存在区域差异。其次，在 1861 年改革前夕，地主的商品粮并未垄断市场，对此，本次研究所收集的文献已有充分的证明。实际上，就当时欧俄整体而言，商品粮市场中地主产品的份额仅为53.5%。

有必要纠正的一个概念，即从18世纪末至1861年改革，这一时期大多数商品粮是由地主提供的。商品粮市场中地主产品的份额是由地主耕地的产量，以及其经济商品化水平决定的。显然，在1861年改革前的20～30年，地主经济的商品化水平达到最高值。而地主的农业总产量也在30～40年代时达到峰值，50年代开始下滑。因此，在30～40年代，地主向市场提供的商品粮总量达到了最大值，或许，在这一时期其市场份额也高于50年代。

显然，地主经济在商品粮市场中获得主导性作用并非一蹴而就的。如果说在19世纪初，商品粮占全国粮食总产量的10%，地主经济的商品化水平，即商品粮占其总产量的比例为30%，而其产量占全国总产量的15%（50年代时增至22.7%），那么根据地主和农民商品粮数量上的比例关系，两者的粮食总产量应为1.6亿俄石。在1600万俄石的商品粮中，720万俄石，即不到一半是由地主提供的。因此，之前的计算明显高估了地主在粮食生产中的份额，以及地主经济商品化的程度，这表明从18世纪末至19世纪初，商品粮市场中的主导应是农民的产品。这一结论与 Н. Л. 鲁宾斯坦的研究成果，即在18世纪下半叶，农民产品在商品粮市场中占主导份额相一致[①]。

在全国范围内，地主经济开始在商品粮方面占据主导地位的时间不早于19世纪20年代末。这完全符合1812年卫国战争后地主农业企业资本主义化的状况。地主耕地和经济商品化程度的迅猛增长导致从19世纪10年代末至20年代初，地主产品在市场中占据了主导份额。一本于19世纪20～40年代出版，名为"农业经济危机"的非法著作通过另一种方式回答了关于地主产量在商品粮市场中份额的问题。这本书记述了同时代人对当时粮食价格下降现象的关注。该书的作者认为，粮食价格下降是商品粮生产相对过剩，以至于超过社会需求所导致的[②]。迄今为止，苏联史学界仍未对这一发

---

① Н. Л. Рубинштейн. Сельское хозяйство России во второй половине XVIII в. М. ，Соцэкгиз，1958，стр. 315.

② П. И. Лященко. Очерки аграрной эволюции России，стр. 120.

生在农业领域的重要现象进行关注。假设依照该书的结论，那么学者们便必须考虑不同时期的市场中农民和地主的商品粮份额关系，因为两者的生产成本并非静止不变的。此外，还存在其他方面，且后来也在市场中发挥起主导作用的因素，它们不仅会制约价格的提升，而且会导致其下降。在20～40年代，粮价上涨趋势中止，以至于开始下跌的现象还并不普遍，这是因为该时期商品粮市场中地主产品占绝大多数份额。那么，自40年代伊始，俄国粮价回升现象的原因不单是官方允许从英国自由进口粮食的政策，另一可能的原因是，在50年代，地主商品粮占其总产量的比例开始下降。

经分析，笔者认为，在农村经济的主要领域中，农民经济对商品生产的影响远远大于前人的结论。对于当时正在形成的农业生产结构而言，农民是最先进且最具潜力的领导者，同时，农村经济取得的重大进步也与农民经济的发展有关。

在19世纪上半叶经济活动和剥削形式日益多样化的环境下，商品货币关系对农民经济的渗透程度存在差异。在表6－22中，笔者罗列了4个地区农业生产商品化的数据。根据同一统计方法，这些数据揭示了农民粮食生产商品化程度的区域差异。商品化程度最高的是在伏尔加河流域下游与扎沃尔日地区，也就是农民经济占据主导地位，更多农民从农奴地租中解放的地区，而最低的是在中部黑土区，这里农奴的生存境况极差。

农民经济与市场联系的深度，更多地取决于农奴制关系对前者的影响程度。在很大程度上，农奴制在劳役制庄园中发挥着消极作用。之所以这里的地主经济商品化取得迅猛发展，是因为农民经济中自然、自给自足因素保留程度较高，致使后者商品生产进程极为缓慢。相比之下，代役制农业型农村的商品货币关系发展较快，这是货币地租的特性、副业的发展和此地农民经济活动更自由所导致的。后来，这里逐渐分化成商品农业中心，其原因在于：其一，个别村镇生产专门化；其二，一些地方在商品生产领域不仅出现了技术耕种、蔬菜和水果种植，而且出现了其他农业产品。商品化程度最高的是农副混合型和副业型农村，这里的农民大多专事副业，实际上，这里的产品所具备的不是使用价值，而是交易价值。

　　19 世纪中叶的俄国地理介绍收录的地区志清晰地反映了各类农村中商品货币关系的渗入程度。在副业地区和商业化的村镇，农民不仅生产劳动产品，而且制造生活资料。农民绝大多数的衣服和食物都是从这里购买的，在这一方面，他们越来越接近城市。例如，弗拉基米尔省苏多格达县维索茨基村的神父记录了农民从事生产和镰刀刻纹业的状况，"年轻人努力地挣钱，农村为城市提供物资。他们戴的帽子和手套质量越来越好，腰带也从棉质的换为丝绸的……草鞋除了工作时间外没有人会穿"①。莫斯科省的学者认为，这对居住在莫斯科附近农民的生活和习俗产生了重大影响②。通常，农业型农民根本不会购买食物和衣物。例如，一位来自沃伦斯基县（沃罗涅日省）的学者写道，"在外部环境大体相同的情况下，家庭生活……（和农民几乎）所有的日用品：自用的夏冬装和食物，都不会去购买"。此外，其他学者在著作中也有类似描述③。

　　在商品货币关系取得广泛发展的地区，受货币财富和企业的影响，农民自身开始发生了一些规律性，且十分常见的现象。例如，在弗拉基米尔省，有人称："没钱就什么也不是"；"因为谢钮什卡有钱，所以他是谢苗，而因为谢钮什卡没钱，所以谢尼卡就是个骗子"④。卡卢加省日兹德拉县曾有这样的谚语："有钱，人就会懒惰。"但如今，这句话变为："男人不应有笨蛋的称号，而是卢布的名号。"⑤ 有学者认为，对于农民而言，挣钱并不容易。

　　在商品货币关系发展较为缓慢的地区，农民似乎难以理解与市场联系

① РГО，разр. VI，д. 19，л. 2.
② РГО，разр. XXII，д. 17，л. 1；д. 18，лл. 122，128.
③ 编写新奥斯科尔县（库尔斯克省）哈兰斯基乡记载的作者强调，所有农民都有衣着，包括贫农，而这是他们"从自己经营的畜牧业中挣得的"（РГО，разр. XXII，д. 15，л. 14 об）。特鲁布切夫斯克、布良斯克和卡拉切夫县的史料记载，"对农民而言，衣物的主料是家庭生产出来的粗麻布和呢绒"（РГО，разр. XXVII，д. 18，лл. 104—105）。一位来自普斯科夫省的作者提到，农民的衣服是"自己手工缝制的"（РГО，разр. XXXIII，д. 12，л. 3）。
④ РГО，разр. VI，д. 11，л. 2；д. 20，л. 11 об.
⑤ РГО，разр. XV，д. 19，л. 17 об.

的必要性。在沃罗涅日县的档案中，有一段关于一个男人和女人就市场联系的对话："威尔谢霍夫斯基家（说话者的邻居——作者注）的女人真是糟糕。什么东西都往市场上拿，而自己什么都不留。就算是接管了国库，他们也会卖掉每一样东西：鹅拿到市场，鸭子拿到市场，一切都拿到市场。真是一个挣钱的好办法！现在，去他家告诉他：'大哥，继续啊！'反正我绝对不会为了 100 卢布就卖掉我的东西，这些东西都要留给我自己用。"① 这个例子生动地反映了农民思想，这说明，许多农民依然处于自然经济状态。

在商品经济的冲击下，自然经济的瓦解是一个长期且十分复杂的过程，在这期间，它会撕碎古老的传统、习俗和观念。农民与新事物的碰撞本身就是一个困难。新状态的复杂性和困难性会导致人们认为过去更好，被农民认为是幸福时光的日子一去不复返。例如，1850 年奥廖尔省利夫内县奥里尚茨村的神父在地理介绍中写道："老年人泪流满面地回忆着黄金岁月，那无欲无求没有任何负担的生活。那时，钱虽然少，但也没有什么需要买的。可如今，为了几个卢布就能出售 300～400 俄里的小麦，以至于钱堆得和小山一样。最后，积攒到 100 卢布。过去，如果拥有 100 个卢布，那么生活将会十分富裕。因为很少有人有超过 100 卢布的积蓄，有谚语称'不要幻想着挣 100 个卢布，而是应该希望结交 100 个朋友'。在养蜂业，农民能够依靠大量的粮食和牲畜自制蜂蜜，啤酒和伏特加也是如此，这使他们变得相对富足。他们说道：'我仿佛看到了那个节日，他们把淡的、酸的和蒸馏过的啤酒统统倒进蜂蜜里。'他们十分快乐，当然，他们最后可能会因此而拉肚子。"② 除了对自然朴素生活方式逝去的遗憾，还有一个有趣的现象，即老年人仍然记得这个黄金时代。因此，自然经济向商品货币经济的过渡对农民来说是全新，但难以接受的。

因此，在 19 世纪上半叶，俄国农奴制农村中各类农民都或多或少地与

---

① РГО，разр. IX，д. 66，л. 9.
② РГО，разр. XXVII，д. 15，л. 5.

市场产生了联系。需要注意的是，对于贸易而言，商品是农民全部生产活动中不可或缺的一部分。在农村中形成的小商品生产阶层，其经济在一定程度上受到了商品生产规律的影响，而小商品生产体系是经济结构中的一部分，其本身对社会经济的发展产生了实质性的影响。这一时期的本质特点在于，在封建制度走向瓦解的过程中，农民经济与市场产生了联系，而在此之前，这一关系不仅具有脆弱性和散发性，而且不是推动农民经济，乃至社会经济发展的主要动力。

商品货币关系在农民经济中的渗入和发展表明，其本身在社会经济发展中也取得了重大进步。农奴制存在的最后十年的真实社会生活的状态便是如此，换言之，在大多数农民生活状况和经济状况不断恶化的情况下，农民社会经济正以在封建时代前所未有的速度发展着。这一发展的主要领导者是农民。在当时，农民经济是最合理，且最具历史发展前景的商品农业生产组织形式。

但是，农民经济的发展受到了农奴制剥削和地租的束缚，且大多数农民的经济状况不断恶化。这表明，小商品生产和社会总商品生产，绝对不是一个独立的体系，或是社会发展的一个阶段。在商品生产体系下，各阶级不再相互对立，而是形成了独立的买家和卖家[1]，换言之，商品生产不再是社会生产发展过程中的一个独立阶段。包括小商品生产在内的商品发展趋势的作用和地位，确定了占主导地位的生产方式的本质。

在封建时代向资本主义过渡的阶段，小商品生产的历史使命在于，它是自然型小商品生产向资本主义型过渡的必要中间阶段。但是，农村中小商品生产的发展受到了农奴制度的桎梏。在这种环境下，既无法完全体现小商品生产在社会生产发展中的作用，也未表现出向资本主义型过渡的趋势。因为，上述两种情况的前提条件是"劳动者是自己使用的劳动条件的自由私有者，农民是自己耕种的土地的自由私有者，手工业者是自己运用自如的工

---

① К. Маркс. Капнтал，т. I. М.，Госполитиздат，1959，стр. 592.

具的自由私有者"①。另一种说法认为，农村中小商品生产发展的重要性在于摧毁了农奴制。但是，农奴制关系无法支撑农村中商品货币关系的发展。截至 19 世纪中叶，农奴制对正在俄国农奴制农村广泛形成的小商品生产和资本主义关系产生了消极影响。

四　农奴分化的特点

农村中新型关系广泛发展的一个重要反映是农民分化。列宁对此写道："因为小农业的资本主义演进的全部实质，就是在宗法式团体内部形成并加剧财产上的不平等。"② 在 19 世纪上半叶的一些农奴制农村，存在于自然经济转变的不同阶段，以及资本主义关系中的财产不平衡性十分明显。

农民分化程度最高的是副业型农村。在这里，农民分化的特点首先表现在中农人数不多，且被排挤至农村社会经济的边缘。副业型农村人数最多的是贫农。他们通过出卖劳动力，换取必要的生活资料。富农尽管人口较少，但经济实力最为雄厚，他们之中大多数是工业资本家或大商人。因此，在副业型农村的生产活动中，资本主义关系占据主导地位。

所谓农副混合型农村，即农民主要从事副业，农业作为补充的农村。在这里，边缘阶层占人口的大多数。贫农是农村中人口最多的阶层，他们之中的大多数虽然有私有财产，但规模极小，主要的谋生方式是出卖劳动力。大多数富农从事企业、工业和商业，且这些活动是以剥削雇佣劳动力为基础的。农副混合型农村的特点在于，这里分化最为明显的阶层是带有份地的雇佣劳动力。同时，对于该类型和副业型农村里的中农而言，主要收入来源是建立在家庭劳动力基础之上的小农业和手工业生产。

在农商混合型农村，资本主义关系也有明显的发展趋势。在这里，中农

---

① К. Маркс и Ф. Энгельс. Соч.，т. 23，стр. 771.
② В. И. Ленин. Полн. собр. соч.，т. 17，стр. 82—83.

被排挤至经济边缘，虽然与农副混合型农村相比，农商混合型的在这方面的程度要低一些。大多数贫农只能靠出卖劳动力谋生，他们中的许多人完全或部分地脱离了土地，出租份地成为十分普遍的现象。富农广泛从事商品农业的贸易活动，其中一些人还将农业与工商业活动结合了起来。在富农经济中，购买和租用土地的现象十分普遍，同时，与家庭劳动力相比，雇佣劳动力在其经济中发挥了更为重要的作用。

由此可见，在1861年改革前十年里的副业型、农副混合型和农商混合型农村，资本主义关系已经确立，并取得了一定程度的发展。

在农奴制的框架下，农业型农村有着截然不同的特点。在19世纪中叶，中农大多为农村中的主体阶层，而贫农人数较少。同时，中农获取必要资料的途径是建立在农奴制份地和家庭劳动力之上的劳动。

对于贫农而言，他们甚至无法从自己耕作的成果中获得半数资料。但是，贫农最主要的收入来源是受雇打工，同时，地主和村社还提供了各种类型的"帮扶"，例如，分收制和劳役还债制，这些均带有强迫性、奴役性和半奴役性的特点。当农业型农村普遍贫困时，行乞成为他们的收入来源。富农占有大量剩余产品，他们将其中一部分继续投入农业生产。富农拥有大量购入和租用型土地，他们中有许多人采用雇佣劳动力。然而，在农业领域，富农仍主要以家庭劳动力为基础，即依靠家庭协作。而在企业活动方面，富农主要从事工业和商业，在这一领域，富农大量使用雇佣劳动力，他们中的许多人成为企业资本家。

以上便是农民分化的主要特点。但是，各类型农村在某些方面仍存在差异，主要表现在农业型代役制农村，特别是位于非黑土区、已经出现小商品和资本主义关系且取得重大进展的农村。例如，新形式的土地占有和土地使用制度（购入和租用型田产）在非黑土区的代役制农村发展得最为成功，当农民生活和生产资料不足时，也存在各种"帮扶"措施。如果说在劳役制农村，最主要的"帮扶"措施是农奴制下的强迫和奴役性的劳动，那么在代役制农村，最主要的是一些过渡性措施（分收制和做工偿还），以及外出打工。后者更为常见，特别是在副业发展情况较好，且农民将其作为主要收入来源的地区。

非黑土区代役制农村中富农的企业活动在规模上比劳役制农村的更大，而这种现象与生产资料有关（购入型土地、工业生产设施等）。

因此，从整体来看，在 19 世纪上半叶的农奴制农村，资本主义关系已经出现并得到广泛发展。然而，在这一时期，该趋势表现出两个阶段。在 19 世纪 50 年代的副业型、农副混合型和农商混合型农村，当资本主义关系得到显著发展时，农民分化也相应地达到了较高程度。而在农业型农村，农民分化速度迟缓，资本主义关系整体上较为脆弱，且仅表现在一小部分农民群体中，农村中主导型的关系仍是前资本主义式的。

如果将各地区的各类农民进行对比，便可发现，农业型农民的分化程度明显落后于工业型的。在 19 世纪上半叶，最具特点的生产形式是农副业结合。例如，贫农从事资本主义式的打工，同时经营自然或半自然的农耕；中农除从事农耕，还经营小商品生产或外出打工；富农不仅经营半自然和小商品型农耕，还经营资本主义企业和商业。

由于上述的分析仅局限在庄园范围内，那么，在多大程度上适用于俄国农奴制农村呢？为此，需要再次使用数理统计分析法。各农民阶层人口及其变化是反映农民分化的重要指标。在此基础上，通过计算置信区间，揭示上述各类庄园中各阶层人口和其变化情况，以及农民分化的特点。在计算农业型农村时，需要将其分为黑土区和非黑土区，而农副混合型和农商混合型则不需要。实际上，在计算后两者的过程中，只有非黑土区，特别是中部工业区的数据。

笔者将计算的结果绘制成表 6 - 23。据该表显示，无论是黑土区，还是非黑土区，在整个 19 世纪上半叶，人口占主体的是中农。即使是户数和人口方面的最小比例值，中农也均超过了 50%。在 19 世纪 10 年代的黑土区，中农的占比极高。这一时期，户数的最小占比为 61%，人口的为 58%。农业型农村的另一个特点是贫农人口较少，甚至在 30 ~ 50 年代，该阶层的人口所占比例也不超过 16%。在 19 世纪初至 30 年代的黑土区，贫农阶层的人口所占比例比非黑土区的更低。

表 6 - 23　农奴制农村各阶层人口所占比例

单位：%

年份	农民阶层					
	贫农		中农		富农	
	户数	人口	户数	人口	户数	人口
黑土区农业型农村						
1800 ~ 1830	7 ~ 15	4 ~ 10	61 ~ 71	58 ~ 68	16 ~ 26	24 ~ 36
1831 ~ 1860	14 ~ 24	8 ~ 16	55 ~ 65	53 ~ 65	17 ~ 27	24 ~ 36
非黑土区农业型农村						
1800 ~ 1830	15 ~ 21	9 ~ 15	55 ~ 65	52 ~ 64	18 ~ 26	23 ~ 37
1831 ~ 1860	22 ~ 28	13 ~ 17	56 ~ 62	57 ~ 65	13 ~ 19	20 ~ 28
农副混合型和农商混合型农村						
1800 ~ 1830	27 ~ 47	20 ~ 36	38 ~ 50	40 ~ 52	13 ~ 23	20 ~ 32
1831 ~ 1860	46 ~ 56	35 ~ 45	32 ~ 40	36 ~ 44	12 ~ 18	16 ~ 24

注：置信区间的误差值为 $\alpha = 0.05$。

资料来源：黑土区农业型农民的数据来源于第三章的表格；非黑土区的来自第四章的表格；农副混合型的来自第五章的表格。缺乏人口数据资料的庄园被剔除。个别阶层没有单独列出，其数量被划分至其他阶层。所有样本在分布上是平均的，且在选择上是随机的。

　　在 19 世纪上半叶，农业型农村各阶层的人口变化呈现稳步趋势。在黑土区，主要表现为中农人口缩减和贫农人口增加。贫农的户数所占比例从 1800 ~ 1830 年的 7% ~ 15% 上升至 1831 ~ 1860 年的 14% ~ 24%，而人口所占比例从 4% ~ 10% 增至 8% ~ 16%。富农的人口所占比例并未发生变化。尽管中农在人口和户数方面的占比下降（户数所占比例从 61% ~ 71% 下降至 55% ~ 65%，而人口所占比例从 58% ~ 68% 下降至 53% ~ 65%），但并未改变其在农村人口中的主导地位。

　　在非黑土区的农业型农村，贫农人口明显增长（户数和人口所占比例分别从1800 ~ 1830 年的 15% ~ 21% 和 9% ~ 15% 增加至 1831 ~ 1860 年的 22% ~ 28% 和 13% ~ 17%）。然而，其原因不仅有中农沦为贫农，而且有富农缩减（在这一时期，富农的户数所占比例从 18% ~ 26% 下降至 13% ~ 19%，而人口所占比例从 23% ~ 37% 下降至 20% ~ 28%）。所以，中农在人口占比方面并未发生明显变化（1800 ~ 1830 年的户数所占比例为 55% ~ 65%，1831 ~ 1860 年的为56%～62%，而人口所占比例分别为52%～64%和57%～65%）。

在 19 世纪 10 年代的农副混合型和农商混合型农村，农民阶层的变化与农业型的截然不同，主要表现为中农逐渐丧失了主导地位。在 1800～1830 年，中农的户数占比和人口占比分别不超过 50% 和 52%。后来，该阶层在农村中的作用进一步下降（30～50 年代时，其户数和人口占比分别下降至 40% 和 44%）。同样，富农在人口上也明显缩减（户数占比从 13%～23% 下降至 12%～18%，而人口占比从 20%～32% 下降至 16%～24%）。贫农人口出现实质性增长。1800～1830 年，贫农的户数占比为 27%～47%，人口占比为 20%～36%，而在 30～50 年代，户数占比增至 46%～56%，人口占比增至 35%～45%。

以上数据表明，一方面，在 19 世纪上半叶，无论是农业型农村还是农副混合型农村，农民分化均达到了较高程度。另一方面，在农民分化过程中，存在两个截然不同的阶段。在这一时期，农民分化更多的是以传统方式，因为大多数地主农民主要从事农业。

一些学者研究了农业型和副业型农民申请外出身份证的情况。因为该类证件允许农民在 6 个月甚至更长时间内外出打工。50 年代末中部工业区 6 省的资料显示，有 13.1% 的男性申请到了外出身份证（约占劳动力的 26%）。申请到外出身份证的劳动力占比基本上与农奴制农村中主要从事副业的人口比例相等。实际上，被卷入商品货币关系的农民占比更高，因为不少农民在本地从事副业，而且在没有出现商品农业中心的农奴制农村，农民分化特点通常与农副混合型的相同。在 1861 年改革前夕的中部工业区，农奴人口约占农村总人口的三分之一。

由此可见，在新型经济关系发展最快、农民分化程度最高的地区，农奴人口不会超过当地总人口的三分之一。而在其他地区，只有彼得堡省和诺夫哥罗德省从事副业的农民数量最多（中部工业区除外）。在这两省中，农业型和副业型农村的情况与前文提到的基本一致，但不同的是，后者的占比要略低一些。而在其余地区，副业型和农商混合型农村的占比极低。

决定农民分化程度和特点的因素是农村中商品货币关系的发展情况。它决定了商品生产中的固有客观规律对农民经济的影响程度。商品生产的主要规律是价值规律和由此产生的竞争。商品生产中的工业成本偏离了构成市场价格基础的社会必要成本，个别商品生产者不愿在市场中处于不平等的地位，并且总是试图贱买贵卖，这不可避免地导致"强者愈强，弱者愈弱，一小部分人暴富，大多数人破产，最终独立的生产者转变为雇佣劳动力、大多数小作坊和一少部分大型工厂"[①]。

　　综上所述，商品货币关系会因不同经济活动和地主农民所受剥削形式的影响而存在差异。前文提到的两个阶段实际上代表了商品货币发展过程中的差异。大多数农业型农民（劳役制、混合制和代役制）的商品形式几乎只有简单的劳动产品。农商混合型、农副混合型和副业型农民的商品大多是再生产后的产品。显然，商品生产固有的规律性对农民经济产生的影响程度存在差异。而这种差异导致的结果是，在农民分化特点方面，出现了本质性的不同。

　　如果对比 1861 年改革前后的农民分化程度，那么就会发现商品货币关系对农民分化程度产生了决定性的影响。在表 6－24 中，笔者根据 19 世纪上半叶农户普查和 80～90 年代地方农户普查分列了两组数据（役畜数量和母牛数量）。显然，这些数据并未揭示改革前后各阶层在诸多方面的变化。因为地方统计数常常将拥有 4 匹马及以上甚至 3 匹及以上的农民归为一类。不过，这些数据足够揭示 19 世纪农民分化速度上的差异。

表 6－24　1861 年改革前后农民分化情况

单位：户，%

年份	户数	户数占比								
		无马	有马				无牛	有牛		
			1 匹	2 匹	3 匹	4 匹及以上		1 头	2 头	3 头及以上
I. 劳役制和混合制的农业型庄园										
加加林家族的彼得罗夫斯基庄园*（鲍里索格列布斯基县）										
1819	394	4.1	7.6	21.1	24.1	43.1				
1834	433	6	16.6	25.1	18.9	33.4				
1856	507	12.8	18.3	26.2	20.7	22				
1880	742	12.5	38.5	33.9	11.3	3.8				

————————————

　　① В. И. Ленин. Полн. собр. соч.，т. 1，стр. 87.

续表

年份	户数	户数占比								
		无马	有马				无牛	有牛		
			1 匹	2 匹	3 匹	4 匹及以上		1 头	2 头	3 头及以上
加加林家族的布特斯基庄园（坦波夫省斯帕斯基县）										
1814	484	3.9	14	34.5	24.4	23.6				
1829	537	17.3	27.2	27.9	14.5	13.1				
1849	576	16.7	23.3	29.3	14.8	15.9				
1882	739	14.1	37.5	38.6	7.4	2.4				
加加林家族的波克罗夫斯基庄园**（萨波日科夫县）										
1813	218	5	8.3	28.4	17.9	40.4	6.4	43.6	50	
1831	244	3.7	11.5	30.7	20.1	34	14.3	52	33.7	
1856	264	9.5	12.9	27.3	24.6	25.7	23.9	49.2	26.9	
1887	290	22.8	27.6	33.1	12.7	3.8	24.8	63.3	6.9	
加加林家族的米什斯基庄园（米哈伊洛夫斯基县）										
1811	124	1.6	2.4	12.1	12.1	71.8	6.5	26	67.5	
1826	128	3.1	3.1	11.7	27.3	54.8	7	37.5	55.2	
1849	167	4.2	7.8	30.5	29.3	28.2	34.1	42.6	23.3	
1885	347	29.5	22.2	27.7	10.4	10.4	23.6	61.7	14.7	
穆辛－普希金家族的阿列克谢耶夫斯基庄园***（莫洛加县）										
1829	152	1.3	21.7	48.7	28.3		0.7	2.1	8.6	88.6
1852	175	8.6	34.3	30.9	36.2		8.6	4	18.9	68.5
1899	296	24.3	63.9	11.1	0.7		18.2	13.9	39.9	28
穆辛－普希金家族的穆辛诺夫斯基庄园（莫洛加县）										
1852	232	3.4	33.6	32.8	20.2		3.9	6.5	21.6	68
1899	433	27	63.8	9	0.2		24.7	27.3	32.1	15.9
Ⅱ．代役制的农业型庄园										
加加林家族的马努洛夫斯基庄园****（热勒夫县）										
1813	147	2.7	7.5	24.5	65.3		4.1	2	15	78.9
1833	125	0.8	20	30.4	48.8		5.8	25.6	25.6	43
1860	122	3.3	7.4	26.2	63.1		4.1	12.3	32.8	50.8
1883	395	21.5	31.9	28.1	18.5		18.5	29.4	23.8	28.3
莫尔德维诺夫家族的波克罗夫斯基庄园*****（卢日斯基县）										
1829	56	3.6	17.9	25	53.5		3.6	8.9	12.5	75
1849	71	—	25.4	33.8	40.8		1.4	22.5	14.1	62
1882	57	17.5	45.6	31.6	5.3		12.3	12.3	31.5	43.9

续表

年份	户数	户数占比								
		无马	有马				无牛	有牛		
			1 匹	2 匹	3 匹	4 匹及以上		1 头	2 头	3 头及以上
加加林家族的格里高利耶夫斯基庄园******（佩列雅罗斯拉夫县）										
1825	96	1	32. 2	35. 4	21	10. 4				
1839	118	13. 6	33. 1	34. 6	11. 9	6. 8				
1900	223	29. 1	58	10. 3	2. 2	0. 4				
沃龙佐夫家族的普兰斯基庄园*******（库兹涅茨基县）										
1849	388	18. 6	27. 3	54. 1						
1886	572	29. 7	31. 8	38. 5						
Ⅲ．农商混合型和农副混合型庄园										
舍列梅捷夫家族的叶夫列夫斯基庄园********（斯塔里察县）										
1836	60	—	38. 3	31. 7	30		41. 7	21. 7	8. 3	28. 3
1847	59	8. 5	37. 3	23. 7	30. 5		40. 7	25. 4	10. 2	23. 7
1886	84	17. 9	26. 2	40. 4	15. 5		14. 3	22. 6	32. 1	31
加加林家族的索斯诺夫斯基庄园*********（戈尔巴托夫县）										
1828	176	20. 4	43. 2	22. 2	14. 2					
1860	224	51. 7	33. 5	10. 3	4. 5					
1889	280	63. 9	28. 2	6. 1	1. 8					
舍列梅捷夫家族的尼克尔斯基庄园**********（莫斯科县）										
1836		12. 1	53. 1	30. 1	4. 8					
1862		28. 7	51. 5	15. 8	4					
1881		20	50	20	10					

注：改革前的数据来自当时的农户普查（对地方统计数据处理后汇总出的）。

资料来源：*《Сб. стат. сведений по Тамбовской губ.》，т. Ⅰ. Борисоглебский уезд，отд. Ⅱ，Тамбов，1880，стр. 38—41—графа сведения по Краснохуторской волости，т. Ⅴ. Спасский уезд. Тамбов，1883，стат. табл.，стр. 38—41—графа сведения по Салтыковской волости.

**《Сб. стат. сведений по Рязанской губ.》，т. Ⅸ，вып. Ⅰ. Сапожковский уезд. Рязнь，1888，стр. 42 и сл.；т. Ⅳ. Михайловский уезд. Рязань，табл стр. 62 – 63.

***《Стат. описание Ярославской губ.》，т. Ⅲ. Мологский уезд. Ярославль，1904，табл. Ⅶ，стр. 281—282，310—312.

****《Стат. опнсанне Ржевского уезда Тверской губ.》. Тверь，1885，стр. 10—11，202—203. 样本数据选自加加林家族过去的农奴制乡村。

*****《Матернaлы по статистике народного хозяйства Петербургской губерннн》，вып. Ⅳ，4. Ⅰ. Лужский уезд. СПб.，1889，стр. . 54，144，222. 数据仅选自波克罗夫斯基卢日斯基县部分。

******《Матерналы для оценки земель губ. 》, т. ⅩⅢ, вып. яславский уезд. Владимир, 1910, стр. 110 и сл.

*******《Сб. стат. сведений по Саратовской губ. 》, т. Х. Кузнецкий уезд, отд. Ⅱ . Саратов, 1891, стр. 96.

********《Сб. стат. Сведений по Тверской губ. 》, т. Ⅳ . Старнцкий уезд. Тверь, 1890, стр. 2—3, 57.

*********《Материалы к оценке земель Нижегородской губ. Экономическая часть》, вып. Ⅶ . Горбатовский уезд. Н. Новгород, 1892, стр. 114 и сл. 10 《Сб. стат. сведений по Московской губ. Отдел хозяйственной статистики》, т. Ⅱ , вып. 2. М. , 1882, стр. 70 – 71.

**********《Сб. стат. сведений по Московской губ. Отдел хозяйственной статистики》, т. Ⅱ , вып. 2. М. , 1882, стр. 70 – 71.

在 19 世纪上半叶的劳役制和混合制的农业型庄园，无马户和一马农户的占比不断增长。加加林家族的彼得罗夫斯基庄园在这方面表现得最为明显，该庄园在 1813 ~ 1856 年，这类农户的占比从 11.7% 增至 31.1%。在布特斯基庄园，这类农户的占比从 17.9% 增至 40%。在波克罗夫斯基庄园和米什斯基庄园，无马户和一马农户增加的幅度相对较低（前者从 13.3% 增至 22.4%，后者从 4% 增至 12%）。但是，在改革后的短时间内，贫农所占比例大幅上升，以至于在表 6 – 24 中的 6 个庄园中，一半以上的农户沦为贫农（从波克罗夫斯基庄园的 50.4% 到穆辛诺夫斯基庄园的 90.8%）。在这一时期，表 6 – 24 的 6 个庄园 3 ~ 4 匹马及以上农户的数量明显减少。对比改革前，彼得罗夫斯基庄园该类农户的所占比例从 22% 降至 3.8%，布特斯基庄园的从 15.9% 降至 2.4%，阿列克谢耶夫斯基庄园的从 36.2% 下降至 0.7%。与改革前相比，改革后的富农户数（拥有 2 匹和 3 匹马的农户）也有一定程度的减少。

代役制农业型庄园的情况也是如此。例如，在 1813 ~ 1860 年加加林家族的马努洛夫斯基庄园，无马和一马农户的占比没有明显变化（两年分别为 10.2% 和 10.7%），而截至 1883 年，该类农户的比例增至 53.4%。3 匹马的农户占比从 1860 年的 63.1% 下降至 18.5%。在 1829 ~ 1849 年莫尔德维诺夫家族的波克罗夫斯基庄园，贫农的占比从 21.5% 增至 25.4%，而截至 1882 年，增长到 63.1%。4 匹马及以上农户的占比从 1849 年的 40.8% 下降至 1882 年的 5.3%。同样，格里高利耶夫斯基庄园和普兰斯基庄园在这一时期也出现了类似的情况。

各阶层农民在母牛数量情况方面的变化与役畜的情况基本一致。

然而，在农商混合型和农副混合型农村，情况有所不同。与改革前相比，改革后各阶层分化的幅度不大。在1847年舍列梅捷夫家族的叶夫列夫斯基庄园，无马和一马农户的占比为45.8%，而1886年的这一比例为44.1%。无牛和一牛农户的占比甚至有所减少（1847年的占比为66.1%，1886年减少至36.9%）。变化较大的仅是3匹马农户的所占比例（从30.5%下降至15.5%）。在1860年加加林家族的索斯诺夫斯基庄园，无马和一马农户的户数比例为85.2%，而3匹马农户的占比为4.5%。1889年，这两类农户的占比分别变化至92.1%和1.8%。舍列梅捷夫家族的尼克尔斯基庄园的无马和一马农户的占比在1836年、1862年和1881年分别为65.2%、80.2%和70%，而3匹马农户的占比分别为4.8%、4%和10%。由此可见，各阶层变化的幅度都不大。

对比改革前后的数据能够揭示农民分化的特点。显然，在1861年改革后，农村中商品货币关系的发展导致农民分化的速度加快。需要注意的是，在19世纪70年代末之前，农业型农村中农民分化的速度依然十分缓慢。

改革前农奴制农村中商品货币关系的快速发展导致其在个别农户经济结构变动中出现了各种趋势，正因如此，农民分化才具备了本质性的特点。而这些农户的"历史任务"是：在较长的时期里，或多或少地推动各阶层发展。对此，可以通过调查从第一次农户普查到最后一次普查中每个农户的情况来证明。

实际上，为完成这个简单的构想，需要做巨大的调查工作。为此，有必要使用电子计算机。因为计算机处理的只有数字，而有必要对所有农户普查资料进行数字化处理。除了名字，其余指标的处理过程均十分简单，因为在原始档案中，它们就是数字。每个农户家庭名字的数字化过程也不复杂，对此，需要建立男性和女性检索目录，且每个人会注有固定的数字编号。在研究时，按照家庭名字构成，即名字和父称来进行检索。指定农户通过输入名字和父称（男性或女性）的方式来检索。而这意味着，笔者必须知晓一户家庭中至少一人的名字和父称。在检索过程中，同名同父称的概率不超过千分之一，这标志着，名字加父称的检索方式具有可靠性。此外，绝大多数农户是独立的经济个体，而农户普查的间隔为 20 年，所以一户家庭（2 人）会多次出现在普查中。因此，通过上述方式检索不到农户，意味着他不再是独立的经济个体。但是，如果目标家庭中仅有一人，他仍可以继续保持经济个体的地位。鉴于仅通过一个名字来检索农户可能会导致错误，因此在使用上述方法时，有必要将已经消失的经济个体进行分类。在大多数情况下，各类检索方式能够辨别出农户信息。

通过 11 个庄园的农户检索，笔者分析了各类农民的经济活动特点，以及其所受的剥削形式。检索结果见表 6-25。

表 6-25 普查所反映的农户发展情况

阶层	合计（户）	在普查中出现					阶层未变（户）	保留至最后一次普查				
		次数（次）	频度系数	所属阶层（次）				合计（户）	与第一次的占比（%）	所属阶层（次）		
				贫农	中农	富农				贫农	中农	富农
I. 劳役制和混合制的农业型庄园												
1. 鲍里索格列布斯基县加加林家族的彼得罗夫斯基庄园（1813 年、1826 年、1856 年）												
贫农	42	73	0.58	53	19	1	—	12	28.6	2	10	—
中农	235	597	0.85	71	485	41	69	159	67.7	44	103	12
富农	62	167	0.9	18	64	85	4	49	79	12	27	10
合计	339	837	0.82	142	568	127	73	220	64.9	58	140	22
2. 萨波日科夫县加加林家族的波克罗夫斯基庄园（1813 年、1817 年、1823 年、1831 年、1856 年）												
贫农	29	91	0.63	52	36	3	2	8	27.6	2	5	1
中农	137	601	0.88	56	485	60	31	85	62	17	58	10
富农	52	242	0.93	7	101	134	39	39	75	3	29	7
合计	218	934	0.86	115	622	197	37	132	60.6	22	92	18
3. 米哈伊洛夫斯基县加加林家族的米什斯基庄园（1811 年、1814 年、1817 年、1821 年、1826 年、1828 年、1832 年、1843 年、1849 年）												
贫农	5	11	0.24	11	—	—	—	37	71.2	6	31	—
中农	52	400	0.85	29	347	24	16	37	71.2	6	31	—
富农	68	587	0.96	22	301	264	7	61	89.7	5	48	8
合计	125	998	0.89	62	648	288	23	98	78.4	11	79	8

续表

阶层	普查中的农户											
	合计（户）	在普查中出现					阶层未变（户）	保留至最后一次普查				
		次数（次）	频度系数	所属阶层（次）				合计（户）	与第一次的占比（%）	所属阶层（次）		
				贫农	中农	富农				贫农	中农	富农
4. 鲁扎县加加林家族的尼克尔斯基庄园（1818 年、1830 年、1841 年）												
贫农	39	84	0.72	58	26	—	4	21	53.8	6	15	—
中农	71	196	0.92	28	154	14	27	59	83.1	12	43	4
富农	9	24	0.89	2	7	15	2	8	88.9	2	4	2
合计	119	304	0.85	88	187	29	33	88	73.9	20	62	6
5. 莫洛加县穆辛 - 普希金家族的阿列克谢耶夫斯基庄园（1829 年、1846 年、1852 年）												
贫农	11	29	0.88	14	15	—	—	8	73.6	2	6	—
中农	99	246	0.84	28	192	26	28	71	71.7	14	45	12
富农	43	122	0.94	5	33	84	16	39	90.7	3	16	20
合计	153	397	0.86	47	240	110	44	118	74.7	19	67	32
Ⅱ. 代役制农业型庄园												
1. 热勒夫县加加林家族的马努洛夫斯基庄园（1813 年、1823 年、1826 年、1829 年、1833 年、1840 年、1850 年、1856 年、1860 年）												
贫农	15	53	0.39	36	17	—	—	2	13.3	—	2	—
中农	102	711	0.77	60	583	68	21	65	63.7	6	51	8
富农	30	248	0.92	11	128	109	2	26	86.7	3	17	6
合计	147	1012	0.76	107	728	177	23	93	63.3	9	70	14
2. 莫萨利斯克县尤苏波夫家族的波斯科斯基庄园（1827 年、1840 年、1851 年）												
贫农	15	30	0.67	20	10	—	1	6	40	1	5	—
中农	29	71	0.82	7	60	4	9	19	65.5	4	11	4
富农	1	3	1	—	2	1		1	100			
合计	45	104	0.77	27	72	5	10	26	57.8	5	17	4
3. 卢日斯基县莫尔德维诺夫家族的波克罗夫斯基庄园（1829 年、1835 年、1849 年）												
贫农	13	29	0.74	24	5	—	2	5	38.5	2	3	—
中农	22	58	0.88	5	50	3	9	15	68.2	3	10	2
富农	39	110	0.94	4	38	68	7	32	84.5	2	19	11
合计	74	197	0.88	33	93	71	18	52	70.3	7	32	13

阶层	合计（户）	在普查中出现					阶层未变（户）	保留至最后一次普查				
		次数（次）	频度系数	所属阶层（次）				合计（户）	与第一次的占比（%）	所属阶层（次）		
				贫农	中农	富农				贫农	中农	富农

Ⅲ. 农副混合型庄园

1. 谢尔普霍沃县加加林家族的基亚索夫斯基庄园（1817 年、1822 年、1834 年、1840 年、1851 年、1858 年）

阶层	合计	次数	频度系数	贫农	中农	富农	阶层未变	合计	占比%	贫农	中农	富农
贫农	58	261	0.75	170	75	16	3	31	53.4	21	10	—
中农	68	355	0.87	107	199	49	2	49	72.1	25	21	3
富农	29	159	0.91	41	55	63	—	19	65.5	10	9	—
合计	155	775	0.83	318	329	128	5	99	63.9	56	40	3

2. 兹韦尼戈罗茨基县戈利岑家族的彼得罗夫斯基庄园（1824 年、1828 年、1834 年、1854 年、1857 年、1859 年、1860 年）

阶层	合计	次数	频度系数	贫农	中农	富农	阶层未变	合计	占比%	贫农	中农	富农
贫农	49	219	0.66	186	33	—	10	21	42.9	16	5	—
中农	57	358	0.9	94	256	8	15	47	82.4	19	27	1
富农	29	195	0.96	54	84	57	1	27	93.1	13	11	3
合计	135	772	0.82	334	373	65	26	95	70.4	48	43	4

3. 戈尔巴托夫县加加林家族的索斯诺夫斯基庄园（1828 年、1835 年、1842 年、1853 年、1857 年、1860 年）

阶层	合计	次数	频度系数	贫农	中农	富农	阶层未变	合计	占比%	贫农	中农	富农
贫农	114	508	0.74	442	59	7	15	52	45.6	40	11	1
中农	38	172	0.75	76	77	19	—	23	60.5	15	6	2
富农	24	127	0.88	40	22	65	1	21	87.5	13	3	5
合计	176	807	0.76	558	158	91	16	96	54.5	68	20	8

　　为了揭示农户发展特点，需要确定第一次普查中出现的各阶层农户在后续的普查中再次出现的次数（第 3 列）。通过各类阶层在第一次普查中出现的次数，并对比最后一次，在此基础上确定能够体现各阶层在这一时期（家庭）经济稳定性的频率或频度系数（第 4 列）。之后三列（第 5～7 列）反映了各阶层在后续的普查中出现在其他阶层（或不变）的次数。第 8 列反映了从第一次普查起阶层就未发生变动的农户数量。第 9 列反映了既出现在第一次普查，也出现在最后一次普查中的农户数量。第 11～13 列反映了第 9 列所代表的农户在后续普查中出现在其他阶层（或不变）的次数。

　　在分析这些数据时，有必要注意到这一时期的农民经济固有的不稳定性。就整体来看，频度系数的波动区间为 0.76（马努洛夫斯基庄园）～ 0.89（米什斯基庄园）。这意味着大多数农户不再是独立的经济个体，即他们破产了。实际上，这一时期保留在农户普查档案里的农户的比例区间为 54.5%（索斯诺夫斯基庄园）～78.4%（米什斯基庄园）。农民一旦破产，便会举家前往其他庄园，因此，在所有庄园的范围内，农民经济的总规模是不断扩大的。在这种情况下，通常只有研究人员才能发现，并揭示越来越多农民走向破产的沉重命运。

　　贫农经济的不稳定性更加明显。通常，各庄园贫农的存在时间要比中农和富农短得多（见表 6 - 25 的第 4 列和第 10 列）。实际上，农业型庄园的农民分化程度比农副混合型的要低，那些保留较长时段资料的庄园能够证明这一点。基亚索夫斯基庄园和彼得罗夫斯基庄园，以及索斯诺夫斯基庄园的贫农频度系数（0.66～0.75）高于彼得罗夫斯基庄园和波克罗夫斯基庄园，以及米什斯基庄园和马努洛夫斯基庄园（0.24～0.63）。在这一时期，副业型庄园的贫农所占比例比上述 4 个农业型庄园的要高很多（副业型庄园的为 43%～53%，农业型的为 0～29%）。虽然也有庄园出现与此相反的情况，但属于个例，其原因在于，农副混合型庄园中贫农广泛地外出打工，因此，相比于农业型庄园，前者对小农独立的经济基础的保护作用更强。

　　那么，各阶层农户发展的主要趋势是什么呢？农民分化进程加快的原因在于，中农人数在逐渐缩减，他们被排挤至农村经济的边缘，一些体现农民分化程度加深的重要指标是中农户数比例，以及中农转入其他阶层的程度。

　　在农业型庄园（莫尔德维诺夫家族的波克罗夫斯基庄园除外，因为在第一次农户普查中，该庄园大多数为富农），中农户数占普查档案的一半以上（表 6 - 25 的第 3 列和第 6 列）。中农户数比例的区间值为 60.5%（阿列克谢耶夫斯基庄园，该庄园各阶层在所有普查中出现的总次数为 397 次，其中 246 次为中农）～71.9%（马努洛夫斯基庄园，总次数为 1012 次，其中 711 次为中农）。

　　农副混合型庄园的情况与此完全不同。中农的户数占比很低。例如，戈利岑家族的彼得罗夫斯基庄园的中农的户数占比在同类庄园中是最高的，但也不过48.9%。索斯诺夫斯基庄园中农的户数占比为19.6%。由此可见，无论是农业型庄园，还是农副混合型庄园，均在中农户数方面存在差异。

在上述两类庄园里，中农发展的情况不一。中农在经济水平的变化方面，要么趋向贫农，要么趋向富农。这两种趋势的数量关系是反映农民分化速度的重要指标。在大型农业型庄园，中农趋向贫农的趋势要强于趋向富农的（见表6-25的第5~7列）。但是，在8个庄园中，仅有4个（加加林家族的彼得罗夫斯基庄园和尼克尔斯基庄园、尤苏波夫家族的波斯科斯基庄园和莫尔德维诺夫家族的波克罗夫斯基庄园）的总趋势是中农趋向贫农。例如，在彼得罗夫斯基庄园，出现在第一次普查中的农户，在全部普查中出现的总次数为597次，其中以贫农标记的出现了71次，而以富农标记的有41次（另外485次仍是以中农标记出现的）。在尼克尔斯基庄园，相应次数分别为28次和14次，波斯科斯基庄园分别为7次和4次，莫尔德维诺夫家族的波克罗夫斯基庄园分别为5次和3次。显然，中农趋向于贫农的数值最大时，是趋向富农的2倍。在加加林家族的米什斯基庄园和穆辛-普希金家族的阿列克谢耶夫斯基庄园，趋向贫农的数值仅略高于趋向富农的（分别为29和24，28和26），而在波克罗夫斯基庄园和马努洛夫斯基庄园，趋势刚好相反，数值分别为56和60，60和68。

在这方面，农副混合型庄园的情况与农业型的有所不同。中农趋向于富农的趋势强于趋向贫农的（例如，基亚索夫斯基庄园相应的次数分别为107次和49次，戈利岑家族的彼得罗夫斯基庄园分别为94次和8次，索斯诺夫斯基庄园分别为76次和19次）。

这一时期既出现在第一次普查，又出现在最后一次普查里的中农阶层所属情况变化，能够揭示农业型和农副混合型庄园在中农发展变化方面的差异（见表6-26中第9、11~13行）。在农业型庄园（米什斯基庄园除外），保留至最后一次普查的中农趋向于贫农的数量超过了其趋向富农的，而且这一趋势明显弱于农副混合型庄园的。如果说这类中农趋向于贫农的次数值是趋向于富农的7~8倍的话，那么农业型至多仅为3.6倍（加加林家族的彼得罗夫斯基庄园）。在一些庄园的最后一次普查中，中农趋向于边缘阶层的情况不一，甚至在一些庄园里中农趋向于富农的趋势强于趋向贫农的（马努洛夫斯基庄园的次数值分别为 6 和 8）。

在边缘阶层发展方面，各类庄园存在差异。就贫农而言，主要特点是在农业型庄园，贫农趋向于中农的趋势在总体上强于农副混合型的。那些保留至最后一次普查，且在第一次普查中被标记为贫农的农户，其在最后一次普查中的阶层分布情况最能体现这一点。在所有农业型庄园，这类贫农在最后一次普查中大多被标记为中农。在农副混合型庄园，情况刚好相反，这类贫农阶层所属情况没有大的变化。这意味着，农业型庄园的贫农能够在较长时间内保持独立的经济地位，虽然有些只是暂时的，但他们的经济水平的确有所提升，并转变成中农。贫农副业的广泛发展使其在较长时间内保持独立地位，不会进一步贫困。此外，需注意的是，在副业广泛发展的情况下，贫农的稳定性不断增强。

在富农的发展方面，大多数农业庄园的情况是富农能够保持地位，沦为中农和贫农的情况并非主流。例如，在加加林家族的彼得罗夫斯基庄园，第一次普查中的富农标记了 167 次，而在后续普查中标记了 85 次。尼克尔斯基庄园相应的次数分别为 24 次和 15 次，阿列克谢耶夫斯基庄园分别为 122 次和 84 次，莫尔德维诺夫家族的波克罗夫斯基庄园分别为 110 次和 68 次，米什斯基庄园分别为 587 次和 264 次，马努洛夫斯基庄园分别为 248 次和 109 次，也就是说，有一些庄园是特例。在农副混合型庄园，情况刚好相反。在基亚索夫斯基庄园，第一次普查中的富农标记了 159 次，而在后续普查中仅标记了 63 次。戈利岑家族的彼得罗夫斯基庄园分别为 195 次和 57 次，索斯诺夫斯基庄园分别为 127 次和 65 次。

因此，各阶层的变动关系，以及其发展情况清晰地揭示了几类庄园的本质差异。出现这类情况的原因在于，农村中商品货币关系的迅猛发展，以至于农民分化程度加深。由于农民经济与市场联系的加深，改变了农户的发展特点，农民分化程度进一步加深。

通过米什斯基庄园、马努洛夫斯基庄园和基亚索夫斯基庄园的数据，笔者将研究在 19 世纪上半叶，各农民阶层发展的重要性。数据的时间段为 19 世纪 20 年代末 30 年代初之前和 30~50 年代（见表 6-26）。相比于 19 世纪前 30 年，30～50 年代农户发展的主要变化体现在中农阶层上，该阶层大量沦为贫农。例如，在米什斯基庄园，中农（初次普查）在 1811～1828 年被标记了 282 次，后续标记贫农的有 9 次，占比为 3.2%，富农有 20 次，占比为 7.1%，而阶层未变的有 253 次。在 1828～1849 年，4 次普查中农标记总次数为 350 次，沦为贫农的有 24 次，变为富农的有 21 次，占比分别为 6.9% 和 6%。在马努洛夫斯基庄园，中农（初次普查）在 1813～1833 年沦为贫农的次数占比为 6.5%，而富农的为 8.3%，1833～1860 年[①]的数值分别为 7.8% 和 8.4%。基亚索夫斯基庄园在 1817～1834 年的数值分别为 20.1% 和 15.3%，1840～1858 年分别为 26.3 和 5.1%。因此，作为农副混合型庄园的基亚索夫斯基庄园，在 19 世纪 30 年代之前，中农变为富农的趋势强于沦为贫农的。在 30～50 年代，这一趋势变得更加明显。在 19 世纪 30 年代前，米什斯基庄园和马努洛夫斯基庄园（农业型）的情况与同一时期的基亚索夫斯基庄园相同，但在 30～50 年代，中农沦为贫农的趋势开始增强，甚至米什斯基庄园的数据显示，这一趋势开始强于成为富农的。显然，在这一时期，农业型农村庄园各阶层的变化更清晰。

表 6-26　19 世纪 30 年代前与 30～50 年代农户阶层变动

阶层	合计（户）	普查中的农户							保留至最后一次普查				
		在普查中出现					阶层未变（户）	合计（户）	与第一次的占比（%）	所属阶层（次）		
		次数（次）	频度系数	所属阶层（次）							贫农	中农	富农
				贫农	中农	富农							
米什斯基庄园													
I. 1811～1828 年（6 次普查）													
贫农	5	11	0.37	11	—	—	—	—	—	—	—
中农	52	282	0.9	9	253	20	24	43	82.7	4	36	3
富农	68	391	0.96	3	180	208	8	64	94.1	1	45	18
合计	125	684	0.91	23	433	228	32	107	0.86	5	81	21

---

① 参照上下文及表 6-26，此处应为"1840～1860 年"，原文系作者失误。——译者注

续表

阶层	合计（户）	普查中的农户										
		在普查中出现					阶层未变（户）	保留至最后一次普查				
		次数（次）	频度系数	所属阶层（次）				合计（户）	与第一次的占比（%）	所属阶层（次）		
				贫农	中农	富农				贫农	中农	富农
II. 1828~1849年（4次普查）												
贫农	7	20	0.71	16	4	—	2	4	57.1	3	1	—
中农	93	350	0.94	24	305	21	49	82	88.2	7	67	8
富农	24	96	1	1	49	46	3	24	100	1	19	4
合计	124	466	0.94	41	358	67	54	110	0.89	11	87	12
马努洛夫斯基庄园												
I. 1813~1833年（5次普查）												
贫农	15	43	0.57	34	9	—	—	3	20	2	1	—
中农	101	443	0.88	29	377	37	45	70	69.3	13	53	4
富农	30	142	0.95	4	59	79	4	26	86.7	3	19	4
合计	146	628	0.86	67	445	116	49	99	67.8	18	73	8
II. 1840~1860年（4次普查）												
贫农	11	36	0.82	18	18	—	1	8	72.7	1	7	—
中农	72	284	0.99	22	238	24	46	71	98.6	7	53	11
富农	14	52	0.93	1	27	24	2	14	100	1	10	3
合计	97	372	0.96	41	283	48	49	93	95.9	9	70	14
基亚索夫斯基庄园												
I. 1817~1834年（3次普查）												
贫农	58	151	0.87	100	41	10	13	42	72.4	22	15	5
中农	68	189	0.93	38	122	29	9	57	83.8	29	18	10
富农	29	86	0.99	12	20	54	5	28	96.6	11	10	7
合计	155	426	0.92	150	183	93	27	127	81.9	62	43	22
II. 1840~1858年（3次普查）												
贫农	50	145	0.97	118	23	4	25	43	86	31	11	1
中农	49	137	0.93	36	94	7	11	42	85.7	20	21	1
富农	16	44	0.92	4	15	25	1	14	87.5	4	9	1
合计	115	326	0.94	158	132	36	37	99	86.1	55	41	3

　　同中农一样，富农也出现了阶层变动的情况。主要变化是富农沦为中农。例如，在 1811～1828 年的米什斯基庄园，富农共被标记了 391 次（初次普查），后续被标记为中农和贫农的有 183 次，占比为 46.8%，1828～1849 年，这一比例增至 52.1%。在马努洛夫斯基庄园，沦为中农和贫农的次数在 1813～1833 年的占比为 44.3%，1840～1860 年的为 53.9%。1817～1834 年基亚索夫斯基庄园相应占比为 37.2%，1840～1858 年的为 43.2%。由此可见，在农业型农村庄园，富农也出现了明显的阶层变动现象，沦为中农和贫农的趋势强于保持富农地位的。

　　对农户经济变化的分析，揭示了农民分化过程中的内在机制，以及各类农民在阶层人口关系及其变动方面存在差异的直接原因。

　　那么，农民分化过程的两阶段同其分化前后的特点和形式之间存在什么样的关系呢？

　　显然，农村社会经济关系的总体趋势决定了农民分化的特点。这意味着，在农村社会经济发展过程中，总体趋势会导致一种形式的农民分化被另一种形式的所取代，而分化的主要阶段与农民经济发展的时代相对应。所谓农民经济发展的历史，就是从它作为封建社会根基的形成，直到步入资本主义社会最后解体的历史，这一漫长的岁月可以划分为三个主要阶段，分别是：自然经济主导的时代、小商品生产确立并发展的时代和农民经济中诞生资本主义的时代。每一个阶段都有对应的社会经济发展水平，以及农民分化特征。

　　在农民经济发展的第一个阶段，自然经济占主导地位，其特点是发展极为迟缓，甚至出现停滞。这是一个"经济个体能够存在若干个世纪，特性不会出现任何变化，体量既不会增加，其本身也不可能成为农村手工业者和小生产者（即'家内制'工业），从而摆脱地主领地、农奴制农村和周边小市场"[1]。由此可见，此时农民经济是独立发展的，与社会几乎没有联系。

　　但是，在自然经济占主导的时代，农民经济并不是统一的。在一系列原

---

[1]　В. И. Ленин. Полн. собр. соч.，т. 3，стр. 359.

因的影响下（生产资料数量及质量、农耕方面的役畜数量、劳动力技能熟练度等），农民间存在非常明显且本质上的差异。马克思认为，在自然地租的条件下，农民具备"获得再去直接剥削别人劳动的手段的可能性"[①]。此外，在这一阶段，许多农民破产。然而，这一现象并不意味着封建农奴制经济走向解体，以及从它内部诞生了新的经济关系。实际上，财产和经济方面差异的多样性具有"可逆性"的特征。这种"可逆性"的基础在于，只有一个客观经济因素决定农民经济的发展，而这个因素正是封建地租的规模。由于当时的地租是"传统、固定的"，不会占据全部剩余产品，对于任何农民而言，富有或破产，是由其富裕程度决定的。而富裕程度是易变的，这同经济个体和地区的生产力发展水平、小农分散性和隔绝性密切相关。在相对富裕的条件下，任何农民均能不仅从事简单生产，而且广泛进行再生产；而贫者刚好相反，他们濒临破产。这样一来，所有的变化都趋向于一种生产制度，即封建生产力条件下的再生产。无论是流民还是受雇打工的劳工农民，他们在这一阶段的末期，再次回归农村中的封建关系，或者成为封建城市里的底层阶级。无论他们是否富裕，在当时的环境下，最好同时也仅能沦为统治阶层的附庸，或者成为中世纪的小商人和高利贷者。

这就是农民分化最初的形式，大多数学者也将其称为"财产分化"，笔者认为，最好将其定义为"早期财产和经济的不平衡"。因为在当时，真正意义的农民分化还不存在。

出现"早期财产和经济的不平衡"的主要原因在于，农村中自然经济关系占主导，同时在农民分化过程中存在"可逆性"特点，在此基础上，农民经济带有易变性特征。这样一来，有必要分析农村商品经济发展的决定性因素，以及雇用有偿劳动力等情况。但是，以上还不足以决定农村社会经济发展的总方向，以及农民分化的特点，因为它们既无力颠覆自然经济关系的主导地位，也无法推动农民经济走上摆脱封建束缚的道路。在19世纪10年代，"早期财产和经济不平衡"的特点仍停留在农业型，特别是劳役制农

[①]　К. Маркс и Ф. Энгельс. Соч. 25，ч. 2，стр. 359.

业型的庄园里，其具体表现形式是，缺乏不同阶层间相互流动决定性趋势。但后来，截至 50 年代，"早期财产和经济的不平衡"特点迅速遍布各类庄园农村，甚至包括劳役制农业型庄园。

农民经济发展过程中的第二个阶段是小商品生产的确立和发展。这一阶段与封建社会发展的时代紧密相关，在当时"商业、城市工业和商品总生产，以及与此相关的货币流动快速发展"[1]，换言之，此时小农的分散性和隔绝性逐渐瓦解，统一的全俄市场开始形成。由于对农民经济中的资本主义关系而言，小商品生产是其发展的"原点"，而且在农村社会经济的发展过程中的资本主义关系成为典型的现象之后，封建制度的根基开始被动摇。需要注意的是，这仅仅是一个开始，小商品生产为资本主义关系建立了先决条件，但这远不是真正意义上的资本主义。

农民经济步入这一阶段的过程是漫长且复杂的，同时，各类农民在所受剥削的形式以及其经济活动的特点方面，逐渐出现差异。这一阶段的下限是 18 世纪末 19 世纪初。19 世纪上半叶农民经济最大的特点是，在农奴制农业型农村中，小商品生产广泛发展，换言之，在农业小商品领域，出现了新的生产形式。

随着小商品生产形式的农民经济不断发展，这一阶段也出现了新的农民分化。"早期财产和经济的不平衡"开始转变为"真正意义的分化"。在这一阶段，农民的经济状况依然对农民分化产生影响。但该阶段本质的特点在于，客观经济规律在农民分化过程中的作用逐渐凸显。换言之，农民经济越来越易受商品生产规律的影响。因此，农民经济的易变性特点逐渐减弱。农民分化使其原本所固有的特点开始丧失。首先是"可逆性"，该特点转变为"不可逆性"。其具体表现是，各农民阶层（依照经济生产力本质特点进行划分的）间的流动具有清晰的方向。跃进和不明确式的流动减弱了中农人口逐渐缩减的趋势。在这种条件下，第二阶段一个十分重要的特点在于，农民分化不再是"早期财产和经济的不平衡"。但是，无论这一阶

---

① К. Маркс и Ф. Энгельс. Соч. 25，ч. 2，стр. 361.

段的农民阶层出现什么样的新特点，其总特点依旧是中农在整体上占据优势。与后来中农被排挤至农村经济边缘的下一阶段相比，此时的农民分化存在很大不同。

此外，商品货币经济是从自然经济内部萌发的。这种经济的本质特点在于，它推动农村进入"原始积累"阶段。众所周知，原始积累的本质一方面在于，出现一小部分货币化的或其他富裕阶层，他们后来逐渐变成资本家；而另一方面在于，出现数量庞大的直接生产者，他们最后成为工作在资本主义生产各领域的雇佣工人。

在农业型农村中，富农企业活动的主导是商人和高利贷者，而广大贫农破产，或者通过分收制、做工偿还、租借高利贷等方式受前者盘剥，这意味着，在 19 世纪上半叶的农奴制农村，已经出现了较大规模的原始积累。在代役制农村，原始积累在上述两方面的发展更为明显。而在劳役制农村，地主试图通过各种方法保留劳役制剥削，这在一定程度上使贫农不易因盘剥而破产。因此，劳役制农村原始积累的进程十分缓慢。

在"早期财产和经济不平衡"的时代，也存在富裕者积累和农民破产。但这并不是"原始积累"，因为富裕者没有转变为资本家，破产农民也没有转变为雇佣工人。只有当农民经济中出现一定程度的商品货币关系时，"原始积累"才能取得广泛发展。许多富农将一部分积累的资料再次投入生产（购买土地，开办工业设施等），且破产农民转变为雇佣工人的事实说明，在 19 世纪上半叶的农村，"原始积累"已取得一定程度的发展。

但是，资本主义关系的出现是"原始积累"的最终结果，其本身就是建立在非资本主义基础之上的。因此，在小商品生产的形成和发展时期，以及相应的农民分化阶段，生产活动中占据主导地位的不仅是中农，绝大多数的富农家庭劳动力也是如此，但贫农受雇打工的现象相对不普遍。在当时，还存在劳动力买卖，但这无法决定农村社会经济结构。显然，与下一阶段即资本主义关系在农民经济中占据主导地位的阶段相比，这一阶段的特点明显不同。在这一问题上，列宁揭示了工厂与小商品生产的区别。他写道："在前一个阶段（家庭手工业——译者注），也存在着对资本的依附和雇佣劳动，但还未形成任何牢固的形式，也未包括大量的手工业者和大量的居民，还没有引起各个生产参与者集团之间的分裂。"①

19 世纪上半叶，农奴开始分化。可以将其称为"小商品或前资本主义分化"，因为它是小商品生产发展和农村原始积累时代，即前资本主义所固有的属性。

提到小商品分化，有必要注意这一时期的"过渡特点"。小商品生产仅仅是资本主义建立过程中的一瞬，换言之，它仅是封建社会向资本主义过渡的一个阶段。鉴于此，小商品生产形式的农民分化也仅是农民分化进程中的一个过渡阶段。在该形式农民分化发展的初期，它在很大程度上与早期财产和经济不平衡所固有的现象交织在一起。随着小商品生产形式的农民分化加深，真正意义上的资本主义分化也逐渐出现。

由于商品生产规律对农民经济的影响日益增加，农民分化也步入了下一阶段，即资本主义关系确立和发展的阶段。资本主义关系在农民经济中确立意味着，农民分化进入更为高级的阶段。商品生产的条件性规律"增强或减弱"会推动农民阶级分化成资本家、受剥削的雇佣工人和只能通过出卖劳动获得生活资料的破产农民。自此，农民分化进入了发展的最后阶段。这一时期结束的标志是："旧的农民不仅在'分解'，并且在彻底瓦解和消亡，被完全新型的农村居民所排挤。这种新型的农村居民是商品经济和资本主义生产占统治地位的社会的基础。"②

在这一阶段，农民分化具有"不可逆"的特点。但是，与上一阶段不同，"不可逆"的特点不仅体现在经济生产方面，而且表现在社会方面。对于农民阶级中完全对立的阶层而言，他们间的本质区别不仅是经济生产力方面的，而且是生产关系以及在社会生产中所扮演的角色方面的。正因如此，这种形式的农民分化才能称为"资本主义式分化"。

从小商品分化过渡至资本主义式分化，其推动力源于各类农民所具有的

---

① В. И. Ленин. Полн. собр. соч., т. 3, стр. 435.
② В. И. Ленин. Полн. собр. соч., т. 3, стр. 166.

非同时性。这种特点最早出现在副业型和农副混合型农村。在 19 世纪上半
叶，各类农民均表现出明显的资本主义式分化。而在这两类农村，向资本主
义式分化的过渡最早能够追溯至 19 世纪初。

在农业型农村，这一进程是晚于副业型的。资本主义关系在农业经济中
确立的特点表现在，封建货币地租向资本主义转变。马克思强调，这一过程
"取决于农业以外资本主义生产的总体发展"，同时，他还认为这种转变
"仅仅出现在市场、商业和工厂取得较高程度发展的情况下"[1]。因此，对于
资本主义关系在农业经济中开始确立的问题，马克思将其与资本主义发展过
程中较高的发展程度和工厂工业联系在了一起。这说明，在 19 世纪上半叶
的农业型农村，小商品分化向资本主义式分化的进程并没有取得重大发展。
这种过渡首先体现在农业生产专门化程度较高的庄园和农村中。

在一系列因素的影响下，直到农奴时代末期，资本主义关系在农业型农
村的发展依旧十分缓慢。其中最为主要的原因是该类农村中出现了农业垄断
性组织，以及自然经济向商品经济的转化速度迟缓。

列宁写道："土地占有的垄断阻碍着农业的发展，也阻碍着农业中资本
主义的发展。这是农业和工业不同的地方。"[2] 对于第二个因素，列宁强调，
"自然经济，即不是为市场而是为经营者的家庭本身的消费进行的生产起着
比较大的作用，它让位给商业性农业的过程进行得特别缓慢"[3]。该因素在
农奴制时代所起的阻碍作用极为明显，它与农业垄断性组织一起，保护了自
然经济，限制了农民进行自由的经济活动。因此，资本主义式分化阶段又可
以划分为两个时期，分别是"改革前资本主义式分化"和"改革后资本主
义式分化"[4]。在第一个时期，农民阶级中开始形成一个新社会阶层，但是
由于封建束缚依旧存在，这一新阶层无法推动传统的农民阶级完全分化解

---

① К. Маркс. Капитал, т. Ⅲ. М., Госполитиздат 1959, стр. 812（курснв мой. —И. К.）.

② В. И. Лении. Полн. собр. соч, т. 27, стр. 218.

③ В. И. Лении. Полн. собр. соч, т. 27, стр. 187.

④ Н. М. 德鲁日宁是首位提出有必要研究改革前后农民分化的学者（参见 Н. М.
Дружинин. Государственные крестьяне и реформа П. Д. Киселева, т. Ⅱ. М., Изд‐во АН
СССР, 1958, стр. 451—452）。

体。直到资本主义时代，并且在完成工业革命的基础上（即资本主义生产关系确立），新阶层取得一定的发展时，这一任务才最终完成。显然，在这一时期的俄国，受制于当时条件，农民分化尚未最终完成。

从某种意义上看，农民分化的两个主要时期，即小商品和资本主义式分化，对应资本主义兴起过程的两个阶段。对此，列宁说道："在资本主义的发展历史中有两个重要的关键：（1）直接生产的自然经济转化为商品经济；（2）商品经济转化为资本主义经济。"[1] 前者对应小商品农民分化，而后者对应资本主义式分化，最终结束的标志是农民彻底分化解体。19 世纪上半叶俄国农奴制农村的社会经济发展情况证明，农业型农村的大多数农民还处于自然经济向小商品经济转变的状态，而农商混合型、农副混合型和副业型农村的小商品经济转变程度较高，并且资本主义关系在这类农村中取得了一定的发展。

无论是经济类数据的统计分析结果，还是包括 19 世纪民族志在内的其他文献均表明，在农民分化方面，农副混合型和副业型农村存在本质差异。许多学者在地区志中叙述了副业型农民的特点，他们不仅注意到渗入农村的城市因素，而且发现了各阶层间的显著差异。例如，神父 B. И. 纳尔别科夫编写了帕夫洛夫村的村志（1850 年），其中写道："手工业者们骨瘦如柴，相反，商人们十分壮实……一位衣着体面，但身体偏瘦的商人来到农村。但是手工业者们看他的眼神就好像在看一个怪胎——他驼着背，弯着腿。""在手工业者的家中，除了长椅，还有桌子和几个小板凳……帕夫洛夫村富裕者的家中装潢十分华丽，并非没有品位。他们家中装饰得十分整洁……以城市的方式……大多数手工业者在夏季和冬季只有一件衣服，无论是工作日还是节日都穿这一件。""一些富裕者家中还有相当不错的图书馆……"[2] 其他副业型农村的情况也是如此。另一位名为 B. 鲍里索夫的人在地区志中记录了50 年代舒亚县农民的情况，这里农民劳工"不经常在家，建造的房通常有

---

① B. И. Лении. Полн. собр. соч，т. 1，стр. 87.

② РТО，разр. XXIII，д. 9，лл. 1—3 об.

4~5个窗户，石制地基，家具带有夹层，有时用木板覆盖，涂上油漆，并在内部用挂毯黏合，并在上面放上体面的家具"，根据他的观察，"即便是在小型工厂主家，其妻子和女儿的节日服装也不逊色于城市里的"①。一份关于1852年布杜尔里诺夫科村（沃罗涅日省博布罗夫斯克县）的记录中提到了皮革业的经营情况："如果布杜尔里诺夫科村处于繁荣状态，那么就可以经营贸易……他们的家庭生活与其他居民截然不同……这类人十分放肆，有野心。每个人都只会去认识自己圈子内的人，并模仿他们中最受尊敬的人。"②

农业型农村的状况截然不同。这里各阶层间有着显著区别。1849年，一个名为A.哈尔基耶维奇的地主记录了沃罗涅日省下杰维茨克县某个村庄的情况，在这一地区"大多数农村是黑色和白色的木房……砖制和石制的几乎没有。富农的房子有2~4个房间"。"所有农民都有偏爱的家具，他们一般在前厅摆放木制家具，富裕者摆放神龛，贫者摆放行李架，上面放着蜡烛。下方是一张带抽屉的大桌子，上面放着木制盐罐、餐刀和汤匙。每逢节假日和会客时，餐桌上都会铺上桌布和毛巾。在炉子对面，富裕者通常会摆放一个橱柜，而穷人摆放架子，上面放着木碗、杯子和其他生活用品。一般家庭拥有一个浇水用的石碗，刷漆的木勺和锡杯被认为是奢侈的。"③ 由此可见，农业型农村的生活与副业型的截然不同，前者生活不仅单调，而且生活水平极低。正如一位来自奔萨省纳罗夫恰茨县的人所记录的，即使是在富农家中，这种生活"也比家畜好不了多少"④。

许多记录都提到了大多数农民营养不良的情况。例如，科洛塔亚克斯克（沃罗涅日省）的地主写道："肉和猪油是一种代表富足的东西，大多数贫农只能吃干面包，如果碰巧吃到猪肉和稀饭时，他们就如同过节一般。"⑤来自阿列克谢耶夫村（奔萨省下洛莫夫县）的神父也注意到了这一情况：

---

① РТО，разр. VI，д. 20，лл. 3 об. —5.

② РГО，разр. IX，д. 62，лл. 37—43.

③ РГО，разр. IX，д. 16，лл. 3—4.

④ РГО，разр. XXIII，д. 17，л. 4 об.

⑤ РГО，разр. IX，д. 27，л. 4.

"我们的农民食物最为匮乏，只有黑麦面包、水、盐、格瓦斯、白菜汤和荞麦粥。"①

在 19 世纪上半叶资本主义兴起的初期阶段，农民关于社会经济发展特征的观念体现了前资本主义分化。这些观念实际上蕴含在农民的谚语和俗语当中。然而，在俄国地区志收录的数千句谚语和俗语中，没有一句是表现资本主义关系的。显然，这并非偶然，毫无疑问，这说明在大多数农村中，资本主义关系尚未取得广泛发展。

就农民本身而言，民俗谚语主要是围绕富农的，他们通过放贷、做工偿还等手段压迫其他大多数农民。关于高利贷农民也有一些俗语："他们吃掉别人的钱。"② 富农财富的来源便是剥削自己的同乡。

农民也试图摆脱富农的盘剥，有俗语称："我不尊重那些有钱人，我只是做好打谷的事。"③ 但事实并不是这样简单。民间俗语表明，贫农不仅难以摆脱村中的上层富农，而且这种依附性起到了一定的积极作用。农民说道："富人们就像公牛一样""谁是富人，谁就有理""不要不带棍子就去村社，会被狗咬死的"④。

显然，这些农民口中的俗语，反映了原始积累时期的固有现象。众所周知，这个时代的"骑士"被打上了吝啬和小气的标签，他们会尽一切手段增加财富。一些民俗和地区志记载了这些现象。例如，地主库德里亚夫采夫记录了新谢利斯基县（库尔斯克省）一些村庄中的情况，其中写道："大多数居民非常吝啬，没有猎人愿意献上优质的饭菜。"⑤ 另一人记录到，苏贾县（库尔斯克县）农民穿着极为随意，"我们亲自认识了许多占有 50 俄亩

---

① РГО，разр. XXVIII，д. 22，л. 6. Об этом же писали авторы и других ответов：РГО，разр. XXVII（Орловская губ.），д. 17，л. 11；там же，разр. XXXIII（Ряванская губ.），д. 24，л. 47 об，там же，разр. XIX（Курская губ.），д. 15，л. 4 об.
② РГО，разр. VI（Владимирская губ.），д. 11，9.；там же，разр. XXVII（Орловская губ.），д. 16，лл. 1，3.
③ РТО，разр. XV，д. 19，л. 3.
④ РТО，разр. XXXII（Псковская губ.），д. 5，л. 2 об，；рго，разр. XIX（Курская губ.），д. 28，л. 2 об.；РГО，разр. VI（Владимирская губ.），д. 11，л. 7.
⑤ РТО，разр. XXXII（Псковская губ.），д. 15，л. 4 об.

以上良田的当地农民，他们甚至连靴子都不穿"[1]。地主亚洪托夫记录了普斯科夫县农民的情况，其中写道："当农民获得额外的钱的时候，那么他们会去投资。只要正常的生活一直持续，他们很快就会致富。"[2]

因此，19 世纪上半叶农民分化的特点证明，在当时，特别是 30～50 年代，农村中出现了新的生产关系，首先是小商品和资本主义关系。它们是农村社会经济持续发展的总体反映。毫无疑问，这两种变化是社会经济发展的主要和主导性的方面，因为它们为通向资本主义的最具进步性和民主性的农民道路创造了条件。需要注意的是，农村社会经济的进步是全面的，其差异仅仅是程度方面的。如果说在农商混合型、农副混合型和副业型农村中，小商品生产和资本主义关系已经取得一定发展的话，那么在农奴更为集中的农业型农村，则是已踏上了从自然经济向小商品经济转型的道路。

---

① Там же, д. 2, л. об.
② Там же, разр. XXXII, д. 1, л. 2 об. См. также д. 4, л. 2 об.

结论
封建农奴制经济体系危机的实质

通过对 19 世纪上半叶俄国农奴制农村社会经济发展进行研究，笔者得出一系列结论，其中首先是封建农奴制经济所面临危机的实质。

封建制度发展的最后阶段就是"瓦解"。这一阶段的特点在于，生产力不断进步，社会分工的变化带来商品货币关系的发展。同时，这两个因素对社会经济发展产生了决定性的影响。

一方面，商品货币关系不可避免地渗入封建农奴制经济体系中。原先的经济基础开始适应新的环境。适应过程逐渐瓦解了封建农奴制经济体系的根基。众所周知，占主导地位的自然经济是维持封建农奴制经济的主要条件之一。商品生产的发展瓦解了农民和地主经济的自给自足性。后来，随着商品货币关系的进一步发展，封建地租从消费价值转向消费—交换价值，这导致其规模迅速扩张，以至于打破了同农民收入的平衡性。而这又成为农民生产力的限制，封建生产的根基从而被动摇，这标志着农奴关系成为生产力发展的桎梏。因此，封建经济基础的内部机制中萌生了矛盾。

另一方面，商品货币关系的发展不仅是生产力发展的总体反映，也是小商品和资本主义社会生产制度形成的基础。与封建关系相比，小商品和资本主义关系需要更高的生产力。正如前文所述，生产力在农奴制的基础上受到了极大的限制，但在小商品和资本主义关系的基础上，生产力便能得到快速发展。

而这就是在封建制度衰落时代，社会经济"单一"发展过程中的两个方面。

封建农奴制经济瓦解的过程分为数个阶段。在第一个阶段里，农奴制关系虽然钳制了生产力的发展，但这一经济关系还有一定的发展空间。由此，地主经济的水平不断提高，在19世纪10年代，它与劳役制农民经济的关联最大。此外，在旧关系瓦解和新关系（工业领域的工厂生产和农业领域中自然经济转变为商品经济）诞生的时期，虽然农奴制经济受到了冲击，但新关系的发展仍处于封建制度的框架内，而且新旧关系的矛盾没有被激化。

封建制度瓦解的最后阶段，就是农奴制经济面临危机的时代。在这一阶段中，农奴制关系已经无法继续支撑生产力的发展，农奴制经济崩溃，而小商品和资本主义关系成为社会生产进步的基础，这两者若需取得进一步的发展，必须扫除农奴制。

19世纪50年代俄国农奴制的经济状况证明，在封建制度瓦解的最后阶段，农村社会生产力不仅无法在农奴制关系的基础上继续发展，而且受到了后者的钳制。在劳役制农村，农奴制的桎梏作用更加明显。由于在这类农村中，农民所受的剥削强度更大，所以他们的经济水平大幅度下降，且生活状况不断恶化。这意味着，封建农奴制经济体系成为自己的掘墓人。此外，纵观农奴制农村社会经济发展历程，19世纪50年代的社会经济和生产力发展强度是整个封建时代最高的。

正如苏联史学家对其他地区的地主农村、国有农村和工业生产进行研究后得出的结论，俄国农奴制农村所固有的社会经济发展趋势极具特点。例如，H. M. 德鲁日宁认为，在农奴制存在的最后十年里，国有农村的社会经济发展"一方面，由于没有政府的扶植，大量小生产者的发展呈现自发性；另一方面，在其发展的过程中出现了很多阻碍，这些阻碍由无节制的封建剥削所导致。这种深刻的矛盾是社会危机的主要表现，它一步步地侵蚀着行将就木的封建制度"[1]。

---

[1] Н. М. Дружинии. Государственные крестьяне и реформа П. Д. Киселева，т. II. М.，Изд－во АН СССР，1958，стр. 455.

　　在改革前的工业生产领域，在领地和私人农奴制工场出现危机的同时，资本主义工厂蓬勃发展，俄国进入了工业革命时代。

　　对 19 世纪上半叶俄国农奴制农村社会经济发展的分析证明，在 30～50 年代，俄国封建农奴制经济的危机已全方位地暴露，而在 19 世纪中叶时，危机已十分严重。

　　谈到封建农奴制经济体制危机的实质问题，有必要注意另一些研究成果。首先是封建农奴制经济体制的危机和瓦解，实际上，这是社会经济关系体制取得进步的一种体现。因为仅通过某些经济领域或地区农民的资料，是无法揭示农奴制危机的实质以及社会经济发展两个方面的。显然，农奴制危机时代下社会经济发展中的两种现象，决定或主导了社会生产发展的趋势，而这一趋势正是建立在小商品和资本主义关系之上的，因为其中所反映的历史进步实质是它的"逐渐进步性"特点。但是，这一特点仅在社会生产体系的范畴中发挥了主导作用。在其他经济活动和类型里，这两种现象所起到的作用大小存在差异，俄国农奴制农村便是一个典例。19 世纪 50 年代的劳役制农村表现出了停滞和衰落的特点，而代役制农村则相反，特别是副业型和农副混合型的代役制农村。原因在于，农奴制农村中居民的主体是劳役制农民，农奴制对经济活动产生消极影响的结果便是停滞和衰落，但这并不意味着，停滞和衰落是危机的主要实质和反映。同时，不仅社会生产进步发展趋势方面符合这一点，而且对于各类生产活动，以及各地区所存在的两种社会经济发展趋势，之前的研究也存在估计不足或有所忽视的问题。综上所述，即便是在农奴制消极作用更加明显的劳役制农村，社会生产不断进步的趋势也得到了发展和巩固。由此可见，劳役制农村也走上了进步发展的道路，并出现了一些农奴制危机时代在农村社会经济结构方面所独有的特点。

　　在农奴制危机时代，农奴制农村（包括国有农村）进步发展的一个重要特点在于，这一进步源于大多数农民经济状况恶化。仅仅一小部分农民能够从社会进步中获利，并改善自己的状况，而大多数农民则相反。这恰恰揭示了历史发展的规律，即这是一个在总体呈现进步的同时，趋势创造者的地位却在不断下降的矛盾性社会。在俄国，农民经济状况的恶化不仅出现在改革前的十年，改革后的情况也是如此，在当时，伴随着农村资本主义的发展，农民经济状况不断恶化。这种矛盾性的历史发展模式常常被历史学家们忽视。学者们重点关注农村进步发展，便会忽视农民处境恶化的事实，但如果着眼于后者，那么前者有可能会被低估。

在农奴制危机时代，新旧关系间的矛盾不断升级，而且变为多方面的，其中首先表现为旧关系崩溃、农业生产停滞和农民经济状况恶化。这说明，农奴制的消极作用进一步凸显，以及因此导致的阶级矛盾不断激化。但是，这仅是进步的一方面，与其说社会冲突的起因是农奴制经济的崩溃，不如说是当新生产关系发展水平超过农奴制时，新旧关系间不可调和的矛盾。在工业领域，这一点更加明显。机器的使用，标志着社会生产力进入空前进步的时代，而这导致社会出现根本性的转变，正如苏联学者所强调的[①]，这两种变化与农奴制是无法并存的。但是，工业革命的开始，仅是新关系进步和发展的表现之一，它无法与旧关系并存，并致使社会矛盾进一步升级。俄国农奴制农村社会的经济关系表明，农村在该方面取得进步的具体表现是生产力发展，以及出现了新形式的社会生产组织。

农奴制时代农村生产力发展的另一个重要但在过去研究得并不充分的特征是，由于社会分工的明确化和生产专业化，劳动技能的改进带来了劳动生产率的提高。在工业革命最终完成前，技术生产没有出现实质性的改变。农村社会经济进步的主要体现是，出现了小农业商品生产体系，并逐渐发展成资本主义生产。

在农奴制时代的最后十年，生产力快速提高，新形势的农业生产组织也取得一定程度的发展。此时，新关系取得了对封建农奴制的优势地位。封建农奴份地、高强度的农奴剥削及其蔓延至非封建形式经济领域的态势、农民经济活动自由度的缺失和发展的不平衡性，所有这些不仅阻碍了生产力的发

---

① Н. М. Дружинин. 《Конфликт между производительными силами и феодальными отношениями накануне реформы 1861 года》. 《Вопросы историн》, 1954, № 7.

展和小商品生产向资本主义生产转型，而且成为小商品生产本身在农村扩张和传播的障碍。后者需要被特别注意的原因有二，其一，小商品生产的发展是农村生产力和社会进步的主要反映；其二，迄今为止，历史学者对这个问题的研究不够深入。

第一对矛盾，也就是小商品关系向资本主义关系转变中的障碍，更多地出现在代役制地主（以及国有）农村，而第二对矛盾，即小商品生产传播过程中的阻碍，主要出现在劳役制农村，也就是农奴最为集中的地方。购买型和租赁型土地是商品农业的发源中心，农民分化成两类，一类是在资本主义生产方面资料充足的阶层，另一类是财产被剥夺的农民，这些情况虽然还未确定代役制农村社会的经济面貌，但小商品生产向资本主义转型的条件已成熟。在此条件下，农村资本主义关系确立的最主要的障碍就是农奴制。但是，在劳役制农村，新旧关系间还有其他形式的矛盾。劳役制剥削形式对农民经济的自给自足性有很强的保护作用。在它的限制下，仅有一小部分劳动力产品转变为商品，而大多数农民失去了向小商品生产转型的机会。

因此，在封建制度崩溃的最后阶段，农奴制丧失了推动经济进步的能力，而且阻碍了工业的发展。在农业领域，生产力和新形式社会生产组织的发展水平对农奴制取得了优势。早在封建制度崩溃的初期，新旧关系间的矛盾便已呈现，而且逐渐发展为尖锐的社会冲突。截至 19 世纪中叶，消灭封建农奴制的客观社会经济条件已经具备，而农奴制注定走向崩溃。

在俄国封建农奴制体制崩溃的时代，农村社会经济最重要的特点在于，农民经济成为农业产品的主要生产者、社会进步的引领者和最合理的农业社会大生产组织形式。

首先，在改革的前 10 年，农民经济为整个农业生产贡献了绝大多数的产品。例如，在 19 世纪 40 ~ 50 年代，各类农民的谷物粮食和马铃薯产量占总产量的 75%。

其次，农民经济是市场商品的主要提供者。在 19 世纪中叶，市场中农民商品粮的份额为 40%，同时，大多数牲畜商品也是由农民提供的，此外，还有其他商品，例如：亚麻、葵花籽、大麻、蔬菜和水果。

再次，在改革前，农民经济的劳动生产率远远高于建立在劳役制基础之上的地主经济。所以，农民经济是一种更为合理的商品农业生产组织形式。

最后，与地主经济相比，农民经济内部具有强大的刺激因素，故而它为资本主义在农村的建立和发展奠定了基础。也正因如此，农民小商品生产不可避免地向资本主义生产转型。

综上所述，小商品生产在农村的广泛发展，及其本身向资本主义生产的转型，实际上反映了社会的进步。在农奴制占统治地位的环境下，农民经济还远远无法发挥它对生产力和新形式社会生产组织发展的推动作用。因此，农奴制关系是时候退出历史舞台了。

上述有关农奴制崩溃时代农民经济发展特点的问题，或多或少地被苏联史学家们注意到了，但是一些学者并未得出恰当的结论。事实是，农民经济是最合理，且是在农业商品生产中占主导的经济形式，它在俄国历史发展过程中有着重要的作用。首先反映在 1861 年农奴制改革上。从社会经济方面来看，1861 年改革实际上是农业变革的过渡方案。一方面，它为资产阶级化地主保留并进一步开拓了农业资本主义化的道路；另一方面，它保留了作为独立社会生产形式的农民经济。换言之，它没有消除资产阶级化农民的农业变革发展道路，阻碍作用仍然存在。简言之，从整体来看，1861 年改革是一次历史性的妥协方案，它反映了改革前农村社会经济结构的特点。

农民经济的进步性作用及其发展中的障碍反映了一个客观事实，即农业和农民问题是俄国社会中的主要问题。在改革前后，两条资本主义农业发展道路的斗争是阶级和社会政治斗争问题的重要标志。

最后，同西欧一样，民主革命思想也在俄国广泛传播，它们代表农民阶级的利益，并向他们传播空想社会主义。

因此，无论是改革前还是改革后，均蕴含着俄国农民经济发展过程中的重要特点，这些特点不仅是农奴制危机时代农业关系的前提条件，也是农村社会经济发展过程中农民经济取得进步的主导因素。

附　录

表 1　19 世纪上半叶谷物粮食和马铃薯的播种量与产量

单位：俄石

地区	1802~1811 年	1841~1850 年		1851~1860 年	
		谷物粮食	马铃薯	谷物粮食	马铃薯
西北地区	2431	2113	329	2068	277
	6669	5742	1169	5543	1024
斯摩棱斯克省	1936	2115	172	2094	157
	5080	5288	524	4779	411
中部非黑土区	8945	10036	814	10667	850
	23589	27248	2680	28557	2855
中部黑土区	10080	13065	745	14016	918
	39273	46373	3032	44340	3629
伏尔加河中游地区	4333	5004	115	5212	173
	12867	16080	381	18508	664
伏尔加河下游与扎沃尔日地区	2299	4252	100	4563	112
	7024	14025	420	16271	487
波罗的海沿岸地区	741	1045	422	1045	431
	3771	4460	1409	4754	1771
西部地区	5427	5111	1826	4875	1291
	19563	15128	6514	12931	4159
西南地区	2905	3965	600	3962	514
	12558	16591	2429	14773	1913

388

地区	1802～1811 年	1841～1850 年		1851～1860 年	
		谷物粮食	马铃薯	谷物粮食	马铃薯
左岸乌克兰地区	4275	3757	394	4380	467
	13663	12952	1465	14389	1679
南部草原地区	721	1492	59	1795	60
	3304	4676	173	6966	248
乌拉尔山前地区	3004	6062	135	6923	198
	8939	21123	501	23811	749
北部地区	684	787	43	884	49
	2325	2786	152	3002	175
欧俄地区	50811	56904	5754	62484	5497
	158625	192472	20849	198624	19764

注：上行为播种量；下行为产量。

资料来源：各省省长报告（谷物粮食和马铃薯播种量和产量的数据参见 И. Д. Ковальченко. Динамика уровня земледельческого производства России в первой половине XIX в. 《История СССР》，1959，№ 1，приложение）。在中央国家历史档案馆收录省长汇报中，缺乏 1802 ～1811 年伏尔加河领域、彼得堡、诺夫哥罗德、库尔良茨基、奥廖尔、沃罗涅日、辛比尔斯克、切尔尼戈夫、哈尔科夫和奥伦堡省的资料，因此使用了 E. 扎布洛夫斯基著作（《Землеописание Российской империи》чч. I—VI. СПб. 1810）中 1802～1804 年的数据。南部草原仅包括赫尔松、塔夫里切斯基和叶卡捷琳诺斯拉夫省的省长汇报。

表2　19 世纪 40～50 年代贵族土地

单位：万俄亩，%

省份	贵族土地		截至 1858 年贵族土地增减量		1858 年		
	1840 年	1858 年	增加	减少	农用地	其中贵族农用地	
						土地面积	占比
西北地区 *							
彼得堡省	125	150.2	25.2	—	390	205.9	52.8
诺夫哥罗德省	510.9	427.9	—	83	1043.2	427.9	41
普斯科夫省	—	—	—	—	401.1	246.7	61.5
斯摩棱斯克省	389.6	299.6	—	90	488	299.6	61.4
中部非黑土区 **							
莫斯科省	188	163.3	—	24.7	294.1	163.3	55.5
弗拉基米尔省	267.4	213.5	—	53.9	426.5	213.5	50
下诺夫哥罗德省	253.2	237.2	—	16	465.3	237.2	51

| 省份 | 贵族土地 | | 截至 1858 年贵族土地增减量 | | 1858 年 | | |
| | | | | | 农用地 | 其中贵族农用地 | |
	1840 年	1858 年	增加	减少		土地面积	占比
科斯特罗马省	420.1	420	—	0.1	735.5	420	57.1
雅罗斯拉夫尔省	237.1	195.3	—	41.8	305.3	195.3	64
特维尔省***	345.5	267.6	—	77.9	574.1	282.1	49.1
卡卢加省	210.7	183.6	—	27.1	277	186.3	67.3
中部黑土区							
图拉省	192.2	204.6	12.4	—	271.1	204.6	75.5
梁赞省	214.6	209.8	—	4.8	369.1	209.8	56.8
奥廖尔省	217.1	219.9	2.8	—	404	219.9	54.4
坦波夫省	208.1	203.7****	—	4.4	591.2	242.8	41.1
库尔斯克省	180.2	173.6	—	6.6	417.2	173.6	41.6
沃罗涅日省	151.7	189.6	37.9	—	610.1	189.6	31.1
伏尔加河中游地区							
喀山省	33.8	79.3*****	45.5	—	568.5	99.5	17.5
奔萨省	215.6	164.4	—	51.2	348.3	164.4	47.2
辛比尔斯克省	183.1	178.8******	—	4.3	445.1	178.8	40.2
伏尔加河下游与扎沃尔日地区*******							
萨马拉省	107.8	177.8	—		1458.2	177.8	12.2
萨拉托夫省	215.4	315.1	169.4		749.5	331.3	44.2
阿斯特拉罕省	8.5	8.2	—		2049.3	8.2	0.4
西部地区********							
维捷布斯克省	314.1	253.4	—	60.7	415.2	253.4	61
莫吉廖夫省	354	357	3	—	437.7	357	81.6
明斯克省	480.2	567.4	87.2	—	817.7	567.4	69.4
格罗德诺省	159.5	189.8	30.3	—	348.4	189.8	54.5
维连斯基省	235.9	239.9	4	—	385.4	239.9	62.2
科文省	205.7	246.3	40.6	—	371.1	246.3	66.4
西南地区							
基辅省	328.8	312.7	—	16.1	465.9	312.7	67.1
波多利斯基省	243.6	287.8	44.2	—	388.5	287.8	74.1
沃伦斯基省	434.1	484	49.9	—	652.5	484	74.2
左岸乌克兰地区**********							
切尔尼戈夫省	115	175.4	60.4	—	479.6	214.8	44.8
波尔塔瓦省	150.4	198.2	47.8	—	45.5	215.8	47.4
哈尔科夫省	120.8	177.7	56.9	—	498.3	195.7	39.3

省份	贵族土地		截至 1858 年贵族土地增减量		1858 年		
					农用地	其中贵族农用地	
	1840 年	1858 年	增加	减少		土地面积	占比
南部草原地区							
赫尔松省	301.9	385.2	83.3	—	618	385.2	62.3
塔夫里达省 **********	86.4	67.8	—	18.6	557.3	118.8	21.3
叶卡捷琳诺斯拉夫省	312.4	310		2.4	618.1	310	50.2
乌拉尔山前地区							
维亚特卡省	47.2	15.4	—	31.8	1143.6	15.4	1.3
彼尔姆省 ***********	186.5	236.3	49.8	—	3060.9	682.2	22.3
奥伦堡省	93	122.4	29.4	—	2454.8	122.4	5
北部地区							
沃洛格达省	181.8	161.9		19.9	3511.1	161.9	4.6
奥洛涅茨基省	41	41.5	0.5	—	119.8	41.5	3.5
合计	9267.9	9513.1	880.5	635.3	32558.9	10477.1	32.2

注：** 普斯科夫省缺乏 1840 年农用地的数据；彼得堡省缺乏 1840 年格多夫和拉多加县的林地资料。

*** 暂缺祖布佐夫县 1840 年草场的资料。

**** 暂缺坦波夫县 1840 年林地的资料。

***** 暂缺 1840 年马马德什和奇斯托波尔县的资料。

****** 暂缺 1850 年萨马拉和斯塔夫罗波尔县的资料，这两个县于 1850 年并入了萨马拉省。

******* 萨拉托夫省暂缺赫瓦伦斯克县 1840 年林地的资料。资料按县区收集，1840 年时，萨马拉省还未建立。因此，未来萨马拉省的土地在当时分属辛比尔斯克省的萨马拉县和斯塔夫罗波尔县，以及奥伦堡省的布古利马县、布古鲁斯兰县和布祖卢克县。

******** 明斯克、格罗德诺、维连斯基省和比亚韦斯托克地区于 1842 年从科夫诺省划出，因此 1840 年的数据是按当时的行政区划挑选出的。

********* 由于暂缺 1840 年切尔尼戈夫县林地和草场数据，总数据中不含切尔尼戈夫县、格罗德诺县和涅任县，波尔塔瓦省缺佐罗托夫沙县的资料，哈尔科夫省缺苏姆斯基县的资料。

********** 1840 年的资料中仅有第聂伯罗夫斯基和梅里托波尔县的数据。

*********** 暂缺彼尔姆县的资料。

资料来源：* 1840 年的贵族土地资料来自 ЦГИА. СССР，ф. 560，Общая канцелярия министра финансов，оп. 22，д. 1（ведомость дворянских земель по уездам н губерниям）。1858 年的来自 А. Скребицкий. Крестьянское дело в царствование Александра Ⅱ，т. Ⅲ. Бонн－на－Рейне，1865，стр. 1491 и сл. - ведомость дворянских земель по уездам и губерниям。1858 年的农用地总面积资料来自 И. Вильсон. Объяснение к хозяйственно－статистическому атласу Европейской России，4. 1869，стр. 41—42；《Ведомость Генерального межевания》（《Журнал Министерства внутренних дел》，1837，ч. XXV，№ 7.《Смесь，ведомость Б》）。

表3 欧俄地区农业作物生产情况

单位：万俄石

地区省份	播种总量		分类					
			地主		地主农民		国有农民	
	谷物粮食	马铃薯	谷物粮食	马铃薯	谷物粮食	马铃薯	谷物粮食	马铃薯
西北地区								
彼得堡省	51.2	11.4	10.5	1.9	31	4.7	5.5	2.9
	47.8	10.4	9.7	1.6	24.7	4.2	5.9	2.1
诺夫哥罗德省	82.8	9.5	12.1	1.6	40.8	4.1	23.2	3
	79.7	9.7	11.7	2.4	39.7	4.5	22.9	2.1
普斯科夫省	77.3	12	11.6	2.4	48.2	7	19	2.6
	79.3	7.7	4.7	0.9	48	6.9	20.5	1.9
斯摩棱斯克省	211.5	17.2	54.7	4.2	124.4	8.7	31	3.5
	209.4	15.7	60.9	4.7	118.2	9.1	29.3	1.9
中部非黑土区								
莫斯科省	119.6	12.5	22.7	3.1	58.3	4.8	33.4	3.6
	136.6	13.5	27.5	2.6	68	6	34.8	4
弗拉基米尔省	150.8	7.4	23.7	1.6	85.3	3.9	37.7	2
	154.5	8.8	16.6	1.5	90.1	4.9	38.7	2.3
下诺夫哥罗德省	154.1	4.8	21.6	0.5	90.5	1.8	27.7	2
	169.9	5.9	25.4	0.5	97.7	2.7	37.6	2.3
科斯特罗马省	130.3	6.4	15.9	0.8	79.5	3.9	14.2	1.5
	144.4	5.6	10.9	0.5	94.3	3.6	19.2	1.4
雅罗斯拉夫尔省	121.1	9.9	14.5	0.6	79.5	5.6	28.3	3.5
	128.4	19.2	14.4	1.4	80.4	14.5	33.2	3.8
特维尔省	205.6	27.9	42.5	6.8	117.8	17.4	47.9	6
	209.8	24.2	40.3	5.1	111.6	13	49.5	5.4
卡卢加省	122.1	12.5	34	4.8	65.3	4.7	21.8	2.6
	123.1	7.8	37.3	2.4	62.6	3.1	23	2.3
中部黑土区								
图拉省	226.2	15.7	103.1	6.8	96.1	5.6	27	3.3
	241.7	15.7	102.9	8.3	106.3	5	32	2.3
梁赞省	178.1	7.3	60	1.9	72.1	2	46	3.4
	191.4	12.1	57.6	2.1	80.4	3.9	53.2	5.5

续表

地区省份	播种总量		分类					
			地主		地主农民		国有农民	
	谷物粮食	马铃薯	谷物粮食	马铃薯	谷物粮食	马铃薯	谷物粮食	马铃薯
奥廖尔省	239.2	20	80.3	5	89.6	6.8	67.1	7.2
	242.7	16.7	85.3	4.6	77.1	4.4	74.7	6.3
坦波夫省	231.9	8.5	62.7	1.8	63.5	1.7	105.4	5
	254.5	16.3	68.6	4.4	70.8	3.8	115.5	8.2
库尔斯克省	216.9	15.3	65.7	2.5	64.6	4.1	86.6	8.7
	222.1	15.5	51.5	2	72	4	98.7	9.4
沃罗涅日省	238.2	9.5	39.9	0.7	61.2	1	137.1	7.8
	249.2	15.5	34.2	1.3	48.6	1.8	162.9	12.3
伏尔加河中游地区								
喀山省	173.3	4.6	12.7	0.3	21.8	0.3	137.9	3.9
	195.8	6.4	14.5	0.3	21.2	0.3	155.8	5.7
奔萨省	179.6	4	46.2	0.5	67.7	0.9	65.3	2.6
	180	7.6	44.1	1.3	61.7	1.4	72.7	4.9
辛比尔斯克省	147.5	2.9	40.1	0.7	48.1	0.6	—	—
	150.6	3.3	41.1	0.7	48.9	0.8	—	—
伏尔加河下游与扎沃尔日地区								
萨拉托夫省	257.7	5.7	46.3	0.5	80.2	0.8	106.1	2
	219.5	6.3	42.5	0.3	74.6	0.9	81.1	3.2
萨马拉省	164.8	2.5	14.8	0.2	24.2	0.32	85.8	1.8
	222.5	4.6	22.2	0.2	29.5	0.3	125.1	2.7
阿斯特拉罕省	2.8	0.13	0.02	—	0.12	—	2.7	0.1
	11.3	0.27	0.02	—	0.18	—	11.1	0.2
沿波罗的海地区								
爱沙尼亚省	20.3	9.6	10.2	6.5	9.6	2.9	0.5	0.2
	20.2	9.7	9	6.1	10.8	3.3	0.4	0.3
利沃尼亚省	55.6	19.4	15.3	6.5	28.9	8	11.4	4.9
	54.2	20.2	15	6.2	26.9	9.3	12.3	4.7
库尔兰省	28.6	13.2	7.1	3.9	11.9	4.9	6.5	3.5
	30.1	13.2	7	3.4	13.5	5.4	6.6	3.1
西部地区								
维捷布斯克省	70.5	17.5	17.4	5.5	41.3	9.5	11	2.5
	69.2	11.3	17.7	3.2	40.1	5.8	10 8	2.3

续表

地区省份	播种总量		分类					
	谷物粮食	马铃薯	地主		地主农民		国有农民	
			谷物粮食	马铃薯	谷物粮食	马铃薯	谷物粮食	马铃薯
莫吉廖夫省	101.7	29.9	25.9	9.5	61.6	7	6.1	1.6
	95.8	18.1	23.9	9.5	58.5	7	7.1	1.4
明斯克省	82.5	40.9	27	19	39.3	15.9	7.2	2.9
	89.7	33.6	29.3	17.8	43.7	10	7.5	3.2
格罗德诺省	68.9	23.6	24.9	9.7	29.5	6.5	14.5	7.4
	71.8	21.3	24	8.5	31.5	4.5	16.3	8.3
维连斯基省	104.5	39.5	29.9	14.7	46.8	16.5	16.2	5.4
	76.1	22.8	24.8	7.5	34.3	9.9	12.7	4.3
科夫诺省	83	38.2	23.1	14.8	42.9	18	17.1	5.7
	84.9	22	27	8	40.9	10.1	16.8	4
西南地区								
基辅省	143.4	18.8	56.7	5.6	69.6	9.1	12.3	3.3
	131.5	17.4	50.1	4.1	58.2	8.8	13.9	3.5
波多利斯基省	122	14.3	57	5.1	48.6	6.1	11	1.9
	142.4	14.7	65.2	5.9	45.7	4.5	13.7	2
沃伦斯基省	131.1	26.9	47.1	9.3	67.8	12.1	13.7	4.2
	122.3	19.3	42.2	6	57.5	8.7	13.7	4.1
左岸乌克兰地区								
切尔尼戈夫省	110.5	16.8	33.7	2.9	36.6	4.2	39.8	9.8
	110	22.1	29.6	3.7	38.9	6.4	41.2	11.9
波尔塔瓦省	159.7	15.4	50.5	4.3	41.3	3	66.2	7.7
	195.3	16.7	65.2	4	44.8	3.5	79.4	8.4
哈尔科夫省	105.5	7.2	23.9	1.1	27.9	1.5	54.2	4.3
	132.7	7.9	28.7	0.9	37	1.6	62.3	5.4
南部草原地区								
比萨拉比亚省	45.3	1.7	10.8	0.3	20.4	1	4.5	0.1
	53.1	1.5	10.7	0.1	26.5	0.11	4.9	0.1
赫尔松省	47.4	1.4	23.4	0.7	16.2	0.4	6.1	0.2
	65.2	0.11	28	0.5	16.6	0.2	6.5	0.1
塔夫里达省	29.1	0.9	2.6	0.02	2.3	0.01	24	0.5
	34.6	1.4	1.1	0.13	1	0.03	27.9	0.7

续表

地区省份	播种总量		分类					
	谷物粮食	马铃薯	地主		地主农民		国有农民	
			谷物粮食	马铃薯	谷物粮食	马铃薯	谷物粮食	马铃薯
叶卡捷琳诺斯拉夫省	72.7	3.6	19	0.4	16.3	0.4	32.5	2.8
	79.7	3.5	20.3	0.5	15.7	0.4	38.5	2.6
乌拉尔山前地区								
维亚特卡省	264.9	7.3	0.2	0.05	3.2	0.2	238.3	6.1
	314	8.3	0.5	0.1	4.1	0.2	276.9	6.9
彼尔姆省	167.6	3.9	4.6	2	33.2	1.8	126	1.8
	202.5	6.3	2.2	0.2	50.4	1.6	144.6	4.4
奥伦堡省	173.7	2.3	7.7	0.1	20.5	0.2	90.2	1.6
	175.8	5.2	7.2	0.1	18.2	0.5	87.1	3.3
北部地区								
阿尔汉格尔斯克省	6.9	0.9	—	—	—	—	4.2	0.5
	7.7	0.8	—	—	—	—	5.2	0.4
奥洛涅茨基省	14.3	1.1	0.1	0.02	1.2	0.07	10.8	0.8
	16.1	1	—	—	0.7	0.5	12.4	0.8
沃洛格达省	57.5	2.3	2.9	0.08	16.6	0.6	32.8	1.3
	64.6	3.1	4.3	0.9	20.3	0.7	3.4	1.9

注：上行为 1842 ~ 1850 年的平均播种量，下行为 1851 ~ 1860 年的平均播种量。

资料来源：来自各省省长报告（ЦГИА. ф. 1281. Совет Министра внутренних дел）。

表 4　18 世纪末 19 世纪初粮食运输量

年份	年均输出量（万俄石）	文献来源
茨涅河和莫克沙河		
1786	24.7	
1806 ~ 1810	57.1	
1811 ~ 1813	39.9	
1815 ~ 1820	72.4	
1821 ~ 1825	69.4	И. Д. Ковальченко. Крестьяне и крепостное хозяйство
1826 ~ 1830	98.7	в Тамбовской губерний. Изд - во, МГУ, 1959,
1831 ~ 1835	83.2	стр. 57.
1836 ~ 1840	96.8	
1841 ~ 1845	105.1	
1846 ~ 1850	118.3	
1851 ~ 1860	89.1	

续表

年份	年均输出量(万俄石)	文献来源
从奥廖尔省姆岑斯克县		
1785	25.43	ЦГАДА. Госархив, разр, XVI, д. 827.
1787	22.19	Там же, д. 829, лл. 33 об. —34.
1792	23.94	Там же, д. 832, лл. 102 об. —103.
1793	30.36	
1796	24.44	Там же, Дворцовый отдел, оп. 390, д. 59249.
1804	38.73	ЦГАДА, ф. 1287. Хозяйств. департ., оп. 1, д. 125, лл. 270—272.
1837 ~ 1838	61.27	《Виды внутреннего в России в 1837 и 1838 гг.》. СПб., 1838 – 1839.
1854	40.69	《Обзор внутреннего судоходства Европейской России за 1854 год》. СПб. 1855.
1859 ~ 1962	55.03	《Статистический временник Российской империи》, вып. I, разд. II, СПб., 1866. 《Сведения о внутреннем судоходстве в 1859—1862 гг.》.
从雷斯科夫和下诺夫哥罗德		
1804 ~ 1810	38.03	ЦГИА, ф. 1281. Совет Министра внутр. дел, оп. 11, 1804 г., д. 85.
1815	35.1	Там же, оп. 11, 1815 г., д. 86.
1827	42	Там же, оп. 11, 1826 г., д. 87.
1831	59.1	Там же.
1837 ~ 1838	102	《Виды внутреннего в России в 1837 и 1838 гг.》. СПб., 1838 – 1839.
1854	106.65	《Обзор внутреннего судоходства Европейской России за 1854 год》. СПб. 1855.
1859 ~ 1862	67.77	《Статистический временник Российской империи》, вып. I, разд. II, СПб., 1866.
德涅斯特河东侧与西侧的支流		
1813	2.14	ЦГИА, ф. 159, оп. 1, д. 238, лл. 13 и сл.
1818	6.38	Там же, ф. 1287, оп. 1, д. 1595, лл. 448 об. —449.
1837 ~ 1838	13.25	《Виды внутреннего в России в 1837 и 1838 гг.》. СПб., 1838 – 1839.

续表

年份	年均输出量（万俄石）	文献来源
1854	91.13	《 Обзор внутреннего судоходства Европейской России за 1854 год》. СПб. 1855.
1859～1862	52.39	《Статистический временник Российской империи》, вып. I, разд. II, СПб., 1866.
德涅斯特河		
1811	0.33	ЦГИА, ф. 159, оп. 1, д. 207, лл. 26—30.
1837	0.16	《 Виды внутреннего в России в 1837 и 1838 гг. 》. СПб., 1838－1839.
1854	0.29	《 Обзор внутреннего судоходства Европейской России за 1854 год》. СПб. 1855.
1859～1862	28.04	《Статистический временник Российской империи》, вып. I, разд. II, СПб., 1866.
涅曼河、普里皮亚季河与西布格河		
1814	10.51	ЦГИА, ф. 159, оп. 1, д. 265, л. 15.
1837～1838	15.77	《 Виды внутреннего в России в 1837 и 1838 гг. 》. СПб., 1838－1839.
1854	59.34	《 Обзор внутреннего судоходства Европейской России за 1854 год》. СПб. 1855.
1859～1862	54.8	《Статистический временник Российской империи》, вып. I, разд. II, СПб., 1866.
西德维纳河		
1813	30.42	ЦГИА, ф. 159, оп. 1, д. 264, лл. 55 и сл.
1818	61.4	Там же, ф. 1287, оп. 1, д. 1595, лл. 407—422.
1837～1838	45.29	《 Виды внутреннего в России в 1837 и 1838 гг. 》. СПб., 1838－1839.
1854	57.86	《 Обзор внутреннего судоходства Европейской России за 1854 год》. СПб. 1855.
1859～1862	33.84	《Статистический временник Российской империи》, вып. I, разд. II, СПб., 1866.
从斯摩棱斯克省		
1807～1810	88.36	ЦГИА, ф. 1287, оп. 11, 1804 г. д. 126.
1816～1820	84.58	Там же, оп. 11, 1816 г. д. 128.
1818	80.16	Там же, ф. 1287, оп. 1, д. 1595, лл. 2—7.

年份	年均输出量（万俄石）	文献来源
1821～1827	41.11	Там же, ф. 1281, оп. 11, 1816 г. д. 128.
1837	57.79	《Виды внутреннего в России в 1837 и 1838 гг. 》. СПб., 1838–1839.
1854	46.51	《Обзор внутреннего судоходства Европейской России за 1854 год》. СПб. 1855.
1859～1862	26.45	《Статистический временник Российской империи》, вып. I, разд. II, СПб., 1866.
北德维纳河		
1814	29.75	ЦГИА, ф. 159, оп. 1, д. 270, лл. 55—63.
1818	52.81	Там же, ф. 1287, оп. 1, д. 1595, лл. 363.
1837～1838	33.28	《Виды внутреннего в России в 1837 и 1838 гг. 》. СПб., 1838–1839.
1854	44.98	《Обзор внутреннего судоходства Европейской России за 1854 год》. СПб. 1855.
1859～1862	43.26	《Статистический временник Российской империи》, вып. I, разд. II, СПб., 1866.

表 5　回归系数计算数据

省份	19 世纪 50 年代		19 世纪 50 年代与 40 年代的比值（%）			19 世纪 50 年代地主男性人均收入（银卢布）	地主与农民在播种量方面的比值（%）		1858 年的人口与 1834 年的比值（%）	19 世纪 40～50 年代人均净产量（俄石）
	粮食产量（俄石）	人均播种量（俄石）	产量（俄石）	播种量（俄石）	净产量（俄石）		19 世纪 50 年代	19 世纪 50 年代与 40 年代的比值		
图拉省	3.2	1.4	82	112	83	15	1.2	94	96	3.2
梁赞省	3.3	1.1	89	113	93	10	1.1	84	103	2.5
奥廖尔省	3.1	1.1	89	91	79	13	1.3	124	93	2.8
坦波夫省	3.8	1	84	109	88	12	1.3	100	102	2.9
库尔斯克省	3.2	1.1	76	114	81	13	0.9	71	102	2.6
沃罗涅日省	3.6	1	103	75	79	14	1.3	108	110	2.8
喀山省	3.8	1	97	91	94	17	0.8	118	105	3.1

省份	19 世纪 50 年代		19 世纪 50 年代与 40 年代的比值（%）			19 世纪 50 年代地主男性人均收入（银卢布）	地主与农民在播种量方面的比值（%）		1858 年的人口与 1834 年的比值（%）	19 世纪 40～50 年代人均净产量（俄石）
	粮食产量（俄石）	人均播种量（俄石）	产量（俄石）	播种量（俄石）	净产量（俄石）		19 世纪 50 年代	19 世纪 50 年代与 40 年代的比值		
奔萨省	3.9	1.1	103	88	91	13	1	105	102	3.5
辛比尔斯克省	3.7	1.1	106	99	106	16	1.1	102	98	2.9
							农民代役租（银卢布）			
彼得堡省	2.8	1.1	104	81	85	12	12.6	—	—	—
诺夫哥罗德省	2.6	1	104	93	95	18	10.6		104	1.7
普斯科夫省	2.6	1.4	—	—	—	—	11.1			
斯摩棱斯克省	2.4	1.6	96	94	84	16	10.5		97	2.4
莫斯科省	2.4	1.1	83	115	85	12	10.8		95	1.8
弗拉基米尔省	2.7	1.3	93	101	94	14	11.3		99	2.5
下诺夫哥罗德省	3.4	1.4	106	102	109	13	10.3		105	3.2
科斯特罗马省	2.8	1.6	97	113	109	12	11.5		100	2.8
雅罗斯拉夫尔省	2.6	1.6	100	101	101	14	13.6		94	2.6
特维尔省	2.6	1.7	—	—	—	—	13.1		103	2.5
卡卢加省	2.2	1.1	82	101	69	16	11.8	—	92	1.6

注：有关收入发展水平的数据参见第 86 页。

其中一种检验法是，计算各研究对象（因素）间相关性在多大程度上接近于线性，换言之，代表一个因素对另一个因素所产生影响的回归系数的值为多少。该方法的原理由莫斯科国立大学机械数学系研究员 Л. И. 加里丘克提供。面对一系列的样本，需要以其中研究过程的某些方面为基础，通过"随机选择"的方法排除掉其中一些门类。之后，样本应当被划分成足够多的门类（但最好不超过 20 个），随机选择所排除的门类可能有所不同。在本次研究中，大约有五分之一会被排除。

使用上述方法，通过剩余门类的数据计算回归系数。此外，根据线性关系方程式，确定从样本中排除门类的有效属性的线性偏差理论值。然后计算排除门类的线性偏差实际值与理论值的方差。如果方差与排除门类的算术平均值差异不大，则线性模型能够很好地表示研究对象间关系的性质，而回归系数也能正确表示各因素对结果的影响程度。但是，由于方差和平均值存在明显差异，近似值并不理想，而获得的回归系数也不可靠。那么，笔者用一个实例来具体说明。

假设笔者使用线性模型来判断在农奴时代的最后 10 年里，农民的农业生产水平和工业发展程度对人口变化的影响。y 代表农奴人口数量变化，根据第十次人口普查（1834 年），能够计算出各省平均的人口成分占比情况。x_1 代表地主农民农业生产水平，数据来自 19 世纪 50 年代末人均粮食净产量（俄石）。人均工业生产总值反映了农业发展程度（x_2）。数据均来自研究目标地区的 17 个省份（彼得堡省、普斯科夫省、特维尔省和萨拉托夫省的资料暂缺）。

表 6　各因素间线性相关性验证方法

省份	y（1858 年男性人口与 1834 年的比值）（%）	x_1（19 世纪 50 年代人均粮食产量）（俄石）	x_2（男性人均工业产值）（卢布）	线性偏差		
				$(y-\overline{y})$	$(x_1-\overline{x_1})$	$(x_2-\overline{x_2})$
I. 排除的省份						
诺夫哥罗德省	104	1.6	4.9	5	1	1
科斯特罗马省	100	2.9	11.7	1	0.3	5.8
奥廖尔省	93	2.4	3.8	6	0.2	2.1
奔萨省	102	3.3	3.2	3	0.7	2.7
Σ	399	10.2	23.6			
$n=4$	$\overline{y}=99$	$\overline{x_1}=2.6$	$\overline{x_2}=5.9$			
II. 保留的省份						
斯摩棱斯克省	97	2.2	1.1	3	0.3	12.7
莫斯科省	95	1.6	85	5	0.9	71.2
弗拉基米尔省	99	2.4	45	1	0.1	31.2

续表

省份	y（1858 年男性人口与1834 年的比值）（%）	x_1（19 世纪50 年代人均粮食产量）（俄石）	x_2（男性人均工业产值）（卢布）	线性偏差		
				$(y-\bar{y})$	$(x_1-\overline{x_1})$	$(x_2-\overline{x_2})$
II. 保留的省份						
下诺夫哥罗德省	105	3.3	6.7	5	0.8	7.1
雅罗斯拉夫尔省	94	2.8	13	6	0.3	0.8
卡卢加省	92	1.3	9.8	8	1.2	4
图拉省	96	2.9	3.8	4	0.4	10
梁赞省	103	2.4	6	3	0.1	7.8
坦波夫省	102	2.7	3	2	0.2	10.8
库尔斯克省	102	2.3	3.5	2	0.2	10.3
沃罗涅日省	110	2.5	1.7	10	0	12.1
喀山省	105	3	5.5	5	0.5	8.3
辛比尔斯克省	98	3	5.4	2	0.5	8.4
Σ	1298	32.4	179.5			
$n=13$	$\bar{y}=100$	$\overline{x_1}=2.5$	$\overline{x_2}=13.8$			

通过随机选择，从这 17 个省份中去掉 4 个，分别是诺夫哥罗德省、科斯特罗马省、奥廖尔省和奔萨省。表 6 将这 17 个省份的数据罗列了出来。同时，表中还有变量与其算数平均值偏差的绝对值，即线性偏差的值，因为所有的计算结果都是在该偏差值的基础上得出的。线性方程的回归系数是根据 13 个未被排除省的数据得出的。

根据 13 省的数据计算的回归系数为：$a_0=3.54$，$a_1=2.57$，$a_2=-0.022$。

定量系数的线性关系方程为：$(y-\bar{y})=3.54+2.57(x_1-\overline{x_1})-0.022(x_2-\overline{x_2})$。

通过具有系数指示值的线性方程式 $(y-\bar{y})=a_0+a_1(x_1-\overline{x_1})-a_2(x_2-\overline{x_2})$ 能够计算有效指标的线性偏差的理论值，即计算前通过随机选择排除的 4 个省的值 $(y-\bar{y})$。

为了使用方程式 $(y - \bar{y}) = 3.54 + 2.57 (x_1 - \bar{x_1}) - 0.022 (x_2 - \bar{x_2})$，有必要通过表 7 中四个省的数据来计算 $(x_1 - \bar{x_1})$ 和 $(x_2 - \bar{x_2})$ 的值。例如，诺夫哥罗德省的线性偏差理论值为 $(y - \bar{y}) = 3.54 + 2.57 (1) - 0.022 (1) = 6.1$，而线性偏差的实际值为 $(y - \bar{y}) = 5$。

在表 7 中，笔者罗列了线性偏差的理论值和实际值，因此，可以计算它们的方差。

表 7　用来检测各因素间线性关系的数据

省份	$[(y - \bar{y})]_{\phi am}$ = y_ϕ	$(y_\phi - \overline{y_\phi})$	$(y_\phi - \overline{y_\phi})^2$	$[(y - \bar{y})]_{meop.}$ = y_m	$(y_m - \overline{y_m})$	$(y_m - \overline{y_m})^2$
诺夫哥罗德省	5	1.2	1.44	6.1	1.2	1.44
科斯特罗马省	1	2.8	7.84	4.2	0.7	0.49
奥廖尔省	6	2.2	4.84	4	0.9	0.81
奔萨省	3	0.8	0.64	5.3	0.4	0.16
Σ	15		14.76	19.6		2.9
n = 4	$\overline{y_\phi} = 3.8$				$\overline{y_m} = 4.9$	

线性偏差实际值的方差：$S_\phi^2 = \dfrac{1}{n-1} \sum_{i=1}^{n} (y_\phi - \overline{y_\phi})^2 = \dfrac{14.76}{4-1} = 4.95$。

而理论值的方差：$S_m^2 = \dfrac{1}{n-1} \sum_{i=1}^{n} (y_m - \overline{y_m})^2 = \dfrac{2.9}{4-1} = 0.97$。

那么，接下来便是要确定理论值方差和实际值方差之间是否存在显著差异。需要注意的是，线性偏差理论值、实际值和方差是各自独立的，因为线性关系方程的系数是从排除样本中无关数据后得出的。众所周知，正态分布样本 $\dfrac{\sigma_1^2}{\sigma_2^2} = \dfrac{S_1^2}{S_2^2}$ 两个方差之比是个随机变量，其分布称为"费舍尔分布"（分布 F）。如果两个样本的方差相等，则 $S_1^2 : S_2^2 = 1$。如果这些方差间的差异不明显，那么它们的比值 $(S_1^2 : S_2^2)$ 将不会超过限值。而限值是针对具有特点误差的 f_1 和 $f_2 (f_1 = n_1 - 1$ 和 $f_2 = n_2 - 1)$ 设定的，并在相应的表中罗列了出来。表

7 中显示了 F_α 对 $S_1^2 : S_2^2$ 的临界上限，该比值的下限为 $\dfrac{1}{F_\alpha}$。

在这个例子中，理论值和实际值方差为 $\dfrac{S_\phi^2}{S_m^2} = \dfrac{4.97}{0.97} = 5.103$。$F_\alpha$（$\alpha = 0.05$）的临界值为 $9.277 \sim 0.108$。由于方差的比值不会超出临界值，因此有效指标（y）的线性偏差的实际值和理论值方差的差异可能会很大（0.95）。

有必要检验，排除样本线性偏差的实际平均值和理论平均值间是否存在实质性差异。如果两个样本平均值间没有实质性差异，也就是两者的数理预期值相等。为了验证这个假设，需要借助学生式分布法（t）。该公式旨在计算出 t 的值：$t = \dfrac{(\bar{x} - \bar{y}) - (\mu_1 - \mu_2)}{s \sqrt{\dfrac{1}{m} + \dfrac{1}{n}}}$，$\bar{x}$ 和 $\bar{y}$ 分别代表第一个和第二个样本的算术平均值；m 和 n 代表数据门类和样本的数量；μ_1 和 μ_2 代表样本的数理预期值。$S = \sqrt{\dfrac{1}{m + n - 2} [\sum\limits_{i-1}^{m}(x_i - \bar{x})^2 + \sum\limits_{i=1}^{n}(y_i - \bar{y})^2]}$。如果 $\mu_1 = \mu_2$，就意味着两个平均值没有实质性差异，那么，$|t| = \dfrac{|\bar{x} - \bar{y}|}{S \sqrt{\dfrac{1}{m + n}}} < t_\alpha (f)$，也就是说，根据公式计算出 t 的绝对值，应该低于学生式分布的临界值[①]（误差值为 α 和 $f = m + n - 2$）。

代入笔者所举的例子中，值为：$|t| = \dfrac{3.8 - 4.9}{\sqrt{\dfrac{1}{4 + 4 - 2}} (14.76 + 2.9) \sqrt{\dfrac{1}{4 + 4}}} = |-1.8092|$（$\alpha = 0.05$）$t_\alpha (f) = 2.4469$ 或者 $|t| < t_\alpha (f)$。

由此可见，排除样本的线性偏差平均值间不存在实质性差异，它们的数理预期值相等。

由于表示任何"集合"的主要参数是算数平均值和方差，因此在独立

---

① Я. Янко. Математико - статистические таблицы. М. , Госстатиздат, 1960, табл. 6.

样本中，它们之间不存在显著差异，这表明它们属于同一"集合"。同时，鉴于各样本是相互独立的，所以需要使用线性关系方程式。这说明，线性关系方程式可以近似地反映研究对象间的关系，而回归系数也表示了所选因素对结果（人口变动）的影响程度。

在笔者所举的例子中，计算次数超过 15 次时，需要按上述方法检测线性模型的可靠性。而测试结果表明，该模型能够很好地反映各因素间的相互关系。

在确定回归分析结果的可靠性之后，需要根据所有样本的变量数据来计算回归系数，以此判断研究对象（因素）的作用，因为样本量越大，结果便越准确。

图书在版编目（CIP）数据

19 世纪上半叶的俄国农奴／（俄罗斯）伊万·德米特里耶维奇·科瓦利琴科著；张广翔，刘颜青译.－－北京：社会科学文献出版社，2021.10
（俄国史译丛·社会）
ISBN 978 - 7 - 5201 - 8732 - 9

Ⅰ.①1… Ⅱ.①伊… ②张… ③刘… Ⅲ.①农奴制度 - 俄国 - 19 世纪 Ⅳ.①K512.41

中国版本图书馆 CIP 数据核字（2021）第 150248 号

俄国史译丛·社会
19 世纪上半叶的俄国农奴

著　　者／〔俄〕伊万·德米特里耶维奇·科瓦利琴科
译　　者／张广翔　刘颜青

出 版 人／王利民
责任编辑／冯咏梅　恽　薇
文稿编辑／杨鑫磊
责任印制／王京美

出　　版／社会科学文献出版社
　　　　　地址：北京市北三环中路甲 29 号院华龙大厦　邮编：100029
　　　　　网址：www.ssap.com.cn
发　　行／市场营销中心（010）59367081　59367083
印　　装／三河市东方印刷有限公司

规　　格／开　本：787mm×1092mm　1/16
　　　　　印　张：26.25　字　数：400 千字
版　　次／2021 年 10 月第 1 版　2021 年 10 月第 1 次印刷
书　　号／ISBN 978 - 7 - 5201 - 8732 - 9
著作权合同
登 记 号／图字 01 - 2021 - 4170 号
定　　价／158.00 元